SIMONAL
Quem não tem swing morre com a boca cheia de formiga

GUSTAVO ALONSO

Quem não tem swing morre com a boca cheia de formiga

Wilson Simonal e os limites de uma memória tropical

EDITORA RECORD
RIO DE JANEIRO • SÃO PAULO
2011

CIP-BRASIL. CATALOGAÇÃO-NA-FONTE
SINDICATO NACIONAL DOS EDITORES DE LIVROS, RJ

Alonso, Gustavo

F439q   Quem não tem swing morre com a boca cheia de formiga: Wilson Simonal e os limites de uma memória tropical / Alonso, Gustavo. – Rio de Janeiro: Record, 2011.
il.

Inclui bibliografia
ISBN 978-85-01-08482-8

1. Simonal, Wilson, 1939-2000. 2. Música popular – Brasil – História e crítica. I. Título.

11-0329.

CDD: 784.500981
CDU: 78.067.26(81)

Copyright © 2011, Gustavo Alonso

EDITORAÇÃO ELETRÔNICA DE MIOLO
Abreu's System

CAPA
Estúdio Insólito

FOTO DE CAPA
Arquivo *O Cruzeiro* | EM | D. A. Press

Todos os direitos reservados. Proibida a reprodução, armazenamento ou transmissão de partes deste livro, através de quaisquer meios, sem prévia autorização por escrito.

Este livro foi revisado segundo o novo Acordo Ortográfico da Língua Portuguesa.

Direitos desta edição adquiridos pela
EDITORA RECORD LTDA
Rua Argentina 171 – 20921-380 – Rio de Janeiro, RJ – Tel.: 2585-2000.

Seja um leitor preferencial Record.

Cadastre-se e receba informações sobre nossos lançamentos e nossas promoções.

Atendimento e venda direta ao leitor:
mdireto@record.com.br ou (21) 2585-2002.

Impresso no Brasil
2011

Para Raquel,
por ser,
entre tantas causas,
a causa primeira.
De tudo. Sempre.

Sumário

Introdução
De Cabral a Simonal   11

Capítulo 1
"Mamãe passou açúcar em mim"
ou O cara que todo mundo queria ser   23

Capítulo 2
Mosca na sopa   75

Capítulo 3
"O Preto-que-ri"
ou Um negro entre zumbis e tornados   79

Capítulo 4
Cabo Simonal   143

Capítulo 5
"Aos amigos tudo... aos inimigos a justiça"
ou Um mercado amigo, um inimigo mercadológico   149

Capítulo 6
Simonal e o império do rock   183

Capítulo 7
"Cada um tem o disco que merece"
ou Alguns discos são difíceis de quebrar   193

Capítulo 8
Uma concha na praia de Copacabana 253

Capítulo 9
"Morando no Patropi"
ou Se você entra na chuva você tem que se molhar 255

Capítulo 10
Pilantrália 335
ou Uma banana ao Tropicalismo?

Capítulo 11
O velório da memória 369

Considerações finais:
S'imbora 399

Anexos
Entrevista de Wilson Simonal a *O Pasquim* 407
Declaração de Wilson Simonal (24/8/1971) 424
Declaração de Raphael Viviani sob coerção 427
Declaração de Raphael Viviani segundo o DOPS 428
Carta confidencial do inspetor Mario Borges aos seus superiores 431
Sentença final 436
Declaração de Erlon Chaves 451

Bibliografia 455

Outras referências 463

Agradecimentos 469

Finalmente, uma das punições mais devastadoras à disposição de uma comunidade humana consiste em submeter um de seus membros ao opróbrio e ao ostracismo sistemáticos. De certa forma é irônico constatar que este é o mecanismo de controle favorito de grupos que se opõem em princípio ao uso da violência. (...) Isso significa que, conquanto possa continuar a trabalhar e viver na comunidade, ninguém jamais lhe dirigirá a palavra. É difícil imaginar um castigo mais cruel. Entretanto, essas são as maravilhas do pacifismo.

Peter Berger[1]

A falsidade de um juízo não chega a constituir, para nós, uma objeção contra ele; é talvez nesse ponto que a nossa nova linguagem soe mais estranha. A questão é em que medida ele promove ou conserva a vida, conserva ou até mesmo cultiva a espécie; e a nossa inclinação básica é afirmar que os juízos mais falsos (entre os quais os juízos sintéticos *a priori*) nos são os mais indispensáveis, que, sem permitir a vigência das ficções lógicas, sem medir a realidade com o mundo puramente inventado do absoluto, do igual a si mesmo, o homem não poderia viver – que renunciar aos juízos falsos equivale a renunciar a vida, negar a vida. Reconhecer a inverdade como condição de vida: isto significa, sem dúvida, enfrentar de maneira perigosa os habituais sentimentos de valor; e uma filosofia que se atreve a fazê-lo se coloca, apenas por isso, além do bem e do mal.

Friedrich Nietzsche[2]

---

[1] *Pespectivas sociológicas*, São Paulo, Círculo do Livro, 1976, p. 82.
[2] *Além do bem e do mal: prelúdio a uma filosofia do futuro*, São Paulo, Companhia das Letras, 2000, p. 124.

INTRODUÇÃO

De Cabral a Simonal

"A imprensa nunca me deu colher de chá para me defender. Não sei se os ataques que sofri, de 1971 até agora, foram piores do que o silêncio da imprensa a meu respeito."[3]

(Wilson Simonal, 12/6/1985)

Era sábado, 25 de agosto de 1969. Wilson Simonal de Castro estava escalado para a abertura do show de Sérgio Mendes no Maracanãzinho. Grande responsável pela divulgação da bossa-nova no exterior, Sérgio Mendes era o artista brasileiro com maior sucesso internacional na época. Não obstante, tinha opositores no meio musical: muitos o acusavam de mostrar um Brasil "para inglês ver". Mas o fato é que naquele dia havia 30 mil pessoas prontas para constatar a força do artista que lançara cinco LPs nos Estados Unidos, colocando-os entre os cinquenta discos mais vendidos daquele país.

Não era, entretanto, o dia do niteroiense Sérgio Mendes.

O show fora organizado nos mínimos detalhes pela patrocinadora do evento, a multinacional Shell. Usualmente palco de grandes eventos como o Festival Internacional da Canção, o Maracanãzinho havia se preparado

---

[3] *Folha da Tarde* (12/6/1985). Apud *Folha de S.Paulo* (26/6/2000), p. C7.

de forma condizente com a importância do convidado. Além de Simonal, a Shell contratou para aquela noite alguns dos artistas mais famosos da época, entre eles Gal Costa, Maysa, Os Mutantes, Jorge Ben, Marcos Valle, Milton Nascimento, Peri Ribeiro, Gracinha Leporace e o conjunto Som Três.

Mas, passados alguns anos, ninguém se lembraria deles e, mesmo assim, o que aconteceu naquele dia ficaria marcado na memória de muitos.

Simonal subiu ao palco e fez a mesma apresentação que realizou durante uma temporada no teatro Tonelero, em Copacabana. O show tinha um pretensioso nome: *De Cabral a Simonal*. Acompanhado do conjunto Som Três e dos metais "com champignon", uma gíria sua para dizer que o grupo tinha muito suingue, Simonal cantou sucessos da Pilantragem, novas canções, conversou e brincou com a plateia. Muito famoso na época, ele já havia sido apresentador de dois programas: o *Spotlight*, na TV Tupi, e o *Show em Si... monal*, na Record. Ostentava a marca de ser o primeiro cantor negro a apresentar um programa de TV na história do Brasil. Sabia muito bem lidar com o público, tinha o dom da comunicação. Queria empolgar as pessoas, fazê-las dançar, suingar. No auge da apresentação cantou um dos maiores sucessos, "Meu limão, meu limoeiro", versão de Carlos Imperial para uma tradicional canção alemã. No meio da apresentação, e sem parar a música, Simonal pediu que um lado da plateia sustentasse uma linha melódica. Virou-se para a esquerda e pediu que as pessoas daquele lado cantassem outra variação. Depois pediu que as duas metades de 15 mil pessoas cantassem juntas e fez sobre as duas vozes outra vocalização. O resultado agradou tanto que marcou a carreira de Simonal na memória daqueles que estavam presentes.

Depois dos aplausos, Simonal deixou o palco, logo após anunciar a grande atração da noite, o Brasil'66, grupo de Sérgio Mendes. Mas o povo continuou aplaudindo e exigindo sua volta aos gritos de "Simonal! Simonal! Simonal!". Sérgio Mendes e seu grupo perceberam que iriam "se queimar" se Simonal não desse um bis. Nervoso e titubeante, ele chegou a desmaiar brevemente no camarim enquanto ouvia a plateia gritar seu nome.

INTRODUÇÃO

Reconduzido ao palco, continuou o jogo de popularidade dividindo a plateia em vozes: "Agora os 10 mil da direita! Agora os 10 mil do meio! Agora os 10 mil da esquerda!" Ao terminar o bis o povo continuou gritando seu nome. Mas não havia jeito. Era hora de Sergio Mendes subir ao palco do Maracanãzinho.

Mas a plateia queria mais Simonal e muitos continuaram insatisfeitos e gritando seu nome. Sob um barulho ensurdecedor, Sérgio Mendes até conseguiu conduzir o show, mas a algazarra só foi contida quando Simonal foi chamado ao palco para cantar junto com o músico. Eles cantaram juntos "Sá Marina", sucesso do ano anterior.

Impressionada com a popularidade do cantor, a Shell resolveu contratá-lo como garoto-propaganda de seus produtos, que iam de combustíveis a formicidas. João Carlos Magaldi, gerente de marketing da empresa, ofereceu NCr$ 300 milhões durante um ano para que o cantor tivesse sua imagem vinculada à da multinacional. Assim, Simonal passou a aparecer frequentemente em comerciais de TV e ao lado dos astros da seleção brasileira de futebol em jornais e revistas. Em 1969, a Shell se tornara patrocinadora da seleção, aproveitando a crise que vivia o time do então técnico João Saldanha. A equipe de Saldanha havia se classificado com folga nas eliminatórias, mas na fase de amistosos preparatórios para a Copa sofrera algumas derrotas humilhantes em jogos considerados bobos, nos quais o time inteiro jogou mal. A Shell contratou Simonal para ajudar a vender a marca e dar um "empurrão" na seleção brasileira, tamanha a sua fama.

Não foi apenas a Shell que se impressionou com o show do Maracanãzinho. Cronistas reforçaram que aquela fora a noite de Simonal. Um deles chegou a dizer: "Sérgio Mendes, profissional cuja preocupação pelo detalhe chega a ser obsessiva, volta aos Estados Unidos depois de aprender uma dura lição: ninguém pode cantar depois Simonal. Hoje, no palco, ele come a broa e toma o leite dos outros. Até mesmo de Sérgio Mendes."[4]

De fato, ele roubara a cena. Quem ainda se lembra de alguns de seus sucessos nas décadas de 1960/1970 dificilmente se esquece daquele sá-

---

[4] Sobre as informações a respeito da noite do Maracanãzinho, ver *Realidade* (dez. 1969), p. 136-148.

bado de 1969, fato constatado diversas vezes durante a redação deste livro.[5]

Além de muito popular, Simonal era um *showman* reconhecido por vários artistas da época. Juca Chaves, Chacrinha e Jô Soares o consideravam o melhor cantor do Brasil.[6] Para Maria Bethânia ele era um artista nota 10 e ela o considerava melhor do que Chico Buarque.[7] Embora a maioria dos artistas reconhecesse seu talento, muitos criticavam as "besteiras" que ele cantou ao longo de sua carreira, especialmente as canções ligadas ao seu projeto estético, a Pilantragem. Vinicius de Moraes chegou a dizer que daria nota 10 para o cantor que ele poderia ser se não tivesse aderido à "bobagem" da Pilantragem.[8] Roberto Carlos o considerava um dos três maiores cantores do Brasil, ao lado do "deus" daquela geração, João Gilberto. Mas o "rei" fazia ressalvas: "Simonal é muito bom, [mas] eu não estou me referindo ao gênero pilantragem não, mas ao Simonal como cantor, cantando outro tipo de música."[9] Essa opinião soa estranha na voz de Roberto Carlos, já que ele próprio sofreu perseguição dos puristas da música popular contrários ao iê-iê-iê brasileiro.

---

[5] Esse episódio do Maracanãzinho é frequentemente lembrado por pesquisadores e memorialistas. O escritor Ruy Castro narra o acontecimento, embora se equivoque em relação ao ano: "Em 1971 [*sic*], ele regeu — com um dedo só — 15 mil pessoas no Maracanãzinho ao som de uma xaroposa apropriação de Imperial, *Meu limão, meu limoeiro*. Ruy Castro, *Chega de saudade*, São Paulo, Companhia das Letras, 1990, p. 362-363. O pesquisador Ricardo Cravo Albin cita o episódio nas poucas linhas em que se refere a Wilson Simonal num manual sobre a música popular: "Registre-se ainda o popularíssimo Jair Rodrigues, além do fenômeno Wilson Simonal, que espantou a todos (e a ele mesmo) ao dirigir feito um maestro as arquibancadas do Maracanãzinho, transformando-as em coro e coreografia para sua apresentação. Em consequência desse episódio, Simonal tornou-se o cantor mais em evidência da MPB, criador do estilo que ficou conhecido como 'pilantragem'", Ricardo Cravo Albin, *O livro de ouro da MPB*, Rio de Janeiro, Ediouro, 2003, p. 330. Registre-se que o show é lembrado por grande parte das pessoas que viveram os anos 1960. Pode-se dizer que se trata de uma memória entranhada em parte da sociedade ainda nos dias de hoje.

[6] Para as opiniões de Jô Soares, Juca Chaves e Chacrinha ver entrevistas ao jornal *O Pasquim*: Jô Soares, 4-10/12/1969, s/nº, p. 10-13; Juca Chaves, 11-17/12/1969, nº 26, p. 8-11; Chacrinha, 13-19/11/1969, nº 21, p. 10-13.

[7] "Falam os músicos". *Veja* (26/6/1976). Apud: Reportagem sobre o lançamento do livro "O som do Pasquim", coletânea de entrevistas realizadas pelo jornal. A entrevista original de Bethânia, na qual ela dá nota 8 a Chico e 10 a Simonal, é de 5/9/1969.

[8] Para a entrevista de Vinicius de Moraes, ver *O Pasquim*, ago. 1969, nº 6, p. 8.

[9] Roberto Carlos, *O Pasquim*, 7/10/1970, nº 68, p. 8-11.

INTRODUÇÃO

Nara Leão também ridicularizava a Pilantragem,[10] mas concordava com Norma Bengell que sua voz era fenomenal: "nota 3 para a pilantragem e 5 para Simonal, pois ele é musical paca mas fica naquele negócio de meu limão meu limoeiro, não dá."[11]

O que todos reconheciam era que sua fama era enorme, talvez só comparável à de Roberto Carlos. A partir de 1966, ele se tornou um dos maiores vendedores de discos, disputando com o "rei" e com outros artistas recordistas de vendas, como Agnaldo Timóteo e Paulo Sérgio, o mercado nacional de compactos e *long plays*, os vinis da época. Embora gerasse algumas desavenças no meio artístico, Simonal era reconhecido pelo povão. Numa pesquisa realizada pelo Ibope no Rio de Janeiro em novembro de 1969, ele foi considerado o terceiro cantor mais popular do país. Ficou atrás apenas de Roberto Carlos e Agnaldo Timóteo.[12]

* * *

No dia 24 de junho de 1967, o programa *Show em Si... monal* comemorava um ano de existência. Para celebrar o aniversário foi organizado um programa ao vivo no Teatro Record em São Paulo, no centro da cidade. Mais tarde, em outubro daquele ano, foi lançado pela Odeon o LP no qual se pode ouvir a euforia daquela festa.

Além de cantar os principais sucessos, Simonal fez imitações e contou piadas. Na metade do programa, leu um exemplar fictício do *Jornal da Tarde* de 33 anos mais tarde, um sábado, 24 de junho de 2000. Simonal fazia piadas com as notícias do futuro, ironizando os debates da década de 1960. Brincando, leu a notícia que o músico "Louis Armstrong *Neto*" estaria liderando um movimento intitulado Frente Única do Jazz, com o intuito de acabar com o "imperialismo do samba-de-breque" que invadia há três anos as paradas de sucessos de todo o mundo. Na seção de esportes, a seleção brasileira de futebol do ano 2000 seria hexacampeã dirigida

---

[10] Nara Leão, *O Pasquim*, ago. 1969, nº 7, p. 10.
[11] Norma Bengell, *O Pasquim*, 5/9/1969, s/nº, p. 11.
[12] Pesquisa Ibope de novembro de 1969 (Cantores Brasileiros — popularidade — 1964-1969, vol. 1, p. 7, Acervo Edgar Leuenroth, IFCH, Unicamp).

pelo técnico Edson Arantes do Nascimento, o Pelé. Terminou dizendo: "Vocês acabaram de ouvir o festival do otimismo! Quem sabe? Afinal de contas, pra Deus nada é impossível! A gente vai brincando, pode ser que cole e tal!"

Não colou. Simonal "esqueceu-se" de anunciar o agravamento de sua doença e o caminho sem volta que o levaria à morte. Ele faleceu no dia 25 de junho de 2000, um dia após a data do fictício jornal criado em 1967. A morte pouco divulgada foi a síntese do exílio interno de um cantor *banido* da memória coletiva nacional.

Em sua carreira, Simonal gravou 36 discos. O último, *Brasil*, foi lançado em 1998. No fim da vida as poucas gravações e as raras turnês por boates e pequenos bares eram interrompidas pelas internações cada vez mais frequentes. Ele estivera hospitalizado entre 4 de abril e 12 de maio de 2000. Saiu da intervenção apesar do quadro grave de "disfunção hepática" com o qual convivia há pelo menos uma década. No dia 30 de maio, deu entrada novamente no Hospital Sírio Libanês, em São Paulo. Desta vez não haveria volta para casa, já que seu quadro clínico era considerado irreversível pelos médicos. Quando o fígado parou de funcionar, comprometendo os outros órgãos, a família já sabia do pior.

Simonal morreu aos 62 anos de idade. O fígado estava destruído por longos anos de consumo de uísque, a bebida com a qual tentava apagar o passado do qual perdera o controle. Acusado de dedo-duro em 1971, Simonal ficou marcado pela pecha, seu sucesso foi interrompido e sua importância no cenário musical gradativamente diminuída. Amargurado, o alcoolismo foi a saída que encontrou. Tibério Gaspar, compositor de algumas das canções de Simonal, relatou que na última vez que o viu, no fim dos anos 1990, o cantor bochechava uísque na intenção de não mais bebê-lo.[13] Mas não conseguiu livrar-se do vício.

O enterro aconteceu no cemitério do Morumbi, após o velório realizado ainda no próprio hospital, com pouco mais de quarenta pessoas presen-

---

[13] Depoimento do compositor Tibério Gaspar ao autor. Entrevista realizada em 14/5/2005.

INTRODUÇÃO 17

tes. Poucos artistas de sua geração compareceram à cerimônia fúnebre: apenas Wanderléa, Ronnie Von e Jair Rodrigues.

No enterro, em 26 de junho, Jair Rodrigues manifestava indignação:

> Infelizmente, o meio artístico não tem muita união. Devia estar apinhado de gente aqui hoje. Esperava a presença, pelo menos, dos mais representativos na carreira dele, como Jorge Benjor [autor de "País tropical", sucesso nacional em 1969 na voz de Simonal]. Não sei se ele está sabendo. Ele teria de estar presente de alguma forma. O Flamengo também devia ter um representante aqui, dando adeus a quem tanto elevou seu nome.[14]

A notícia do falecimento mereceu apenas algumas notas nos jornais e revistas. Desde 1971, Simonal só conseguira ser lembrado pela imprensa algumas poucas vezes. Reclamava da pouca importância que os meios de comunicação davam à sua situação de exilado interno: "Existe um boicote profissional contra mim, uma regra não escrita, que tira o pão da minha boca, cerceia os meus direitos básicos de cidadão";[15] "A imprensa nunca me deu colher de chá para me defender. Não sei se os ataques que sofri, de 1971 até agora, foram piores do que o silêncio da imprensa a meu respeito";[16] "Sou o único cara que foi exilado em casa, não precisei ir para a Inglaterra";[17] "Sofri uma inquisição discográfica. Foram rasgados, destruídos. Os artistas não podiam trabalhar comigo porque se inventou que iriam se queimar".[18]

Antes de Simonal falecer, o compositor Geraldo Vandré chegou a visitá-lo ainda enfermo no hospital. Se em 1968 eles representavam lados ideologicamente opostos, na virada do milênio Vandré trazia-lhe a compaixão dos desgraçados. Como se sabe, o cantor paraibano passou por um

---

14 *Folha de S.Paulo* (27/6/2000), Folha Ilustrada, p. E3. Jair Rodrigues mostra-se atônito em relação ao ostracismo de Simonal. Em entrevista ao jornal, não consegue explicar o que aconteceu com o cantor.
15 *O Estado de S. Paulo* (29/6/1995). Apud *Folha de S.Paulo* (26/6/2000), p. C7.
16 *Folha da Tarde* (12/6/1985). Apud *Folha de S.Paulo* (26/6/2000), p. C7.
17 *Folha de S.Paulo* (21/5/1999). Apud *Folha de S.Paulo* (26/6/2000), p. C7.
18 *Folha de S.Paulo* (25/11/1994). Apud *Folha de S.Paulo* (26/6/2000), p. C7.

processo de metamorfose política durante o exílio.[19] Transformou-se de bastião das esquerdas em cantor da Força Aérea Brasileira, para a qual compôs uma canção ironicamente chamada *Fabiana*.[20] Vandré visitou o cantor dois meses antes de sua morte, durante sua primeira internação. Procurado pelo jornal *Folha de S.Paulo*, Vandré se recusou a fazer comentários. Negou ter tratado de política durante a visita: "Falamos de amenidades. Fui me solidarizar com ele. Não iria tratar de um assunto desses com uma pessoa doente", afirmou o compositor.[21]

A história da música popular brasileira dificilmente consegue se desvencilhar do papel de espelho da política dos anos 1960/1970. Se a imagem cristalizada de Vandré é a do *resistente* à ditadura, a de Simonal é a do *dedo-duro* do regime. Ambos pagam tributo à memória forjada naqueles anos. Mas essa memória parece não dar conta do encontro no Hospital Sírio Libanês, quando um deles estava à beira da morte.

* * *

Quando se inicia o estudo da história da música popular brasileira, logo se depara com a extrema politização do debate. Frequentemente os marcos da música brasileira são temas políticos que associam cantores, compositores e intérpretes às questões sociais do período. Maria Bethânia começou sua carreira cantando Carcará, ao lado de Zé Kéti e João do Vale em 1965, para uma plateia universitária "politizada" no show Opinião. "Pra não dizer que não falei das flores" chegou a ser chamada de a "Marselhesa" brasileira por alguns críticos, e serviu de "hino da resistência" ao AI-5. "É proibido proibir" e mesmo "Alegria, alegria", de Caetano Veloso, não conseguem deixar de tematizar os livros e os fuzis. "Apesar de você" serve de libertação para os oprimidos que acordaram com a polícia "lá fora" e gritaram "chame o ladrão" em "Acorda amor", ambas de Chico Buarque.

---

[19] Para um relato do exílio sofrido de Vandré, ver Paulo Cesar de Araújo, *Eu não sou cachorro, não: música popular cafona e ditadura militar*, Rio de Janeiro, Record, 2003, p. 107-111.
[20] Zuza Homem de Mello, *A era dos festivais: uma parábola*, São Paulo, Editora 34, 2003, p. 302.
[21] "Repercussão", *Folha de S.Paulo* (26/6/2000), p. C6.

INTRODUÇÃO

O conceito MPB[22] foi forjado por meio da luta contra a ditadura, ecoando e catalisando a construção de uma memória da *resistência* que a própria sociedade vinha criando para si mesma. Associando-se a uma memória dicotômica, ela serviu (e serve ainda hoje) de trilha sonora de uma história que vitimiza a sociedade, simplificando as relações do período e enaltecendo a si própria.

O caminho que desejo percorrer não é o da apologia à história heroica da música popular. Para além de ver quanto a MPB *resistiu* ao regime ditatorial, como frequentemente se faz, busco compreender os significados da preferência de nossos pesquisadores pelo tema da *resistência*. Dessa forma, o que interessa é mais o discurso que se faz sobre a música do que a música "em si".[23] Por que a história da MPB é contada por meio de marcos políticos? Por que a música do período é mais relembrada do que outras produções dos meios de comunicação de massa, como a televisão ou o cinema? Por que frequentemente se esquece das relações de artistas da MPB com a ditadura? E, finalmente, por que Simonal foi apagado da memória da música popular?

A história da MPB sempre foi privilegiada por pesquisadores, escritores, acadêmicos e jornalistas, muito mais do que qualquer outro gênero musical. É comum que artistas não identificados a este gênero estético-político sejam associados a baixa qualidade estética e a "alienação" política. Não à toa, os alunos dos ensinos fundamental e médio estudam a participação dos artistas da MPB na luta contra o regime de 1964, pois os livros didáticos de História do Brasil do século XX idealizam sua luta "heroica".[24] Constrói-se, assim, uma história musical dicotômica, simplista, que enxerga *resistentes* e *aliena-*

---

[22] A partir de agora utilizarei o termo MPB para me referir à música produzida e consumida majoritariamente pelo público de classe média da década de 1960 até os dias de hoje. Trata-se de um grupo de artistas e público com afinidades estético-políticas que pode ser visto como uma *geração* musical, na concepção do francês Jean-François Sirinelli. A ideia será mais bem desenvolvida adiante. A sigla MPB se diferencia do termo "música popular", porque foi cunhada durante os embates político-ideológicos dos anos 1960. Já "música popular" refere-se ao conjunto de canções folclóricas, tradicionais, que podem ou não caber dentro do conceito estético-político da MPB.

[23] Algumas obras tomam a música como um valor "em si", ou seja, analisam a poética e as inovações harmônico-melódicas sem problematizar os mitos que se formam em torno dessa atitude. É o caso de *Letras e letras da MPB*, de Charles A. Perrone, Rio de Janeiro, Elo, 1988.

[24] Para uma breve análise de como os livros didáticos privilegiam artistas da MPB, ver Paulo Cesar de Araújo, *Eu não sou cachorro, não: música popular cafona e ditadura militar*, Rio de Janeiro, Record, 2003, p. 346-347.

dos. Quase sempre, os que não estão sob o signo da *resistência* da MPB não merecem ser citados nos livros de música, em manuais de história, em biografias e memórias de artistas, nos trabalhos jornalísticos em geral. Enfim, certos artistas são silenciados pela memória hegemônica em nome de um conceito estético e político, apagando-se a vivência afetiva de milhões de brasileiros.[25]

Isso acontece com Wilson Simonal. Frequentemente, sua importância é diminuída e a dimensão de seu sucesso esquecida. Como pertenço a uma geração que não viveu a década de 1960, não tive qualquer contato com a obra de Simonal antes da pesquisa. O que me levou a este encontro foram as referências dicotômicas ao cantor em grande parte da bibliografia consultada. Ao longo dos textos, termos como "rei do suingue", *showman*, simpatia, voz afinada estavam sempre ao lado de palavras como "simples", "comercial", "alienado", "pilantra", "abusado", "prepotente", "bobagem".

Ao perguntar pelas lembranças daqueles que viveram os anos 1960/1970, constatei que a bibliografia referendava um ponto de vista coletivo. Os que viveram o auge do sucesso de Simonal parecem reconhecer, ainda hoje, sua bela voz, virtuosa e afinada. Muitos se lembram do show do Maracanãzinho, embora não estivessem lá. Por outro lado, todos se lembram igualmente da acusação de dedo-duro (e a reproduzem).

Tal acusação impediu que muitos jovens tivessem contato com a obra do cantor, que foi sistematicamente esquecida e silenciada. Minha geração nasceu e cresceu num mundo sem Wilson Simonal de Castro. Assim, o que me chamou atenção foi a ausência de referências sobre o cantor, muito mais do que sua obra em si. E quando as havia, eram sempre acusações injuriosas, rancorosas até. Sobre ele pesavam acusações de "mau-caráter", "traidor" e outros adjetivos inomináveis. Só posteriormente entrei em contato com seus LPs, relativamente difíceis e caros de se encontrar em sebos.

Gradualmente, ao tomar conhecimento de sua obra, percebi a importância de seu projeto estético: a Pilantragem. A década de 1960 quase sempre é contada através da trilha sonora de movimentos musicais como a Bossa Nova, a Jovem Guarda e o Tropicalismo, além da música de protesto. Dificilmente a Pilantragem é lembrada. Esse movimento musical, que defenderei aqui como sendo um projeto estético da década de 1960, foi

---

[25] Paulo Cesar de Araújo, *Eu não sou cachorro, não*, op. cit., p. 346.

inventado por Simonal, Carlos Imperial e Nonato Buzar. Buscava, como o Tropicalismo, fundir o que vinha "de fora" com as tradições "de dentro". A procura por uma música nova, mais suingada e cheia de balanço, levou Simonal a incorporar novos instrumentos, modificar seus shows, transformar seus arranjos e suas performances no palco. No entanto, ao se afastar de sua matriz bossa-novista, Simonal foi muito criticado.

Alguns anos antes de o boato de dedo-duro se espalhar, Simonal investiu em diversas canções que de fato foram interpretadas como sendo apologia ao Brasil e/ou ao regime militar. São dessa época canções como "País tropical" (1969), "Brasil, eu fico" (1970), "Que cada um cumpra com o seu dever" (1970), "Resposta" (1970), "Aqui é o país do futebol" (1970) e "Obrigado, Pelé" (1971). A mais ofensiva delas, "Brasil, eu fico", composição de Jorge Ben, não deixava dúvidas: "Este é o meu Brasil/ Cheio de riquezas mil/ Este é o meu Brasil/ Futuro e progresso do ano dois mil/ Quem não gostar e for do contra/ Que vá pra...". Como se vê, os boatos talvez não fossem infundados. Mas fato é que, reais ou imaginários, eles foram fundamentais para catalisar o ostracismo de Simonal. A partir de 1971, sua carreira entrou numa descendente e os poucos discos lançados até sua morte, em maio de 2000, não receberam grande nota por parte da imprensa e do público. De "rei do suingue", Simonal passou a cantor de cabarés e bares noturnos de pouca expressão, mas sempre clamando inocência.

No entanto, mais do que comprovar a veracidade dos boatos, o importante é vê-los como indícios. Indícios de uma memória da MPB que tem dificuldades de lidar com a música que não canta as glórias da *resistência* da sociedade diante da ditadura. Lembranças que não se encaixam nos padrões da *resistência* requeridos pela sociedade são marginalizadas, apagadas ou simplesmente silenciadas. Daí Simonal ser visto como uma "aberração" pela memória coletiva.

Para além da reconstrução de uma história conhecida (e reconhecida), pretendo estudar o "lado B" da música popular brasileira. O lado que frequentemente não é relembrado por nossos memorialistas, historiadores, jornalistas, cientistas sociais e pelos próprios artistas que escreveram sobre o período. Trata-se de contar a história daqueles que se identificaram com o regime, ou que foram *indiferentes* a ele. Se o apoio ao regime é fácil de ser demarcado, a *indiferença* nos proporciona um terreno pantanoso para análise. Mesmo porque a *indiferença* raramente deixa registro. Simonal é uma janela para se entender a parte da sociedade que colaborou com os militares, e uma parte talvez maior ainda que foi *indiferente* à ditadura. Não se trata, obviamente, de fazer apologias às políticas autoritárias de um governo ditatorial, mas de compreender como parte da sociedade pôde se associar sem muitos problemas a esse ideal.

O que se pretende é menos uma biografia do cantor e mais a compreensão de por que a escrita de sua vida foi tão simplista e redundante ao reafirmar certos aspectos e apagar outros. Trata-se de problematizar a memória que simplifica o presente e o passado por meio de conceitos ocos como *resistência, cooptação* e *alienação*.

Para isso tentei escrever este livro de maneira fluida e leve, mas sem perder a consistência, como as músicas de Simonal. Nos capítulos pares (até o oitavo capítulo) construí uma minibiografia do cantor; nos ímpares discuto o significado de seu ostracismo e reconstruo os debates da época. Minha intenção foi sempre manter certa dinâmica sincopada e paradoxal, como o próprio ocaso do artista. Não poderia escrever um texto sobre o cantor sem que as palavras e as estruturas também dançassem ao som do seu suingue. Até porque várias destas páginas foram escritas ouvindo suas canções.

Capítulo 1

"MAMÃE PASSOU AÇÚCAR EM MIM" OU O CARA QUE TODO MUNDO QUERIA SER

"Sérgio Cabral: Eu me lembro que houve uma época em que só você falava em pilantragem. Depois surgiu esse grupo da pilantragem e o Nonato Buzar, meu amigo, que passou a ser o rei da pilantragem em disputa com o Carlos Imperial. Então um seria o rei da pilantragem, outro o imperador. E você seria o que nesse caso?

Simonal: Eu seria apenas o Todo Onipotente da pilantragem."[1]

Tendo iniciado sua carreira fonográfica como cantor de bossa-nova, Simonal já era um dos mais famosos intérpretes desse gênero em meados dos anos 1960. Depois de ficar conhecido no Beco das Garrafas, conjunto de boates em Copacabana onde se encontravam artistas da bossa-nova, Simonal começou a gravar compactos nos quais demonstrava grande capacidade como intérprete. O primeiro LP, *Simonal tem algo mais*, de 1963, trazia um cantor versátil, mas ainda preso aos cânones e compositores da bossa-nova. Os compositores interpretados eram aqueles já conhecidos do grande público bossa-novista, entre eles Marcos e Paulo Sérgio Valle, Roberto Menescal, Silvio César, Billy Blanco e Tito Madi.

---

[1] "Não sou racista", entrevista de Wilson Simonal a *O Pasquim* (jul. 1969), n⁰ 4.

Embora não fosse inovador, o disco de estreia foi bem recebido e atingiu um sucesso relativo entre os entusiastas de classe média que tanto amavam a influência jazzística na música brasileira. A fórmula foi mantida no segundo LP, *A nova dimensão do samba*, lançado em agosto de 1964. A estratégia de utilizar compositores já tarimbados foi mantida e Simonal interpretou canções de Carlos Lyra e Ronaldo Bôscoli, Tom Jobim e Newton Mendonça, Roberto Menescal, Johnny Alf, Vinicius de Moraes, Baden Powell e Moacir Santos. O repertório não ia além das clássicas composições da bossa: "Lobo bobo", "Nanã", "Samba do avião", "Ela é carioca", "Garota de Ipanema", "Balanço Zona Sul" etc.

O relativo sucesso do cantor de voz aveludada despertou o interesse das emissoras de televisão. Em franca expansão, a televisão buscava levar a programação em direção à classe média, que comprava o primeiro televisor. Na disputa pela audiência, a TV Record optou pela ênfase na cobertura esportiva. Seu dono, Paulo Machado de Carvalho Filho, foi figura presente nas delegações brasileiras que disputaram as Copas de 1958 e 1962, cobrindo os eventos e selecionando as reportagens a serem transmitidas aos fãs do rádio e, mais tarde, da TV.[2] A Tupi, por sua vez, resolveu apostar nos musicais (e também nas novelas). Em meados da década, ela já tinha uma modesta linha de programas musicais como *Discoteca do Chacrinha*, o *Clube dos artistas* e o *Almoço com as estrelas*. O que a Tupi (e mais tarde também a Record) fazia era, na verdade, a continuação dos programas de rádio das décadas anteriores, nos quais um artista se apresentava ao vivo para uma plateia animada. Cortejados pelas "macacas de auditório", surgiram nomes como Francisco Alves, Orlando Silva, Noite Ilustrada, Nelson Gonçalves, Cauby Peixoto, Jorge Goulart, Blecaute, Ângela Maria e vários outros. A diferença é que na televisão a transmissão não era ao vivo. A última novidade tecnológica da época era o videoteipe, que passou a ser largamente utilizado pelas emissoras. Através deste recurso, a televisão e os artistas eram projetados nacionalmente, antes ainda da transmissão via satélite. Logo depois das gravações, os videoteipes eram levados aos diversos pontos do país e transmitidos por emissoras locais.

---

[2] Para um relato das intromissões do dono da Record nas viagens da seleção brasileira, ver Ruy Castro, *Estrela solitária: um brasileiro chamado Garrincha*, São Paulo, Companhia das Letras, 1995.

"MAMÃE PASSOU AÇÚCAR EM MIM"

Em 1964, a Rodhia, empresa de tecidos e fios sintéticos, resolveu patrocinar um novo programa musical. Em reuniões com a diretoria da TV Tupi, escolheram Simonal para comandar o programa *Spotlight*. Apesar de ter durado menos de um ano, Simonal exercitou seu repertório no programa, incrementou as habilidades vocais, recebeu convidados e tornou-se figura mais conhecida. Mas continuava ainda bastante preso aos cânones da Bossa Nova. Como a receita estava dando certo, mais um disco foi produzido segundo esse referencial. *Wilson Simonal*, lançado em março de 1965, trazia o cantor interpretando os principais nomes da Bossa. Até aí, nada de novo, a não ser pela boa qualidade das gravações e do cantor. Ronaldo Bôscoli, já um veterano em 1965, escreveu um longo texto na contracapa do LP. Entre vários elogios, disse que a "Bossa nunca teve um cantor como Simonal". E se era verdade que ele era muito bom, aquele estilo o estava limitando artisticamente. O repertório já conhecido o forçava a buscar novidades com os integrantes do Bossa Três, sua banda de apoio. Peneirando canções, gradualmente ele começou a buscar um som mais dançante. Chegou até a tocar bossa-nova com *big band*, uma aparente contradição, já que o estilo *cool* e intimista inventado por João Gilberto negava a necessidade de arranjos multiinstrumentais. Mas Simonal não estava nem aí. Metais foram usados cada vez mais, buscando um suingue inovador. A procura por novidades foi a tônica do disco seguinte.

O LP *S'imbora*, lançado em novembro de 1965, ainda trazia os mesmos compositores tradicionais, mas respaldava novos nomes. Num compacto produzido no meio do ano, lançou um novo compositor baiano, recém-chegado de Salvador. Seu nome, Caetano Veloso, e a música "De manhã", lançada em julho de 1965, foi a segunda gravação do compositor em disco, pouquíssimo tempo depois de sua irmã Maria Bethânia gravá-la naquele ano. Simonal estava antenado com a nova música que então surgia. Além de ser um dos primeiros a gravar o baiano, foi o segundo a gravar Chico Buarque. Vandré havia defendido "Sonho de um carnaval" em março de 1965 num festival da TV Excelsior, sem muito sucesso. A canção não ficou nem entre as cinco primeiras. Mas Simonal apostou no novo compositor e gravou a música no LP daquele ano, antes mesmo de Nara Leão, frequentemente lembrada por ter lançado Chico no LP *Nara pede passagem*, de 1966. Sintomaticamente, na memória coletiva, não é a Simonal que cabe os louros por ter sido um dos primeiros a lançar o mito Chico Buarque. Nara Leão é quase sempre louvada por seu pioneirismo em ter gravado "Olé-olá" e "Pedro Pedreiro" e "Madalena foi pro mar". No entanto, Nara era apenas uma cantora iniciante e Simonal já uma figura carimbada da segunda geração da Bossa Nova. Além de ter ajudado o início da carreira de Chico e Caetano, Simonal foi o primeiro a gravar Toquinho. Sua música "Belinha", parceria com Vitor Martins, foi defendida pelo cantor no III Festival da Música Popular Brasileira, da TV Record, em setembro de 1967, sem grande repercussão. Embora já tivesse gravado um disco no ano anterior, Toquinho ainda não mostrara confiança para gravar uma canção própria.[3] Foi o empurrão de Simonal que abriu as portas para as primeiras gravações do compositor.

Foi nessa época, quando estava na TV Tupi capitaneando o *Spotlight*, que surgiu o convite para dividir o microfone com Elis Regina no programa *O fino da bossa* da TV Record. Embora empolgado com a proposta, Simonal estava preso por contrato à Tupi e à gravadora Odeon, o que dificultava mais as coisas. Elis era da Philips, gravadora pela qual sairia o disco oriundo do programa. Simonal então recomendou Jair Rodrigues, que também era da Philips, que prontamente foi aceito.[4] O sucesso do programa e principalmente do disco *Dois na Bossa* (1965) foi tanto que a parceria rendeu mais outros dois LPs nos dois anos seguintes. Mas Simonal não ficou pra trás e trilhou sozinho um caminho tão popular quanto o da dupla Jair e Elis.

Para além da mudança de repertório, a segunda metade da década anunciava um *novo* homem, uma *nova* postura, um modernizador, um reformulador estético.

O marco inicial da mudança na carreira de Wilson Simonal foi a gravação de "Mamãe passou açúcar em mim" (Carlos Imperial/Eduardo Araújo — este último não creditado), em maio de 1966. Fora do seu programa televisivo um tanto elitista, Simonal se viu livre para alçar novos voos. Entrou em contato com Carlos Imperial, antigo amigo e incentivador dos primeiros anos, que vinha se destacando como um dos homens dos bastidores da Jovem Guarda.

---

[3] No LP de estreia, Toquinho mostra seu virtuosismo ao violão dando sua versão para músicas de outros compositores: *O violão de Toquinho*, RGE, 1966.
[4] Wilson Simonal em depoimento a Paulo Cesar de Araújo em 21/2/1994.

"MAMÃE PASSOU AÇÚCAR EM MIM"

Em 1965, a Jovem Guarda tornara-se um fenômeno de massa. Roberto Carlos e sua turma viraram figuras de porte nacional quando chegou ao público "Quero que vá tudo pro inferno": "Quero que você/ Me aqueça neste inverno/ E que tudo mais/ Vá pro inferno." Antes disso, Roberto Carlos era um nome de projeção apenas regional, e sucessos como "É proibido fumar", "Splish splash" e "Parei na contramão" restringiam-se a um pequeno grupo de amantes do rock nacional.

A estreia do primeiro programa *Jovem Guarda* foi em 22 de agosto de 1965, às 16h30.[5] A TV Record, que liderava a audiência nas noites da semana, buscava superar os concorrentes também nas tardes de domingo, horário frágil de sua programação. Depois que problemas com a Federação Paulista de Futebol inviabilizaram as transmissões ao vivo do campeonato de São Paulo, o iê-iê-iê foi a saída encontrada para bater os concorrentes. Os diretores da TV Record acertaram em cheio. Três meses depois do início do programa, Roberto Carlos gravou o LP *Jovem Guarda*, que trazia o sucesso "Quero que vá tudo pro inferno".[6] A partir desse hit e das transmissões do seu programa, o iê-iê-iê tornou-se uma mania nacional e Roberto Carlos, uma figura conhecida em todo o país. Carlos Imperial estava entre aqueles que se beneficiaram com a exibição do programa, que projetou seu nome já bastante conhecido. Ele já era famoso como disc-jóquei, apresentador de programas, organizador de shows de rock e até como compositor. Sempre ligado a grupos como The Fevers, Renato Barros e seus Blue Caps, cantores como Eduardo Araújo, Ed Wilson, Sérgio Murilo e, mais tarde, Rosemary e Ronnie Von, Imperial movimentava os bastidores.

Aproveitando a boa fase de Imperial, Simonal gravou o compacto com a música "Mamãe passou açúcar em mim", em maio de 1966, e o sucesso foi imediato. Não era mais um rock iê-iê-iê. Com arranjo de Cesar Camargo Mariano, a música era sincopada, quase dançante, fundindo vertentes

---

[5] Paulo Cesar de Araújo, *Roberto Carlos em detalhes*, São Paulo, Planeta do Brasil, 2006, p. 135.
[6] Para um relato sobre o início do programa, ver especialmente o capítulo 5, "Jovens tardes de domingo: Roberto Carlos e a televisão", do livro de Paulo Cesar de Araújo, *Roberto Carlos em detalhes*, op. cit., 2006.

musicais diversas. Para além do balanço, a canção era uma ruptura com tudo o que Simonal vinha cantando até então. Bastante simples, com referências a canções já conhecidas (especialmente no começo) e palmas marcando o ritmo, a música tinha uma letra infantil criada por Carlos Imperial. O lirismo da bossa-nova dava lugar ao molejo debochado e controverso. Simonal começava a se tornar Simonal:

> Mamãe passou açúcar em mim
> (Carlos Imperial/Eduardo Araújo)
>
> Eu era neném, não tinha talco
> Mamãe passou açúcar em mim
> Sei de muito broto
> Que anda louco
> Pra dar uma bitoca em mim
> E na verdade,
> Na minha idade
> Eu nunca vi ter tanto broto assim...

O estrondoso sucesso da canção e a versatilidade do intérprete, já demonstrada no *Spotlight* da Tupi, levou a TV Record a contratar o cantor. Em 25 de junho de 1966, estreou o *Show em Si... monal*, que contava com Luiz Carlos Miéle, Ronaldo Bôscoli, Chico Anysio e Jô Soares na equipe de criação. Curiosamente, o programa estreou exatamente no mesmo dia que o cantor morreria, trinta e quatro anos mais tarde.

Exibido às quartas-feiras à noite, no Rio, e aos domingos, em São Paulo, Simonal conseguia unir no programa tanto os ídolos da Jovem Guarda quanto os artistas da recém-nascida MPB. O programa era um dos poucos abertos às duas vertentes. Em meados da década, Simonal era bem visto tanto pelos adeptos do iê-iê-iê como do programa *O fino da bossa*, capitaneado por Elis Regina e Jair Rodrigues.

No decorrer da segunda metade da década de 1960, acirraram-se as divergências entre os influenciados pelo rock, adeptos da Jovem Guarda, e aqueles que eram contra a "invasão" cultural, agregados em torno do rótulo MPB. O "P" de MPB fazia referência a um povo vítima da invasão cultural estrangeira, e que deveria ser defendido das músicas "alienígenas". Os adeptos da MPB viam o iê-iê-iê como "aberração", "submúsica" condenada à extinção pela força da música brasileira.

Mas Simonal estava além dessas disputas que mobilizavam a juventude. Ele, ao lado de Jorge Ben, era um dos poucos com livre trânsito nos dois *fronts*. O *Show em Si... monal* era o meio-termo entre o *Jovem Guarda* e O *fino da bossa*. Diante do público da TV, ficava cada vez mais claro que a trincheira aberta por "Mamãe passou açúcar em mim" deveria continuar a ser explorada.

Três meses depois da estreia do programa ele gravou "Carango", outra composição de Carlos Imperial, dessa vez em parceria com Nonato Buzar:

> Copacabana, carro vai zarpar
> Todo lubrificado pra não enguiçar
> Roda tala larga, genial!
> Botando minha banca muito natural
> S'imbora (um, dois, três)
> Camisa verde-claro, calça *saint-tropez*
> E combinando com o carango, todo mundo vê
> Ninguém sabe o duro que dei
> Pra ter fon-fon, trabalhei, trabalhei.

Seguindo o mesmo estilo, baseada nos metais, a canção sincopada "tirava sarro" com carro, mulheres e vida boa. Foi uma das primeiras gravações do cantor ao lado do Som Três, trio formado por Sabá no baixo, Toninho na bateria (ambos egressos do Jongo Trio) e um jovem pianista, Cesar Camargo Mariano, grande responsável pelo suingue inovador e variações harmônicas do *novo* Simonal. Os novos músicos foram acompanhados por metais ágeis e precisos que davam um colorido especial à música, distanciando-se cada vez mais do marco inicial da bossa-nova. A formação mais estável dos metais aconteceu entre 1967 e 1969. Os músicos eram Maurílio e Darcy nos trompetes, Juarez no sax tenor, Aurino no sax barítono e Roberto Simonal no sax alto. Os metais da Pilantragem quase nunca tocaram com trombone. Isso só mudou na década seguinte quando Simonal passou a ser acompanhado por seu irmão Roberto e pelo amigo Zeca do Trombone. Com ou sem trombone, aos arranjos dos metais deve-se grande parte do novo som do cantor.[7]

O programa e os shows advindos do enorme sucesso serviram para lapidar o novo estilo. E, de repente, todo mundo começou a falar em "jovem samba", termo que também já havia sido empregado em relação às canções de Jorge Ben. Mas Simonal ia além. Diferentemente da escola bossa-novista, acostumada a plateias pequenas, um estilo *cool* de cantar, a nova proposta de Simonal buscava o contato com as massas, as grandes plateias.

A música com suingue foi o meio que encontrou para tocar as pessoas, vê-las corresponder à sua apresentação. E, para motivá-las ainda mais, Simonal tornou-se, a partir dos anos 1966/1967, um *showman*, capaz de conduzir programas e shows ao vivo como ninguém.

Na televisão ele lapidava seu carisma. Conduzia o público através de palavras de ordem por vezes banais. Criou várias gírias que se tornaram populares na boca do povo: "alegria, alegria", num tom irônico, servia para levantar o público (e seria mais tarde ressignificada por Caetano Veloso); metais "com champignon" descreviam o suingue do seu naipe; "vou deixar cair" era algo como botar banca; "que tranquilidade" era usado quando tudo ia bem e "se machucar" era se dar mal; "machucar os corações" era fazer as garotas se apaixonarem e "s'imbora" servia para puxar o acompanhamento do coro popular. Assim como a Jovem Guarda, que gerou modismos e um novo vocabulário (gírias como "é uma brasa", "mora", "bicho", "meu amigo..."), o *Show em Si... monal* fundou uma nova forma de contato com o público. Aliás, antes de Roberto Carlos utilizar, e muito, a gíria "barra limpa", Simonal já a havia incorporado ao seu vocabulário. Sintomaticamente, Cesar Camargo Mariano compôs o tema "Barra limpa" (1966), um jazz acelerado, abertura do *Show em Si... monal*.

O que estava em jogo não eram mais as inovações harmônico-melódicas complicadas da bossa-nova. A nova música não colocava em questão a politização como estética, que gradualmente se impunha como discurso da MPB, especialmente após 1965. Não. O som buscava um novo olhar para

---

[7] Depoimento de Zeca do Trombone, Rio de Janeiro, 9/5/2009.

a música popular. Diferentemente da Jovem Guarda, que surgiu importando versões do exterior, Simonal e Imperial propunham um caminho diverso. Buscavam uma fusão do som "de fora" com as tradições musicais já existentes no país, do samba à bossa. Surgia um novo estilo, diferente da Jovem Guarda e da MPB. Um novo rótulo apareceu para tentar dar conta da nova proposta estética: Pilantragem.

Mas o que significava ser pilantra? O pilantra era um sujeito esperto, assim como o malandro do morro, mas sintonizado nas novidades pós-Beatles, na televisão e na moda colorida. Era um cara que buscava se expressar conectando-se com a nova realidade pop dos anos 1960. Era uma proposta que visava viver o mundo da melhor forma possível, descompromissada e também irresponsavelmente. No plano musical, a Pilantragem buscava um jeito despreocupado de se fazer canções, no qual a espontaneidade seria a tônica do processo. Para além de um grande aprimoramento técnico, lírico ou estilístico, a Pilantragem valorizava a fusão das tradições, a incorporação de novidades, o caldeirão de realidades.

Musicalmente, a Pilantragem nasceu influenciada pelo *boogaloo*, o jazz latinizado produzido para pistas de dança, metais *lounge* do Tijuana Brass, o clima latino de Chris Montez e Sérgio Mendes & Brasil'66. Segundo Carlos Imperial, o grande articulador do projeto, tudo começou assim:

> Simonal me pediu para inventar uma nova jogada. Sugeri então transformar o samba em compasso quaternário, pois assim o cantor ficaria mais à vontade para se mostrar. Bolamos o estilo e eu compus então a primeira música da Pilantragem: "Mamãe passou açúcar em mim" (...) bolamos que, como o iê-iê-iê estava na onda, o negócio tinha que ser com guitarras. Criamos então o Samba-Jovem e nós definíamos: batida de samba e molho de iê-iê-iê. Aí entrou Cesar Camargo Mariano na jogada com o seu Som Três e começou a bolar novos arranjos. Nonato Buzar, amigo antigo e compositor de música tradicional, juntou-se a mim para fazermos músicas juntos.[8]

Mais do que delimitar um pai fundador, um marco fundamental, o que se enfatizava na Pilantragem, que defendo aqui como um projeto estético, era o caráter livre, as múltiplas possibilidades, as diferentes

---

[8] Texto de contracapa do LP *Pilantrália com Carlos Imperial e a Turma da Pesada* (1968).

influências. Tratava-se de modernizar a música sem ignorar o passado ou rejeitar o som estrangeiro. Era estar aberto a novas realidades, sem estar compromissado, necessariamente, com estruturas inteligíveis, discursos pré-fabricados. Nonato Buzar, um dos integrantes da Turma da Pilantragem, grupo do fim da década, escreveu na contracapa do seu disco de 1968:

> Se você for procurar em qualquer desses grossos dicionários que tem por aí o significado da palavra "pilantragem" vai se "machucar", amigo, pois, por incrível que pareça, a palavra-chave desta nossa era não constar em nenhum dos "Buarques de Hollanda" da praça.
> Mas não há problema, vamos dar nossa "mãozinha" aos "pais-dos-burros" da nossa língua portuguesa dando aqui a "dica" (superquente) da palavra mais em uso na atualidade. Pilantragem: adjetivo muito em uso na vida moderna. Não é do estado de espírito, mas um estado material em que se aproveita tudo e todos para o próprio bem-estar pessoal. É também um estilo musical da melhor qualidade, muito bem explorado por compositores "pilantras", bem como cantores idem."[9]

Nonato Buzar foi o autor de alguns dos maiores sucessos de Simonal, especialmente "Vesti azul" e "Carango", símbolos daquela geração pilantra. Se Simonal se considerava o deus da Pilantragem, definitivamente Imperial e Buzar compunham com o cantor a santíssima trindade daquele projeto estético. Apesar do companheirismo e amizade, os amigos divergiram quando criaram o novo som. Buzar discordava do nome dado pois achava que podia ser mal interpretado:

> Eu fui fundamentalmente contra a palavra pilantragem pois sabia que mais dia menos dia ela seria usada contra [nós mesmos]. A nossa pilantragem era desfazer a submúsica que o Roberto Carlos fazia. Então eu queria chamar de Bossa Brasileira. Foi a única vez que Simonal e eu não concordamos. Foi quando eu disse para ele que se esse negócio de pilantragem pegasse ia ser uma tristeza para nós porque muda completamente o sentido figurativo do que nós queríamos fazer.[10]

---

[9] *O som da pilantragem — A turma da Pilantragem.* CBD (1968).
[10] Depoimento de Nonato Buzar (compositor) concedido ao autor em abril de 2007.

Gerson Cortes, outro músico próximo a Simonal, achava que Nonato, por ser maranhense, não compreendia o "real" significado da pilantragem, que para ele não tinha sentido positivo. Para Gérson a Pilantragem era próximo à "malandragem carioca".[11]

Apesar das divergências iniciais, Nonato acabou cedendo as músicas e gravou discos próprios com a marca da Pilantragem, como lembrou Carlos Imperial:

> Fizemos "Carango", que Buzar achava horrível e deprimente. Um dia propôs-me: "Se você acha que a música é realmente sensacional e que vai dar muita grana, me dá 100 contos agora que ela fica sendo só sua." Foi um custo para convencê-lo de que o samba-jovem ia dar pé. Quando "Carango" estourou e Buzar recebeu uma grana violenta como meu parceiro, foi correndo para casa e jogou fora todas as músicas sertanejas e dias depois veio a safra de "Uni-du-ni-tê", "Vesti azul" etc.[12]

Simonal sempre ouviu e respeitou muito Nonato Buzar, desde que este o vira cantando numa boate de Copacabana no fim dos anos 1950. Costumava chamá-lo respeitosamente de *poeta*. Muitos anos mais tarde, já no ostracismo, confessou seu erro diante do mentor: "Pois é, poeta, você tinha razão. Foi isso mesmo que você falou."[13] Simonal pedia desculpa pela insistência na escolha do nome Pilantragem. O arrependimento do cantor parece, no entanto, não dar conta de que o termo escolhido talvez fosse o melhor para descrever a atitude daqueles artistas perante sua época. Como já havia proclamado Imperial: "a Pilantragem é a apoteose da irresponsabilidade consciente".[14] Então voltemos ao apogeu.

Em novembro de 1966, Simonal lançou o LP *Vou deixar cair...*, que trazia sucessos já lançados em compactos e algumas novas canções como "Carango", "Meu limão, meu limoeiro", "Mamãe passou açúcar em mim", "Samba do Mug" e "A formiga e o elefante". A partir desse disco Simonal distanciava-se da bossa-nova, embora nunca tenha parado absolutamente de cantar o gê-

---

11 Depoimento de Gerson Cortes (Gerson King Combo, produtor, intérprete, compositor), Rio de Janeiro, 12/11/2008.
12 Texto de contracapa do LP *Pilantrália com Carlos Imperial e a Turma da Pesada* (1968).
13 Depoimento de Nontao Buzar (compositor) concedido ao autor em abril de 2007.
14 Texto de contracapa do LP *Pilantrália com Carlos Imperial e a Turma da Pesada* (1968).

nero criado por João Gilberto e Tom Jobim. Fazia parte da Pilantragem recriar antigos sucessos com uma nova roupagem, mais moderna, sincopada.

Não se pode falar da nova música sem mencionar os principais componentes da nova proposta estética: a ironia, o escárnio e o deboche. Faziam parte da Pilantragem o autoexibicionismo, o contar vantagem, a apologia de carros e mulheres. Não à toa, os subtítulos dos LPs de Wilson Simonal eram tão controversos. Vide a série *Alegria, alegria*, de quatro volumes, três dos quais com subtítulos bem *pilantras*: vol. 2: *Quem não tem suingue morre com a boca cheia de formiga* (1968); vol. 3: *Cada um tem o disco que merece* (1969); vol. 4: *Homenagem à graça, à beleza, ao charme e ao veneno da mulher brasileira* (1969).

Indo além da Jovem Guarda, a Pilantragem debochava da música universitária.[15] O negócio era "botar banca", debochar, ironizar os politizados, os "intelectualoides". Devido a essa postura, Simonal e, especialmente, Carlos Imperial ficaram tachados como "metidos". Imperial recorda:

> Tudo começou quando eu trabalhava na TV Record. Todo artista, ao entrar em cena, era recebido com uma salva de palmas. Só havia mocinho na televisão. Ora, não pode haver mocinho sem bandido. Então me deu aquele estalo: o bacana devia tentar ser o outro lado, o do vilão. Empenhado nisso, combinei com o câmera para me pegar sempre com o dedo no nariz, coçando a barriga, cuspindo no chão etc. Minha meta era agredir o público. Entrevistado por Hebe [Camargo, em 1967], comecei a declarar que o auditório era ruim, sem gosto, pintei o sete. Como reação normal, que eu esperava, vieram as vaias. Feliz da vida, com toda a potência da minha voz, berrei: auditório cafona![16]

Como afirma Imperial, a "agressão" ao público deve ser relativizada. Todas as falas dos *pilantras* eram também jogo de marketing, muito bem pensado e articulado. Nas revistas eles apareciam ao lado dos *brotos* e carrões que cantavam nas canções. Na TV, faziam propaganda de um estilo escrachado de vida. A diversão era superdimensionar o sucesso, ironizar o meio artístico, sempre sem qualquer compromisso com a política ou a "inteligência", e bas-

---

15 Por "música universitária" entende-se a música feita por sujeitos egressos das faculdades do país, que se constituíram como principal grupo forjador do conceito estético-político da MPB.

16 "Carlos Imperial: o monstro pré-fabricado", *A Notícia* (16/6/1973).

tante próximo do mercado. A crítica batia muito nisso, como lembra Gerson Cortes, grande amigo de Simonal e sempre nos bastidores da Pilantragem:

> Achavam a Pilantragem meio galhofa, nada séria, achavam que era uma coisa de carioca preguiçoso, sabe? Eles achavam que não tinha relação nenhuma com idealismo político, que era uma coisa do carioca bonachão, safado... A Pilantragem não tinha compromisso com A ou com B. Tinha compromisso com vender discos. Tinha até umas letras meio bobas!.[17]

Simonal nunca escondeu essa faceta da Pilantragem: "Não gravo disco para receber elogio, eu gravo disco para vender. Uso a minha arte no sentido comercial. O dia em que eu ficar rico, muito rico, aí sim eu vou me dar o luxo de fazer disco artístico, mas por enquanto ainda não."[18] Em 1973, depois da queda, ele continuava com a mesma opinião:

> Pro meu gosto musical eu nunca gravei o disco que eu gostaria de ter gravado. Isso pro meu gosto musical. Mas eu não vou comprar o meu disco. Eu tenho consciência que sou um cantor popular então eu procuro fazer uma coisa compatível com o que as pessoas esperam de mim, de acordo com o gosto popular e com o que eu posso proporcionar dentro da minha criação. Essa fórmula tem funcionado bem. Uns discos vendem mais outros vendem menos, mas de modo geral eu sempre procuro fazer o disco ter um sabor popular.[19]

Essa relação mercadológica lastreava uma nova postura em relação à música popular. O que estava em jogo era a *comunicação* com o público, algo muito caro a Simonal:

> Eu acredito que um dia a Pilantragem vai passar, mas tem que aparecer uma coisa melhor em termos de comunicação popular. [...] O meu problema, acho que o grande problema da música brasileira foi o problema da comunicação. A música só se comunica com o povo no carnaval."[20]

---

[17] Depoimento de Gerson Cortes, Rio de Janeiro, 12/11/2008.
[18] *O Pasquim* (jul. 1969), nº 4. Entrevista com Wilson Simonal. Wilson Simonal, programa da Rádio Jornal do Brasil, do Rio de Janeiro, cedido por Paulo Cesar de Araújo. Original de 16/1/1973.
[19] Wilson Simonal, programa da Rádio Jornal do Brasil, do Rio de Janeiro, cedido por Paulo Cesar de Araújo. Original de 16/01/1973.
[20] Idem.

A fama do cantor-comunicador só fez aumentar. Em 1967, ele foi chamado para defender três músicas no III Festival da Música Popular Brasileira, caso único na história dos festivais. Cantou "O milagre" (Nonato Buzar), "Belinha" (Toquinho e Victor Martins) e "Balada do Vietnam" (Elizete Sanches e David Nasser). Aquele fora o festival de "Alegria, alegria" (Caetano Veloso), "Domingo no parque" (Gilberto Gil) e "Roda viva" (Chico Buarque), e Simonal não passou da primeira eliminatória, resultado do qual discordou. O argumento era que o festival estava se intelectualizando demais, distanciando-se do povo:

> Olha, "Disparada" pode ter sido um grande sucesso, mas até agora o grande público não sabe do que se trata. Ouve e não entende. (...) Acho também que deve haver dois festivais. Um da Canção Popular e outro da Música Popular. Para o Festival da Canção Popular, o júri devia ter Lyrio Panicali, Vinicius de Moraes e Ronaldo Bôscoli. Para o Festival da Música Popular, Denis Brean, Abelardo "Chacrinha" Barbosa e Milton Miranda, da Odeon.[21]

Simonal enxergava nos festivais uma manifestação elitista, cujas músicas não comoviam o povo, a não ser a classe média e os universitários. Os jurados exprimiam esse ponto de vista elitista, segundo sua opinião, e, contrariando-os, ele se julgava mais capaz de atingir o "povo":

> [...] o que aconteceu é que eu criei fama de antipático e até hoje tem gente que diz que sou "banqueiro" só porque não faço o tipo marginal. Por quê? Porque a imagem do negro é aquele tipo marginal. *Preto tem que ficar tocando pandeiro, caixa de fósforo*, ficar fazendo palhaçada no palco. Como eu faço um gênero que o pessoal acha que é gênero de branco, então dizem que fiquei pretensioso, sou metido a importante. Isto é uma consequência do preconceito racial e a gente tem que denunciar. Mas os brancos também acham que eu sou o maior *showman*, essas coisas todas.[22]

Em várias de suas falas fica claro o repúdio do cantor à estética "marginal", que ele via principalmente nos sambistas "de caixa de fósforo". Ele se

---

[21] "Simonal dá a receita da canção popular", *Última Hora* (18/10/1967), coluna de Chico de Assis.
[22] *Correio da Manhã* (4/12/1970), Caderno Anexo, p. 3.

identificava muito mais com a elegância e a forma "americana" de se portar no palco e via em Cauby Peixoto um ícone dessa tendência:

> Eu sou fã do Cauby até hoje. Engraçado que o Cauby foi um cantor que eu imaginava que tinha que ter no Brasil. Eu gostava muito de filme e dos musicais americanos... Então aquela história da boemia e do cántor brasileiro de manga de camisa, aquele negócio me chateava um pouco, sabe? Eu me lembro do Cauby de paletó xadrez na *Revista do Rádio*, de capa bonita... eu achava bacana o Cauby com pinta de cantor americano![23]

Para além do comercialismo, Simonal era um tipo progressista em termos estéticos. Para ele, a "boa" música não deveria ser "resgatada", como queriam os puristas do samba e das músicas folclóricas e nativistas, associados ao rótulo MPB:

> Simonal: Eu até faço uma divisão um pouco difícil e digo para o povo cantar. Mas é que o público se sente premiado em cantar a música que eu canto, pois sabe que eu sou um bom cantor. Sabe que eu tenho raízes jazzísticas que americanizam a música, mas eu nunca neguei isso.
>
> Repórter: Você não acha que isso [americanizar a música] é vigarice?
> Simonal: Vigarice é ficar cantando música tradicional com caixa de fósforo em mesa de bar.[24]

Ao mesmo tempo que defendia a modernização musical, Simonal e os pilantras se posicionavam de maneira radical contra o que eles chamavam de "inteligência", ou seja, os universitários e suas canções por demais intelectualizadas, distantes do povo:

> O grande perigo das artes no Brasil são as pessoas comprometidas com a inteligência. Umas pessoas preocupadas em fingir que são intelectuais. Elas tumultuam a verdade. [...]
> Não gravei "Juliana" (Antonio Adolfo/Tibério Gaspar) porque não entendi direito o que o Tibério Gaspar [o letrista] quis dizer. Uma letra muito sub-

---

23 Wilson Simonal, programa da Rádio *Jornal do Brasil*, do Rio de Janeiro, cedido por Paulo Cesar de Araújo. Original de 16/1/1973.
24 "Simonal: eu sou um deles". *Jornal do Brasil* (1-2/2/1970), Caderno B, p. 10.

jetiva. "Botão de rosa, perfumosa e linda"... Tá vendo? "Perfumosa." Esse negócio de neologismo já encheu. Num Guimarães Rosa, escritor credenciado, a gente respeita. Agora, chegam esses rapazes e ficam fazendo neologismo — é meio audácia. Tem que ter bagagem para criar algo novo.[25]

A crítica aos músicos egressos dos bancos universitários era respaldada por Carlos Imperial, que chegou a proclamar: "Não me preocupo com a minoria inteligente do Brasil."[26] Embora progressista em termos estéticos, Simonal mostrava-se conservador politicamente:

> *Simonal:* [Passeata] é um negócio da maior boboquice. Não resolve nada. Depois que o cara casa, tem família, vai vendo que não tem dessas coisas. Quando é jovem, acha que passeata, baderna, anarquia resolvem.
> *Repórter:* E a passeata dos intelectuais?
> *Simonal:* Tudo cascata. O cara estava lá porque a [revista] *Manchete* ia fotografar. O negócio dele era mesmo tomar uns *choppinhos*. Tenho uma irmã que dizia que achava passeata um programa diferente. Ia lá, fazia comidinha pros rapazes. Estudante tem que estudar.[27]

No pós-AI-5, quando a MPB adentrava as trincheiras da luta contra a ditadura, Simonal se afastava dessa perspectiva. Em entrevista ao jornal *O Pasquim*, o cantor defendeu seu ponto de vista:

> *Simonal:* Antigamente, quando eu andava empolgado com a esquerda festiva, não me envergonho de dizer que já estive meio nessa, sabe como é: a gente vai estudando, fica com banca de inteligente e pensando que é o tal, achando que muita coisa estava errada, que tinha que mudar muita coisa...
> *Tarso de Castro:* Hoje você não acha mais que tenha muita coisa errada?

---

[25] *Realidade*, dez. 1969, p. 148. Ao contrário do que diz o próprio Simonal, a Pilantragem teve uma preocupação com neologismos, com ressignificar palavras. A crítica do cantor parece não se dirigir ao neologismo em si. A questão não era tanto o *novo*, mas esse ser ou não intelectualizado.

[26] Anos mais tarde, quando começou a atuar em filmes de *pornochanchada*, Imperial mantinha essa perspectiva: "Não faço filmes para agradar jornalistas, meus amigos de classe. Um cineasta não deve procurar agradar o crítico. Não me preocupo com a minoria inteligente do Brasil e fazendo o que a maioria gosta, que é diversão, sexo, erotismo e agressão, consigo sucesso. [...] se o público diz que estou certo, para que vou me importar com a crítica que diz que estou errado?" "O pilantra", *Última Hora* (5-6/8/1978), suplemento especial, p. 5.

[27] "Esse homem é um Simonal", *Realidade*, dez. 1969, p. 148.

> *Simonal:* Eu acho que ainda tem, só que eu não entendo o porquê que as coisas estão erradas e quando eu vou discutir não agrido mais as pessoas, eu procuro propor o meu ponto de vista...[28]

Simonal não estava desamparado em suas opiniões. Carlos Imperial manifestou posição semelhante: "Lá pelos meus 17 anos, tive essa queda natural que todo jovem tem pela esquerda. Participava de reuniões da UNE, fazia comícios, o diabo. Mas foi só uma fase e passou, pois logo me dei conta de que era ilusão."[29]

As críticas às esquerdas eram uma forma de sobrevivência para a Pilantragem, que, gradualmente, começava a receber as mesmas críticas antes endereçadas à Jovem Guarda. Simonal passou a ser considerado "alienado" e sua produção tachada de "submúsica". O distanciamento da Bossa Nova e a crítica aos sambistas "de caixa-de-fósforo" tornaram Simonal um dos alvos prediletos da turma da MPB antes do surgimento dos tropicalistas. O fato de a Pilantragem não se vincular à crescente politização explícita das canções ia na contramão do que queriam os defensores da MPB. Entre 1964 e 1968, o acirramento do jogo político extravasou para o campo cultural e a música popular se tornou uma das principais válvulas de escape da indignação da sociedade, que demandava músicas de protesto. Cabe perguntar: qual sociedade fazia essa demanda? Claro está que a pressão era exercida por setores intelectualizados das classes médias. E Simonal batia de frente com essa perspectiva, distanciando-se do esquerdismo e abrindo-se a novidades estrangeiras e fusões incomuns.

Em entrevistas feitas depois do período da ditadura, Simonal e o amigo Gerson Cortes justificaram suas escolhas, fugindo da bipolaridade política da época:

> *Simonal:* E os shows que eu fiz com o pessoal de esquerda? Eles não lembram... Mas por que eram com os de esquerda? Por que eu tinha tendência de esquerda? Nada disso, por que na época me pareceu que era o melhor. Eu não estou preocupado com ideologia! Se o cara é bom profissional, esse é o cara! Não tem nada a ver uma coisa com outra![30]

---

[28] "Não sou racista", entrevista com Wilson Simonal, *O Pasquim* (jul. 1969), nº 4.
[29] "Carlos Imperial: o monstro pré-fabricado", *A Notícia* (16/6/1973).
[30] Wilson Simonal em depoimento a Paulo Cesar de Araújo em 21/2/1994.

Gerson Cortes: A gente era artista... não tomava partido de direita ou esquerda... Eu sempre me perguntei o que era isso... (...) É como hoje os caras que são amigos hoje do Lula. Eu não conheço o Lula mas seria uma honra entrar na casa dele. Se o Lula é de direita ou de esquerda não interessa, a gente é artista![31]

Para além das questões políticas, os opositores irritavam-se com a grande popularidade do cantor, o grande magnetismo pessoal e carisma, divulgados pelo poder revolucionário da televisão. Ele foi um dos primeiros artistas que souberam usar o novo meio. Na década de 1960, a TV expandiu-se para parte considerável da população e as emissoras se preocuparam em garantir a audiência. A imagem do cantor foi, intensamente, usada pelos meios de comunicação em franca expansão.

Musicalmente, além do descompromisso político, Simonal parecia não se importar muito com a "qualidade" do repertório. Ele gravou canções banais, que eram simples brincadeiras, músicas tradicionais e folclóricas como "Escravos de Jó" (1967), "Marcha soldado" (em *Recruta Biruta*, 1968) e "Eu fui ao Tororó" (1969). Elas faziam bastante sucesso, mas não traziam o respeito da crítica. O que a crítica parece não ter percebido é que, executada por músicos virtuosos, as músicas eram gravadas de forma bem inovadora. A Pilantragem, diferente da Jovem Guarda, era feita por músicos experientes e profissionalizados, e as levadas jazzísticas eram incorporadas a essas canções banais. E não se pode esquecer as referências presentes nas harmonias, que davam novos ares às composições simples. Na introdução de "Mamãe passou açúcar em mim" há uma clara referência pop ao tema da série Peter Gunn, sucesso da televisão americana composto pelo jazzista Henry Mancini. O hit carnavalesco "Mamãe eu quero" funde as cabeças mais quadradas quando insere "Hey Jude", clássico de Paul McCartney e John Lennon, entre palavras como "mamadeira" e "bebê".

É importante dizer que essas canções saíam nos LPs ao lado das tradicionais "Agora é cinza" (Bide/Marçal), "Aos pés da cruz" (Marino Pinto/ Zé da Zilda), "Minha namorada" (Carlos Lyra/Vinicius de Moraes), "Tem dó" (Baden Powell/ Vinicius de Moraes) e "Discussão" (Tom Jobim/ Newton Mendonça). A intenção da Pilantragem era ir além das amarras da MPB,

---

[31] Depoimento de Gerson Cortes, Rio de Janeiro, 11/11/2008.

que começava a idolatrar os clássicos do samba e da bossa-nova transformando-os em peças de museu. Esses compositores eram cada vez mais incorporados como os "mestres" da música popular. A ideia de Simonal e do Som Três era suingar com um clássico dos anos 1930 e, com a mesma vitalidade, dançar uma versão à James Brown de "Mamãe eu quero". Brincava-se com a coisa séria e levava-se a sério a brincadeira. É importante lembrar que não foi só a Pilantragem que se utilizou de brincadeiras e músicas simples para melhor enfatizar sua proposta estética. O pai da Bossa Nova João Gilberto gravou duas canções de sua autoria no primeiro LP: "Hô-ba-la-la" e "Bim bom". Esta última incorpora a simplicidade como autoconsciência: "Bim bom/ bim bim bom.../ é só isso o meu baião/ E não tem mais nada não/ O meu coração pediu assim/ Só bim bom...". Da mesma forma a gravação de João para "O pato" pode parecer simplória: "O pato vinha cantando alegremente/ Quém quém!/ Quando o marreco sorridente pediu/ Para entrar também no samba."[32] Sendo uma óbvia brincadeira musical, cabe perguntar que implicações essa gravação tem para a obra do intérprete. Como sugerem os próprios títulos, não há grande valor lírico nas canções, que, contudo, se justificam por completo na obra de João Gilberto pois estão sintonizadas com o espírito de subversão rítmica e com o novo canto do intérprete. Isso sempre foi reconhecido em relação a João. De forma semelhante, as brincadeiras de Simonal amplificavam sua proposta estética.

A Pilantragem se preocupava mais com a comunicação do que com as questões políticas ou o apuro estético, embora essa também fosse uma questão importante. Para atingir o objetivo da comunicação, tudo era válido, desde que contribuísse para se chegar mais perto do maior número de pessoas. A politização era vista como um discurso ininteligível ao sujeito comum, um tema que separava as pessoas mais do que agregava.[33]

---

[32] "O pato" (Jayme Silva/Neusa Teixeira) foi gravada no LP O *amor, o sorriso e a flor*, Odeon, 1960.

[33] Anos mais tarde, quando começou a produzir peças, Imperial mantinha essa perspectiva: "Como já disse, as peças muito encucadas afastaram o povo. Então, parti para comédias à flor da pele, em linguagem acessível, ignorando por completo o problema da mensagem e da divulgação de ideias políticas. No meu entender, a arte que tem vínculos com assuntos políticos tem também sua capacidade limitada pelas leis da censura." "Carlos Imperial: o monstro pré-fabricado", *A Notícia* (16/6/1973).

No LP *Vou deixar cair...*, de 1966, Simonal gravou a simples "Meu limão, meu limoeiro", versão de Carlos Imperial:

Meu limão, meu limoeiro
(Tradicional/José Carlos Burle/adaptação: Carlos Imperial)

Meu limão, meu limoeiro
Meu pé de jacarandá
Uma vez skindô-lê-lê, iêiê
Outra vez skindô-lá-lá

Apesar do estrondoso sucesso popular, a "inteligência" não viu com bons olhos a versão. A crítica foi forte, especialmente depois que Imperial, "pilantramente", registrou a canção no seu nome.[34]

"Meu limão, meu limoeiro" já havia sido gravada no ano anterior por Herb Alpert sob o título de "Lemon Tree". Mas quem chiou não foi o americano, mas José Carlos Burle, compositor pernambucano que décadas an-

---

[34] Não foi só a Pilantragem que se apropriou de músicas populares e assinou com nome próprio. Na mesma época, a fórmula reiterava sua eficiência: Gutemberg Guarabira vencia o II FIC (1967) com a intrépida "Margarida", mais da metade dela (aliás, o tema principal) de uma conhecidíssima cantiga de roda ("onde está a margarida olé, olé, olá/ ela está em seu castelo olé, olé, olá..."). No ano seguinte, na Bienal do Samba, Baden Powell ("recompositor" da ciranda "Cavalo Marinho", também assinada pelo letrista Mario Telles) vencia o concurso empunhando a sua "Lapinha", de que era autor apenas da segunda parte, não por coincidência a menos expressiva.
A tal ponto institucionalizou-se a apropriação de trechos ou músicas inteiras do folclore que mesmo autores de inegável criatividade e contribuição para a música brasileira assinaram criações anônimas pelo simples fato de incluí-las em seus repertórios. Dorival Caymmi, em seu livro *Cancioneiro da Bahia,* separa o que são "cantigas do folclore" e "cantigas baseadas no folclore" de suas próprias composições. O que não impede, porém, de, em seus discos, umas ("Eu fiz uma viagem") e outras ("Roda pião") trazerem seu nome como autor.
Apesar de reconhecer e declarar a origem folclórica da cantiga "Marinheiro só" ("eu não sou daqui/ eu não tenho amor/ eu sou da Bahia/ de São Salvador..."), Caetano Veloso assinou a música em seu LP gravado em Londres [de 1971], e o mesmo aconteceu com uma seleção de motivos populares que ele agrupou em duas faixas do LP *Transa* [de 1972]. (Caetano, ainda, com Torquato Neto, é o autor de "Deus vos salve esta Casa Santa", outro motivo nordestino.) Sérgio Ricardo agrupou vários cantos de capoeira em "Brincadeira de Angola" e abre "Águas de março", de Tom Jobim, com parte de uma velha cantiga perdida entre as regiões centro e nordeste do país: "é pau/é pedra/ é seixo miúdo...". "Música do povo e lucros", *Opinião,* nº 13 (29/1/1973).

tes havia se apropriado da mesma música. Um acordo entre ele e Imperial fez a música ganhar o nome dos dois autores.

A Pilantragem levou Simonal ao auge. E houve alguns críticos que elogiaram seu trabalho. Chico de Assis, normalmente duro defensor da MPB, reconhecia o talento do *show-man*: "tem cantor pra ser escutado, tem cantor pra ser ouvido, tem cantor pra ser olhado, tem cantor com quem a gente canta junto. Simonal vai pelo caminho total do cantor. Tudo isso, ou seja, o homem espetáculo".[35]

A comunicação e a sintonia com o público eram valorizadas mesmo que para isso ele aparecesse em propagandas do regime e exaustivamente na televisão. Com a gigantesca popularidade que passou a obter, Simonal achava-se no direito de dar conselhos aos seus parceiros universitários de limitada popularidade:

> Quero dar a receita da música popular aos meus amigos compositores bonitinhos de letra benfeita, porém linguagem que se entende relativamente curta. Não esquecer nunca que a harmonia deve sempre lembrar alguma outra que você já conhece.[36]

É importante lembrar que a Pilantragem foi um movimento cultural para além de Simonal, embora esse fosse o maior nome. O novo som foi abraçado por uma série de compositores e músicos, profissionais ou não, potencializando sua influência. A influência dos pilantras chegou até a França, onde Brigitte Bardot gravou, em 1970, uma versão de "Nem vem que não tem", um dos maiores sucessos de Simonal. A versão francesa chamou-se "Tu veux ou tu veux pas":

> Nem vem que não tem
> (Carlos Imperial)
>
> Nem vem que não tem
> Nem vem de garfo que hoje é dia de sopa
> Esquenta o ferro, passa a minha roupa
> Eu nesse embalo vou botar pra quebrar (...)

---

[35] *Última Hora* (11/10/1967), p. 7.
[36] *Última Hora* (18/10/1967), p. 8.

Nem vem!
Numa casa de caboclo
Já disseram um é pouco, dois é bom, três é demais
Nem vem! Guarda seu lugar na fila
Todo homem que vacila a mulher passa pra trás

A memória da Pilantragem foi tão distorcida quanto a do próprio Simonal. É curioso que este novo som da década de 1960 não seja reconhecido como um projeto estético.

Assim como a Bossa Nova teve em Tom Jobim o "maestro soberano", a Pilantragem também teve seu cérebro musical: Cesar Camargo Mariano. Muito antes de ser conhecido e reconhecido pelos arranjos para Elis Regina na década de 1970 ele já era um dos grandes responsáveis pelo movimento da Pilantragem, criando levadas inovadoras e sacudindo todo mundo com suingues dançantes através do instinto e da sensibilidade de Simonal.

Cesar Camargo conheceu o cantor quando começou a tocar com o Som Três, grupo formado com Sabá no baixo e Toninho Pinheiro na bateria. Os dois parceiros de Cesar haviam sido membros do Jongo Trio, grupo instrumental e vocal que formavam junto com o pianista Cido Bianchi. Já bastante conhecido na época, o Jongo Trio gravou o LP "Dois na Bossa", servindo de banda de apoio a Elis e Jair Rodrigues também nos programas de TV. Foi quando o baixista e o baterista do trio se apaixonaram musicalmente por Cesar Camargo Mariano. Sabá lembra-se da gênese da amizade: "O Toninho, especialmente, se identificou muito com o Cesar. A mão esquerda dele parece uma escola de samba, além da harmonia, que é fora do normal".[37] Pelas costas de Bianchi, Sabá e Toninho começaram a tocar com Cesar, então apenas um jovem de 22 anos. "Não sabíamos que o Cido Bianchi tinha registrado o nome do Jongo Trio. Mas ele fez bem, porque demos uma puxada de tapete nele", lembra Sabá. Como não podiam usar o antigo nome, tiveram que inventar outro. Inspiraram-se no grupo norte-americano *The Three Sounds* e cria-

---

[37] "Sabá conta como o Jongo Trio virou Som Três." Artigo de Carlos Calado de 20/2/2001 postado no site www.cliquemusic.uol.com.br. Todas as falas de Sabá foram retiradas deste artigo.

ram o Som Três. Uma das primeiras exibições do novo grupo foi no *Spotlight* da TV Tupi. "Simonal ficou louco com o nosso conjunto", recorda-se Sabá, e o trio acabou acompanhando o cantor por seis anos.[38]

Em conversas musicais com Cesar Camargo Mariano, Simonal foi lapidando seu estilo, contando com a sabedoria daquele grande arranjador:

> Desde a primeira vez que nos encontramos para ensaiar havia esse objetivo muito claro por parte do Simonal de buscar alguma coisa que mantivesse a qualidade musical dele, a nossa, e que estivesse dentro do espírito musical da época, mas que fosse algo evidentemente mais popular, lembra Cesar. E nem era "popular" o termo que usávamos, era "comunicativo". (...) Eu tinha que estudar esse treco pop. Simonal gostava muito de dançar. Ele me levava aos clubes e de vez em quando vinha até mim e dizia: "Olha só que som está rolando. Todo mundo está dançando! É isso que gente precisa fazer!" (...) Isso se transformou num desejo artístico legítimo nosso. Trabalhávamos o tempo todo em cima desse conceito. Era comum que nos trancássemos os quatro e passássemos dias bolando os arranjos, elaborando cada detalhe do repertório, buscando essa união do bom gosto com a comunicação imediata.[39]

Diante da invasão do som estrangeiro nas pistas de dança, a Pilantragem foi uma resposta brasileira à altura, fundindo vertentes nacionais sem negar as novidades de fora. Além de ser uma proposta para as festas nas boates, a Pilantragem almejava fundir todo o repertório brasileiro já existente numa nova estética, mais espontânea e livre. Ela levou Simonal ao auge, arrastando atrás de si toda uma série de artistas e abrindo portas para novos músicos brasileiros.

Aproveitanto o rastro de Simonal, o Som Três gravou quatro LPs instrumentais com versões pilantras para músicas conhecidas do grande público. Os títulos dos LPs iam na linha da brincadeira da Pilantragem. O primeiro disco chamou-se *Na onda samba-rock*; o terceiro contava vantagem: *Um é pouco, dois é bom, esse Som Três é demais!* Quando da dis-

---

[38] O Jongo Trio voltaria a se reunir no CD *Sambaland Club*, de Wilson Simoninha (Trama, 2002). Participa da faixa 7 ("Ela é carioca"/"Samba do carioca"). Cido Bianchi é o pianista e arranjador de oito faixas do CD *Brasil* (Movieplay, 1995).

[39] Ricardo Alexandre. Texto do encarte da caixa de CDs *Wilson Simonal na Odeon (1961-1971)*, EMI, 2004.

solução do grupo, em 1970, mais um disco foi lançado no ano seguinte, uma coletânea de sucessos.

Entre aqueles que mais se beneficiaram com o sucesso do intérprete estavam, obviamente, seus compositores. Nonato Buzar pegou carona em direção ao estrelato quando Simonal gravou "Carango" em 1966. No ano seguinte outro hit, "Vesti azul": "Estava na tristeza que dava dó/ Vivia suspirando e andava só/ Mas eis que de repente me apareceu/ Um brotinho lindo que me convenceu/ Dizendo que eu devia vestir azul/ Que azul é a cor do céu e seu olhar também...". Em 1969 Simonal gravou outra música de Nonato, "Menininha do portão", uma parceria com Paulinho Tapajós: "Menininha sai do portão/ vem também brincar/ Bate forte meu coração/ Mas não sei contar...". Mais do que um fornecedor de canções, Nonato entrou na moda da Pilantragem e criou seu próprio grupo, A Turma da Pilantragem. Com vocais de Regininha e Dorinha Tapajós, Vitor Manga na bateria, trompete de Marcio Montarroyos e os músicos da banda Os Diagonais, tocava hits arranjados por Erlon Chaves e Antonio Adolfo e produzidos por Armando Pitigliani, A "Turma" de Nonato Buzar gravou três discos bem-sucedidos comercialmente.[40]

A dupla Antonio Adolfo e Tibério Gaspar também conheceu o estrelato por intermédio de Simonal. Embora já tivessem composto algumas canções, o grande hit "Sá Marina", de 1968, foi o abre-alas para ambos. Com arranjo do próprio Antonio Adolfo, a canção estourou em todas as rádios do Brasil. Apesar de ser o lado B de um compacto simples, ou seja, aquela canção quase sempre destinada a ficar esquecida, "Sá Marina" não cumpriu seu destino e tornou-se um dos maiores sucessos populares de 1968.

Tibério Gaspar lembra-se que, quando ouviu o rascunho de melodia mostrado pelo amigo Antonio Adolfo, veio-lhe à cabeça a imagem de uma antiga professora, muito jovem, da sua cidade natal, Itaocara, no interior do

---

[40] A turma da Pilantragem teve uma grande rotatividade. Na primeira formação estiveram Pedrinho Rodrigues, Cassiano, Edinho Trindade, Amaro, Alda Regina, Nelsinho da Mangueira e Rui Felipe. Todos saíram em 1969. Ficaram Camarão, Regininha e Edinho Trindade que se juntaram com José Roberto Bertrami, Alexandre Malheiros, Vitor Manga, Fredera, Marcio Montarroyos, Íon, Raul de Souza, Tartaruguinha, Dorinha Tapajós e Malu Ballona, todos sob a batuta de Nonato Buzar.

estado do Rio de Janeiro. Oriunda da capital, ela tinha hábitos típicos das grandes cidades, os quais encontravam muita resistência nos grotões mais interioranos, como na pequena Itaocara. A cidade da infância de Tibério passou a ter como assunto das fofocas diárias a professorinha, que parecia indiferente ao falatório preconceituoso. Até o dia em que ela foi embora da cidade, sem mágoas, mas por um motivo que nem o autor da canção soube precisar. Apesar da animosidade geral criada com a chegada da "moça da capital", quando foi embora ela deixou saudades naqueles que a criticaram. Inspirado pelas lembranças, Tibério fez a letra de "Sá Marina":

> Descendo a rua da ladeira
> Só quem viu que pode contar
> Cheirando a flor de laranjeira
> Sá Marina vem pra dançar
> De saia branca costumeira gira ao sol
> Quem parou para olhar
> Com seu jeitinho tão faceira fez
> O povo inteiro cantar...

O sucesso do compacto fez Simonal lançar a música como a primeira do LP daquele ano, o *Alegria, alegria vol. 2* ou *Quem não tem swing morre com a boca cheia de formiga*. Impressionado com a bonita canção, Sergio Mendes gravou uma versão com o título de "Pretty World".[41] No ano seguinte, Stevie Wonder a regravou como primeira faixa de seu disco ao vivo, produzido pela conceituadíssima gravadora de música negra americana Motown.[42] Era apenas o início da bem-sucedida trajetória de Antonio Adolfo e Tibério Gaspar. Depois do sucesso, as canções da dupla tornaram-se obrigatórias. O disco seguinte de Simonal continha três músicas dos compositores, "Moça", "Aleluia, aleluia" e "Meia volta (Ana Cristina)". Adolfo tornava-se cada vez mais um arranjador de sucesso, especialmente dos discos da Pilantragem. Assim como Nonato Buzar, Adolfo era oriundo das boates bossa-novistas de Copacabana do início dos anos 1960. O que

---

41 "Pretty World" (Tibério Gaspar, M. Bergman e Antônio Adolfo), versão de "Sá Marina" gravada por Sérgio Mendes no disco *Crystal Illusions – Sergio Mendes & Brazil '66*, pela A&M/Odeon, em 1969.
42 Primeira faixa do disco *Stevie Wonder Live*, Tamla/Motown, 1970.

faziam na Pilantragem, ao contrário do que dizia a crítica, era algo muito próximo ao legado bossa-novista. Longe da ruptura, na verdade eles mantinham a tradição da Bossa Nova, fazendo a fusão do som estrangeiro e do nacional, assim como Tom Jobim e João Gilberto fizeram com o jazz e o samba.

Depois do sucesso através de Simonal, Antonio Adolfo e Tibério Gaspar criaram a banda A Brazuca, que entre os integrantes tinha nomes de destaque no futuro da MPB, entre eles o produtor e violonista Luiz Cláudio Ramos e o baixista Luizão Maia, sendo esse um dos responsáveis pela renovação do instrumento na música brasileira. Mas o principal êxito da dupla Tibério Gaspar e Antonio Adolfo aconteceu nos festivais musicais da época, quando se consagraram com "Juliana" em segundo lugar no FIC de 1969 e, especialmente, "BR-3", sucesso no festival do ano seguinte com Toni Tornado. "Teletema", outra canção da dupla, fez enorme sucesso em 1970.

Carlos Imperial também soube aproveitar a maré de sucesso de Simonal e da Pilantragem. Além de mentor intelectual do gênero, ele não ficou só na "teoria", mas partiu para a ação. Em 1968, gravou o LP *Pilantrália* com A Turma da Pesada, uma banda formada por "brotos" e músicos. Aproveitando-se da confusão que se fazia na época entre a Pilantragem e o Tropicalismo, Imperial vendeu seu peixe tirando partido das duas modas daquele ano. Produzido por Orlando Silveira, o LP contava com um time de músicos muito competentes: Wagner Tiso ao piano, Edson Machado na bateria, Luiz Marinho no baixo, Aurino, Paulo Moura e Oberdan Magalhães nos saxes, Maurílio, Darcy da Cruz e Eraldo Reis nos pistons e Ed Maciel, Zanata e Manoel Araújo nos trombones. No repertório imperava o descompromisso. Entre as canções estavam "Atire a primeira pedra", de Ataulfo Alves e Mario Lago, "Cidade Maravilhosa", de André Filho, clássicos da pilantragem compostos por Imperial ("Mamãe passou açúcar em mim", "O bom", "Não vem que não tem") e simples brincadeiras musicais como "Parabéns pra você" e hinos dos clubes de futebol do América, Botafogo, Fluminense e Flamengo, todos compostos por Lamartine Babo. Para finalizar, uma parceria de Imperial com o colunista Ibrahim Sued em

"Laço de fita". Ele ainda escreveu e produziu o filme *O rei da pilantragem*, uma aventura ingênua que tinha suas próprias músicas como trilha sonora.

Outra banda muito influenciada pelo som da Pilantragem foi Os Diagonais, composta por Hyldon, Amaro, e os irmãos Cassiano e Camarão. Seguindo a linha de Chris Montez importada por Simonal, a banda gravou dois discos. O primeiro LP tinha o nome do grupo e foi gravado em 1969; o segundo, "Cada um na sua", em 1971. Após a dissolução da banda seus integrantes seguiram carreiras solo. Hyldon fez muito sucesso em 1974 com a canção "Na rua, na chuva, na fazenda (casinha de sapê)", enquanto Cassiano tornou-se um soulman de mão cheia, compositor de clássicos como "Primavera", com Silvio Rochael, gravada por Tim Maia: "Quando o inverno chegar/ Eu quero estar junto a ti..."; Compôs ainda outros clássicos do estilo como "Coleção" e "A lua e eu", ambas com Paulo Zdanowski.

Não se pode esquecer que a Pilantragem também influenciou músicos instrumentais, artistas do quilate do pianista Wagner Tiso e do clarinetista Paulo Moura. Como o baterista Pascoal Meirelles e o saxofonista Oberdan Magalhães, o quarteto Os Pilantocratas gravou o LP *Pilantocracia*, lançado em 1969. O disco era muito influenciado pelo caldeirão estético de Simonal e propunha uma fusão do jazz e da arte psicodélica com o rock e o pop mais fácil aos ouvidos comuns. O projeto de Wagner Tiso e Paulo Moura demonstra que a Pilantragem não era só "banalização" da música, mas incorporava a "arte banal" para produzir uma estética ambiciosa.

O maestro Erlon Chaves também se empolgou com a Pilantragem. Mas antes de ser tocado pelo som de Simonal ele já era uma figura importante dos bastidores da música popular. Até meados da década de 1960 Erlon trabalhou na TV Excelsior de São Paulo. Em 1965 foi jurado do I Festival da TV paulista, que consagrou "Arrastão" (Edu Lobo/Vinicius de Moraes) como grande ganhadora. No ano seguinte mudou de emissora e foi trabalhar na TV Rio, onde foi um dos responsáveis pela produção do I Festival Internacional da Canção. Em 1968 o maestro viajou com Elis Regina para a França, onde dirigiu a parte musical do show da cantora no famoso Teatro Olimpia de Paris. Um ano mais tarde produziu o LP "Elis, como e porque", dando continuidade ao trabalho com a cantora, de quem também havia produzido o LP do ano anterior. Mas foi a partir de 1970 que, empolgado com a Pilantragem, Erlon Chaves criou a Banda Veneno e passou a se apresentar em festivais e a gravar discos. Ao lado de vários companheiros, Erlon gravou cinco LPs com relativo sucesso comercial e popular. Zeca do Trombone, um dos fundadores da Banda Veneno, após ter saído do grupo, tocou durante oito anos com Simonal, na década de 1970, fazendo duo com o sax do irmão Roberto Simonal.[43]

A cantora Maysa também teve uma passagem pela Pilantragem. Em 1969 ela gravou o balanço "San Juanito", de Carlos Imperial. Mesmo tendo gravado o mestre da pilantragem, nessa época Maysa fugia da mácula do novo gênero. Em entrevista ao jornal *O Pasquim*, Simonal foi confrontado com críticas que supostamente vinham da cantora.

> *Jaguar*: Maysa disse que a Pilantragem não existe. Compra essa, Simonal.
> *Simonal*: Não, a Pilantragem existe. E, inclusive, a Pilantragem primordial da Maysa é quando ela picha as pessoas que são realmente muito famosas. É uma maneira de fazer Pilantragem.[44]

Meses mais tarde, Maysa incorporou de vez o gênero e cogitou abandonar o rótulo de cantora "de fossa": "Cheguei a fazer alguns sucessos como 'Ouça' e 'Meu mundo caiu', mas agora sinto que esse tipo de música já não tem razão de ser no Brasil."[45]

E ela gostou tanto do novo gênero que gravou nada menos que três canções da dupla Tibério Gaspar e Antonio Adolfo no LP daquele ano: "Rosa Branca", "Tema triste", "Você nem viu". Mas isso não bastou para que o biógrafo da cantora visse com bons olhos a Pilantragem. No livro *Maysa – só numa multidão de amores* Lira Neto considera que o fato de a cantora ter cantado Pilantragem foi um "delize":

---

[43] Depoimento de Zeca do Trombone, Rio de Janeiro, 9/5/2009.
[44] "Não sou racista", entrevista de Wilson Simonal – O Pasquim (julho de 1969), n° 4.
[45] "Maysa grava Imperial". *Veja*, 20/8/1969. Agradeço a Denílson Monteiro, de cujo blog consegui "pescar" a matéria

"MAMÃE PASSOU AÇÚCAR EM MIM" 51

Maysa chegou a flertar, de relance, com a chamada Pilantragem, rótulo marqueteiro que o produtor Carlos Imperial encontrou para definir sua nova onda, que buscava unir "o balanço do samba ao molho do iê, iê, iê" – segundo as palavras de seu próprio idealizador. Por obra e graça de Imperial, ela gravaria um compacto para a Copacabana com a salsa-rock "San Juanito" (...) "Diz-me com quem andas e eu te direi quem és" – isso bem o sabia Maysa. Felizmente, a cantora logo se recuperou do mal súbito e foi cantar em outra freguesia.[46]

O livro de Lira Neto tenta apagar o legado da cantora com a Pilantragem, algo bastante comum na bibliografia. Assim, reabilita-se os artistas que apenas tiveram "flertes" com o gênero. Mas o caso de Maysa prova que ela continuou andando com os pilantras, afinal ela gravou, além da música de Imperial no compacto, três de Antonio Adolfo e Tibério Gaspar e uma de Nonato Buzar, "Canto de fé", no LP de 1969. Indo além, ela insistiu na pilantragem com "Canção de chorar", de Nonato e Chico Anysio, em compacto no mesmo ano. E o "flerte" de Maysa não foi tão temporário assim. Afinal ela chegou até a compor com Erlon Chaves! Em 1974 eles compuseram "Não é mais meu" com David Nasser. Se o biógrafo procurou apagar o legado da Pilantragem isso parece ter sido para valorizar sua personagem.[47] Seguindo esse raciocínio Lira Neto valorizou, às vezes de forma acentuada, as gravações que Maysa fez de bossa-nova. Embora tenha se aproximado de Ronaldo Bôscoli, com quem foi casada, fato é que Maysa representava esteticamente o oposto do gênero criado por Jobim e João Gilberto. Colocá-la perto de movimento como a Bossa Nova, que tem muito respeito entre os críticos, dá bons créditos à trajetória da cantora. E a Pilantragem aparece apenas como um flerte. Mas na vida de Maysa a Bossa Nova foi mais que isso?[48]

---

[46] Lira Neto, *Maysa – só numa multidão de amores*. Rio de Janeiro, Editora Globo, 2007, p. 256.
[47] As gravações de Maysa de canções da Pilantragem:
LP Maysa – Copacabana – 1969: "Rosa branca" (Antonio Adolfo-Tibério Gaspar); "Tema triste" (Antonio Adolfo-Tibério Gaspar); "Você nem viu" (Antonio Adolfo-Tibério Gaspar); "Canto de fé" (Nonato Buzar-Willian Prado)
Compacto – Copacabana – 1969: "San Juanito" (Vers. Carlos Imperial)
Compacto – Copacabana – 1969: "Canção de chorar" (Nonato Buzar-Chico Anysio)
LP Maysa – Odeon – 1974: "Não é mais meu" (Erlon Chaves-Maysa-David Nasser)
[48] Agradeço a Paulo Cesar de Araújo por chamar minha atenção para esse raciocínio.

O caso mais espantoso de músico que teve sua imagem amplificada pela Pilantragem foi o de Jorge Ben. Embora já fosse um compositor de sucesso, autor de clássicos como "Mas que nada" e "Chove, chuva", sua carreira declinava. Sem conseguir um hit à altura daqueles vários sucessos do seu primeiro disco, ele via os caminhos se fechando. Com a criação do programa *O fino da bossa* e o fortalecimento dos puristas da MPB dentro desse programa, Jorge Ben começou a ser sistematicamente excluído. Seu jeito de tocar o violão, subvertendo a delicadeza e precisão de João Gilberto, fazia com que a MPB de então o visse como um "estranho no ninho". Sem convites para *O fino da bossa*, foi abrigado por Roberto Carlos em seu programa Jovem Guarda. Os críticos musicais não perdoaram. Um deles, Alfredo Borba, pegou pesado: "Quando Jorge Ben vai criar vergonha na cara e não cometer a palhaçada de integrar a Jovem Guarda e atacar de cantor de iê-iê-iê? Negrão, neto de africano e atacando de iê-iê? Que é isso?!"[49]

Mesmo com a ajuda de Roberto, a carreira de Jorge parecia uma descendente. A Philips, sua gravadora desde 1963, não via com bons olhos a sensível queda da venda de seus discos. Depois de quatro LPs lançados pela gravadora ele foi sumariamente demitido. Para gravar seu quinto LP, "O Bidú – Silêncio no Brooklin", Jorge teve de recorrer a uma pequena gravadora, a Rozenblit, a única capaz de lhe dar abrigo naquele momento difícil. Só restou batizar o disco com o apelido pelo qual era conhecido no programa Jovem Guarda, o Bidú. Era o reconhecimento de Jorge pelos amigos que não negaram ajuda naquela época de vacas magras. O disco foi gravado tendo The Fevers como grupo de acompanhamento, outra dádiva oriunda dos contatos com a Jovem Guarda. Mas o disco, sem um hit sequer, também não fez sucesso e Jorge Ben parecia condenado ao ostracismo. Foi quando surgiu a mão salvadora da Pilantragem.

No disco de 1968 Simonal gravou "Zazueira", que logo caiu no gosto popular: "Ela vem chegando/ E feliz vou esperando/ A espera é difícil/ mas eu espero sambando...". Um ano mais tarde, além da suingada "Silva Lenheira", gravou aquele que seguramente é o maior sucesso do compositor, "País tropical". Quando Jorge enviou-lhe a canção, Simonal achou que dava para colo-

---

[49] *A Crítica*, Ano I, nº 1, p. 27.

car "champignon". Botando suingue na canção através da linha harmônica ritmada do piano de Cesar Camargo, Simonal e o Som Três transformaram a música em dançante, já que a versão original de Jorge Ben era um sambão. Foi assim, sem sucesso, que Maria Bethânia cantou pela primeira vez a canção na boate Sucata em 1969. E foi assim também que Gal Costa gravou a música no mesmo ano que Simonal, com participação de Caetano e Gil, então prestes a partir para o exílio. Mas nenhuma das duas baianas conseguiu sequer metade do sucesso do cantor. E se "País tropical" é o maior sucesso do compositor Jorge Ben, foi também o maior sucesso de Simonal em toda a carreira. Impactado com a canção de Jorge e o suingue de Simonal, Sergio Mendes decidiu gravar a canção, que também nomeava seu LP de 1971.[50]

Consciente das dificuldades do amigo, naquele mesmo LP de 1969, *Alegria, alegria vol.4*, que continha "País tropical", Simonal gravou ainda a bela "Que maravilha", esta última uma parceria de Jorge com Toquinho. E Jorge Ben voltou a respirar no cenário musical. Recontratado pela Philips, gravou um dos melhores discos da carreira, aquele conhecido como seu LP "tropicalista". No entanto, é importante lembrar que Jorge deve seu "resgate" a Simonal tanto quanto aos tropicalistas. Se os baianos foram os responsáveis por recolocar Jorge no pedestal intelectual da música brasileira, Simonal o trouxe de volta ao gosto popular. Um caso raro na música popular, Jorge Ben é um artista que rompeu pelo menos dois ostracismos latentes. O primeiro com a ajuda de Simonal em 1969; o segundo entre 1992/93, quando sua carreira em queda renasceu com os sucessos "W/Brasil" e "Engenho de dentro".

Embora tenha sido apagada da história da música popular brasileira, a Pilantragem foi um movimento musical dos anos 1960. Mas afinal, o que caracteriza um movimento musical? Um movimento tem que ter uma proposta de som diferente para a época? A Pilantragem tinha. É preciso influenciar uma geração nova de artistas? A Pilantragem influenciou uma quantidade considerável de artistas, dos músicos instrumentais aos mais comerciais. Os integrantes do movimento têm de ter consciência do que se produz? Definitivamente os pilantras sabiam o que estavam fazendo. No entanto, o gênero foi muito criticado pelos contemporâneos e apagado da

---

[50] LP *País Tropical* – Sergio Mendes & Brazil' 77, A&M.

história por confundir-se com "picaretagem", falcatrua comercial com pretensões artísticas, estética de aproveitadores e artistas mercadológicos. Não à toa não é reconhecido como movimento: a versão explicativa hegemônica da Pilantragem é a versão dos críticos.

De todos os entrevistados para este livro apenas um concordou com minha proposição de que a Pilantragem foi um movimento musical assim como o foram também a Jovem Guarda, o Tropicalismo, a música de protesto. Trata-se do crítico Zuza Homem de Mello, capaz de enxergar além das brincadeiras aparentes daqueles músicos uma proposta inovadora. Curiosamente, nem os próprios envolvidos com a Pilantragem na época aceitaram vê-la como movimento. Todos os que entrevistei defenderam que se tratava apenas de uma brincadeira que, embora inteligente, era algo irresponsável e sem maiores pretensões. Penso que isso acontece pois os próprios protagonistas do movimento estão imbuídos da visão preconceituosa que se construiu sobre a Pilantragem, uma vitória dos críticos da época, razão pela qual procuram negar sua existência.

Pensando na direção oposta, Zuza Homem de Mello apontou uma característica fundamental do movimento: a Pilantragem foi intencional, ou seja, seus integrantes tinham consciência do que estavam defendendo e brigavam por seu projeto estético. De fato, as ironias aos "intelectualóides", o deboche aos sambistas "da caixa-de-fósforo" e aos puristas estéticos eram recorrentes entre os pilantras e demonstram exatamente essa consciência. Para Zuza, um dos motivos que explicam a falta de reconhecimento da Pilantragem é o fato de que, no mundo inteiro, as músicas feitas para dançar têm muito mais dificuldade de ser reconhecidas pela sua qualidade do que as experimentais e com letras rebuscadas e/ou politizadas. Apesar de em entrevista Zuza enfatizar a Pilantragem como movimento, paradoxalmente em nenhum de seus livros ele assim o fez.

Houve ainda aqueles entrevistados que negaram veementemente a possibilidade da Pilantragem ser um movimento. Segundo eles, a Pilantragem não poderia ser considerada um movimento pois Simonal era o único personagem de peso daquela proposta estética. Como vimos, isso não é verdade, e tal memória deve-se à vitória da versão dos críticos sobre o movimento. E mesmo que Simonal fosse realmente essa sombra sobre os outros pilantras, por que isso descaracterizaria um movimento?

"MAMÃE PASSOU AÇÚCAR EM MIM"

Uma comparação ajudaria a expressar melhor o que quero dizer.

Veja-se o caso do Clube da Esquina, grupo de artistas surgidos na década de 1960 que desenvolveu sua arte principalmente na primeira metade da década seguinte. Entre os integrantes estavam Milton Nascimento, Lô Borges, Toninho Horta, Beto Guedes, Túlio Mourão, Fernando Brant, Ronaldo Bastos e Wagner Tiso. Muitos veem o "clube" como um movimento, capaz de expressar a especificidade mineira na MPB.[51] Frequentemente aponta-se para suas letras herméticas como sinal de qualidade de seus poetas. Os músicos são louvados pelas belas melodias e canções de singelo sentimento. Apesar da grande quantidade de integrantes e simpatizantes, o "Clube da Esquina" tem em Milton Nascimento uma estrela que brilha muito acima da de todos os outros artistas do grupo. Se o Clube da Esquina foi um movimento, por que Simonal e a Pilantragem não podem ser? O próprio Cesar Camargo Mariano, em 1969, defendia a Pilantragem como gênero musical:

> Pilantragem já é um gênero. Mesmo que existam pessoas que não queiram admiti-lo. Como todo modismo musical, a Pilantragem também está sujeita a morrer. E se morrer não deixaremos de tocar. Procuraremos fazer algo novo. Provavelmente outro tipo de música. Na época, a da moda. O fato de trabalharmos com Simonal foi muito importante para o conjunto. Mas veja bem: nós existimos sem Simonal e ele sem nós. (...) É inegável que a figura de Simonal nos ajudou muito em matéria de projeção. Foi vital, sabe? Em termos de trabalho, é um cara fantástico! Como pessoa idem. E participa horrores da música que fazemos.[52]

Como defende Cesar Camargo Mariano, o fato da Pilantragem ter se tornado um modismo não a torna desprezível do ponto de vista estético. A Jovem Guarda também foi moda nos anos 1960 e sua popularidade foi bastante usada mercadologicamente. As músicas de protesto também foram uma moda em certo momento daquela década, aliás, muito apropriada pelo mesmo mercado capitalista que queriam derrubar. O Tropicalismo também virou moda, apesar das farpas com o público no início do movimento. A

---

[51] Starling, Heloisa. "Coração americano. Panfletos e canções do Clube da Esquina". In Reis Filho, Daniel Aarão; Ridenti, Marcelo & Patto, Rodrigo (orgs.) *O golpe e a ditadura: 40 anos depois*. Bauru: EDUSC, 2004, p.219.

[52] *A Crítica*, Ano I, nº 1, p. 27. S. d. muito provavelmente de 1969.

diferença dos tropicalistas é que ter se tornado moda não era necessariamente algo visto como negativo, como deixou claro Caetano Veloso em entrevista concedida em 1968, dando uma lição de antropofagismo:

> *Augusto de Campos:* O que é o Tropicalismo? Um movimento musical ou um comportamento vital, ou ambos?
> *Caetano Veloso:* Ambos. E mais ainda: uma moda. Acho bacana tomar isso que a gente está querendo fazer como Tropicalismo. Topar esse nome e andar um pouco com ele. Acho bacana. (Em *Balanço da Bossa*, São Paulo, Perspectiva, 2003, p. 7)

A comparação com o Tropicalismo também é valida no que diz respeito à duração da Pilantragem. O Tropicalismo também não teve vida longa, tendo sobrevivido apenas de setembro de 1967 a dezembro de 1968, ou seja, da apresentação de "Alegria, alegria" e "Domingo no Parque" no Festival da Record à prisão de Caetano Veloso e Gilberto Gil. Segundo os marcos hegemonicamente aceitos pela bibliografia, a radicalidade baiana durou menos de dois anos, apesar de seus estilhaços continuarem espalhados ainda hoje na sociedade brasileira. A Jovem Guarda tampouco durou muito, apenas três anos, de 1965 até 1968. Nesse derradeiro ano Roberto Carlos saiu do programa Jovem Guarda e iniciou a mudança de seu repertório em direção à música romântica. Sem o "rei", a Jovem Guarda extinguiu-se rapidamente.

Se é verdade que a Pilantragem de fato não durou muito no cenário pop brasileiro, isso não é um defeito. Os pilantras da década de 1960 tornaram-se importantes figuras na década seguinte. O então nascente *soul music* nacional ganhou ícones como Hyldon, Cassiano e Oberdan Magalhães. Outros artistas, como Luizão Maia, Antonio Adolfo e Marcio Montarroyos, tornaram-se músicos de reconhecimento internacional. Erlon Chaves já era um arranjador muito gabaritado antes de entrar na onda de Simonal e continuou sendo muito requisitado. Luiz Cláudio Ramos tornou-se um produtor conhecido no mercado nacional, além de instrumentista presente em gravações de vários artistas. É importante perceber também que algumas figuras que gravitaram em torno de Simonal desabrocharam independentemente na mesma época, fazendo trabalhos paralelos.

O cantor Marcos Moran teve sucesso mediano no auge da Pilantragem. O guitarrista Geraldo Vespar, grande responsável pelo suingue do gênero através dos riffs rápidos e precisos, já vinha desenvolvendo trabalho instrumental como violonista.[53] Outros só desabrocharam mais tarde, como Gerson Cortes, famoso na década seguinte como Gerson King Combo, importantíssima figura do movimento Black Rio dos anos 1970.

No auge do movimento Gerson Cortes fez vários shows com Simonal nos quais participava de um número que surpreendia os espectadores:

> Eu era um dublê dele. Eu era muito parecido, a mesma cara, o sorriso... Na época eu era mais forte um pouquinho e tinha a mesma batata de nariz... Eu fazia parte do show *De Cabral a Simonal*. Primeiro fizemos o teatro Tonelero, em Copacabana, depois Canecão, teatro Ginástico, e rodamos o mundo. Fomos para os EUA, México, Europa... E como era meu número? Depois de Simonal cantar a canção "Alfie", as luzes se apagavam e ele saía do palco e dava a volta por trás do teatro. Eu entrava com a mesma faixa na cabeça, a mesma roupa, o mesmo estilo. Aí eu começava: "Descendo a rua da ladeira...", meio que imitando, fazendo uma voz meio enrolada, e todo mundo olhava pra mim. Eu era muito parecido. Ele então surgia da plateia cantando e tinha gente que não acreditava! Era um baque no público. Fazia muito sucesso![54]

O auge da Pilantragem foi o auge de Simonal, especialmente o ano de 1969, sendo o Maracanãzinho o clímax da carreira do cantor. Alguns meses depois, naquele mesmo ano, Simonal foi convidado pela Rede Globo para presidir o júri do Festival Internacional da Canção. Mesmo sendo presidente do júri, ele quis concorrer também como intérprete. Caso raro no festival, o cantor foi requisitado por nada menos do que três duplas. Antonio Adolfo e Tibério Gaspar insistiam que ele cantasse a toada pop "Juliana": "Num fim de tarde meio de dezembro/ 'inda me lembro e posso até contar/ o sol caía dentro do horizonte/ e Juliana viu amor chegar/ (...) / Juliana então se fez mulher..." Fred Falcão e Paulinho Tapajós, compositores em ascensão,

---

[53] Entre os trabalhos de Geraldo Vespar há os destaques *Take 5*, Polydor, 1964, e *Samba, nova geração*, Odeon, 1965.
[54] Depoimento de Gerson Cortes, Rio de Janeiro, 11/11/2008.

propunham a bossa "Minha Mariza" enquanto Eduardo Souto Neto e Sérgio Bittencourt queriam que Simonal cantasse "Quem mandou". Como gostava das três canções, Simonal se dizia incapaz de escolher apenas uma das três. Ironizando, chegou a propor a escolha através "dos palitinhos". Mais sensata, a organização decidiu que o presidente não defenderia nenhuma das três. Ele concordou, pois assim silenciava os boatos que já corriam:

> Havia muita gente achando que o Festival tinha sido feito pra mim. (...) Então, permitam-me o cabotinismo, haveria uma certa desvantagem para os outros intérpretes, porque a minha figura interpretando uma música já levava o público para meu lado. Isso não seria, em sã consciência, um negócio honesto, profissional, podendo facilitar ou prejudicar a vitória das músicas.[55]

Mesmo sem estar concorrendo com ninguém Simonal fez seu show como presidente do júri. A ele coube animar o público durante a final internacional, depois do anúncio da canção ganhadora. Num domingo, 5 de outubro de 1969, Simonal repetiu o que havia feito na abertura do show de Sérgio Mendes, menos de dois meses antes. O crítico Zuza Homem de Mello estava presente:

> Nessa noite, Wilson Simonal realizou outro show histórico. Antes do resultado ser anunciado, o cantor francês Antoine, que se promovia dizendo-se torcedor do Flamengo, cantou trechos de "Aquele abraço", mas o povo queria mesmo era Simonal. Com toda tranquilidade, levantou-se de seu lugar entre os jurados, com uma fita verde e amarela amarrada na testa, e, como quem diz "Deixa comigo", fez o maior show acontecido no Maracanãzinho. "No gogó", comandava ele, e as 20 mil pessoas em peso cantavam afinadas, no ritmo balançado, em pianíssimo ou fortíssimo, delirando sob seu completo domínio, numa performance coletiva como dificilmente algum maestro conseguiria. "Meu limão, meu limoeiro" era a versão Pilantragem que remodelou para sempre a velha canção dos anos 1930 aproveitada do folclore. Ao final, "Cidade maravilhosa" foi bisada. Quem estava no Maracanãzinho nunca mais esquecerá esse show – que ele iria apresentar na Europa com idêntico resultado, levando até alemães de Dusseldorf e Munique a cantarem com ele as músicas da Pilantragem. Em português.[56]

---

[55] "A fala do presidente". *Diário de Notícias*, 25/9/1969.
[56] Zuza Homem de Mello, *A era dos festivais,* São Paulo, Editora 34, 2003, p. 346.

Curiosamente, aquele foi o auge do cantor num festival, já que Simonal nunca se destacou muito como concorrente. Isso se explica facilmente: os festivais eram espaços da música universitária e Simonal era um questionador desse *status quo*. Também Roberto Carlos nunca se destacou nos festivais da MPB, justamente por ser visto como um estranho àquele gênero. Isso não impediu que ambos tivessem enorme repercussão musical, o que prova que o alcance dos festivais era limitado a um determinado público e que Simonal e Roberto Carlos não dependeram dessa estrutura para se consolidar.

No ano seguinte, 1970, Simonal foi para a Copa do México acompanhando a seleção, que também era patrocinada pela Shell. Foi condecorado Cidadão de Vera Cruz, serviu de embaixador da alegria brasileira, viu os jogos ao vivo, esteve sempre na concentração com os jogadores. Na volta, com a popularidade em alta, fez um programa na TV Tupi ao lado de Sarah Vaughan, no qual mostrou a sua versatilidade e virtuosismo cantando com a americana, entre outras, a bela "The shadow of your smile".

Apesar do enorme sucesso e da aparente normalidade de sua carreira, o ano de 1970 pode ser visto como o começo do fim. Quando voltou ao Brasil, seu braço direito na Pilantragem recebeu um convite de Elis Regina para tocar com ela. Era o início do casamento de Cesar Camargo e Elis, que durou uma década e mudou a carreira da cantora. Não houve rancores de parte a parte. Era o fim de mais um ciclo. Cesar chamou seus colegas de Som Três, Sabá e Toninho, para tocar com Elis, mas diante da obrigatoriedade de ter de morar no Rio de Janeiro, os dois paulistas rejeitaram o convite. Se é verdade que Cesar "existia" sem Simonal, o cantor via seu sucesso começar a se esfacelar sem o Som Três.

Nesse mesmo ano fatídico de 1970 foi lançado o filme *É Simonal*, uma alegoria de cores e música dirigida por Domingos Oliveira. O longa tinha atuações de Irene Stefânia, Oduvaldo Vianna Filho, Jorge Dória, Marília Pêra, Nelson Xavier, Milton Gonçalves, entre outros. Prometendo ser a apoteose do cantor, o filme acabou não dando certo. Simonal justificou o fracasso dizendo que o filme distanciou-se de sua imagem alegre, razão pela qual não atraiu o público:

Em cinema eu fiz uma experiência que não foi muito legal. Engraçado, era um filme que tinha tudo pra ser legal, era colorido, bonito! Fotografia do Dib Luft, direção do Domingos Oliveira... Atores todos cobras, o único bico era eu! Eu só contracenei com ator quente! O filme não deu pé porque a *entourage* que produziu o filme era um pessoal do Cinema Novo... Domingos Oliveira e tal... Então eu não sei se eles se envergonharam de fazer um filme comercial... Eu tinha inclusive dado a ideia do que seria fazer um comercial "limpo", por exemplo, do tipo do James Bond; ou como os bang-bangs italianos, que são filmes comerciais limpos, bem feitos! [Mas o filme foi produzido] naquela fase do Maracanãzinho em que o pessoal sofismava muito, sabe? Então acho que eles não resistiram e a história ficou muito subjetiva, aquela coisa do artista consumido... Eu praticamente não cantava no filme. A única parte em que eu aparecia era um pedaço do Maracanãzinho no Festival da Canção. O resto era uma história de um artista que eles achavam que tinha que se chamar Simonal, porque eu com uma tira na cabeça e chamado Augusto não ia convencer... Então tinha que ser Simonal. Eu era o Simonal, mas a história era uma ficção! Sei lá, não convenceu, sabe? Porque a ficção soou falsa. Eu tinha uma imagem de alegria muito grande e o filme, não sei se forçado ou não, era muito triste. Isso frustrou muito o público. A reclamação principal do filme é que ele era triste.[57]

Por que Jovem Guarda, MPB e Tropicalismo são vistos como movimentos culturais legítimos, cultuados em livros, biografias, memórias, artigos de jornais e revistas, exposições etc., enquanto à Pilantragem restou o desprezível lugar do silêncio, do não-reconhecimento? Como veremos nos próximos capítulos, Simonal e seus amigos *pilantras* eram frequentemente desacreditados por grande parte do meio musical. E a Pilantragem tornou-se um termo com sentido negativo. Se, em 1968, Nonato Buzar não encontrou a palavra no "pai-dos-burros", hoje a Nova Edição do Dicionário Aurélio ainda traz uma definição bastante depreciativa da palavra, mesmo em se tratando da gíria, que é o que está em jogo aqui:

pilantragem. S. f. Bras. Gír. 1. Ato próprio de pilantra.
pilantra. [De pelintra, poss.] Bras. Gír. Adj. 2 g. 1. Que gosta de apresentar-se bem, mas não tem recursos bastantes para isso [...]. 2. Diz-se de pessoa de

---

[57] Wilson Simonal, programa de rádio Jornal do Brasil, do Rio de Janeiro, cedido por Paulo César de Araújo. Original de 16/1/1973.

"MAMÃE PASSOU AÇÚCAR EM MIM" 61

mau caráter, desonesta. S. 2 g. 3. Pessoa pilantra (2). S. m. 4. Entre gatunos, malandro reles ou desprezível.[58]

Como se vê, não é muito bom ser *pilantra* nos dias de hoje. No entanto, para a turma de Simonal, havia um lado positivo na Pilantragem. Ser Pilantra era ser esperto, saber lidar com novas situações, ser safo, não ter compromisso político, ser um "irresponsável consciente". Isso nos remete ao conceito de malandragem, tantas vezes visto hoje como um dos símbolos da identidade brasileira. Pilantra e malandro parecem, à primeira vista, indivíduos semelhantes. Cantado nos sambas de várias épocas, o malandro encarna o Brasil na sua positividade (tema que fascina vários de nossos intelectuais). O dicionário atesta esse lado positivo da malandragem:

> malandro. [Voc. deduz. de *malandrim* malandrim.] S. m. 1. Indivíduo dado a abusar da confiança dos outros, ou que não trabalha e vive de expedientes; velhaco, patife. 2. Indivíduo preguiçoso, madraço, mandrião. 3. Gatuno, ladrão. 4. Bras. Indivíduo esperto, vivo, astuto, matreiro.[59]

Percebe-se que *malandro* tem dois significados básicos. Um muito negativo e outro bastante positivo, associado à esperteza.[60] Não deixa de ser curioso que a identidade nacional aposte em ideais que não são conceitos

---

[58] Aurélio Buarque de Holanda Ferreira, *Novo dicionário da língua portuguesa*, 2ª ed., Rio de Janeiro, Nova Fronteira, 1986, p. 1328.

[59] Aurélio Buarque de Holanda Ferreira, op. cit., p. 1.068.

[60] É provável que os filólogos tenham incorporado a ideia frequentemente compartilhada na sociedade e legitimada por uma variedade de trabalhos acadêmicos, muitos dos quais de historiadores, especialmente os que lidam com reformas urbanas, capoeira, fim da escravidão, nascimento do samba, classes populares cariocas em particular do fim do século XIX e início do XX. Ver, por exemplo: Claudia Mattos, *Acertei no milhar: samba e malandragem no tempo de Getúlio*, Rio de Janeiro, Paz e Terra, 1982; Alexandre Augusto Gonçalves, *Moreira da Silva: o último dos malandros*, Rio de Janeiro, Record, 1986; Gilberto Vasconcelos e Matinas Suzuki Jr., "A malandragem e a formação da música popular brasileira", in Pierucci (org.), *O Brasil republicano: economia e cultura (1930-1964)*, 3ª ed., Rio de Janeiro, Bertrand Brasil, 1995; Letícia Viana, *Bezerra da Silva: produto do morro: trajetória e obra de um sambista que não é santo*, Rio de Janeiro, Jorge Zahar, 1998.

simples e monolíticos, mas contraditórios e paradoxais. Isso parece dizer muito sobre nossa própria identidade como brasileiros.

Buscando compreender essa postura, na década de 1980 a antropóloga Lívia Barbosa escreveu uma tese sobre o *jeitinho brasileiro*. Por *jeitinho* entenda-se a forma paralegal através da qual cidadãos comuns resolvem problemas pessoais utilizando-se de uma boa conversa, da amizade, da relação de proximidade com autoridades e/ou pessoas influentes.[61] Para além de uma prática "ilegal", pedir um favor através do *jeitinho* é uma forma de se sintonizar com outros, o que faz de uma prática cotidiana um ato muito simbólico. De forma paradoxal, tal prática é uma das nossas identidades mais caras, para o bem e para o mal. Somos o "país do *jeitinho*", sintoma de uma nação em decadência quando comparada às potências estrangeiras. Por outro, a ideologia que valoriza o primeiro mundo (que insiste na noção de que "somos piores em tudo") não é simplesmente aceita goela abaixo. Assim, se por um lado o *jeitinho* é símbolo de nossa culpa, por outro ele nos faz sentir mais brasileiros. O discurso sobre o *jeitinho* encarna o que de mais pessoal, e ambíguo, existe entre nós. Não à toa existe a expressão tão popular *jeitinho brasileiro*, que nos define e conecta. Em comparação com os Estados Unidos ou a França, por exemplo, nos vemos como um país "quente" onde as relações são mais "humanas", mais próximas: aí reside o poder dessa capacidade prática inconcebível para os estrangeiros. O *jeitinho* nos faz espertos, vivos, astutos, solidários: ele é uma das identidades que faz os brasileiros se sentirem uma nação. Não à toa o *jeitinho* é muitas

---

[61] Nem sempre a hierarquia é determinante para a prática do *jeitinho*. A autora relata várias passagens cotidianas em que ela não é contemplada como um fator determinante para se agir através do *jeitinho*. Por exemplo: numa fila de padaria uma pessoa com apenas um produto a ser contabilizado no caixa pede à seguinte para passar a sua frente, pois tem muita pressa para resolver um "problema pessoal". A pessoa da frente, sensibilizada pela lógica "hoje é ele, amanhã pode ser eu" ou "uma mão lava a outra", aceita a situação. Do contrário, ela é vista como intransigente, dura até. Essa passagem simples e cotidiana demonstra que a prática do *jeitinho* não precisa necessariamente da hierarquia em nossa sociedade (embora muitas vezes a utilize). Lívia Barbosa, *O jeitinho brasileiro: a arte de ser mais igual do que os outros*, Rio de Janeiro, Campus, 1992, especialmente o capítulo 2. O lado arrogante do "você sabe com quem está falando?" foi estudado por Roberto DaMatta, aliás orientador da tese de Lívia Barbosa; ver Roberto DaMatta, *Carnavais, malandros e heróis*, Rio de Janeiro, Jorge Zahar, 1979.

vezes associado à *malandragem*, embora um conceito não dê conta do outro totalmente, e vice-versa.[62]

O malandro, enquanto arquétipo da brasilidade, foi revalorizado na cultura nacional especialmente após os trabalhos de Roberto DaMatta acerca da identidade nacional. Ao chamar atenção para as ambiguidades e ambivalências da malandragem, o antropólogo procurou entender melhor nossa nacionalidade:

> (...) Tal como acontece com seu modo de andar, o malandro é aquele que – como todos nós – sempre escolhe ficar no meio do caminho, juntando, de modo quase sempre humano, a lei, impessoal e impossível, com a amizade e a relação pessoal, que dizem que cada homem é um caso e cada caso deve ser tratado de modo especial. (...)
> A malandragem, assim, não é simplesmente uma singularidade inconsequente de todos nós, brasileiros. Ou uma revelação de cinismo e gosto pelo grosseiro e pelo desonesto. É muito mais que isso. De fato, trata-se mesmo de um modo – jeito ou estilo – profundamente original e brasileiro de viver, e às vezes sobreviver, num sistema em que a casa nem sempre fala com a rua e as leis formais da vida pública nada têm a ver com as boas regras da moralidade costumeira que governam a nossa honra, o respeito e, sobretudo, a lealdade que devemos aos amigos, aos parentes e aos compadres. Num mundo tão profundamente dividido, a malandragem e o "jeitinho" promovem uma esperança de tudo juntar numa totalidade harmoniosa e concreta. Essa é sua importância, esse é o seu aceno. Aí está a sua razão de existir como valor social.[63]

Uma parte da academia incorporou a visão da malandragem tão bem analisada por Roberto DaMatta. No entanto, no terreno do debate estético da música popular, a malandragem e o samba são quase sempre louvados por sua origem "popular" e por representar uma força de resistência aos modismos e à moda perene. Não à toa repete-se muito que o samba "agoniza mas não morre". Ou seja, aquém dos paroxismos, samba e malandragem são os bastiões de uma história bastante linear de resistência. A MPB parece não dar conta dos parodoxos do jeitinho e da

---

[62] Lívia Barbosa, op. cit., p. 45.
[63] DaMatta, Roberto. *O que faz o brasil, Brasil?* Ed. Rocco. Rio de Janeiro. 1984, p. 104-105.

malandragem, preferindo uma versão heroicizada destes valores, distante do que DaMatta tão bem apontou como práticas cotidianas dos brasileiros.

Os que defendem uma imagem idealizada do samba e do malandro parecem ignorar os embates culturais do início do século, no qual as diversas vertentes do samba brigaram para impor sua versão como hegemônica. É importante analisar as disputas em torno da malandragem nos anos 1930, especialmente entre Noel Rosa e Wilson Batista, para melhor entender seu significado hoje. Segundo o historiador do samba José Adriano Fenerick, o boêmio Noel atacava a versão de malandro de Batista, que flertava com a ilegalidade:

> Quando Wilson Batista lançou "Lenço no pescoço", a visão mais boêmia de Noel sobre a malandragem entrou em conflito com o que era cantado nesse samba. (...) A polêmica entre Noel e Wilson Batista pode ser vista como "duas formas de representação do malandro no samba: ambas afirmam a fronteira entre o trabalho e o lazer, mas uma aproxima o malandro sambista do mundo da contravenção e do crime, valorizando sua valentia, e a outra o afasta deste mundo, mantendo-o na boemia e valorizando sua inteligência".[64]

Ironizando Noel, Batista compôs uma canção tematizando o comportamento rebelde do malandro: "Lenço no pescoço/ Navalha no bolso/ Eu passo gingando/ Provoco e desafio/ Eu tenho orgulho/ Em ser tão vadio". Noel respondeu com "Palpite infeliz": "Quem é você que não sabe o que diz?/ Meu Deus do Céu, que palpite infeliz!". E cutucou com "Rapaz folgado": "E tira do pescoço o lenço branco/ Compra sapato e gravata/ Joga fora esta navalha que te atrapalha/ ... / Malandro é palavra derrotista/ Que só serve pra tirar/ Todo o valor do sambista/ Proponho ao povo civilizado/ Não te chamar de malandro/ E sim de rapaz folgado".

---

[64] Fenerick, J. A. Noel Rosa, o samba e a criação da música popular brasileira. *Revista História Hoje* (São Paulo), v. 12, 2007. Há uma citação incluída no texto de: *Apud* Vianna, Letícia C. R. *Bezerra da Silva. Produto do morro*. Zahar. RJ. 1998, p.113-114.

"MAMÃE PASSOU AÇÚCAR EM MIM"

A polêmica entre Noel Rosa e Wilson Batista se arrastou por alguns anos e produziu sambas que se tornaram verdadeiros clássicos do cancioneiro popular brasileiro.[65] Por seu turno, Wilson Batista, então um jovem e iniciante compositor, incentivou a prorrogação da polêmica[66] — que para Noel teria se encerrado com sua resposta em "Rapaz folgado" —, compondo uma série de sambas que "mexiam com Noel", talvez mesmo para pegar uma carona no sucesso que o Filósofo do Samba vivia no momento, tanto no disco como no rádio."[67]

O que Noel Rosa procurava fazer em seus embates com Wilson Batista era dar um lugar ao malandro que não fosse o da fronteira com a criminalidade, com a postura ambígua ante a ilegalidade e com o mau-caratismo. Noel propunha uma nova forma de se fazer samba no Rio de Janeiro:

"Nos sambas de Noel ocorrem várias saudações a quase todos os recantos do samba no Rio de Janeiro, quase todos ligados às recentes escolas de samba e que faziam sambas no padrão rítmico do Estácio: Mangueira, Salgueiro, Osvaldo Cruz, Madureira etc. No entanto, Noel nunca se referiu à Cidade Nova, local de onde saíram os sambistas da geração de Donga, Sinhô e Pixinguinha, como sendo também um reduto de bambas. Assim, o Poeta da Vila, num primeiro momento, desloca o samba do fundo das casas das tias baianas (uma vez que ele o desconsidera) para o morro e o subúrbio, os locais doravante preferenciais para o samba manter (ou passar a ter) sua originalidade.[68]

Voltando à polêmica entre os sambistas, Wilson Batista barbarizou a discussão com a canção "Frankstein da Vila", ironia cruel ao defeito de

---

[65] "Feitiço da Vila" (Noel Rosa/Vadico), de 1934: "Lá em Vila Isabel"/Quem é bacharel/ Não tem medo de bamba; /São Paulo dá café, / Minas dá leite, / E a Vila Isabel dá samba / A Vila tem um feitiço sem farofa/ Sem Vila e sem vintém/ Que nos faz bem/ Tendo nome de princesa/ Transformou o samba/ Num feitiço descente/ Que prende a gente/...
[66] "Conversa fiada" (Wilson Batista): "É conversa fiada dizerem que o samba na Vila tem feitiço/ Eu fui ver para crer e não vi nada disso/ A Vila é tranquila porém eu vos digo: cuidado!/ Antes de irem dormir deem duas voltas no cadeado/ Eu fui à Vila ver o arvoredo se mexer e conhecer o berço dos folgados/ A lua essa noite demorou tanto/ Assassinaram o samba/ Veio daí o meu pranto".
[67] Fenerick, J. A. Noel Rosa, o samba e a criação da música popular brasileira. Revista *História Hoje* (São Paulo), v. 12, 2007, p. 20.
[68] Fenerick, J. A. Noel Rosa, o samba e a criação da música popular brasileira. Revista *História Hoje* (São Paulo), v. 12, 2007, p. 5.

nascença do compositor tijucano: "Boa impressão nunca se tem/ Quando se encontra um certo alguém/ Que até parece um Frankenstein/ Mas como diz o rifão: por uma cara feia perde-se um bom coração/ Entre os feios és o primeiro da fila/ Todos reconhecem lá na Vila/ Essa indireta é contigo/ E depois não vá dizer/ Que eu não sei o que digo/ Sou teu amigo".

Em todas as composições deste outro Wilson, a malandragem parece ser mais próxima da Pilantragem no quesito ambiguidade, deboche, escárnio. Wilson Batista parece exacerbar a "corda bamba" de uma brasilidade ambígua (porque flerta com a ilegalidade) e, por consequência, menos fácil de ser compreendida. Talvez por esse motivo Noel tenha se tornado o "filósofo do samba", um pensador incorporado e transformado em padrão estético. De qualquer forma, fica claro que a malandragem tal como foi "resgatada" nos anos 1960 deve muito mais a Noel na valorização da "inteligência" e da boemia e menos a Batista e a sua apologia à "corda bamba" da ilegalidade e do deboche desmedido.

No entanto, se o malandro foi recuperado como símbolo de brasilidade, o pilantra não ganhou o passaporte para o panteão nacional. Isso parece extremamente contraditório. Há uma grande idealização/mitificação da malandragem na MPB porque somente o lado positivo do malandro é encarnado. A Pilantragem encarnava os anseios, desejos e vontades populares dos anos 1960/1970 tão bem quanto a malandragem representou os homens dos anos 1930/1940. Não se pode negar que a atitude de Simonal dizia muito sobre o Brasil. A Pilantragem, para além da idealização da malandragem, encarnava o "ser" brasileiro para além do bem e do mal, vendo-os como indissociáveis, reconhecendo-se em sua ambiguidade. Aqui não se quer transformar o malandro em mau e o pilantra em bom, mas ver a malandragem, agora chamada de Pilantragem, ser um e outro ao mesmo tempo. Ao propor a associação pilantragem-jeitinho-malandragem reafirma-se a ambiguidade simbólica de um Brasil menos linear para os próprios brasileiros. A malandragem idealizada nas lutas estéticas da MPB não dá conta desse paradoxo.

Até o episódio no qual foi acusado de "dedo-duro" da ditadura, em 1971, ele era bastante reconhecido e louvado por diversos setores da sociedade. A vendagem de discos, os shows sempre lotados, as várias reportagens em revistas e jornais atestam isso. Embora vendesse um pouco mais, Roberto Carlos nunca teve o magnetismo de Simonal. Justamente por isso o sujeito comum se via no cantor. Ele representava a esperteza, a malandragem, a fanfarronice, o escracho, o deboche. Havia uma identificação de grande parte do público com essas características, e ele sabia disso:

> Eu sou tímido. Sempre tive medo de enfrentar o público, mas precisava enfrentá-lo para ganhar dinheiro. Um dia fui assistir a um filme do Sean Connery, um desses 007 contra uma chantagem qualquer, na última sessão de sábado. O cinema estava cheio de gente, não tinha lugar nem no banheiro. Eu tive que ficar driblando uma coluna até o filme acabar. Eu estava certo de que o cinema estava cheio de mulheres para ver o 007. Mas quando a luz acendeu eu vi que tinha uma porção de homens. Aí eu me perguntei: como é que pode? Comecei a descobrir que o 007 faz aquele gênero que todo homem gostaria de fazer. Ele não é bonito. Faz o tipo machão, mas isso não é difícil de ser. Conquista todo mundo, bate a torto e a direito. É polícia e ainda transgride a lei. É um irreverente, um irresponsável. Foi lá na Rússia e atacou a embaixatriz. Tem reunião e ele chega atrasado, os outros de terno e ele chega de camisa cor-de-rosa com um ar cínico. Todo mundo se projeta nele. Foi aí que eu senti que dava pé: certa irreverência, certo cinismo. Ao mesmo tempo uma grande simpatia para todos que estão na sua. E você acaba sendo aquele cara que todo mundo queria ser.[69]

Em 1970, o *Jornal do Brasil* fez uma longa reportagem sobre o cantor, que foi dividida e publicada durante uma semana inteira nas primeiras páginas do Caderno B, entre os dias 24 de fevereiro e 2 de março. Com textos de Sérgio Noronha e entrevistas de Alfredo Macedo Miranda, o título da primeira reportagem era preciso: "Wilson Simonal: aquele 'cara' que todo mundo queria ser."[70]

---

[69] "Simonal: aquele cara que todo mundo queria ser", *Jornal do Brasil* (24/2/1970), Caderno B, p. 1.

[70] "Simonal: aquele cara que todo mundo queria ser", *Jornal do Brasil* (24/2/1970), Caderno B, p. 1; "Simonal: o charme com a comunicação", *Jornal do Brasil* (25/2/1970), Caderno B, p. 1; "Simonal: no tempo do rei do rock", *Jornal do Brasil* (26/2/1970), Caderno B, p. 5; "Simonal: uma vocação de *pilantra*", *Jornal do Brasil* (27/2/1970), Caderno B, p. 1; "Simonal: o importante é se fazer entender", *Jornal do Brasil* (28/2/1970), Caderno B, p. 1; "Simonal: eu sou um deles", *Jornal do Brasil* (1-2/2/1970), Caderno B, p. 10.

O que aconteceu a ponto de transformar o cara "que todo mundo queria ser" no sujeito "que ninguém queria ser". Em parte, isso se deve aos memorialistas, biógrafos, jornalistas e historiadores que "reconstruíram" a história do período. Oriundo dos meios universitários, eles recusaram a trajetória de Simonal, repleta de paradoxos: popular, embora tenha sido cantor das elites; preto, no mundo de brancos; anti-intelectual em plenos "anos rebeldes"; conservador na política e progressista em termos estéticos; pilantra e malandro; cínico e debochado num mundo que se levava cada vez mais a sério.[71]

Em diversos momentos as sociedades escolhem bodes expiatórios de forma a melhor conviver com os próprios problemas. Muitas vezes o escolhido "tem culpa no cartório", mas sua pena é sempre desproporcional à acusação. Assim, o "bode" expia a culpa da sociedade, que, ao delimitar um réu, aparentemente implode os seus males coletivos. Simonal tornou-se um dos "bodes" da ditadura implantada em 1964.[72]

Comentei anteriormente a análise do *jeitinho brasileiro* desenvolvida pela antropóloga Lívia Barbosa. O *jeitinho* serve tanto para nos exaltar quanto para nos depreciar. Embora uma prática cotidiana, trata-se de um conceito abstrato que serve, mais frequentemente, para falarmos mal da brasilidade de forma genérica. Por isso o discurso moralista regozija-se ao apontar o *jeitinho* como uma das causas de nossa suposta "incompetência" como nação. No entanto, alguns pagam mais "o pato" do que outros. Talvez exista um bode expiatório ideal para redimir nossa culpa pelo *jeitinho brasileiro*, livrando-nos (aparentemente) dos males de nossa brasilidade capenga. E, como todo "bode", ele tem nome: Gerson. A famosa "Lei de Gerson" delimita o lado "ruim" do jeitinho num "bode" ideal, deixando aos brasileiros "de bem" com o jeitinho em sua positividade calorosa e agradável.

---

[71] Quando digo "a sério" quero dizer que a MPB não lidava bem com brincadeiras, especialmente durante os anos mais repressivos da ditadura militar. Como veremos nos próximos capítulos, o riso, a alegria e a ironia eram vistos como coadjuvantes do regime.

[72] Os outros bodes são os militares, que carregam nos ombros um peso desigual pela construção do regime, muitas vezes verificado no termo "ditadura militar". Claro já está que eles eram respaldados pelos civis. Para o respaldo civil ao golpe ver René Armand Dreifuss, *1964: a conquista do Estado. Estado, ação política e golpe de classe*, 5ª ed., Petrópolis, Vozes, 1987.

"MAMÃE PASSOU AÇÚCAR EM MIM" 69

Nem todos conheceram o jogador de futebol Gerson, os lançamentos milimétricos, a visão de jogo primorosa. Mas todos conhecem a "Lei de Gerson", um sinônimo para levar vantagem, ser espertalhão, passar por cima dos outros.

O niteroiense Gerson de Oliveira Nunes atuou durante 14 anos como jogador profissional, dez dos quais como titular absoluto da seleção brasileira. Maravilhou torcidas do Flamengo, do Botafogo, do São Paulo e do Fluminense com o estilo refinado de jogar. Canhoto (e só jogava com a esquerda), era capaz de lançamentos precisos de 40 metros, além de bater faltas com perfeição ao redor da grande área. No entanto, a característica que mais marcou o jogador Gerson foi a língua: ele jogava falando, dando dicas, cobrando dos companheiros. Não à toa ganhou o apelido de Papagaio. O auge da carreira foi a conquista do tricampeonato no México em 1970, quando marcou um gol na final com um chute de fora da área. Em campo, via-se um jogador que exercia liderança inconteste sobre os companheiros, até Pelé. Se Carlos Alberto era o capitão de fato, dentro de campo Gerson era seu braço direito. Aliás, braço e língua. Não havia momento em que o jogador parasse de falar. A carreira terminou em 1974 e logo em seguida ele foi cobrir a Copa da Alemanha daquele ano como comentarista da TV Tupi.[73] Na volta, trabalhou em diversas rádios e TVs do Brasil, onde atua até hoje com brilhantismo. Com seu jeito verborrágico, Gerson encontrou na aposentadoria a profissão ideal. Mas como surgiu a famosa "Lei de Gerson"?

Quando jogador, Gerson não escondia de ninguém que era fumante. Isso mesmo, jogador profissional e fumante inveterado:

> *Playboy:* Você sempre fumou enquanto jogador. Os dirigentes e treinadores não o reprovavam por isso?
> *Gerson:* Não. O único que resolveu proibir foi o Fleitas Solich, no Flamengo. Mas como tudo que é fruto proibido é melhor, eu fumava escondido. Tanto naquela época como hoje eu vejo muitos jogadores fumando.
> *Playboy:* Mas o cigarro nunca o atrapalhou como atleta?
> *Gerson:* A mim não, porque eu sempre fumei e joguei. Com sinceridade, isso nunca me afetou, nem me fez correr menos, talvez porque eu mantivesse o ritmo de treinamento. E quando alguém diz: "Mas se você não fumasse

---

[73] Para as informações sobre a vida de Gerson, ver a longa entrevista publicada pela revista *Playboy* em outubro de 1981.

poderia ter jogado mais tempo" [ele se aposentou com 32 anos], eu respondo: "E quem disse a você que eu gostaria de ter jogado mais tempo?"[74]

Quando pendurou as chuteiras, em 1974, foi convidado a fazer comerciais do cigarro que fumava, o Vila Rica, fabricado pela Reynolds. Aproveitando a contratação do ex-jogador, o fabricante americano utilizou-o para divulgar o novo slogan: "Leve mais vantagem." Os dizeres faziam referência ao fato de que os cigarros Vila Rica eram populares, mais baratos do que os concorrentes. Durante vários anos Gerson foi o garoto-propaganda da marca, aparecendo em revistas e até na TV. E soltou sua frase mais famosa, que mais tarde ficaria conhecida como a "Lei de Gerson": "Porque você gosta de levar vantagem em tudo, certo?"

Poucas vezes uma propaganda afetou tanto a sociedade, catalisando um ódio moralista. O ex-jogador serviu como bode expiatório, condenado a uma pena injusta. Seu nome ficou associado a uma prática que grande parte da sociedade considera deletéria (levar vantagem sobre os outros), mas da qual sempre foi difícil se desvencilhar. Mais do que isso, a "Lei" transformou seu criador em sinônimo de nossas deficiências e fraquezas como nação.[75] A "Lei de Gerson" encontrou eco repulsivo na sociedade, pois serviu para delimitar o *jeitinho* na sua visão mais negativa. O jargão juntou-se aos muitos que existem para condenar certos aspectos da brasilidade. Com certeza, ele ficaria mais feliz se associassem seu nome a qualquer uma das jogadas maravilhosas e belos lançamentos (como Leônidas da Silva marcou-se como inventor da "bicicleta"; Pelé parava no ar para cabecear a bola; Sócrates celebrizou-se com

---

[74] *Idem*, p. 43.

[75] Gerson culpa os intelectuais pela criação da polêmica, como se vê na entrevista concedida no complexo Caio Martins, com exclusividade para o Site Torcida Tricolor, em 7 de abril de 2005. Por Thales Treiger:
Torcida Tricolor: O episódio dos cigarros Vila Rica ainda lhe incomoda?
Gerson: Me incomodar não incomoda. Aquilo na verdade foi um filme. Eu estava sendo dirigido. O negócio do filme era dizer que o cigarro era um cigarro tão bom quanto os outros, mas bem mais barato. Acontece que no Brasil sempre aparecem uns gênios, que resolvem dar uma interpretação diferente para a coisa e acabam lançando essas pérolas. Agora, se você me perguntar se eu faria tudo isso de novo, respondo que faria tudo de novo. Esse episódio não me incomoda, já me preocupei muito mais com isso.
Acessado em 31/1/2007, às 2h10, *http://www.torcidatricolor.com.br/entrevista/ent011a.htm*

passe "de calcanhar"; Romário associou-se ao "elástico" e Robinho à "pedalada"). Mas uma marca social não se apaga do dia para a noite.

Em 1982 o comentarista Gerson foi despedido da TV Globo depois de uma série de desentendimentos. A Souza Cruz, concorrente da Reynolds, era patrocinadora da transmissão da Copa do Mundo daquele ano pela emissora carioca. Como a imagem de Gerson já estava muito marcada pela propaganda do cigarro Vila Rica, acertou-se que o ex-jogador não apareceria mais no vídeo, apenas sua voz seria ouvida. Surgiram então divergências quanto ao tempo de comentário. O *Globo Esporte* limitava seu tempo em um minuto, o que desagradou ao "Papagaio". Além disso, Gerson não viajava de avião e os jogos fora do eixo Rio-São Paulo eram comentados dos estúdios do Jardim Botânico, sede da Globo. Ele prometia ir à Copa de 1982 na Espanha, mas de navio! Aproveitando as fraquezas da concorrente, a TVS anunciou seu comentarista como "aquele que está aqui no estádio, vendo tudo realmente".

Gerson ficou de tal forma marcado pela propaganda negativa que quando a revista *Veja* noticiou que seria despedido, utilizou as seguintes palavras: "O papagaio voou: tentando levar vantagem, Gerson perde emprego".[76] Ele tornou-se símbolo do que de pior existia na alma nacional desde os tempos imemoriais, como descreveu a revista *IstoÉ* anos mais tarde, ecoando um discurso bastante comum na sociedade:

> Os malandros passaram a fazer parte do imaginário de um país de alma escravista como uma espécie de resistência ao modelo europeu cheio de regras. Era astuto, esperto e vivia de "expediente", como se dizia na época, e, mais do que tudo, sabia dar um "jeitinho" em tudo. Ganhava dinheiro fora das formas oficiais, jogando bilhar, apostando em cavalos e, em alguns casos, sobrevivendo na gigolagem. Com o passar dos anos, o malandro despencou cada vez mais para a contravenção, mas o folclore do jeitinho já havia marcado definitivamente o caráter nacional. Sua expressão mais agressiva vai desembocar na década de 1970, tendo como marco o comercial do cigarro Vila Rica. Era um momento em que se pensava o nacionalismo em parâmetros bem diferentes dos anos 1920. Havia um orgulho verde-amarelo e uma megalomania alimentada pela ditadura. Nesse contexto, um herói nacional como o tricampeão Gerson soltou sua frase mais famosa. (...) A propaganda não teve uma

---

[76] Sobre os conflitos com a TV Globo, ver: "O papagaio voou: tentando levar vantagem, Gerson perde emprego", *Veja* (17/3/1982).

interpretação pejorativa na época, mas depois virou lei. "Para o período era um jargão superdifundido. A propaganda captou um elemento de identificação que estava no imaginário popular", acredita Maria Izilda Matos, historiadora e pesquisadora da boemia. "A Lei de Gerson" funcionou como mais um elemento na definição da identidade nacional e o símbolo mais explícito da nossa ética — "ou falta de ética", completa a historiadora.[77]

Assim como Gerson, Simonal e a Pilantragem ficaram marcados como sinônimos do que de havia de ruim durante a ditadura. Para Nelson Motta, ele era o símbolo negativo de uma época: "No Brasil, em 1970, o povo gostava era da Pilantragem do Simonal, uma trilha sonora perfeitamente adequada. Era a cara do Brasil do 'ame-o ou deixe-o', de Dom e Ravel, de Médici, do nacionalismo, da repressão."

Seguindo esse mesmo pensamento, o cineasta e crítico Arnaldo Jabor idealizou o malandro para ver em Simonal e na Pilantragem a imagem da decadência, veneno de uma época:

> Eu tenho a sensação de que alguma coisa essencial se perdeu no Brasil e foi de 1968 para cá. Em 68 [...] apagou-se a luz geral que nos mostrava o Brasil. Acenderam outra iluminação, artificial, militarizada, fascistóide, criando um país de imitação, desinfetado dos perigos democráticos. Surgiu um triste populismo verde-oliva na cultura, um Brasil "moral e cívico", com os milicos promovendo uma falsa malemolência careta, com Caetano e Gil em cana e Simonal em alta, numa desconstrução proposital do talento popular. O malandro carioca e tudo que ele passou de ginga, inteligência, desvio crítico, leveza safada de preto forro, salto bailarino de escapista do "batente" virou um pivetinho de fancaria. Nos anos 1930/40, o malandro e sua cultura, principalmente na música popular, encarnavam uma inconsciente defesa de um mundo livre, fugindo criticamente do poder, numa linhagem clara desde "o tempo do Rei", como ensina Antonio Candido na *Dialética da malandragem*. Em 1968, veio a trombada e interrompeu-se uma linha tênue de inocentes comportamentos iluminados por uma funda tradição nacional.
> A malandragem foi substituída pela *pilantragem*. O simplismo cultural cresceu muito nesta época, num empobrecimento proposital, mandado pelos *donos do poder militar e pelo milagre multinacional. Enquanto o malandro, esta figura malazártica de nossa cultura, forjava uma linguagem que costurava as margens da vida, com uma ética e uma poética, o pilantra que vem com Simonal e Car-*

---

[77] *IstoÉ* (29/12/1999).

los Imperial era o malandro querendo descolar um lugar na sociedade do "milagre". O pilantra é o malandro oportunista (e sinto isso acontecendo hoje de novo [anos 1990], com os pagodeiros, os neguinhos puxa-sacos de terninho branco e sorrisinho matreiro falando nas bundinhas-tchan). [Grifos meus][78]

Outros artistas concordam com Jabor na idealização da malandragem. Em entrevista, Tibério Gaspar, letrista de grandes sucessos de Simonal, disse: "O pilantra é o cara que quer dar a 'volta' em alguém; o malandro é aquele que não se deixa levar a volta".[79] Dessa forma Simonal e a Pilantragem continuaram sendo máculas. Para esses homens a Pilantragem não consegue chegar aos pés da malandragem. O pilantra é o malandro incapaz. Essa é a opinião do músico Aquiles Reis, integrante do MPB-4

[Simonal foi] um falso malandro [que não fez] jus a sua tão alardeada esperteza. Ele demonstrava um "deslumbramento" irresponsável e pueril com a força que dispunham seus "amigos"(...) O poder acima da lei; a força em detrimento da civilidade; a vontade de levar vantagem em tudo subiram-lhe tristemente à cabeça.[80]

Simplificada, sem ganhar o passaporte da identidade brasileira, a Pilantragem serviu de bode expiatório da identidade nacional, tolhida pela visão de que a sociedade foi vítima do regime, perseguida pelo autoritarismo, morta pelos algozes. Não se quer negar a existência da repressão, evidentemente, arma fundamental do sistema. Busco apenas mostrar como a repressão convivia com algumas forças de integração, algumas das quais contrárias à própria repressão.[81] O que se quer enfatizar aqui é o apoio de segmentos importantes da sociedade ao regime e como o governo ditatorial conseguiu gerar um contentamento lastreado no atendimento de algumas demandas sociais, fato que a *memória da resistência* tem dificuldade de aceitar.

---

[78] "Malandro renasce em 'desabrigo e outros trecos'", Arnaldo Jabor, *Folha de S.Paulo* (17/8/1999), Caderno Folha Ilustrada, p. 4.
[79] Depoimento de Tibério Gaspar ao autor em 24/12/2008.
[80] Aquiles Rique Reis. *Confesso que errei*. Texto enviado ao autor em 5 de janeiro de 2009. Faz parte do livro do autor, *O gogó do Aquiles*, pela Editora Girafa, não encontrado.
[81] Para esse raciocínio foi essencial o contato com o estudo de Hermano Vianna sobre o samba no início do século. Ver: *O mistério do samba* (Coleção Antropologia Social), Rio de Janeiro, Editora UFRJ/Jorge Zahar, 1995.

Nesse sentido, a aceitação do regime é, hoje, uma memória social incômoda, cujo papel do "bode" é expiar. Sem réus a condenar ou absolver, busco entender os indivíduos de forma complexa, não como puros microcosmos de uma época, mas repletos de contradições, de escolhas paradoxais, opiniões cambiantes e intrincadas.

Veja-se, por exemplo, o caso de Carlos Imperial. Embora tivesse demonstrado em diversos momentos estar afinado com o regime, em outras passagens essa imagem perde o sentido. No início da década de 1980 ele foi eleito vereador do Rio de Janeiro pelo PDT (e chegou à câmara como um dos candidatos mais votados).[82] Na Câmara Municipal, Imperial defendeu a criação de uma estátua do estudante Stuart Angel, guerrilheiro morto pelos militares durante o auge da repressão na década anterior. A irmã de Stuart, a colunista Hildegard Angel, até hoje se espanta:

> Sempre achei que, de certo modo, mamãe [a estilista Zuzu Angel, que foi morta pela repressão quando tentou averiguar a morte do filho] se deliciava por estar incomodando, estava vivendo uma missão de maneira plena. Tinha a dimensão histórica do Stuart e dizia que ele ainda iria virar estátua em praça pública. O impressionante é que a primeira homenagem a meu irmão, uma praça pública, foi proposta por quem menos se imaginaria. Nos anos 1980, o compositor Carlos Imperial, com quem trabalhei no teatro, então vereador, propôs a Praça Stuart Angel, no local onde meu irmão foi assassinado, a Ilha do Governador. Foi a primeira homenagem a um desaparecido político.[83]

Nesse caso, percebe-se a metamorfose política ao longo do tempo. O Imperial de 1967 não era o mesmo de 1982. Para além das mudanças que demandam alguns anos, quero enfatizar aqui as pessoas em suas múltiplas escolhas e opiniões (muitas vezes divergentes) num mesmo período de tempo. Simonal era uma delas. Dessa forma, o ostracismo do cantor é um caso exemplar para se entender a riqueza daquele período, sem simplificações.

---

[82] Para a eleição de Imperial, ver "Carlos Imperial: adeus às 'lebres'", *Manchete* (16/4/1983), nº 1617, p. 40.
[83] "Eu sobrevivi para contar esta história", entrevista de Hildegard Angel na época do lançamento do filme *Zuzu Angel*, de Sérgio Rezende, *Jornal do Brasil* (30/7/2006), Caderno B, p. B7.

Capítulo 2

MOSCA NA SOPA

"Eu era pobre, mas era um pobre cinco estrelas. Eu morava no Leblon."[2]

Década de 1940. Uma casa de classe média no bairro do Grajaú, no Rio de Janeiro. A família come diante da mesa. Maria Silva de Castro serve sopa à pequena criança que mal consegue comer sozinha. Igual a tantas Marias Silva brasileiras, ela aceitara o baixo salário contanto que deixassem seu filho morar junto com ela no quartinho dos fundos, resquício das senzalas brasileiras. O pequeno garoto, tímido e pacato, quase nunca dava trabalho. Naquele dia quente, o menino estava sentado num canto olhando a mãe trabalhar. Maria empregada.

---

[1] Os capítulos biográficos deste livro ("Mosca na sopa", "Cabo Simonal", "Simonal e o império do rock" e "Uma concha na praia de Copacabana") foram escritos de forma livre, mas ancorados em fontes consultadas. As fontes utilizadas foram: "Simonal: aquele cara que todo mundo queria ser", *Jornal do Brasil* (24/2/1970), Caderno B, p. 1; "Simonal: o charme com a comunicação", *Jornal do Brasil* (25/2/1970), Caderno B, p. 1; "Simonal: no tempo do rei do rock", *Jornal do Brasil* (26/2/1970), Caderno B, p. 5; "Simonal: uma vocação de pilantra", *Jornal do Brasil* (27/2/1970), Caderno B, p. 1; "Simonal: o importante é se fazer entender", *Jornal do Brasil* (28/2/1970), Caderno B, p. 1; "Simonal: eu sou um deles", *Jornal do Brasil* (1-2/2/1970), Caderno B, p. 10; encarte da caixa de CDs *Wilson Simonal na Odeon* (1961-1971), EMI, 2005; "Este homem é um Simonal", *Realidade* (dez. 1969), p. 136-148.
[2] Wilson Simonal em depoimento a Paulo Cesar de Araújo em 21/2/1994.

De repente, uma mosca caiu na sopa que dona Maria servia à pequena filha dos patrões. Instintivamente, ela levantou-se para jogar a comida fora, quando a patroa interveio: "Não jogue fora, Maria. Dê para o seu filho." Maria achou aquilo um absurdo, ruim tanto para a filha da patroa, como exemplo, quanto para o garoto. Quase sempre calma e afetuosa, dessa vez ela não aguentou o desaforo e levantou a voz, iniciando uma discussão desigual. Irritada, a patroa insistiu: "Ou esta sopa ou ele não come nada." Maria humilhada.

O filho de Maria chamava-se Wilson Simonal de Castro.

Essa não foi a primeira vez que Maria teve de se resignar. Ela sempre sofrera muito na vida. Um dos que mais a machucaram foi seu marido Lúcio Pereira de Castro. Tendo se conhecido em 1936, eles se casaram após um ano de namoro. Os patrões de dona Maria na época lhe presentearam com os poucos móveis que havia em sua casa, no bairro do Rio Comprido, perto do Centro do Rio de Janeiro. Com um ano de casada, a vida de Maria se tornara um verdadeiro flagelo. Seu marido dormia dois dias em casa, desaparecia outros dois, reaparecia. Um dia Lúcio chegou com um garotinho pela mão querendo que Maria tomasse conta dele. Era um dos quatro filhos que tinha com outra mulher. Ela quase morreu de desgosto. Maria sofrendo.

No dia seguinte, ela colocou os móveis em cima de um caminhão alugado e voltou para a casa dos patrões. No entanto, sentia que ainda gostava do marido, não conseguia esquecê-lo. Dias depois Lúcio veio pedir perdão e ela o aceitou de volta, apagando as mágoas do passado. Os meses seguintes foram de paz; Lúcio, aparentemente arrependido de suas escapadas conjugais, mostrava-se um amante digno da esposa. Maria grávida.

Foi uma gravidez anormal, mesmo para especialistas. Ela ficou enorme, gordíssima. Os médicos e enfermeiras do Hospital São Francisco de Assis, no bairro da Cidade Nova, a chamavam de "barriguda", dizendo que ela daria à luz um burrinho, e não uma criança. Carismática, despertou a simpatia do médico Roberto Simonard, que lhe pediu que botasse seu nome no menino. Numa Quarta-feira de Cinzas chuvosa, 23 de fevereiro de 1938, nasceu o garoto, forte, fazendo jus ao desconforto proporcionado, com 4 quilos e 200 gramas.[3] O pai Lúcio não gostou do nome Roberto, que julgava ser nome "de velho", aceitando apenas o sobrenome do médico. Quando foi ao cartório, o sotaque mineiro do pai fez com que o escrivão registrasse Wilson Simonal de Castro.

E o casal voltou a brigar. Os desentendimentos quase sempre giravam em torno das frequentes escapadas de Lúcio. Uma segunda separação aconteceu, quando o menino tinha apenas quatro anos. Com um menino a tiracolo reduziam-se as chances de Maria conseguir alguma casa que lhe oferecesse moradia e emprego. Finalmente, quando encontrou uma oportunidade em Vila Isabel, Lúcio retornou dizendo-se arrependido. Mais uma vez Maria cedeu às pressões de sua paixão e voltou a morar com o marido. Foi quando nasceu o segundo filho, José Roberto de Castro. Mas aquele romance não tinha mais jeito. Depois de um ano Lúcio foi embora de novo, e não mais retornou. Maria abandonada.

Ela viu-se novamente sem emprego. Já era difícil que aceitassem sua condição de mãe, quanto mais se dissesse que tinha dois filhos! Foi forçada a mentir para poder trabalhar em alguns lugares. Em uma casa de família em Ipanema chegou a preparar a marmita para o filho e jogá-la por cima do muro do quintal para que Wilsinho apanhasse e tivesse a primeira refeição do dia. Mas aquela situação não podia continuar: era por demais humilhante. Mesmo morando nas favelas próximas da Zona Sul, ficava difícil para Maria cuidar das crianças. Foi quando ela resolveu colocá-los em semi-internatos. Wilson foi matriculado no Colégio da Cruzada, ligado à Legião Brasileira de Assistência, fundado por dona Darcy Vargas, mulher do ex-presidente e ditador Getúlio Vargas. Roberto foi para uma escola pública em Rio das Flores.

Os filhos pareciam dois opostos. Enquanto Roberto era extrovertido e espontâneo, Wilson era travado e calado. Maria frequentemente o chamava de "pai João", por causa desse "espírito de velho" do primogênito. O mais novo logo aprendeu a tocar corneta no colégio e foi se enturmando

---

[3] Há um erro muito comum acerca do ano de nascimento de Simonal, especialmente na internet e, em consequência, em grande parte da imprensa. Várias vezes vi o ano de 1939 como o de seu nascimento, o que está errado. Para comprová-lo, entrei em contato com os filhos do cantor, assim como constatei em entrevistas do cantor a data precisa. Contudo, não consegui entender o motivo de tal erro.

com as outras crianças. Certa vez, ao saber que o filho de sua empregada aprendia música na escola, o patrão americano de Maria deu um saxofone ao garoto. Roberto ficou todo bobo, já que era um dos poucos que tinham um instrumento próprio. Wilson, por sua vez, sofria maus-tratos das freiras no colégio, mas sua mãe ignorava tudo, devido ao estilo caladão do menino. Uma noite ele voltou para casa queixando-se de que não enxergava direito, mas não dizia por quê. Depois de muita paciência e carinho da mãe, Wilson contou que alguém havia rasgado uma tabuada na sala de aula. Então, a freira responsável perguntou ao menino quem havia feito essa brincadeira de mau gosto e, como Wilson se negou a dizê-lo, levou algumas chibatadas como castigo. Quando uma dessas chibatadas atingiu a vista, Wilson ficou uma semana cego de um olho. A mãe não pensou duas vezes: era hora de mudá-lo de colégio.

Ao concluir o ensino básico, Wilson e Roberto começaram a fazer bicos para ajudar a mãe. Roberto estava cada vez mais envolvido com a música e era a grande esperança da família de mudar de vida. Diferentemente de Wilson, Roberto tinha vários amigos, falava com todo mundo, já tocava em alguns grupos e sua dedicação e profissionalismo espantavam a todos. Roberto, e não Wilson, era o grande músico da família. Restava ao filho mais velho bicos em qualquer serviço: chegou a ser guardador de carros e até mensageiro da Western Union. Foi lá que Wilson se tornou um pouco menos "pai João", conheceu meninas e começou a se abrir mais para conversas, forçado a se comunicar na nova profissão de entregador de encomendas:

> Me lembro que esse negócio de sexo era totalmente desconhecido por mim até os 15 anos. Depois que eu vi uns caras correndo atrás de umas mulheres lá no Leblon é que eu me manquei o que era o troço. Minha primeira relação foi com uma daquelas prostitutas de favela. Paguei cinquenta pratas e nem senti prazer porque minhas pernas tremiam. Ela ainda acabou levando minha carteira.[4]

Mas o verdadeiro desabrochar do menino só aconteceria anos mais tarde, quando entrou para o exército. A partir daí tudo mudou.

---

[4] "Simonal: o charme com a comunicação", *Jornal do Brasil* (25/2/1970), Caderno B, p. 1.

Capítulo 3

"O PRETO-QUE-RI"
OU UM NEGRO ENTRE ZUMBIS E TORNADOS

"Sim, sou um negro de cor
Meu irmão de minha cor
O que te peço é luta sim, luta mais
Que a luta está no fim."
("Tributo a Martin Luther King", 1967,
de Wilson Simonal e Ronaldo Bôscoli)

"Eu quero ir minha gente
Eu não sou daqui
Eu não tenho nada
Quero ver Irene rir
Quero ver Irene dar sua risada"
("Irene", de Caetano Veloso, 1969)

No ano de 1972, o grande nome do futebol brasileiro era Fio Maravilha. Fio era facilmente reconhecido por sua fisionomia. Ele possuía as arcadas dentárias muito avantajadas, o que deixava os dentes sempre à mostra. Tal fisionomia era incorporada pelo jogador, sempre alegre e sorridente, apesar do deboche dos adversários e críticos. Fora a fisionomia marcante, Fio era um jogador mediano. O marcador do Flamengo é o único caso de um jogador mais lembrado por uma canção do que por suas exibições futebolísticas.

Tudo começou assim. Era 15 de janeiro de 1972. Jorge Ben assistia ao amistoso internacional entre Flamengo e Benfica, base da ótima seleção portuguesa, mas que jogava sem o craque Eusébio, contundido. Barrado pela dura defesa alvirrubra portuguesa, o Flamengo não conseguia marcar. Na metade do segundo tempo, o experiente Zagallo, técnico da Seleção brasileira e do time da Gávea, atendeu aos apelos da torcida e mandou Fio para o aquecimento. Um jogador sem grandes recursos, Fio estava na lista de dispensas dos dirigentes rubro-negros. A contusão do ponta Arílson foi uma dádiva dos deuses para ele, que até então amargara a reserva. A partir daí tudo aconteceu como narrou Jorge Ben. Aos 33 minutos do segundo tempo, Fio recebeu a bola perto do círculo central, tabelou com Paulo César, avançou em direção à área, driblou dois zagueiros na velocidade e tocou no canto do goleiro José Henrique, numa rapidez impressionante.[1]

Lançada em 1972, "Fio Maravilha", a canção, foi diretamente para as paradas, logo depois de ganhar o VII Festival Internacional da Canção (FIC) daquele ano.[2] Naquela oportunidade a cantora Maria Alcina fora sua intérprete: "Foi um gol de anjo/ Um verdadeiro gol de placa/ Que a galera agradecida assim cantava/ Fio Maravilha, nós gostamos de você/ Fio Maravilha, faz mais um pra gente ver." No momento em que sua fama chegou ao auge, o jogador não pôde estar presente no Maracanãzinho no dia da vitória porque sua mulher, Sandra, dava à luz a caçula Simone naquela semana.[3]

Embora o sucesso musical tenha aumentado a popularidade do jogador da Gávea, não foi capaz de evitar seu quase esquecimento algumas décadas mais tarde. A criação se sobrepôs a criatura. Aliás, já naquele mesmo ano Fio começou a ser esquecido. No segundo semestre a diretoria do Flamengo emprestou-o ao Payssandú de Belém e depois ao Avaí de Florianópolis até sua memória sumir no esquecimento dos torcedores.

Em 1994, o ex-jogador, gordo e pobre, era entregador de pizzas em São Francisco, nos Estados Unidos. Mesmo que esbarrasse com um ardoroso

---

[1] Para a descrição do gol de Fio, ver Beto Xavier, *Futebol no país da música*, Panda Books, São Paulo. 2009, p. 188.
[2] Festival Internacional da Canção (FIC), promovido pela Rede Globo e pelo governo do estado da Guanabara.
[3] Beto Xavier, *op. cit.*, p. 188.

flamenguista que conhecesse bem a história do time, dificilmente seria reconhecido. Dez anos antes, em 1984, Fio Maravilha havia consertado a arcada dentária com operações e aparelhos ortodônticos. Não era mais o Fio. No entanto, ainda assim se achava no direito de lucrar com a canção de Jorge Ben e chegou a processar o autor. Queria obter algum dinheiro com os direitos autorais acumulados durante anos. O compositor nunca quis polêmica e se limitou a dizer que Fio estava sendo "mal assessorado" e, irônica e cinicamente, mudou o nome da música para "Filho Maravilha".[4]

Não era a primeira vez que alguém queria lucrar em cima da obra de Jorge Ben. O roqueiro inglês Rod Stewart foi processado pelos empresários de Jorge por ter plagiado a canção "Taj Mahal". O refrão da música "Do Ya Think I'm Sexy"[5] era de fato igual ao do sucesso também lançado em 1972, no mesmo LP que havia consagrado "Fio Maravilha".

Aliás, em 1994, quando Fio trabalhava como entregador de pizzas, Jorge Ben já não assinava mais Jorge Ben. Cinco anos antes, em 1989, ao transferir-se para a gravadora Warner, ele aceitou a sugestão de mudar de nome artístico. Alguns chegaram a pensar que teria sido sugestão de uma numeróloga.[6] Outros cogitaram que Jorge queria evitar confusões de direitos autorais com o americano George Benson.[7] Mas a realidade é que o autor da proposta foi o então diretor executivo da gravadora, André Midani. O novo Jorge Benjor não estava preocupado com seu destino numerológico; tudo se resumia numa simples jogada de marketing, com o intuito de ressuscitar um artista que andava um pouco desgastado depois de quase trinta anos de carreira.[8] Com ou sem sugestão numerológica, o fato é que a sorte estava do lado do novo Jorge, afinal ele voltou à tona com os sucessos "W/Brasil" e "Engenho de Dentro", cantados por todo o país.

---

[4] Entrevista de Jorge Ben a Amaury Jr no Programa Amaury Jr., da Rede TV, 28/1/2005.

[5] Stewart registrou a música no seu nome e no de Carmine Appice. Era a primeira canção do LP *Blondes Have More Fun* (1978).

[6] Essa é a versão divulgada pelo crítico musical Pedro Alexandre Sanches em *Tropicalismo: decadência bonita do samba*, São Paulo, Boitempo, 2000, p. 197.

[7] Essa foi a versão oficial dada na época pelos assessores de Jorge Benjor.

[8] Sobre as informações sobre Jorge Benjor e Fio Maravilha, ver entrevista de Jorge Benjor no Programa Amaury Jr., transmitido pela RedeTV! em 28/1/2005. Uma imagem de arquivo mostrou Fio nos Estados Unidos como entregador de pizza em 1994. Os seguintes sites confirmam a atual vida de Fio: *http://www.maranhaonews.com.br/noticia.php?modo=exibir&idnoticia=2693* e *http://miltonneves.uol.com.br/qfl/index.asp?id_qfl=1424*

Mas voltemos aos anos 1970, época de consolidação dos artistas associados à MPB.

Menos de um ano após a música de Jorge Ben ter sido lançada, o jornal alternativo *O Pasquim* entrevistou o jogador da Gávea. O título da manchete da entrevista era: "O Preto-que-ri"! Fio foi cercado no escanteio pelos jornalistas cariocas, que questionavam sua atitude sempre alegre e feliz. Para aquele grupo de intelectuais, Fio era um "bobo da corte", condenado a fazer a alegria dos miseráveis. Fio tentava, sem muito sucesso, esquivar-se das perguntas perniciosas dos jornalistas. Ao ser indagado sobre a existência do racismo no Brasil, Fio disse que de fato existia, mas que não sentia o preconceito na pele. Irônico e debochado, o jogador disse que não seria nunca confundido com um bandido, pois poucos tinham aquela cara feia e os dentes tortos daquele jeito: "O problema é os dentes, não a cor." Para além da ironia, Fio achava que "se o cara tem uma certa posição [social], as portas se abrem um pouco mais fácil".[9]

Mas os jornalistas não pensavam da mesma forma. Depois da entrevista feita com Fio Maravilha, o cartunista Henfil sentiu-se incomodado com a imagem sempre alegre do jogador. Angustiava-lhe o fato de Fio parecer alienado às questões de sua época. Não lhe agradavam a relativização desmobilizadora presente no discurso do jogador e sua pouca identidade com a exploração de sua "raça".

Então Henfil criou um dos seus maravilhosos personagens, Pavoroso — o preto-que-ri. Os quadrinhos do personagem foram publicados por algumas semanas durante o ano de 1973. Toda vez que Henfil desenhava Pavoroso em *O Pasquim* a história girava em torno de uma crítica à alienação do "preto-que-ri". Na maioria das vezes outro personagem expulsava Pavoroso de algum lugar simplesmente por ele ser "preto". O personagem de dentes protuberantes então começava a rir descontroladamente. Quanto mais ofensas recebia, mais Pavoroso ria. Até que todos acabavam com medo daquela aberração e saíam correndo. Todos os negros que "encobriam" o racismo eram, segundo Henfil e sua crítica mordaz, "pretos-que riam".

---

[9] Entrevista de Fio, *O Pasquim* (1973), nº 182.

"O PRETO-QUE-RI" 83

Aliás, para o jornal alternativo, havia um negro que era visto como "o verdadeiro negro". Em 1971, a equipe do jornal entrevistou Nancy Wilson, cantora americana engajada na luta contra o racismo nos Estados Unidos. Junto com ela estava o marido Robert Hasks, também militante da causa negra. Em oposição à manchete da entrevista de Fio Maravilha, a militante foi noticiada como "uma negra de alma negra". Entre as frases proferidas pela cantora e por seu marido assimiladas pelos redatores como "realmente negras" estão:

> *Nancy Wilson:* Não me lembro de haver, um dia, sequer me deixado fascinar por um homem que não fosse da minha raça.
> *Robert Hasks:* (...) A meu ver, se você é negro, rico, famoso e bonito e não se casou com uma negra, aí sim você não se realizou na vida.[10]

É curioso que só alguns negros possam ser reconhecidos como "verdadeiros". E os "realmente negros" são os combatentes, os *resistentes*, os militantes. Para além do radicalismo dos americanos, vê-se o forjar de uma identidade que exclui um certo tipo de negro: o "preto-que-ri". *O Pasquim* parece ver em Fio Maravilha um negro "falso" porque ele não era identificado como "combatente" ou "revoltado". Fio é um "preto-que-ri" porque relativizava o racismo e não aceitava o discurso que grande parte das esquerdas queria ver reproduzido em sua boca disforme e avantajada.

Quase sempre, para exemplificar o "verdadeiro negro", prefere-se o exemplo heróico. Os abolicionistas do século XIX preferiram louvar o chefe Zumbi dos Palmares a valorizar a figura de Ganga Zumba. O último fora chefe do maior e mais longevo quilombo da história do país, até 1678. Reconhecendo que não seria possível destruir o gigantesco grupo de lutadores, os colonos cederam, firmando o Acordo de Recife com o chefe do quilombo. Através do contrato, Ganga Zumba conseguiu fazer com que os portugueses reconhecessem a liberdade de todos os nascidos em Palmares. O governo colonial também cedia terras na região do Cacaú, norte de Alagoas, e garantia a continuidade do comércio com os negros, fazendo-os vassalos da Coroa portuguesa. Era o reconhecimento pleno.

---

10 "Nancy Wilson: uma negra de alma negra", *O Pasquim,* s/nº (19/10/1971).

Mas nem todos se deram por satisfeitos. Zumbi surgiu como líder dos grupos que se opuseram ao acordo. O novo chefe rebelado procurou minar a autoridade de Ganga Zumba mantendo o estado de guerra contra os colonos. Homens infiltrados em Cacaú envenenaram o antigo líder. O governo colonial tentou novos acordos sem sucesso. A permanência do impasse fez com que os portugueses voltassem a apostar na total destruição do quilombo, empreitada para a qual foi contratado o bandeirante Domingos Jorge Velho, retratado com a pele escura em gravuras de época. Ele levou mais de dez anos para acabar com o maior quilombo já existente na história do Brasil. Os resistentes foram finalmente aniquilados em 1694 e seu líder, Zumbi dos Palmares, morto.[11]

No século XX, o dia da morte de Zumbi, 20 de novembro, foi declarado Dia da Consciência Negra. Parece que ainda hoje só o negro *resistente* pode simbolizar a "consciência". De fato, o negro visto como "fraco" é frequentemente esquecido, apagado ou culpado. Não foram poucas as vezes em que isso aconteceu no imaginário popular. O "caso" Simonal é um exemplo. Os casos de dois outros artistas negros, Erlon Chaves e Toni Tornado, serão abordados ao longo deste capítulo.

No futebol, dois jogadores são frequentemente citados como culpados pela derrota brasileira para o Uruguai, em pleno Maracanã, na Copa do Mundo de 1950: o goleiro Barbosa e o zagueiro Bigode. Ambos negros. O trauma da derrota criou um mito racista punitivo. O comediante Chico Anysio expressou essa crença, ecoando variados setores da sociedade: "Não tenho confiança em goleiro negro. O último foi o Barbosa, de triste memória."[12]

Mas será que o racismo explica tudo?

* * *

Em julho de 1969, o semanário O *Pasquim* publicou uma entrevista de capa com o "deus" da Pilantragem sob o título de "Não sou racista". Simo-

---

[11] Verbetes "Zumbi", "Ganga Zumba", "racismo", "miscigenação" e Chica da Silva em Ronaldo Vainfas (dir.), *Dicionário do Brasil Colonial*, Rio de Janeiro, Objetiva, 2000.
[12] Essa citação foi retirada do jornal *Lance* e reproduzida pela revista *Veja* (14/6/2006), p. 43.

nal era acuado como se estivesse num interrogatório. Ao ser indagado sobre se era racista e responder negativamente, foi pressionado a explicar como podia conviver com o fato de comer caviar e ter mordomo.[13]

O que é curioso é que os dois negros mais famosos da época pensavam da mesma forma que Fio Maravilha acerca da questão do racismo. Embora não negassem a sua existência, Pelé e Simonal viam a situação com os mesmos olhos. O "rei do futebol" e craque do *escrete canarinho* costumava relativizar o racismo. Em entrevistas, chegou a dizer que o problema do racismo é muito mais uma questão social do que de cor.[14]

Simonal pensava de forma idêntica. Em 1970, resumiu sua opinião em uma entrevista ao jornal *Correio da Manhã*: "Eu tive mil problemas porque era preto, antes de fazer sucesso. Não tenho agora porque sou rico, os meus problemas já são outros. Há uma frase que define bem o que eu penso: em lugar onde preto não entra, pobre também não entra."[15] Tim Maia também relativizou o racismo quando compôs a canção "Meu país", presente em seu segundo disco, de 1971. Tendo vivenciado o preconceito por ser estrangeiro e negro nos EUA, onde morou durante grande parte da década de 1960, depois de voltar à terra natal ufanou-se do Brasil e concluiu que o preconceito e a segregação não existiam aqui: "Se bem sei que aprendi muito no seu país/ justo no seu país/ porém no meu país senti tudo que quis/ pois vi como vivem/ ... / todas as dores/ sem distinção de cor/ o amor existe enfim/ mesmo quando há luta/ do alto se escuta/ em uma só voz que diz/ somos todos irmãos...".[16] Essa canção foi regravada pelo Trio Mocotó no disco *Muita Zorra*, de 1971. Com dois integrantes negros, o Trio Mocotó incorporava o olhar de Tim de que no Brasil se vive uma democracia racial.

---

[13] *O Pasquim* (jul. 1969), nº 3.

[14] Segundo Pelé: "Não existe [racismo] dentro de mim. Tem racismo de religião, de cor. Aqui no Brasil o problema do racismo é mais social." *IstoÉ* (14/3/1979), apud Heloísa Buarque de Hollanda e Carlos Alberto Pereira, *Patrulhas ideológicas marca reg.: arte e engajamento em debate*, São Paulo, Brasiliense, 1980, p. 128.

[15] *Correio da Manhã* (4/12/1970), Caderno Anexo, p. 3.

[16] LP *Tim Maia*, Polydor, 1971. Agradeço a Thais Siqueira, cujo texto me chamou atenção para esse fato. Thais Siqueira, "Relatório final do projeto 'O festival de 1970 e os anos de formação da black music brasileira" (1970-1974)", USP, Departamento de História.

O ator Grande Otelo pensava também da mesma forma. Famoso por atuações em chanchadas nas décadas de 1940/1950 e muito elogiado pelo papel de Macunaíma no filme homônimo de Joaquim Pedro de Andrade, Otelo citou Simonal para reforçar sua opinião:

> *Otelo*: Em vez do preconceito, o que existe é a ânsia do preto em progredir. (...) É verdade que até um negro chegar à posição de um branco tem de saber dez vezes mais. Porque em cada branco está um senhor de engenho, um feitor de fazenda. Em cada mulato está um capitão do mato. Então o negro está acuado por todos os lados. Ele tem que lutar, não dando a essa luta o nome de preconceito, mas o de luta pela sobrevivência, que todo branco pobre enfrenta também. Eu pessoalmente não sinto o preconceito. Eu sinto paternalismo. (...)
> *Veja*: Quer dizer que você nunca enfrentou problemas por ser negro?
> *Otelo*: Não. Sempre tive a mulher branca que eu quis. (...) Também sempre tive entrada nos lugares em que quis entrar. É como diz o Simonal: "Em lugar que preto não entra, branco pobre também não entra." Entre as namoradas de meus filhos há brancas, negras e mulatas. É preciso que me façam sentir o preconceito para que depois eu declare que existe preconceito. A cada jovem de cor que eu encontro, pergunto se está estudando, em que ano está. Se eu posso ajudar, ajudo.[17]

Mas o fato de negros preferirem categorias sociais para relativizar o racismo incomodou os defensores da causa negra. Aos olhos dos militantes, o discurso de Pelé, Otelo, Tim Maia, Fio e Simonal fazia eco às teorias de "democracia racial" de Gilberto Freyre, em desuso pelos acadêmicos da década de 1970.[18] Tal conceito foi atacado em muitas teses da época, mas o calor do debate talvez tenha inflamado demais os ânimos e as críticas. Segundo o antropólogo Peter Fry, as críticas a Gilberto Freyre lastreavam-se na ideia de que o pesquisador pernambucano era "culturalista", ou seja, Freyre não via a cultura como epifenômeno da "estrutura social", abordagem muito criticada por marxistas e antropólogos estruturalistas:

> Tanto uma tradição como a outra queriam explicar a cultura em função de algo considerado mais "real"; no caso do marxismo, a infraestrutura econô-

---

[17] *Veja*, 14/2/1973, p. 4.
[18] Verbete "racismo" em Ronaldo Vainfas (dir.). *Dicionário do Brasil Colonial*, op. cit.

mica; no caso da antropologia social, a "estrutura social". Quem tentava inverter essa relação era acusado de "culturalista".[19]

Além disso, Freyre era odiado por ser o criador do conceito de "democracia racial", visto pelos contestadores, especialmente nos movimentos negros, como um racismo "disfarçado" existente no país. Para esses, a "democracia racial" encobria uma série de práticas preconceituosas no seio da sociedade, mantendo a dominação racista e os preconceitos vigentes. Para completar, Freyre apoiava o governo militar, o que era repudiado por aqueles que se viam como *resistentes*.[20]

Peter Fry prefere outra abordagem. Enfatiza que o Brasil é um dos poucos países no mundo que conseguiu criar uma ideologia nacional a-racista,[21] que deve ser valorizada:

> Ao contrário da ortodoxia [dos movimentos negros e algumas abordagens acadêmicas], que repudia a "democracia racial" como apenas uma farsa ou máscara que ilude o povo, escondendo o racismo e impedindo a formação de um movimento negro de massa, prefiro pensá-la como um ideal a ser alcançado, um mito no sentido antropológico do termo: uma maneira específica de pensar um arranjo social em que a ancestralidade ou a aparência do indivíduo deveriam ser irrelevantes para a distribuição dos direitos civis e dos bens públicos.[22]

---

[19] "Feijoada e soul-food 25 anos depois", in Peter Fry, *A persistência da raça*, Rio de Janeiro, Civilização Brasileira, 2005, p. 157.

[20] Para Gaspari, Gilberto Freyre ficou "inebriado" com as condecorações do regime e com o convite para que ocupasse o Ministério da Educação. Elio Gaspari, *A ditadura envergonhada*, São Paulo, Companhia das Letras, 2002, p. 230.

[21] Nos anos 1980 e 1990, a crítica à teoria da "democracia racial" foi relativizada. O antropólogo inglês Peter Fry resumiu essas críticas: "Na análise dominante da questão racial, o Brasil é imaginado como um país de duas 'raças' em conflito. Não vejo este Brasil nem nas etnografias e muito menos na minha experiência de cidadão. Mas a repetição deste discurso faz com que ele se torne uma profecia que pode ser cumprida. Queremos uma sociedade de 'raças' distintas? A constatação da existência de preconceito e discriminação racial é correta. Aliás, tais preconceitos e discriminações são infelizmente universais. Mas esta constatação não deveria implicar a rejeição da utopia de uma sociedade a-racista. O Brasil é um dos poucos países que construíram uma ideologia nacional a-racista. Essa ideologia passou a ser chamada de democracia racial. Infelizmente a democracia racial virou vilã, em vez do racismo em si." Fonte: "A democracia racial, infelizmente, virou vilã", *O Globo* (18/6/2005), Caderno Prosa e Verso, p. 1.

[22] Peter Fry, op. cit., p. 17.

Por relativizar o discurso do racismo, Simonal, Pelé e Fio nunca foram vistos como negros *resistentes*, pois não adequavam seus discursos às demandas dos movimentos negros. Isso não impediu Simonal de compor uma das músicas mais contestatórias do ano de 1967, "Tributo a Martin Luther King" (Simonal / Ronaldo Bôscoli):

> Cada negro que for
> Mais um negro virá
> Para lutar com sangue ou não
> Com uma canção também se luta irmão
> Ouve minha voz, oh, yeah!, luta por nós
>
> Luta negra é demais
> É lutar pela paz
> Luta negra é demais
> Para sermos iguais

Simonal não era um compositor muito produtivo. Ele sempre preferiu aperfeiçoar-se como intérprete a desenvolver-se como compositor. Pouquíssimas foram as suas composições gravadas em discos. Ele dizia preferir "tirar um sarro" com as músicas dos outros: "Gosto de cantar as músicas de Jorge Ben, Antonio Adolfo, Braguinha, João Gilberto, Silvio Cesar, Marcos Valle e outros. Mudo um pouco o que eles fazem, pois se eles são os pais da música, eu sou a mãe. Eu gero, crio, boto o molho."[23]

Mas um dos seus maiores sucessos, seja como compositor seja como intérprete, foi a canção dedicada ao mártir da luta dos negros pacifistas dos Estados Unidos:

> Eu posso contestar, mas de maneira suave. Era assim quando cantava "Tributo a Martin Luther King". Eu posso denunciar, mas de maneira amigável, porque sou contra a violência, contra a provocação. Eu acho que na milonga [no "jeitinho", na conversa, de forma pacífica] a gente consegue o que quer.[24]

---

[23] "Simonal: o importante é se fazer entender", *Jornal do Brasil* (28/2/1970), Caderno B.
[24] *Correio da Manhã* (4/12/1970), Caderno Anexo, p. 3.

"O PRETO-QUE-RI" 89

Embora preferisse a linha pacifista, não se pode dizer que Simonal estivesse alienado dos acontecimentos da época. O ano de 1967 foi um dos mais sangrentos e tumultuados da história recente dos Estados Unidos. A luta dos negros americanos levou a conflitos campais em várias cidades do país. Inspirado pelos acontecimentos e antenado nas notícias mais recentes dos jornais, Simonal fez a melodia da canção. Para fazer a letra chamou o amigo Ronaldo Bôscoli, também egresso da Bossa Nova. Sugeriu a temática da música e Ronaldo, que não era negro, terminou o trabalho.

É curioso que o esquecimento que sombreia a obra de Wilson Simonal tenha apagado até mesmo os momentos em que ele se mostrou um contestador dos mais eficientes. A canção chegou a ser censurada em fevereiro daquele ano e só foi liberada quase seis meses depois. Naquele período a censura ainda não estava tão rígida e apelações eram frequentemente aceitas. Um ano antes de o líder negro americano morrer assassinado no Sul dos Estados Unidos, Simonal provava que não estava alienado das questões de sua época.[25]

Ao arrumar as gavetas de sua própria identidade, os escritores que estudaram a música popular nunca chegaram a dar o status de "canção de protesto" a "Tributo a Martin Luther King". Silenciaram sobre a gravação que Simonal fez de "Disparada", de Geraldo Vandré e Theo de Barros. Esquecem-se de que no mesmo ano de 1967 ele gravou "Balada do Vietnam" (Elizabeth Sanches/David Nasser). A pecha de dedo-duro encobre o contestador. Aliás, não só ele, mas dois compositores das canções acima citadas são também frequentemente associados à direita. Ronaldo Bôscoli, coautor de "Tributo a Martin Luther King", é sempre vinculado à ala "direitista" da Bossa Nova. No início da década de 1960 ele fora contra a politização do gênero, em oposição à linha esquerdista assumida por Carlos Lyra.[26] David Nasser, jornalista que frequentemente expunha seus pontos de vista conservadores em jornais cariocas durante as décadas de 1960/1970, é coautor da letra de "Balada do Vietnam", canção que faz um

---

[25] Em 4 de abril de 1968, King foi baleado e morto em Memphis, Tennessee.
[26] Especialmente o capítulo "O amor, o sorriso e a flor", Ruy Castro, *Chega de saudade: a história e as histórias da bossa-nova,* São Paulo, Companhia das Letras, 1990, p. 253-271.

paralelo entre os "soldados de chumbo" e o exército americano no Extremo Oriente.[27]

Apesar das acusações pela esquerda de ser informante do DOPS, a partir de 1971, Simonal foi fichado em 1967 por ser um dos supostos cantores que estariam "articulando a realização de uma passeata, que aparentemente se relacionaria com o Festival da MPB" o que "propiciaria a infiltração de universitários que apresentariam faixas e cartazes anunciando o encerramento do XXIX Congresso da UNE".[28] Sem diferenciá-lo de forma mais clara dos outros artistas da MPB, o regime via Simonal como mais um possível opositor.

Simonal nunca foi analisado sob o prisma da *resistência*. Paradoxalmente, com a maioria dos outros artistas aconteceu exatamente o oposto. Frequentemente as relações dos artistas da MPB com o regime, seja de colaboracionismo ou parcimônia, são diluídas ou simplesmente silenciadas. Com Simonal isso não aconteceu: para ele restou a imagem do "preto-que-ri". Na memória, ele é um "preto" que relativizava por demais o racismo e não mostrava vontade de contestar nada. Quase sempre as gavetas que cabem à sua memória são as do esnobismo, da ostentação, do "bobo alegre", do esbanjador, do "preto" iludido pela riqueza. Essa memória não é de todo infundada, visto que o próprio Simonal cultivou tais imagens em sua carreira:

> Esse negócio de dizer que dinheiro não traz felicidade é tudo cascata! Sem essa de dizer "eu, você, numa cabana...", sabe? E esse negócio de dizer "pobre é que é feliz"... tudo cascata! O negócio é eu, você, muita grana no bolso, tutu, bufunfa na Suíça, manja? Férias nas Ilhas Canárias! É simpático isso...[29]

---

[27] "Balada do Vietnam" (Elizabeth Sanches/David Nasser): "Soldado de chumbo, você onde vai?/ Vai para a China caçar mandarim?/ Ou vai pro Japão, pegar samurai?/ Vai pra Amazônia criar bacuri/ Soldado de chumbo que ontem saiu/ Da saia da mãe, da casa do pai/ Soldado sem ódio que canta Sinatra/ Na noite escondida da longe Sumatra/ Soldado de chumbo da alma de blues/ Que ontem saiu da casa do pai/ E hoje já vai conhecer Hong Kong/ Tomar cuba libre, matar vietcong/ Soldado criança, feroz esperança/ Que acaba que morre com um tiro na pança.

[28] Pasta 50-C-0-6862, citado na ficha de Adoniran Barbosa, Arquivo do DEOPS, Arquivo Público do Estado de São Paulo. Apud Alexandre Fiuza. *Entre um samba e um fado: a censura e a repressão aos músicos no Brasil e em Portugal nas décadas de 1960 e 1970*, tese de Doutorado, Faculdade de Ciências e Letras de Assis, UNESP, 2006, p. 214.

[29] "É Simonal", de Domingos de Oliveira, 1970.

Em 1969, ele possuía um carro que era seu xodó e com o qual posava em fotos para revistas de fofocas: um Mercedes de CR$ 90 milhões. Para os que o censuravam, Simonal respondia com a máxima criada por Carlos Imperial, que, ao ser vaiado num festival, foi cafajeste: "Prefiro ser vaiado no meu Mercury Cougar a ser aplaudido dentro de um ônibus."[30] Morava numa mansão alugada por CR$ 3,5 milhões, na Zona Sul de São Paulo, e, para completar o estereótipo do negro "corrompido pelo sistema", era casado com uma loura, Maria Teresa, mãe dos seus filhos.[31] Essa imagem é, no entanto, parcial e tendenciosa, até porque fazia parte de sua jogada de marketing.

Junto com Pelé e Fio Maravilha, Simonal era um dos alvos preferidos dos que queriam denunciar uma postura "conivente" dos negros "com o sistema".

* * *

Mas qual era o grande problema de ser alguém que *ria* durante a ditadura? Se Wilson Simonal cultivou a imagem da espontaneidade e alegria, especialmente a partir da estética da Pilantragem, a MPB caminhou no sentido oposto no período do "milagre econômico" (1969-1973). Antes de 1968 vários artistas identificados com a MPB buscaram um olhar positivo e alegre da realidade; depois do AI-5, no entanto, tornou-se comum uma melancolia entre os compositores associados a esse estilo musical.

Os tropicalistas, antes de 13 de dezembro de 1968, data da promulgação do AI-5, fundiam as diversas vertentes da música brasileira numa eterna festa. Entre as vertentes fundidas pelos tropicalistas podemos citar a geração dos artistas da "era do rádio", o "brega", o rock iê-iê-iê, a música de protesto e a então recém-nascida MPB. Para além de uma visão apocalíptica presente nas canções de protesto, os tropicalistas estavam sempre a exaltar a positividade das misturas das tradições, das fusões das realidades. Ironizando e elevando a canção "Inútil paisagem" (Tom Jobim/Aloysio de Oliveira), clássico da bossa-nova, Caetano Veloso compôs "Paisagem útil." "Superbacana",

---

[30] Zuza Homem de Mello, *A era dos festivais*, São Paulo, Editora 34, 2003, p. 196.
[31] "Este homem é um Simonal", *Realidade* (dez. 1969), p. 136-148.

outra canção de 1968 que exalta a redenção da alegria, numa crítica feroz aos idólatras da música de protesto, concluiu: "Vou sonhando até explodir colorido/ No Sol, nos cinco sentidos/ Nada no bolso ou nas mãos".

A crítica à tristeza, segundo o ponto de vista tropicalista, estava associada à crítica à canção de protesto e aos conservadores (ou aos dois ao mesmo tempo). Ambos, para afirmar "o dia que virá", precisavam pintar com cores negras o dia de hoje. Para a Tropicália, a alegria era a forma de superação de tal dicotomia, fundindo e sublevando as realidades. Em "Panis et circenses" (1968) o sol é sinônimo da alegria transgressora tropicalista: "Eu quis cantar/ Minha canção iluminada de sol/ Soltei os panos, sobre os mastros no ar/ Soltei os tigres e os leões, nos quintais/ Mas as pessoas na sala de jantar/ São ocupadas em nascer e morrer". "Alegria, alegria" funde os mundos do protesto ("Sem lenço sem documento/ Eu vou") com o da cultura de massa ("Eu tomo uma coca-cola") num painel alegórico e alegre que exalta a vida ("Eu quero seguir vivendo amor/ Eu vou/ Por que não? Por que não?").

Gilberto Gil também não deixou para trás a exaltação da alegria em "A coisa mais linda que existe" (Gil e Torquato Neto, 1968): "Coisa mais linda nesse mundo/ É sair por um segundo/ E te encontrar por aí/ E ficar sem compromisso/ Pra fazer festa ou comício/ Com você perto de mim". Em "Geleia geral" (1968), outra canção da mesma dupla, a alegria cumpre seu papel tropicalista: "Um poeta desfolha a bandeira/ E a manhã tropical se inicia/ Resplandente, cadente, fagueira/ Num calor girassol com alegria". E ironiza os tristes ao dizer "A alegria é a prova dos nove/ E a tristeza é teu porto seguro". Em "Divino, maravilhoso" (Caetano Veloso/Gilberto Gil), a alegria também é colocada no caldeirão *nonsense* tropical: "Atenção/ Tudo é perigoso/ Tudo é divino, maravilhoso/ Atenção para o refrão:/ É preciso estar atento e forte/ Não temos tempo de temer a morte". A cantora Gal Costa chegou a gravar "País tropical" (Jorge Ben) em 1969, vendo na obra uma apologia ao ser humano comum e uma exaltação à alegria.

Os tropicalistas foram muito perseguidos pelas esquerdas da época por cantar músicas que exaltavam a alegria como uma das forças da liberdade criadora do artista. Na época poucos os aceitaram. Aliás, os tropicalistas só foram integrados ao panteão da MPB após o exílio de Caetano Veloso e Gilberto Gil. Só então parte dos críticos revisou suas posições.

"O PRETO-QUE-RI"	93

Embora a alegria não possa ser simplificada na obra dos tropicalistas, fato é que frequentemente ela está presente antes de 1968 o que quase não acontece em suas produções durante a época do "milagre econômico", de 1968 a 1973. E se antes do AI-5 ainda se podia ser um "preto-que-ri", após 13 de dezembro de 1968 a memória não perdoou aqueles que exaltaram a felicidade e a alegria. Simonal foi um especialista em passar essa imagem, seja no estilo de vida, seja na música, que sempre privilegiou a comunicação direta e festiva com o público.

O problema é que a ideia de um país unido e feliz era a imagem divulgada pelo regime militar no auge do "milagre econômico". Havia uma grande propaganda do governo nesse sentido e os seus slogans foram intensamente divulgados. Cidadãos comuns de classe média colavam adesivos patrióticos nos seus carros recém-comprados e financiados pelo salto do "milagre econômico". "Ninguém segura este país", "Ame-o ou deixe-o", "Este é um país que vai pra frente" e "Nunca fomos tão felizes" eram os slogans mais populares. Queria-se passar a ideia de que o regime vigente iria finalmente levar o Brasil ao desenvolvimento. Segundo o historiador Carlos Fico, o governo "reinventou o otimismo", trabalhando as tradições otimistas já existentes em nossa sociedade e catalisando o seu dinamismo para legitimar-se.

O órgão governamental de propaganda, a Aerp (Assessoria Especial de Relações Públicas), promovia uma série de campanhas que motivavam o espírito patriótico do povo. Assim, num comercial de TV de 1970 era possível ver um gol do Tostão e os dizeres "o sucesso de todos depende da participação de cada um".[32] Logo depois poderiam aparecer guerrilheiros se dizendo arrependidos do "terrorismo" que haviam praticado, coagidos por membros da Oban (Operação Bandeirantes).[33]

---

[32] Carlos Fico, *Reinventando o otimismo: ditadura, propaganda e imaginário social no Brasil*, Rio de Janeiro, FGV, 1997, p. 103.

[33] A Oban era uma organização paraestatal e extralegal financiada pelo grande capital privado nacional e multinacional para ajudar o Estado na repressão ao dito "terrorismo", ou seja, à luta armada de esquerda. Carlos Fico diz que era a Oban que forçava esse arrependimento dos "terroristas". Aliás, foi a Oban, e não a Aerp, que criou o slogan mais ofensivo do período: "Ame-o ou deixe-o." Carlos Fico, *op. cit.*, p. 101.

Paralelamente a isso, o presidente Emílio Garrastazu Médici, que assumira em 1969, desenvolvia uma imagem próxima ao futebol. Aparecia "batendo" bola com os netinhos na televisão e ia para o Maracanã com um radinho colado na orelha. Médici tentou aproximar-se também da música popular e para isso recebeu no Palácio Laranjeiras os artistas ganhadores das eliminatórias nacionais do FIC de 1970, Toni Tornado, Tibério Gaspar e Antonio Adolfo.[34]

A imagem patriótica era reforçada sempre que possível e quase invariavelmente colocando a nação brasileira como uma das mais importantes do mundo. As obras do milagre mostravam um Brasil grande, um país que ia "pra frente". As pretensões do regime e as condições internacionais favoráveis levavam o governo a realizar grandes feitos. Ao longo do período ditatorial, gigantescas obras foram construídas: hidrelétricas (Balbina, Itaipu — essa última a maior do mundo até a virada do século), grandes estradas (Transamazônica, BR-101), usinas nucleares (Angra I, II e III), pontes de grandioso porte (Rio-Niterói, Vila Velha-Vitória), linhas de metrô etc. Conhecidas pelo epíteto de "obras faraônicas", o tamanho das construções visava também a exaltar o país que avançava em direção ao futuro. Para homenagear o Dia da Bandeira foi construído o maior mastro do mundo, inaugurado em 19 de novembro de 1972, no qual a maior bandeira já então vista foi hasteada numa praça em Brasília.[35]

Dessa forma, após o AI-5, o discurso da exaltação, da alegria e do otimismo ficou associado ao regime ditatorial. Para os *resistentes*, o discurso otimista era a voz do governo a convencer a massa "alienada". Essa visão que infantiliza o povo parte do princípio de que a sociedade não sabe enxergar corretamente as questões políticas. Esse tipo de discurso banalizador encobre que a sociedade apoiou, desejou o regime e colaborou com ele. Grande parte da sociedade apoiava seus projetos e discursos autoritários, seja por meio de atos de violência aos opositores do regime,[36]

---

[34] Zuza Homem de Mello, op. cit., p. 382.
[35] Carlos Fico, op. cit., p. 56.
[36] "Ame-o ou deixe-o" foi pichado no muro da casa de D. Helder Câmara, arcebispo de Olinda e de Recife. Fonte: "Ame-o ou deixe-o", *Folha de S.Paulo* (28/8/1970), 1º caderno, coluna Sumário, página 3, apud Carlos Fico, *op. cit.*, p. 101.

do silêncio ou, ainda, pelo voto no partido do governo. Não nos espanta que o apresentador Silvio Santos tenha se declarado, em entrevista ao *Pasquim*, um assíduo votante da Arena. Seu voto e apoio não eram exceções, mas regra. Para além de coação, defendo aqui que a participação popular era, em sua maior parte, ativa e cúmplice dos interesses autoritários da ditadura.

Uma das formas da MPB se diferenciar do regime e se ver como *resistência* foi mudar o discurso. Assim, deixou de ser adequado para esses artistas o discurso positivo da realidade. Não pegava bem exaltar a alegria e a felicidade num país de torturas, sequestros, guerrilhas, derrotas, assassinatos. E quem compunha contra esse receituário era logo pichado pelas patrulhas. Foi o que aconteceu com Nelson Motta e a dupla Marcos e Paulo Sérgio Valle quando em 1971 eles compuseram *Um novo tempo*, canção que até hoje é veiculada pela TV Globo como mensagem de fim de ano. O problema foi que os críticos enxergaram na canção uma apologia aos slogans da ditadura, especialmente o "Nunca fomos tão felizes" e "Este é um país que vai pra frente". Como lembra o historiador Paulo Cesar de Araújo, nos anos 1970 a Rede Globo encerrava sua programação anual com a canção: "Hoje é um novo dia/ De um novo tempo que começou/ Nesses novos dias/ As alegrias serão de todos. É só querer/ Todos os nossos sonhos serão verdade/ O futuro já começou". Apesar do estrondoso sucesso, pressionado pelas críticas, Nelson Motta sentiu-se mal em saudar aquele "novo tempo". A canção, independentemente das vontades dos compositores e intérpretes (o elenco da Globo), ajudou a propagar a ideia de que o Brasil vivia uma era de alegria, de felicidade e de progresso irreversíveis:[37] "O nosso jingle se transformou na música mais tocada e cantada no fim de ano: em todas as festas, em todas as churrascarias, em todas as casas, em vez de "Jingle Bells" cantava-se "Um novo tempo" e eu não sabia se sentia orgulho ou vergonha",[38] confessou Nelson Motta trinta anos depois.

---

[37] Paulo Cesar de Araújo, *Eu não sou cachorro, não, op. cit.*
[38] Nelson Motta, *Noites tropicais: solos, improvisos e memórias musicais*, Rio de Janeiro, Objetiva, 2000, p. 235.

Para não conviver com a culpa de ser o bobo alegre pró-regime, após o AI-5 até mesmo os artistas identificados com uma visão otimista da realidade mudaram sua trajetória, incorporando visões soturnas, metáforas obscuras e sentimentos depressivos em suas músicas. Os tropicalistas que haviam incorporado a alegria antes daquele Ato Institucional passaram a escrever letras profundamente tristes, como convinha àqueles que desejavam se identificar com a *resistência*.

Não à toa, a memória do período é extremamente negativa: os artistas associados à MPB cantaram essa imagem. "Período de exceção", "época do terror", "anos de chumbo", "ditadura das torturas": todas essas expressões dão conta de uma realidade precisa, a das esquerdas, que foram expulsas da vida política do país. E Simonal parece representar uma voz dissonante a esse discurso. Simonal, cantor da alegria, é uma voz que "desafina" do melancólico discurso *resistente* da MPB.

Segundo Paulo Henriques Britto, a contracultura brasileira adotou um caráter diferente do seu original americano:

> No caso do Brasil, a contracultura começou depois — é mais um fenômeno do início dos anos 1970, do período que podemos chamar de pós-tropicalista — e veio a exibir algumas características análogas às do original californiano: as posturas em relação a política, sexualidade e drogas, as roupas e os cabelos, o misticismo oriental e também a importância do rock como linguagem musical. Porém alguns dos melhores cancionistas que utilizaram a linguagem do rock nesses primeiros anos, vários deles egressos da Tropicália ou herdeiros diretos dos tropicalistas, exprimiram em suas criações uma visão da realidade muito diversa da ideologia contracultural norte-americana, a qual continha, uma proposta utópica. No caso brasileiro, o som das guitarras serviu de pano de fundo para letras que falavam de desespero, fracasso, solidão e loucura. Nada poderia ser mais distante do "verão do amor" de 1967 do que a ressaca instalada no Brasil após a alegria esfuziante do movimento tropicalista.[39]

Seguindo esse raciocínio de Paulo Britto e indo além, percebe-se que vários artistas compuseram músicas com letras soturnas, e fizeram coro à

---

[39] Paulo Henriques Britto, "A temática noturna no rock pós-tropicalista", in Paulo Sérgio Duarte e Santuza Cambraia Naves, *Do samba-canção à tropicália*, Rio de Janeiro, Relume Dumará, 2003, p. 192.

construção da memória da *resistência*. Mais importante do que os compositores terem feito músicas com essas novas temáticas, o interessante é perceber que todas as canções relacionadas foram muito consumidas pelo público de classe média-alta que gradualmente começava a se identificar com a memória da *resistência*.[40]

Alguns exemplos: em 1969, os Mutantes lançaram em LP a balada "Caminhante noturno" (Arnaldo Baptista/ Rita Lee): "No chão de asfalto/ Eco, um sapato/ Pisa o silêncio/ Caminhante noturno". Em "Balada do louco" (Arnaldo Baptista/Rita Lee), a racionalidade desconecta-se da felicidade: "Mais louco é quem me diz/ Que não é feliz/ Eu sou feliz". O vazio existencial é a tônica de "Movimento dos barcos" (Jards Macalé/Capinan): "Estou cansado e você também/ Vou sair sem abrir a porta/ E não voltar nunca mais/ Desculpe a paz que eu lhe roubei". A desilusão era a tônica do Clube da Esquina em "San Vicente" (Milton Nascimento/Fernando Brant): "Coração americano/ acordei de um sonho estranho/ um gosto de vidro e corte/ um sabor de chocolate/ no corpo e na cidade/ um sabor de vida e morte". Os integrantes do Clube continuaram com a mesma tônica em "Tudo que você podia ser" (Lô Borges/Márcio Borges): "Sei um segredo/ você tem medo, só pensa agora em voltar (...) tudo que você devia ser, sem medo". Em "Cais" (Milton Nascimento/ Ronaldo Bastos): "Para quem quer se soltar/ Invento o cais/ Invento mais que a solidão me dá". Em "Para Lennon & McCartney", Lô Borges, Márcio Borges e Fernando Brant dizem: "Porque vocês não sabem/ do lixo ocidental/ não precisam mais temer/ não precisam da solidão/ todo dia é dia de viver". Segundo Henriques Britto, "o medo e a solidão, temas importantes do rock pós-tropicalista, são desnecessários no mundo dos Beatles; os jovens ingleses e americanos podem curtir a vida, enquanto a nós aqui, no lixo do Ocidente, só resta uma identificação vicária com eles: 'mas agora sou cowboy/ sou o ouro, eu sou vocês'". Em "Vapor barato" os autores Jards Macalé e Waly Salomão lamentam: "Ah, sim, eu estou tão cansado/ mas não pra dizer/ que eu estou indo embora/ talvez eu volte/ um dia eu volto quem sabe (...) eu não acredito mais em você/ vou tomar aquele velho navio".

---

[40] Essa parte do capítulo sobre a temática melancólica da MPB nos anos do milagre econômico deve muitíssimo às reflexões de Paulo César de Araújo no capítulo "Canções sobre a tristeza brasileira", do livro *Eu não sou cachorro, não: música popular cafona e ditadura militar*, Rio de Janeiro, Record, 2003.

Sérgio Sampaio fazia coro em "Eu quero é botar meu bloco na rua": "Eu por mim/ queria isso e aquilo/ Um quilo mais daquilo/ um grilo menos nisso/ é disso que eu preciso". Toquinho e Vinicius de Moraes avisavam em "Regra três": "mas deixe a lâmpada acesa/ se algum dia a tristeza quiser entrar./ E uma bebida por perto porque/ Você pode estar certo que vai chorar".[41]

Mas a tristeza não se limitava aos influenciados pelo Tropicalismo, antes jovial e alegre. Em 1970 Chico Buarque tinha acabado de chegar do autoexílio na Itália e lançou a melancólica "Gente humilde" (com Garoto e Vinicius de Moraes): "Tem certos dias em que eu penso em minha gente/ e sinto assim todo o meu peito se apertar...". Lançada em compacto no mesmo ano, "Apesar de você" estourou nas rádios, um hino contra a ditadura que vê nos militares os criadores da infelicidade nacional: "Você, que inventou a tristeza/ ora, tenha fineza, de desinventar". No ano seguinte Chico gravou o LP *Construção*, disco por meio do qual o compositor começou a ser mais facilmente identificado como um dos mitos da resistência musical ao regime ditatorial. São desse disco, além da faixa-título, várias canções que expressam a profunda depressão desse período. "Samba de Orly" (Toquinho/Vinicius de Moraes/ Chico Buarque) tematiza a saída de um exilado: "Vai meu irmão/ Pega esse avião/ Você tem razão/ De correr assim/ Desse frio". As outras canções do LP incorporam a tristeza e monotonia, vide "Acalanto para Helena": "Dorme minha pequena/ Não vale a pena despertar"; "Cotidiano": "Todo dia ela faz tudo sempre igual..."; "Desalento" (com Vinicius de Moraes): "Sim, vai e diz/ Diz assim/ Que eu chorei/ Que eu morri/ De arrependimento/ Que o meu desalento/ Já não tem mais fim". Como veremos, foi a partir deste disco bastante melancólico que Chico Buarque começou a se tornar o principal ícone da resistência do meio musical, dando início a sua política de choques com a censura e com as redes de televisão, especialmente a TV Globo.

---

[41] "Caminhante noturno" está no LP *Mutantes*, Polydor, de 1969; "Balada do louco" está no LP *Mutantes e seus cometas no país dos baurets*, Polydor, de 1972; "Movimentos dos barcos" no LP *Jards Macalé*, Phonogram, de 1972; "San Vicente", "Tudo o que você podia ser" e "Cais" no LP *Clube da esquina – Milton Nascimento e Lô Borges*, Odeon, de 1972; "Para Lennon & MacCartney" em LP Milton, Odeon, de 1970; "Vapor barato" foi lançada no LP *Gal a todo vapor*, Phonogram, de 1971; "Eu quero botar meu bloco na rua" está no LP homônimo de 1973, lançado pela Phonogram; "Regra três" foi lançada no LP *Toquinho e Vinicius*, RGE, de 1971.

O cantor Tim Maia surgiu para o estrelato em 1970, ao interpretar canções tristes como "Azul da cor do mar": "Ah! Se o mundo inteiro me pudesse ouvir/ Tenho muito pra contar/ Dizer que aprendi/ E na vida a gente tem que entender/ Que um nasce pra sofrer/ Enquanto o outro ri". A jornalista de *O Globo* quis saber por que suas composições eram tão melancólicas e ele respondeu: "A gente é que é triste. A vida, a vivência, comadre... Quem vive sofre. Só é alegre quem não conhece as coisas. Mas eu já sofri muito, muito mesmo."[42]

Alguns expoentes dessa mesma MPB perceberam o tom sério e triste que a música popular trilhava e fizeram músicas questionando a postura melancólica. Tom Zé, em "Complexo de Épico" (1973), foi claro: "Todo compositor brasileiro/ é um complexado./ Por que então esta mania danada,/ esta preocupação/ de falar tão sério,/ de parecer tão sério/ de sorrir tão sério/ de se chorar tão sério/ de brincar tão sério/ de amar tão sério? Ai, meu Deus do céu,/ Vai ser sério assim no inferno!". Os Novos Baianos tentaram acabar com o mar de tristeza da MPB com o alegre disco *Acabou chorare* (1973). Rita Lee também questionou a melancolia em "Arrombou a festa" (Rita Lee/Paulo Coelho, 1976): "Ai, ai, meu Deus, o que foi que aconteceu/ Com a música popular brasileira?/ Todos falam sério, todos eles levam a sério/ Mas esse sério me parece brincadeira". Mas não teve jeito: a tristeza continuou sendo predominante nas composições da MPB na época do "milagre".

Até os tropicalistas foram levados pela maré de desilusão após o AI-5. Em 1969, Caetano Veloso se preparava para partir para o exílio quando lançou um LP com várias canções maravilhosas, mas muito tristes. Em "Os argonautas" Caetano recria a melancolia de um fado português para dizer que: "O barco, meu coração não aguenta/ Tanta tormenta, alegria/ Meu coração não contenta/ O dia, o marco, meu coração/ O porto, não". Em "Acrilírico" (com Rogério Duprat): "Do amor morto motor da saudade Diluído na grandicidade/ Idade de pedra ainda/ Canto quieto o que conheço/ Quero o que não mereço". A caminho do exílio, as risadas de sua irmã "Irene" se juntavam à melancolia de partir: "Eu quero ir minha gente/ Eu

---

[42] "Tim Maia: o pobre menino rico", *O Globo* (28/11/1970), p. 4.

não sou daqui/ Eu não tenho nada/ Quero ver Irene rir/ Quero ver Irene dar sua risada". Em 1972, Caetano musicou o poema "Triste Bahia", de Gregório de Mattos, poeta baiano do século XVII: "Triste Bahia, oh, quão dessemelhante.../ Estás e estou do nosso antigo estado/ Pobre te vejo a ti, tu a mim empenhado". Mas é no LP gravado em Londres, em 1971, que a melancolia de Veloso chegou ao auge, retratando um período em que a MPB se afundou na ausência total de alegria. Canções como "A Little More Blue", "If You Hold a Stone/Marinheiro só" e "Shoot me Dead" expressam o desespero de uma geração que finalmente pôde se identificar com o Tropicalismo. Nas duas primeiras canções Caetano canta as agruras do exílio, da mesma forma que Gilberto Gil faz em "Back in Bahia" (1972). Em "O sonho acabou", Gil também se afina ao discurso da tristeza e desilusão: "O sonho acabou/ Quem não dormiu no *sleeping-bag* nem sequer sonhou (...) O sonho acabou dissolvendo a pílula de vida/ (...)/ O sonho acabou transformando/ O sangue do cordeiro em água/ Derretendo a minha mágoa/ Derrubando a minha cama/ O sonho acabou/ Foi pesado o sono pra quem não sonhou".

Ousaria dizer que o Tropicalismo só foi incorporado pelos setores mais conservadores da MPB quando adotou a temática da tristeza. Se os tradicionalistas mudaram ao incorporarem o tropicalismo ao panteão da MPB, os tropicalistas também afinaram-se com o discurso da *resistência*. Estes só voltariam a afirmar a alegria na segunda metade dos anos 1970. E novamente voltaram a sofrer a pressão por estarem "traindo" uma memória coletiva.

Em 1977 Caetano Veloso lançou o disco *Bicho*, no qual voltou a tematizar a opção preferencial pelo prazer, especialmente na canção "Odara": "Deixa eu dançar/ Pro meu corpo ficar odara". A crítica musical não gostou e a jornalista Ana Maria Bahiana indagou: "Dançar, nesses tempos sombrios?"[43] Outro crítico chegou a dizer que Caetano Veloso "não tinha o direito de pôr uma roupa colorida e sair brincando por aí, dizendo que está tudo bem, isso é oba-oba inconsequente".[44] E

---

[43] "Caetano e seu novo LP, *Bicho*. 'Dançar ajuda a pensar melhor'", *O Globo* (10/4/1977), apud Paulo Cesar de Araújo, op. cit., p. 271.
[44] Idem.

"O PRETO-QUE-RI" 101

quando Caetano disse que não entendia o que se passava politicamente no país viu-se cercado de críticas. A jornalista Margarida Autran disse que "o artista não poderia se alienar da realidade que o cerca" e que por isso não teria o direito de não ler jornais.[45] No mesmo ano Gil lançou o LP *Refavela*, que foi muito mal avaliado. O crítico Tárik de Souza, numa reportagem intitulada "Rebobagem", chegou a dizer que Gil e Caetano eram "irmãos siameses em ideias e contradições", pois declaravam que nada sabiam sobre "sucessão, democratização e quaisquer assuntos da matéria".[46]

Mas Gil e Caetano só desafinaram da memória da *resistência* no início da abertura, a partir da segunda metade dos anos 1970. Durante o auge do "milagre", suas críticas estavam mais direcionadas, com razão, às noções culturais repressivas, aos preconceitos sociais à mulher, ao homossexual, aos poderes castradores em geral. Naqueles anos era comum os artistas se vestirem de forma híbrida, ou unissex. Caetano usava saias, jóias, bijuterias e batom. Seus longos cabelos e a magreza o tornavam muito parecido com a irmã, a cantora Maria Bethânia. Gil, por sua vez, radicalizava suas posturas esotéricas e lisérgicas (em 1976 ele chegou a ser preso por porte de maconha), assim como suas posturas libertárias.

Depois do AI-5, marco da memória da *resistência*, nenhum artista associado à MPB pôde cantar da mesma forma alegre e irresponsável. Segundo o cineasta Arnaldo Jabor:

> Nós não tivemos a alegria nem de poder ser hippies em paz, porque quando o hippismo veio para o Brasil era plena ditadura. Quer dizer, um hippismo antifascista, uma coisa terrível, porque o movimento hippie original era amor, flor e o cacete a quatro. Aqui não. Aqui era uma resistência psíquica à ditadura, um negócio terrível. Muita gente pirou, muita gente morreu, muita gente enlouqueceu.[47]

---

[45] "É isso aí, bicho?", *O Globo* (15/7/1977), apud Paulo Cesar de Araújo, op. cit., p. 272.
[46] "Rebobagem", *Veja* (20/7/1977), apud Paulo Cesar de Araújo, op. cit., p. 272.
[47] Santuza Cambraia Naves e Paulo Duarte (orgs.), *Do samba-canção à Tropicália*, op. cit., p. 188.

Simonal, ao contrário, buscava cantar a alegria e animar o público. As diferenças entre seu discurso e os que possuem uma memória pessimista do período é clara. Suas críticas apontam o processo de intelectualização e elitização da música brasileira pela classe média egressa das universidades, da qual Jabor e os ouvintes da MPB *resistente* faziam parte. Este não era o publico de Simonal:

> Quando falo pilantragem, o público sabe o que é. Só a imprensa não sabe. Pilantragem é uma posição otimista; se o mundo vai mal, a Pilantragem se preocupa em saber o que é possível fazer no sentido de melhorar, no sentido de divertir o povo. É o descompromisso com a inteligência. (...) O grande perigo das artes no Brasil são as pessoas compromissadas com a inteligência. Umas pessoas preocupadas em fingir que são intelectuais. Elas tumultuam a verdade. O Vinicius [de Moraes] faz coisas sensacionais. Se fizer uma droga, os caras continuam achando sensacional.[48]

Simonal se afastava cada vez mais da temática da tristeza, guia do discurso da *resistência* na MPB. Ele continuou investindo na imagem da alegria, da empolgação, do divertimento, do dançar por dançar. Quase trinta anos mais tarde, numa entrevista de 1993, ele demonstrou que tinha consciência de que sua carreira batia de frente com a tônica hegemônica da sisuda MPB:

> Naquela época eu estava em outra. Não estava preocupado com a política. O problema é que nós vivíamos um regime de exceção e alguns artistas estavam engajados na luta pelas liberdades. Eu também sou pela liberdade. Mas muita gente usou esse engajamento comercialmente, para ganhar dinheiro; eu, para chamar a atenção. Então se estabeleceu um conceito de que os artistas deviam ter um comportamento político; que tínhamos que ser agressivos. Mas na minha cabeça nunca se passou nada disso. E qual é o pecado de você estimular a alegria como eu fazia? Eu achava que como artista aquela era a minha função. Mas minha gente entendeu isso mal. E eu acabei sendo usado pela esquerda para atingir o sistema.[49]

---

[48] "Esse homem é um Simonal", *Realidade*, dez. 1969, p. 147-148.
[49] "Nunca fui dedo-duro". *Revista Manchete*. 10/7/1993.

"O PRETO-QUE-RI" 103

Mantendo a sintonia com o entusiasmo, Simonal foi intérprete do *Hino do Festival Internacional da Canção*, de 1970: "No Brasil a alegria hoje é tanta/ povo que canta é povo feliz". A canção foi composta por Miguel Gustavo, o mesmo autor de "Pra Frente, Brasil", que embalou o tricampeonato daquele ano.[50] Dessa forma, Simonal desafinava em relação ao discurso da *resistência* que se formava.

Ao longo dos anos 1970 a MPB foi se afastando de uma linha mais popular, no sentido largo do termo. Intelectualizou-se e tornou-se um padrão estético e político de uma determinada classe média à medida que propagou a ideia de *resistência* à ditadura. Paradoxalmente, ao mesmo tempo que gradualmente começava a se ver como *resistente*, a classe média entrava de cabeça nos benefícios do "milagre". Sem nunca ter desafinado uma nota sequer, Simonal perdeu o compasso do bonde da tristeza que assolou a MPB na época do "milagre". Tornou-se um "preto-que-ri".

* * *

Em 1969 estreou a novela *A cabana do Pai Tomás*. A Rede Globo iniciava sua política de altos investimentos no horário nobre e as novelas pareciam uma ótima e lucrativa saída. Transmitida às 19h, a obra era uma adaptação feita por Hedy Maia do romance homônimo de Harriet Beecher Stowe.[51] Divergências entre os encarregados levaram a novela a ter cinco roteiristas. Walter Negrão escreveu os últimos capítulos, transformando o conto abolicionista em um simples bangue-bangue. Mas o desrespeito à história original não parava por aí.

---

[50] Zuza Homem de Mello, op. cit., p. 389.

[51] Publicado entre 1851 e 1852 sob a forma de folhetim, num jornal moderado, o *National Era*, e recusado pelos primeiros editores a quem foi proposto sob a forma de livro, *A cabana do Pai Tomás* acabaria por ser editado nesse formato a 20 de março de 1852. O livro vendeu dez mil exemplares na primeira semana de vendas nos Estados Unidos e trezentos mil exemplares no primeiro ano. Na Grã-Bretanha, no primeiro ano de edição, venderia um milhão e um segundo milhão nas suas várias traduções em diversos países. Segundo as suas próprias palavras, Harriet Beecher Stowe esperava ganhar com a obra o suficiente para comprar um vestido novo, mas os primeiros três meses de vendas renderam-lhe a soma de dez mil dólares — uma pequena fortuna. Fonte: *http://www.publico.clix.pt/sites/coleccaojuvenil/livros/33.cabanapaitomas/texto3.htm*

De 7 de julho daquele ano até 1º de março de 1970 o público assistiu à trama que abordava a luta política, social e econômica entre escravos e latifundiários do sul dos Estados Unidos. O roteiro girava em torno da história da sofrida vida do velho escravo Pai Tomás e de sua mulher Tia Cloé, interpretada por Ruth de Souza. Pai Tomás era um bom negro frequentemente revendido aos piores senhores.

O curioso é que o escalado para fazer o papel de Pai Tomás foi o ator Sérgio Cardoso, que já havia atuado em várias novelas de sucesso, especialmente na TV Tupi. Mas o ator era branco! Para fazer o papel, teve que pintar o corpo, se maquiar, usar perucas e colocar rolhas para alargar o nariz. Segundo a versão da TV Globo, a escolha do ator branco para o papel principal foi um pedido da agência de publicidade da Colgate-Palmolive, uma das subsidiárias da empresa norte-americana que patrocinava novelas na década de 1960.[52] Muitos criticaram a escolha de um ator branco para o papel de um negro. Um dos que não gostaram nada da escolha foi o ator e autor de teatro Plínio Marcos, que protestou veementemente.[53]

Cardoso ainda atuava em outros dois papéis que não existiam no romance original, Mister Dimitrius, um galã à Clark Gable, e o presidente norte-americano Abraham Lincoln. Parecia até que a TV Globo queria conter despesas com elenco.

Porém dinheiro não era problema. Aliás, a novela foi uma das novidades da Globo em termos de superprodução. Com o crédito fácil obtido no auge do "milagre econômico", a Rede Globo iniciava sua expansão. A emissora chegou a congelar um riacho no município de Poá para obedecer à narrativa. Um barco antigo a vapor, como aqueles que navegavam no rio Mississippi, foi inteiramente construído sobre as águas do rio São Francisco, que serviu como cenário.[54]

---

[52] *Dicionário da TV Globo, v. 1: programas de dramaturgia & entretenimento*, Rio de Janeiro, Jorge Zahar, 2003, p. 19.

[53] Joel Zito Araújo, Identidade racial e estereótipos sobre o negro na TV brasileira, in Antonio Sérgio Alfredo Guimarães e Lynn Huntley, *Tirando a máscara: ensaios sobre o racismo no Brasil*, São Paulo, Paz e Terra, 2000, p. 83.

[54] Coluna Nostalgia (de Paulo Senna), Revista da TV, *O Globo* (27/2/2005).

"O PRETO-QUE-RI" 105

Mas se dinheiro não era problema, o que explicaria então a escolha de um ator branco para um personagem principal negro? Racismo? Curiosamente, *A cabana do Pai Tomás* não obteve o sucesso esperado. A novela transmitida pela TV Tupi, *Nino, o italianinho,* tinha a preferência do público, especialmente em São Paulo. Segundo a própria Globo, o país não acompanhou a novela porque "o enredo era inacessível para a maioria dos telespectadores".[55]

Se a TV brasileira não era racista, ao menos tinha muito medo de ofender setores conservadores e (esses sim) racistas da sociedade. Não à toa, o primeiro beijo inter-racial da história das telenovelas só foi ao ar muito tempo depois. Em 1981, o casal mais feliz da novela das oito da Globo *Baila Comigo,* de Manoel Carlos, trocou seu primeiro beijo na boca depois de 147 capítulos de ansiosa espera.[56]

As carícias do casal Oto e Letícia, protagonizados por Milton Gonçalves e Beatriz Lira, preocupavam tanto a direção da Globo quanto a censura. Temendo uma possível represália dos telespectadores mais conservadores, a Globo acatou a sugestão da censura de que o negro Oto e a branca Letícia só tivessem cenas de amor se se fizesse clara a sua condição de casados.

Quando finalmente chegou o momento do beijo, os telespectadores encararam-no com naturalidade. Mas o fato de ter demorado mais de trinta anos (a primeira transmissão de TV no Brasil ocorreu em 1950) para o primeiro beijo inter-racial ser mostrado na televisão deixa claro que o racismo é, no mínimo, um tema bastante espinhoso em nossa sociedade.

* * *

Segundos antes de iniciar a apresentação da canção "Eu também quero mocotó"[57] no Festival Internacional da Canção em 1970, Erlon Chaves pegou o microfone e falou: "Hoje os 'escravos do sultão' serão substituídos pelas

---

[55] *Dicionário da TV Globo, v. 1: programas de dramaturgia & entretenimento,* op. cit., p. 19.
[56] "Atraso calculado: beijo inter-racial chega ao horário nobre", *Veja* (16/9/1981).
[57] "Eu também quero mocotó" (Jorge Ben): "Eu também quero mocotó/ A semana toda/ O mês inteirinho/ O ano todo/ Domingos e feriados/ Eu também quero mocotó/ Pois eu cheguei tô chegado/ Tô com fome/ Sou um pobre coitado/ Me ajudem por favor/ Bota o mocotó no meu prato/ Mocotó, mocotó, mocotó..."

'gatas do Canecão'." Apareceram então duas louras lindas com trajes cor de pele que lançavam olhares sedutores para o cantor-maestro, que então falou: "Agora vamos fazer um número quente, eu sendo beijado por lindas garotas. É como se eu fosse beijado por todas as que estão aqui presentes."[58] Começaram as vaias. Gradualmente foram surgindo no palco mais e mais mulheres vestidas em trajes sumários. Segundo Nelson Motta, então jurado do Festival, as louras com botas de salto alto faziam uma coreografia erótica de alta vulgaridade, se esfregavam nele, se ajoelhavam entre suas pernas, rebolavam para ele.[59] À medida que o baile continuava, as vaias aumentavam. O público definitivamente não gostara daquela apresentação, alguns enojaram-se.

Era 25 de outubro de 1970. Erlon Chaves já era um artista conhecido dos bastidores da música popular. Havia começado na Rádio e TV Tupi de São Paulo aos 13 anos. Maestro de formação, fora um dos jurados do I Festival Nacional de Música Popular Brasileira, em 1965.[60] Arranjador de diversos sucessos dos anos 1960, Erlon também foi diretor musical da TV Rio.[61] Junto com Augusto Marzagão, ele convenceu a emissora carioca a investir nos festivais de música e ajudou a criar o Festival Internacional da Canção.[62] Em 1970 havia feito os arranjos do disco de Elis Regina e Simonal, entre outros, e já era um músico bastante reconhecido no meio artístico.

O FIC, festival realizado em conjunto com o Estado da Guanabara, era constituído de duas fases, uma nacional e outra internacional. Erlon havia se classificado para competir com os músicos internacionais e foi convidado a assumir os vocais da canção "Eu também quero mocotó", pois nem Jorge Ben, o compositor, nem Wilson Simonal, o preferido de Jorge, diziam estar livres naquela data.[63] Preparou-se então em grande estilo, acompanhado de seu grupo de instrumentistas, a Banda Veneno. Prometia sacudir a noite internacional do Festival, aproveitando que o público havia gostado muito do suingue de sua primeira apresentação:

---

[58] Zuza Homem de Mello, op. cit., p. 384.
[59] Nelson Motta, op. cit., p. 211.
[60] Zuza Homem de Mello, op. cit., p. 62.
[61] Idem, p. 148.
[62] Idem, p. 150.
[63] Idem, p. 377.

"O PRETO-QUE-RI" 107

Vou inventar um negócio muito quente para domingo. E se esse festival durasse só mais um pouquinho eu e o pessoal do Simonal ficávamos com ele só para nós. Porque essa de artista boêmio já era. Já era inclusive aqui, para não falar nos outros países. O Frank, o Belafonte, o Dean provam isso.[64]

Muito amigo de Simonal, Erlon já era um dos contratados da empresa do cantor, a Simonal Promoções, quando iniciou sua apresentação naquele domingo, dia 25 de outubro. Na primeira apresentação, no dia 17, ele apresentou-se vestido de marajá, com calças vermelhas, túnica prateada e cinto dourado. Ao seu lado "escravos" o abanavam com leques de plumas de avestruz. Na segunda apresentação entrou no palco vestindo um sarongue amarelo e camisa aberta com o peito nu.[65]

O jornal O Globo repercutiu o estranho acontecimento daquele dia 25:

> Foi uma vaia-monstro. E voltaram os gritos "queremos mocotó". Mas Erlon começou a cantar em inglês. O maestro Rogério Duprat, de macacão de mecânico, regia a orquestra da TV Globo desajeitadamente. E começaram a surgir as lindas garotas vestindo sumários trajes cor de pele. Cada uma rodopiava no palco e beijava o maestro-cantor. A cada rodopio um grito: "queremos mocotó". A cada beijo uma vaia e o corinho tradicional. Ninguém entendia mais nada. Já eram sete garotas no palco.[66]

A Revista Fatos e Fotos também não perdoou:

> O maestro Erlon Chaves na noite final do FIC subiu ao palco para a derradeira apresentação do "Eu também quero mocotó". No palco fundiu a cuca e passou a acreditar no sucesso dele próprio. Pegou o microfone e anunciou que cantaria o "Mocotó", mas antes atacou de música americana, com participação de pequenas de maiô. O sucesso das noites anteriores foi imediatamente esquecido, e a arquibancada não perdoou: VAIA![67]

Naquela época o maestro-cantor Erlon Chaves namorava a desejada ex-Miss Brasil Vera Fischer. Alguns atribuíram aquela intensa vaia do Ma-

---

[64] O Globo (20/10/1970), p. 9.
[65] O Globo (17/10/1970), p. 12.
[66] O Globo (26/10/1970), p. 12.
[67] Fatos e Fotos (12/11/1970), nº 510, p. 12-15.

racanãzinho ao preconceito racial do público. Erlon era negro, namorava uma loira famosa e assumia um discurso muito parecido com o de Simonal: despreocupado e sorridente. Psicanalistas chegaram a dizer que "Erlon realizou uma sessão de psicoterapia de massa, atingindo o Maracanãzinho no seu inconsciente".[68]

Fato é que a situação repercutiu muito negativamente para Erlon em especial que teve sua carreira encurtada pela força de um imaginário preconceituoso. Todos quiseram se desvincular daquela apresentação considerada "de mau gosto". A Rede Globo de Televisão lançou um comunicado esclarecendo que o número não estivera no script, tendo sido realizado à revelia da direção. Um ano depois, em 1971, o diretor do Festival, Augusto Marzagão, ainda dava explicações sobre o acontecimento: "Foi de extremo mau gosto, não cabia e não cabe nada desse tipo [no Festival]."[69]

O crítico e produtor musical Nelson Motta era jurado naquele festival. Ao ouvir "Eu também quero mocotó" ficou fascinado pelo deboche festivo da canção dentro da suposta seriedade do festival. Junto com os jurados Rita Lee e Luiz Carlos Maciel (que assinava uma coluna sobre contracultura chamada "Underground" em *O Pasquim*) tentou formar uma frente que pudesse nomear a canção de Jorge Ben campeã. Mas a empreitada não deu certo, e "BR-3", de Antonio Adolfo e Tibério Gaspar, sagrou-se vencedora.

Para Motta, os outros jurados, críticos e musicólogos eram mais conservadores, pois acreditavam em procurar um equilíbrio entre a "boa música", a "boa letra" e a receptividade popular. Nelson achava que a música nova que surgia exigia "novos critérios", e a canção de Jorge Ben interpretada por Erlon deveria ser julgada sob outro prisma:

> O festival há muito tempo não era mais uma competição musical, era uma vitrine de ideias, uma janela de liberdade dentro do clima opressivo, uma oportunidade para os novos talentos e novas linguagens. E sobretudo não era para ser levado a sério. A música popular era muito mais do que apenas música e letra. Era um dos raros espaços que restaram para expressar, ainda que metaforicamente, alguma insatisfação com o regime e um mínimo de esperança em mudanças. Cantar nunca foi tão necessário nem tão perigoso.[70]

---

[68] Idem.
[69] *O Pasquim*, (4/10/1971), s/nº, p. 3-5.
[70] Nelson Motta, op. cit., p. 211.

Erlon agradava Motta ao fazer evoluções no palco dizendo "frases absurdas e de duplo sentido, referindo-se a partes da anatomia feminina enquanto cantava: "Sabe por que eu sou forte e sou macho? É porque eu como mocotó. Tá muito bom!"[71] Como se vê, Nelson Motta via a alegria como uma forma de "descompromisso" e ao mesmo tempo de oposição ao regime. Ainda assim, nos dias de hoje, Motta acha que o maestro "exagerou". Mas Erlon não pode ser vitimizado sozinho. O que ele fez no palco foi dar sentido às inspirações do compositor Jorge Ben, que disse em entrevista:

> O mocotó nasceu numa boate chamada Jogral, de São Paulo. Vai muita menininha lá, com o mocotó grande, e fica assim sentadinha de perna cruzada. Mocotó é uma gíria lá da gente. Eu estava cantando e sem querer tinha uma menina assim na frente e eu disse: "Poxa, que mocotó, hein?" No microfone. Aí todo mundo riu. E saiu a música: uma brincadeira.[72]

Mas os jurados não gostaram da brincadeira e preferiram "BR-3", cantada por Toni Tornado, que incorporou com maior propriedade a melancolia daqueles anos, com sua letra sombria e o tom de protesto.

Mas não foi só Nelson Motta que achou que houve exagero de Erlon. Quando desceu do palco, Erlon e o diretor da Rede Globo, José Bonifácio de Oliveira, o Boni, foram presos. Os agentes realizaram um interrogatório com os dois, munidos de um vídeo da apresentação. Com a interferência do apresentador Flávio Cavalcanti, os agentes liberaram o maestro. Erlon era um dos mais populares jurados do programa de Cavalcanti.[73]

Mas a história não morreria por aí. No dia seguinte os jornais repercutiram as reclamações e os comentários pouco favoráveis à cena levada aos lares do país. Caracterizaram a apresentação por obscena, cafajeste e desrespeitosa. O comentário geral era que esposas de generais não haviam gostado da apresentação.[74]

---

[71] Idem.
[72] O *Pasquim*, (25/9/1969), nº 11.
[73] Zuza Homem de Mello, op. cit., p. 386.
[74] Idem.

Alguns dias depois, Erlon Chaves estava ensaiando sua banda para tocar no *Programa Flávio Cavalcanti*. Por volta das 16h, dois agentes policiais o convidaram a acompanhá-los para completar suas declarações. Erlon ficou ainda mais assustado quando os agentes apresentaram seus documentos e disseram que tinham ordens de conduzi-lo por bem ou por mal.

Erlon entrou no Opala amarelo dos agentes, de chapa particular, e foi colocado no banco traseiro. Quando se aproximou da Praça Onze, perto da Central do Brasil, no centro do Rio de Janeiro, os agentes declararam que precisavam encapuzá-lo, para sua própria segurança. Justamente no lugar onde Erlon foi encapuzado, na Praça Onze, há hoje um monumento com a cabeça heróica de Zumbi dos Palmares. É curioso que não se trata nem de um busto nem de uma estátua, mas de uma cabeça que paira no ar ligeiramente acima de uma construção de uns poucos metros, de formato piramidal. Se Erlon perdia a cabeça ao ser encapuzado, o mito de Zumbi parece viver sem corpo.

E o automóvel seguiu sua trajetória. Depois de abastecer, viajaram por cerca de uma hora. Então chegaram a um lugar que Erlon mais tarde identificou como uma dependência militar.

Colocaram o cantor de "Mocotó" numa cela recém-pintada na qual num dos cantos havia apenas um buraco para que o preso fizesse suas necessidades. Erlon ficou preso por três dias. Na prisão percebeu que havia alguns advogados nas outras celas, a maioria dos quais foi encarcerada por serem defensores de "subversivos" e pleitearem seus *habeas corpus*.

Numa terça-feira, três dias depois de ter sido encarcerado, foi novamente colocado encapuzado num banco traseiro de carro. Dessa vez foi ao lado do advogado George Tavares, que já se encontrava encarcerado quando Erlon chegou. Deixado numa rua de Vila Isabel, avisaram-no para não olhar para trás.[75]

---

[75] Documento encontrado no Arquivo Público do Estado do Rio de Janeiro (Aperj). É uma declaração de Erlon Chaves sobre as humilhações que sofreu. Logo após o festival, Erlon foi inquirido e solto. Seu encarceramento por membros da repressão alguns dias mais tarde parece ter sido denunciado pelo próprio ao Dops, já que para ele não estava revestido de legalidade e em nenhum momento os homens que o pegaram disseram qualquer coisa que o fizesse pensar diferente. A ação pode ter sido realizada por grupos "anticomunistas" e/ou a própria Oban, organização privada que ajudou o governo na repressão. Ver reprodução do documento no final do livro.

"O PRETO-QUE-RI"   111

A repercussão da ingênua canção não parou por aí. Paradoxalmente, até o jornal *O Pasquim* sofreria com o imaginário criado por ela. O número datado de 4 de novembro daquele ano ostentava uma charge de Jaguar que ultrajava o famoso quadro *Independência do Brasil*, de Pedro Américo, o que irritou os militares. Em vez de gritar "independência ou morte", o D. Pedro I do quadro ostentava um balão de histórias em quadrinhos com os dizeres: "Eu quero mocotó!" Jaguar ironizava a moda que assolou o país, mas o governo usou o ultraje para justificar a prisão dos jornalistas, que há muito já era desejada pelo regime. No dia seguinte o editor Sérgio Cabral foi preso, junto com os jornalistas que estavam na sede, e ficaram detidos por quase dois meses. Surpreendentemente, os jornalistas do *Pasquim* tinham sido presos por publicar uma referência a uma ingênua canção, e não por publicar a íntegra da letra de "Construção", de Chico Buarque, alguns meses antes. O governo se sentiu ofendido com aquela provocação à memória pátria.

Erlon ficou extremamente abalado com a repercussão exagerada daquele *happening*. Toda a culpa pela dança "ofensiva" caiu sobre suas costas. As Organizações Globo se apressaram em "tirar o corpo fora". Em 28 de outubro o jornal *O Globo* publicou um artigo colocando toda a culpa em cima de Chaves. Sintomaticamente, o artigo não fala do encarceramento do maestro:

> Erlon Chaves depõe 4 horas na Polícia Federal
>
> O maestro Erlon Chaves prestou depoimento ontem durante 4h na Polícia Federal, para explicitar às autoridades da Censura o "show" com o conjunto "As Gatas" que apresentou domingo último no Festival da Canção no Maracanãzinho.
> O maestro foi convocado para dar explicações a propósito da apresentação de um "show" não programado nem autorizado pela TV Globo e que causou repulsa ao público presente e aos telespectadores. As autoridades admitem que ele tenha ludibriado a boa-fé da direção da TV Globo, organizadora do festival, e que não tivera conhecimento prévio do número que ele apresentou.
> Apesar do sigilo de depoimento sabe-se que o Sr. Erlon Chaves prestou declarações de caráter dúbio. Devido a isso serão convidados diretores da TV Globo para fornecer esclarecimentos adicionais a respeito do número As Gatas. Um pequeno número de jornalistas aguardava o maestro para que,

após liberado pela Polícia Federal, desse informações sobre seu depoimento. Mas ele se negou a isso, gritando, mal-humorado, palavras impróprias.[76]

Assustado, Erlon ficou com medo de voltar para casa. Segundo a jornalista Lea Penteado, o cantor teria pedido para dormir por duas semanas na casa de seu grande amigo Wilson Simonal, no que foi atendido.[77] Embora não tivesse sido torturado nem interrogado, o acontecimento valeu-lhe um processo por atentado ao pudor e uma suspensão de trinta dias em sua atividade profissional.[78]

O Pasquim também não perdoou o maestro. Para o cartunista Ziraldo, Erlon errara o tom, diluindo o poder de sua apresentação. Erlon, assim como Simonal e Fio, era outro "preto-que-ri":

> O que aconteceu com o maestro Erlon Chaves — a despeito do seu imenso talento — foi que ele não percebeu tudo em volta dele. Falta à sua inteligência, talvez, um pouco de acuidade. (...) O seu show no Maracanãzinho foi muito menos um atentado à moral do que um atentado violento aos valores da classe média, cruel e fascistóide como toda a classe média do mundo, cheia de preconceitos, dominada cada dia mais pela cultura burra que lhe entra pela alma através dos meios de comunicação mais contundentes, todos nas mãos deles mesmos. O que Erlon fez no Maracanãzinho aquela noite — eu estou certo — foi uma desforra, foi um viu, ó, foi uma vingança contra todos e contra tudo aquilo que fez de sua vida, hoje, de glórias, uma luta dura e sofrida. Foi a sua forma de protesto. Só que ele errou na forma. Só que ele individualizou seu protesto. Só que ele não quer mudar nada, ele não quer que os de sua cor sejam considerados tão bons como outros (às vezes, muitíssimas vezes, são melhores), o que ele quer é ser aceito.
> Aí, ele errou. Quem quer ser aceito não pode berrar de jeito nenhum. (...) Eu posso não ter este direito [sic], mas eu fiquei com pena do Erlon. Bem feito pra ele [sic!]. Quem escolhe este tipo de caminho que ele escolheu perde a guerra sozinho, não vai precisar nunca de inimigo. Se ele prestasse um pouquinho mais de atenção nas coisas, ia entender a diferença que existe, por exemplo, entre o Martin Luther King e o Stokely Carmichael.[79]

---

[76] *O Globo* (28/10/1970), p. b2.

[77] Lea Penteado, *Um instante, maestro! — A história de um apresentador que fez história na TV*, Rio de Janeiro, Record, 1993, p. 70.

[78] Zuza Homem de Mello, op. cit., p. 386.

[79] "Yes, I can't" (texto de Ziraldo), *O Pasquim* (4/11/1970), nº 72, p. 31.

A partir daí a carreira de maestro foi declinando. Erlon regia sua banda no programa *Discoteca do Chacrinha*, acompanhando os calouros e cantando jingles dos produtos. Segundo a mulher do apresentador, que publicou uma biografia do marido ao lado da jornalista Lucia Rito, certa vez o "Velho Guerreiro" percebeu que a orquestra sob sua batuta não estava a postos e ficou irado. Virou para o companheiro Anthony Ferreira e disse: "Você quer ver como se derruba um cara?" O apresentador voltou para o palco e, quando acabou de apresentar as candidatas do concurso "A mais bela estudante", chamou um cantor fora da hora programada e tudo ficou parado. Ironizando, o "Velho Guerreiro" teria dito: "Agora vamos aguardar o maestro Erlon Chaves acabar de se refrescar." A espera teria levado um minuto e meio de buraco no ar até os músicos voltarem aos seus lugares. Erlon foi então afastado do programa.[80] Aliás, Chacrinha, que fora o presidente do júri popular daquele festival, tinha criticado muito "Eu também quero mocotó".[81]

Quando já estava sendo bombardeado por todos os lados, sendo recriminado por vários setores da sociedade, Erlon tomou o último golpe de um companheiro de quem não esperava. Carlos Imperial largou Erlon aos leões, enfatizando sua postura de negro "abusado" que não sabe seu lugar:

> "Erlon acabou se machucando — Cantar Mocotó é uma coisa e cantar em inglês, fazendo charme de bonito (cá pra nos, o Erlon é feio paca) atacando de gracioso, é outra completamente diferente. Se soubesse disso, não se meteria a galã. Erlon esqueceu o mancômetro em casa antes de sair."[82]

Apesar dos cinco discos lançados juntamente com sua banda, Chaves passou a viver abatido, angustiado. Quando Simonal começou a ser sistematicamente acusado de "dedo-duro", em1972, ficou muito abalado. Erlon via repetindo-se com seu grande amigo o que acontecera com ele próprio.[83] Em novembro de 1974 o cantor de "Mocotó" estava numa loja da

---

[80] Florinda Barbosa e Lucia Rito, *Quem não se comunica, se trumbica*, São Paulo, Globo, p. 85.
[81] Zuza Homem de Mello, op. cit., p. 389.
[82] "Erlon acabou se machucando", coluna O plá do Imperial, *Amiga*, 10/11/1970.
[83] Idem, p. 390.

Galeria Paissandu, na rua Senador Vergueiro, no Flamengo, perto de onde morava, quando sofreu um enfarte fatal aos 40 anos de idade.

* * *

É curioso que dois artistas negros, Simonal e Erlon, tenham sido vistos como "pretos-que-riem". Mais curioso ainda é que outro negro, Toni Tornado, nunca tenha sido incorporado à memória da *resistência*. Apesar disso, era como *resistente* que o discurso de Toni reivindicava legitimidade. Antes mesmo de ficar famoso como intérprete de "BR-3", ele já tinha sido preso:

> Na época da Tropicália, quando eles começaram a caçar os chamados tropicalistas, eu formei um movimento chamado Black Rio. Era um movimento de conscientização da raça e durante os bailes eu fazia algumas citações, mandava algumas mensagens. A coisa já tinha aflorado muito e eles [a repressão] acharam por bem pegar o cabeça. E quem era o cabeça? Toni Tornado. E aí eu segurei esse pepino e fui expulso do país junto com os comunistas.[84]

É sintomático que, para fazer referência à sua postura de *resistente*, Toni faça menção aos comunistas e ao movimento tropicalista. Até para o exilado Toni a memória de si mesmo, e mais especificamente do movimento negro, não pode ser contada sem a referência ao mundo *resistente* da música. Segundo suas lembranças, ele achou melhor dar um tempo fora do país. Em passagem pelo Egito, recorda-se de encontrar o escritor Antonio Callado, autor de *Quarup*.

Mas a militância de Toni tem raízes anteriores à contestação musical. Natural da cidade de Paranapanema, oeste de São Paulo, ele foi menino de rua, vendedor de balas nos sinais de trânsito e engraxate. Mais velho, serviu o exército como paraquedista junto com outro famoso soldado, o futuro Silvio Santos. Anos mais tarde, Toni foi segurança de Carlos Imperial, justamente na época em que Wilson Simonal também era seu empregado. Chegaram a se conhecer, mas logo depois Toni aproveitou uma oportunida-

---

[84] Entrevista de Toni Tornado ao Canal Brasil exibida em 23/4/2005.

"O PRETO-QUE-RI"

de de viajar como cantor numa companhia de canto e dança que vendia a imagem do Brasil ao redor do mundo e conheceu muitos países. O último lugar que Toni visitou foi Nova York, onde resolveu permanecer após se desligar da companhia. Morou no Harlem, entrou em contato com a politização dos negros americanos e foi muito influenciado.

> Foram 7 meses. Aí eu senti. A música me dominou completamente. Eu vi negros com toneladas na cabeça em soul music. Vi crianças em *soul free*. Eu senti. Era o grito da alma. Todos cantam porque sentem. Isto é *soul music*. Em 67 estava de volta ao Brasil e acabei *crooner* do conjunto de Peter Thomas. Sabe? Lá nos Estados Unidos vi muita gente pior do que eu e resolvi cantar pra valer. Mas assisti James Brown, Jimi Hendrix, alguns dos grandes festivais pops. Vivi e amadureci. E lá estava eu cantando bolero, tango, na frente do conjunto. Não, meu Deus, não podia continuar.[85]

Após suas atividades políticas no movimento negro e a curta temporada no exterior, Toni voltou ao Brasil. Cantava em boates cariocas quando Tibério Gaspar, compositor em ascensão na época ao lado do pianista Antonio Adolfo, o viu num show na boate New Holiday. A dupla havia composto alguns dos maiores sucessos de Simonal, o maior deles "Sá Marina", de 1968. Tibério Gaspar percebeu logo que aquele era o cara para cantar a sua nova música, "BR-3", no Festival daquele ano de 1970, e chamou Adolfo para conhecê-lo. Adolfo concordou na hora.

Depois de uma apresentação memorável os três ganharam a fase nacional do FIC com uma música que ainda povoa o imaginário de muita gente:

BR-3
(Antonio Adolfo/Tibério Gaspar)

A gente corre na BR-3
A gente morre na BR-3
Há um foguete
Rasgando o céu, cruzando o espaço
E um Jesus Cristo feito em aço
Crucificado outra vez

---

[85] *O Globo* (20/10/1970), p. 14.

Há um sonho
Viagem multicolorida
Às vezes ponto de partida
E às vezes porto de um talvez

Todos os envolvidos se lembram bem do que significou a vitória no Festival. A música "BR-3" era um hino a uma das rodovias mais perigosas do país, que ligava Rio de Janeiro a Belo Horizonte. A letra, de forma híbrida, possibilitava outras interpretações. Toni apresentou-se com o peito nu, com um sol pintado que simbolizava "a integração das raças". Dançava, rodava e mexia os braços, muito influenciado pelos heróis americanos, especialmente James Brown.

Quando soube da vitória, Tibério Gaspar teve a maior emoção de sua vida, e chegou a desmaiar.[86] Catapultado ao sucesso instantâneo Toni espantava-se:

> Antes eu nem tinha família. Agora tenho um povo todo me aplaudindo. Isso é confortador, parece um sonho, bicho. Antes, o pessoal só me procurava para cobrar imposto. Agora, todo mundo me beija, me abraça, diz que eu sou o máximo. Não entendo isso[87] (...) Eu apenas queria ser lixeiro.[88]

Da noite para o dia tudo mudou na vida de Toni Tornado. Se no início de 1970 ele morava numa "cabeça de porco" na rua do Lavradio, em outubro daquele ano ele tornou-se conhecido nacionalmente, passou a lotar casas de show, influenciou novos artistas, multiplicou os adeptos do funk à la James Brown. No auge da fama no festival, Toni conheceu o presidente Médici, juntamente com os autores da canção, numa cerimônia realizada no Palácio Laranjeiras.[89] Medici pediu aos jovens compositores e ao intérprete o "tri" da canção, pois na fase seguinte do Festival a canção concorreria com músicas do mundo todo. Canções nacionais já haviam ganho nos dois anos anteriores: 1970 era definitivamente o ano do tri! Embora marcante, o en-

---

[86] *O Globo* (19/10/1970), p. 1d.
[87] Idem.
[88] *O Globo* (20/10/1970), p. 14.
[89] Zuza Homem de Mello, op. cit., p. 382.

contro é raramente mencionado nas entrevistas dos artistas, provavelmente por ser desconfortável lembrar-se do presidente militar de forma tão próxima. Médici mostrou-se um torcedor da canção, tentando criar com o meio musical a mesma proximidade que demonstrava no Maracanã ao lado dos torcedores com seus radinhos de pilha.

O sucesso trouxe problemas para Antonio Viana Gomes, o Toni Tornado. O primeiro teve relação com sua vida pessoal. Quando ficou famoso, ele decidiu se separar de vez da mulher, com quem já não tinha uma boa relação. Toni estava envolvido num caso com a atriz Arlete Salles, pra quem chegou a compor uma música, "Uma canção para Arla", gravada em seu primeiro LP, de 1971.[90]

Quando foi pegar uma vitrola na casa que dividia com a ex-mulher, os dois tiveram uma briga. A ex-esposa acusou-o de tê-la atacado com um batedor de carne e quis processá-lo. Edna da Costa Oliveira foi então à 13ª DP registrar queixa e apresentou três testemunhas, todos funcionários do prédio no qual residia.[91] Toni defendia-se: "Ainda me lembro que no auge da discussão ela disse que ia me destruir, mas não me liguei. Bobeei. Olha o meu tamanho, bicho, quase dois metros. Eu já fui lutador de boxe. Se eu tivesse que bater em Edna, não ia apanhar martelo de amaciar bife."[92]

Tornado ironizava a briga, mas fato é que a acusação de violência doméstica catalisou outra: a de que a canção "BR-3" fazia referência às drogas.

Na época, surgiu um boato segundo o qual "BR-3" seria a "veia três" do braço, onde os drogados aplicavam seus ácidos.[93] Os criadores dos boatos foram David Nasser e Ibrahim Sued, ambos identificados ao regime e às direitas. E Toni foi perseguido novamente. Tibério Gaspar, o compositor da canção, culpa ainda hoje os dois jornalistas.[94] Para ele e para o crítico

---

[90] "Romântica", Jornal Vitorio Braga, 1/5/1971. LP Toni Tornado, Odeon, 1971.

[91] "Tornado ataca mulher a marteladas", *O Globo* (14/11/1970), p. 12; "Tornado, o triste herói da acusação fabricada", *O Globo* (16/11/1970), p. 37.

[92] "Tornado, o triste herói da acusação fabricada", *O Globo* (16/11/1970), p. 37.

[93] Toni Tornado (Programa Canal Brasil, 23/4/2005) confirma que houve esse boato. Tibério Gaspar mostrou-se em entrevista extremamente indignado com a deturpação de sua canção.

[94] "Os caminhos tortuosos da BR-3", *Jornal do Comércio de Pernambuco* (13/5/2004), p. 1-2.

Zuza Homem de Mello, ambos tinham como intenção provocar um clima de euforia para promover o livro do general Jayme Graça, *Tóxicos*.[95]

Na sua capa vermelha, o título do livro era escrito com uma carreira de cocaína. Nas primeiras páginas sugeria que "BR-3" era um hino dos drogados, com a substituição dos versos de Tibério no início da música: "Há uma seringa/ que vem do céu, cruzando o braço/ e uma agulha feita em aço/ pra espetar outra vez".[96] De fato, Toni Tornado disse em entrevista que muitos "doidões" haviam sido presos na época cantando a canção, especialmente a parte que diz "a gente morre na BR-3".[97]

Tibério Gaspar, o letrista, ainda hoje se indigna com a confusão:

> A princípio foi um misto de revolta e decepção. Depois o pior de tudo: um sentimento de absoluta impotência. Estávamos em pleno regime ditatorial e com os direitos civis cerceados não havia a mínima chance de levar os caluniadores à barra dos tribunais.
>
> De imediato fui "convidado" a comparecer ao SNI para fazer alguns esclarecimentos e daí pra frente tornei-me uma pessoa indesejável para a mídia e para as gravadoras. A rigor, naquela época, ninguém queria criar polêmica com os militares. Assim, quem estivesse "queimado" com o sistema ou não fosse do agrado deles era impiedosamente alijado por seus pares.

---

[95] Tibério Gaspar chegou a compor um *rap* recentemente, no qual condena os jornalistas e conta sua versão em "A história da BR-3", gravada em 2002: "A BR-3 era somente uma estrada/ Que ligava o Rio de Janeiro a Belô/ Mas alguém falou que era a melô da picada/ E um cara mau-caráter espalhou o caô./ Dizendo que essa estrada era uma veia do braço/ E que era o papo que rolava entre drogado e vapor,/ Numa tentativa de tirar do fracasso/ Um livro sobre drogas de um falso escritor.// A gente corre na BR-3/ A gente morre na BR-3.// A BR-3 era o que a gente vivia,/ Em cada crime em cada reta o terror/ O dia virou noite e toda noite era fria,/ E a gente ficou surdo, mudo e cego de dor/ Havia dedo-duro, pau-de-arara e censura/ E muita gente boa se mandou do Brasil/ A lei da ditadura era porrada e tortura/ Pra quem não concordasse, baioneta e fuzil.// Agora que vocês estão por dentro dos fatos/ É chegada a hora de dar nome aos bois/ Enquanto a nossa imprensa como Pôncio Pilatos/ Lavava suas mãos e se calava depois,/ O tal do colunista e o general seu comparsa,/ Um burro que deu certo e um gorila escritor,/ uniram seus talentos e montaram essa farsa/ Pra tomar carona no sucesso do autor.// Mas toda mentira sempre é descoberta,/ Tem a perna curta, não se move veloz/ Toda vez que tentam sufocar um poeta/ Seu verso ressuscita mais valente e feroz./ Essa é a história verdadeira da estrada,/ Muito diferente da do falso escritor// Enquanto o livro dele no final deu em nada,/ A nossa 'BR-3' o povo inteiro cantou". *http://tramavirtual.uol.com.br/artista.jsp?id=14590*

[96] Idem; Zuza Homem de Mello, op. cit., p. 388.

[97] Toni Tornado (Programa Canal Brasil, 23/4/2005).

"O PRETO-QUE-RI"

Mas o que mais me deixa injuriado, e é preciso que fique bem claro, é que na época da "BR-3" eu era totalmente "careta" (...). [E] a bomba havia estourado mais nas minhas mãos. O Antonio Adolfo e o Toni apenas chamuscaram-se.[98]

E o boato pegou. Para os que procuravam associações, o "Jesus Cristo feito em aço" seria a seringa que entraria na "BR-3" promovendo sonhos e uma "Viagem multicolorida/ Às vezes ponto de partida/ E às vezes porto de um talvez". Mas poucos além dos envolvidos se lembram do ocorrido. Na paranóia das letras com duplo sentido, a metáfora não-intencional prejudicou as carreiras de Toni e dos compositores Tibério Gaspar e Antonio Adolfo.

O problema conjugal de Toni ajudou a catalisar o problema. A ex-mulher, aproveitando a força do boato, disse que Toni a violentou, tomado pela "viagem multicolorida".[99] O jornal *O Globo* publicou matéria com o título de "Tornado ataca mulher a marteladas", que ironizava a canção e o novo astro:

Vitorioso na BR-3, Toni Tornado desencadeou a borrasca em família. Perdeu-se na estrada da vida e transformou seu "Jesus Cristo feito em aço" num prosaico martelo de bater bife e partiu para a agressão à amante. Tornou-se assim "um novo triste herói de cada mês, gerando um fato verdadeiro que poderia ter sido uma notícia fabricada", assim como a canção.[100]

Apesar das acusações, Toni confirma que na época "não fumava nem [cigarro] Continental".[101]

Curiosamente, Tibério Gaspar e o pianista Antonio Adolfo não tiveram muita sorte com letras sobre as estradas brasileiras. Se "BR-3" havia caído nas bênçãos de Médici e depois se tornado alvo de críticas moralistas, a canção "Transamazônica" deixou pouco espaço para dúvidas. Gravada em

---

[98] "Os caminhos tortuosos da BR-3", *Jornal do Comércio de Pernambuco* (13/5/2004), p. 1-2.
[99] *Fatos e Fotos* (17/12/70), nº 513.
[100] *O Globo* (14/11/1970), p. 12.
[101] Toni Tornado (Programa Canal Brasil, 23/4/2005).

1971 pela banda *A Brazuca*,[102] um projeto dos dois compositores, a canção gerou polêmica nas casernas e na *resistência:*

> Transamazônica...
> é norte sul leste oeste em suma resume seu rumo nos pontos cardeais
> Transamazônica...
> terra acarreta e a ponta da seta aponta pra meta de dez capitais
> marcham machados, facão, e correm tratores no chão
> esse ferro velho, sangrando a terra, calando o pio do azulão...
> Homens de aço que vão e traçam o destino na mão
> Essa estrada longa serpente viva serpenteando o sertão.

Quando indagado sobre a música Antonio Adolfo disse que a letra era de seu parceiro Tibério e que por isso seria necessário inquiri-lo também, mas não se omitiu: "A canção não era uma apologia ao regime militar, mas, sim, uma crítica à destruição de nossa fauna e flora, por uma atitude irresponsável — construção de uma estrada que não foi concluída — e que, agressivamente, levou a mais destruição de nossa riquezas e à desordem de uma região já tão castigada."[103] Tibério Gaspar, por sua vez, afinou com o discurso da *resistência* apesar de ele próprio na época ter sido questionado por amigos próximos:

> Aí é o seguinte: a gente estava sendo muito perseguido, né? Na verdade a 'Transamazônica' é uma música de denúncia. Eu digo lá, em certo ponto, que os tratores vão derrubando a mata. Aquilo é um protesto! No final eu digo até que aquelas matas calaram o pio do azulão. Subliminarmente era uma mensagem contra o regime. Mas naquela conjuntura eu estava sendo muito visado pelo regime por ser o mentor intelectual de tudo e o nosso empresário e sócio da Brazuca João Maussa usou o argumento contrário, dizendo: 'vocês acabaram de gravar um disco falando que a Transamazônica é linda, maravilhosa, e eles engoliram isso'. Quando Maussa foi chamado ao SNI certa vez nos defendeu dizendo que eles [os militares] estavam enganados, que nós não tínhamos nenhum compromisso com a oposição, tanto é que gravaremos uma canção 'apologética' a ditadura. Mas eu coloquei ali, subentendido, era uma coisa que eu estava contra o regime.[104]

---

[102] Canção do LP *Antonio Adolfo e a Brazuca* (1971).
[103] Resposta de Antonio Adolfo por e-mail enviado ao autor em 19/12/2008.
[104] Depoimento de Tibério Gaspar, Rio de Janeiro, 24/12/2008.

"O PRETO-QUE-RI" 121

Se Tibério Gaspar conseguiu ou não fazer seu protesto é um tanto quanto dúbio. Excluindo-se a estrofe do "azulão" calado, toda a letra parece enaltecer o progresso da estrada. E foi assim que o regime interpretou os artistas.E foi dessa forma que a informação chegou a Caetano Veloso.

Em janeiro de 1971, Caetano voltou ao Brasil para a festa de quarenta anos de casamento dos pais. Embora em pleno exílio londrino, ele obteve do regime uma permissão especial para ir à Bahia visitá-los. Quando o avião pousou e ele saiu com sua mulher Dedé Gadelha um Fusca estava parado ao lado da escada da aeronave. Homens à paisana simplesmente o sequestraram e o levaram para uma sala onde Caetano foi interrogado durante seis horas:

> Eles queriam me convencer a fazer uma música propagandística para a Transamazônica e que tinham permitido a minha vinda em troca desta canção. Assim eu iria à festa dos meus pais, eles facilitariam minha vida... Eu disse que não dava, que não tinha condição de fazer música àquela altura. Não fiquei dizendo 'não faço, sou contra a Transamazônica!' Disse apenas que não tinha condição, e eles viram, mas ficaram insistindo muito. Aí começaram a dizer que muitos artistas colegas meus colaboravam com eles. O primeiro nome que disseram foi o de Simonal. Isso foi em 1971, anterior aos acontecimentos nos quais ele ficou tachado de vez, né? Eu não conto isso... eu estou contando pra você saber que existe essa vivência minha. Eles também citaram Tibério Gaspar e Antonio Adolfo, de quem sou amigo até hoje. (...) O que eu considerei disso foi o seguinte: eu não conheço Tibério, mas conheço Antonio Adolfo e Simonal e gosto deles. E eu não vou acreditar nesses caras que me sequestraram no aeroporto e estão querendo me convencer desse negócio... Isto é uma desculpa que eles estão usando. Agora eu vou dizer: eu acho que eles estavam usando, no caso de Simonal pelo menos, porque havia um rumor nesse sentido, entendeu. (...) Os militares estavam usando estes rumores para me pressionar.[105]

Caetano mostrou-se muito surpreso em entrevista quando soube que a música "Transamazônica" de fato existia. Até então ele desconhecia a existência dessa canção. Tibério Gaspar e Antonio Adolfo foram tidos como apoiadores pelos próprios militares, apenas um ano depois de "BR-3". Se "Transamazônica" tornou a vida menos complicada para os compositores

---

[105] Depoimento de Caetano Veloso, Rio de Janeiro, 18/12/2008.

nas salas de interrogatórios do regime, a vida do intérprete Toni Tornado continuou complicada depois da associação de "BR-3" com a "viagem multicolorida". A onda de boatos sobre a canção deixou sua ferida no intérprete, que continuou sendo perseguido.

A partir de então ele começou a sofrer uma forte patrulha ideológica da direita conservadora do país.[106] Seu histórico com o movimento negro amedrontava. No ano seguinte à sua apresentação, em 1971, ele e a cantora Elis Regina estavam no júri da final do novo FIC. Como a contagem final dos votos era manual, Elis Regina fez um show para a plateia que aguardava. Uma das canções que entoou foi a bela "Black is Beautiful", dos irmãos Marcos e Paulo Sérgio Valle. Sucesso da cantora, a canção começava devagar e ia crescendo à medida que a melodia se desenvolvia: "Hoje cedo na rua do Ouvidor/ Quantos brancos horríveis eu vi/ Eu quero um homem de cor/ Um deus negro do Congo ou daqui...". Durante a apresentação, quando cantou este verso, Elis virou-se na direção de Toni, que, empolgado, se levantou: "Eu achei que era comigo, subi no palco, abracei a Elis Regina e diante de quarenta e tantas mil pessoas presentes e mais cento e tantos assistindo, nós choramos e eu levantei o punho. Mais uma vez fui preso."[107]

No ano seguinte a própria direção do FIC, capitaneada pelo diretor Augusto Marzagão, instaurou a autocensura. Foi proibido qualquer tipo de protesto negro, especialmente o punho cerrado, símbolo da luta dos Panteras Negras americanos.[108]

O curioso é que a própria canção "Black is Beautiful" já havia sido alvo da censura. Em 1970, os irmãos Valle enviaram-na para os órgãos competentes para que a canção fosse liberada. Mas os censores não gostaram da parte que falava: "Eu quero um homem de cor/ Um deus negro do Congo ou daqui/ Que *melhore o meu sangue europeu*" (grifo meu).[109]

---

[106] Zuza Homem de Mello, op. cit., p. 388.
[107] Toni Tornado (Programa Canal Brasil — 23/4/2005).
[108] Zuza Homem de Mello, op. cit., p. 418.
[109] "Black is Beautiful" (Marcos Valle/Paulo Sérgio Valle), Arquivo Público do Estado do Rio de Janeiro (APERJ), Setor de Divisão de Censura e Diversões Públicas, TN 23.3632 (5/11/1970).

"O PRETO-QUE-RI"

Para os representantes da ditadura não havia oposição ou superioridade entre as raças no Brasil. Incorporou-se a ideia de que vivíamos uma "democracia racial", unidos e felizes na direção do progresso. Assim sendo, a censura não poderia liberar uma música que julgava o sangue negro melhor do que o europeu. A censura não admitia o discurso "segregador", fosse ele o da luta de classe ou o que demarcasse a desigualdade entre as raças. A canção dos irmãos Valle é ousada pois inverte a lógica do preconceito racial, do qual os negros são mais frequentemente as vítimas.

Sem alternativas, os irmãos foram forçados a fazer mudanças e só conseguiram a liberação depois de incorporar o discurso antirracista do regime. E foi assim que Elis Regina gravou a canção no ano seguinte, em 1971:

> Black is Beautiful
> (Marcos Valle/Paulo Sérgio Valle)
>
> Hoje cedo na rua do Ouvidor
> Quantos brancos horríveis eu vi
> Eu quero um homem de cor
> Um deus negro do Congo ou daqui
> Que se *integre* no meu sangue europeu
> Black is beautiful, black is beautiful
> Black beauty so peaceful

É importante demarcar que a perseguição a Toni Tornado não foi só daqueles que acharam que o boato das drogas era verdadeiro. Parte das esquerdas também ironizava o seu trabalho por se aproximar demais do "estilo norte-americano de cantar". Acusavam-no de copiar a música estrangeira.

O Pasquim chegou a depreciar seu estilo "à la James Brown". Ele e Ivan Lins eram frequentemente criticados por cantarem com a voz rouca, parecendo os cantores americanos de *soul*. A patrulha ideológica pegava pesado, e chegou a ironizar o nascimento do filho de Ivan Lins: "No primeiro choro mostrou um rouco na voz, naturalmente para encobrir deficiências que não lhe permitem agudos como os de Thelma Houston."[110] Os críticos viam no seu estilo de cantar uma forma importada, e "alienada", de manifestação.

---

[110] *O Pasquim*, nº 180 (18/12/1972), p. 23.

GUSTAVO ALONSO

Além disso, Toni Tornado sofreu até perseguição dos literatos. Quando lançou o sucesso "Podes crer amizade", 1972, foi questionado pela ABL por criar um refrão que não existia gramaticalmente: "Eles diziam — relata Toni — 'Podes crer' não existe. Existe 'pode crer'."[111]

É incrível que parte da sociedade preferisse ver Toni Tornado como um cantor "importado". Talvez isto explique por que ele não tenha sido incorporado como um cantor da *resistência*, embora as temáticas de suas músicas muitas vezes girassem em torno do protesto. Em uma bela canção de 1972 chamada "Uma ideia" ele cantava: "Eu aprendi minha lição/ Eu sei que a sombra das mãos jogam no chão/ a mesma cor."

Na curta carreira de Toni Tornado, com apenas dois LPs lançados, várias canções tematizavam a libertação dos negros. No primeiro, de 1971, havia a canção "Me libertei" (Tonye/Frankye): "Jurei nunca mais fazer som por aqui/ Porque ninguém tinha interesse em me ouvir/ Mas agora é hora de me libertar/ E quem quiser/ Ouça primeiro pra depois me ouvir/ Porque todo meu canto sai do meu coração"; "Juízo final" (Pedrinho/Renato Corrêa): "o fim deste mundo cheio de guerra/ o início de um mundo cheio de paz/ bebedouro mata a sede/ não escolhe cor". Em outras situações sua performance era vista como perigosa pelo regime. Tornado foi chamado novamente à censura quando cantou "Se Jesus fosse um homem de cor?" (de Cláudio Fontana) com punho cerrado.[112]

Em 1971, em seu segundo e derradeiro disco, ele gravou a canção "Papai, não foi esse o mundo que você falou". Ela põe o dedo na ferida e é precisa ao relatar os acontecimentos que as esquerdas conheciam bem:

Papai, não foi esse o mundo que você falou

Abro o jornal, vejo guerrilhas
O sangue deixa a sua trilha
Vejo protestos, ocupação
Vejo misérias e traição
Prevejo a morte da alegria

---

[111] Toni Tornado (Programa Canal Brasil, 23/4/2005).
[112] Paulo Cesar de Araújo, op. cit., p. 331.

"O PRETO-QUE-RI" 125

> A noite vai vencendo o dia
> Eu me importo com as pessoas
> E elas nem estão aí
> Estão longe, muito longe
> Mas eu vejo elas daqui
> (...)
> Vou sofrendo com alegria
> Pois meu pai mentiu pra mim
> Papai, não foi esse o mundo que você falou

Embora a canção denuncie claramente a existência de guerrilhas, incrivelmente ela não foi censurada e Tornado pôde gravá-la. A Censura parece não ter se importado. Provavelmente, ao constatar quem eram os autores da canção, os censores deixaram-na passar: "Papai, não foi esse o mundo que você falou" era de Roberto Carlos e Erasmo Carlos.[113]

Em 1974, Chico Buarque lançou um disco apenas como intérprete porque a Censura dificultava a liberação de suas músicas. Para lutar contra tal castração, ele criou uma dupla fictícia de compositores e conseguiu aparecer como intérprete de si mesmo, transmutado em Leonel Paiva e Julinho da Adelaide. Assim ele conseguiu gravar canções bem críticas, como "Acorda amor": "Acorda amor/ Eu tive um pesadelo agora/ Sonhei que tinha gente lá fora/ Batendo no portão, que aflição// Era a dura, numa muito escura viatura/ Minha nossa santa criatura/ Chame, chame, chame lá/ Chame, chame o ladrão, chame o ladrão."

Roberto e Erasmo parecem ter usado a tática oposta. Já que no imaginário social eram vistos como cantores "alienados", a censura não proibiria uma canção como "Papai, não foi esse o mundo que você falou". E assim os três, Toni, Roberto e Erasmo, conseguiram descrever a repressão de forma muito parecida, e provavelmente de forma tão direta quanto Chico Buarque.

---

[113] A canção "Traumas" (1971), também de Roberto e Erasmo Carlos, tem uma temática muito parecida. Embora não disserte sobre as guerrilhas, o pai tenta manter a pureza do filho com mentiras escondendo o mundo real, embora sem sucesso: *Meu pai um dia me falou/ Pra que eu nunca mentisse/ Mas ele também se esqueceu/ De me dizer a verdade/ Da realidade do mundo/ Que eu ia saber/ Dos traumas que a gente só sente/ Depois de crescer...*

GUSTAVO ALONSO

É intrigante que nem mesmo o negro que se vê como "combatente", militante, seja reconhecido como tal pela memória nacional. Toni Tornado espanta-se: "É fogo. Eu voltei do *exílio* e fiquei aqui meio na clandestinidade. Aí depois me expulsaram outra vez. Eu acho que eu sou o único cara que foi exilado duas vezes!"[114] O que parece indignar Toni é que a memória da *resistência* não consegue incorporá-lo mesmo tendo ele, Toni, incorporado o discurso de vítima da ditadura

Há que se demarcar que a postura de Toni de apoiar movimentos americanos radicais como o Panteras Negras pode ter contribuído para o breve fim de sua carreira musical e para o fato de não ter sido incorporado pela *resistência*. Para além de não ter sido bem visto pelos ditadores, seu discurso da "luta racial" parece não ter fascinado grande parte da sociedade, fosse ela branca ou negra, provável razão pela qual Toni nunca é lembrado como *resistente*.

Curiosamente, em 1984, Tornado foi chamado para participar do filme *Quilombo*, de Cacá Diegues. O papel que lhe foi dado, por coincidência ou não, foi o de... Ganga Zumba.

*   *   *

Qual o peso do racismo nessas histórias? O racismo explica a ascensão e a queda de artistas? Para alguns memorialistas e críticos musicais, a questão se resume ao preconceito. O crítico Zuza Homem de Mello foi um dos que analisou assim, como deixou claro num texto escrito mais de trinta anos depois dos acontecimentos:

> Se Erlon Chaves fosse branco, talvez tivesse sido diferente. Depois da prisão, o músico alegre e comunicativo, um tanto exibido mas muito admirado pela sua capacidade, estava abatido, angustiado, logo quando sua carreira estivera à beira de explodir (...) Se Toni Tornado fosse branco, talvez também tivesse sido diferente (...) O V FIC deixou um rastro de racismo, uma marca de preconceito contra artistas da raça negra. O V FIC deixou claro que havia pressão do governo militar para que os festivais e a própria músi-

---

[114] Toni Tornado (Programa Canal Brasil, 23/4/2005)

ca popular fossem mantidos como eficazes torpedos para mostrar ao resto do mundo [o festival era transmitido internacionalmente] o quanto havia de alegria e felicidade no seio do povo brasileiro.[115]

Nelson Motta também acha que o racismo explica muita coisa, especialmente o que se passou com Wilson Simonal:

Folha de S.Paulo: Por que então Simonal "dançou"?
Motta: Acho que caiu basicamente porque era filho de uma lavadeira, negro, folgado, arrogante, cafajeste.[116]

Não atribuo o exílio interno de Simonal à questão do racismo. O racismo pode ser usado para explicar alguns casos específicos apenas. Não serve, no entanto, para explicar toda uma realidade social complexa como a da ditadura no Brasil. Por que Pelé, Jorge Ben, Milton Nascimento e Gilberto Gil não foram também execrados? Se Bigode e Barbosa são vistos como culpados pela derrota de 1950, por que Zizinho, também negro, não sofreu acusações levianas? Poucos se lembram que o capitão da celeste uruguaia, Obdulio Varela, também era negro!

O próprio Simonal da época do ostracismo, embora quisesse propor o argumento do racismo, achava que a questão era mais ampla e tinha a ver com a sintonia das massas ao seu discurso nacionalista:

Tudo isso teve uma dose de racismo muito grande. O sucesso que eu fiz é muito diferente do sucesso que o Jorge Ben faz hoje, do que Tim Maia faz, do que Milton Nascimento faz. Porque eles não incomodam. Eu incomodava porque eu formava opinião. Você colocar trinta mil pessoas te obedecendo é uma coisa extremamente perigosa, entende? Queriam que eu tomasse uma atitude que eu me recusei a tomar. A única atitude que eu tomava era nacionalista. 'Sou Brasil. Nós vamos vencer'. E eles não queriam isso no período do ufanismo. É por isso que "País tropical" é um hino da ditadura na cabeça dos imbecis. Eu ainda dizia que o país era abençoado por Deus.

---

[115] Zuza Homem de Mello, *op. cit.*, p. 390.
[116] Entrevista de Nelson Motta a Pedro Alexandre Sanches publicada na *Folha de S.Paulo* (18/2/2000), Folha Ilustrada, p. 5-6.

Que era bonito por natureza. Jorge Ben também foi patrulhado, mas não tanto porque ele não incomodava tanto quanto eu.[117]

Percebe-se que a questão é complexa, e não pode ser resolvida simplesmente apontando-se o dedo para o racismo alheio. O que não significa que no Brasil não exista o racismo. Ele é uma das características mais íntimas de nossa sociedade. Mas antes de ser uma verdade "em si", o racismo é um discurso instrumentalizado por grupos com interesses diversos.

Muitos dos que querem reincorporar Simonal à MPB utilizam-se do tema racismo para absolvê-lo. O próprio Nelson Motta é um deles:

> Simonal era negro, o primeiro negro brasileiro a chegar lá, no ponto mais alto do show business, a vender milhões de discos, a cantar para milhões de pessoas. E isso também alimentava um intenso e corrosivo ressentimento nos terrenos pantanosos do racismo à brasileira. (...) Estava liquidado.[118]

No entanto, o próprio Wilson Simonal teve opiniões cambiantes acerca do tema. No auge da fama, ele relativizava a questão. Achava, como vimos, que "em lugar onde preto não entra, pobre também não entra". No entanto, após começar a ser chamado de "dedo-duro", em 1971, o discurso mudou. O racismo tornou-se um dos argumentos para explicar a própria exclusão. Numa entrevista à revista *Veja*, em 1979, o próprio Simonal explicou o ostracismo colocando o racismo como questão central.[119] Se durante o auge da fama Simonal "tinha outros problemas" que não o racismo, na decadência o tema se tornou central em sua vida. Vinte anos depois ele ainda batia nesta tecla, numa entrevista realizada em 1999, um ano antes de sua morte:

> *Folha de S.Paulo:* Por que você não se tornou um sambista ou um representante do movimento black?
> *Simonal:* Nunca tive pretensão de criar um movimento black. Nunca entrei em estereótipo. Não tinha rastafári, "mama África".[120] Sou brasileiro, não sou africano. Não tenho nada contra quem gosta de se vestir como índio africano, mas me influenciei vendo os artistas negros americanos, elegantes.

---

[117] Wilson Simonal em depoimento a Paulo Cesar de Araújo em 21/2/1994.
[118] Nelson Motta, op. cit., p. 213.
[119] *Veja* (11/7/1979).
[120] Simonal faz referência à canção "Mama África", do compositor paraibano Chico César.

Sou cantor e canto samba muito bem. Mas gosto da música harmônica. É biológico, sou arranjador. Toco piano, trompete, violão. Gostava de jazz, me identifiquei com a bossa-nova. Mas era feita por gente de classe média alta, e eu morava em Areia Branca, [distrito de Nova Iguaçu, subúrbio do Rio de Janeiro]. Nara Leão cantando é bacana com champanhe, mas no subúrbio a forma de participação é diferente, mais malandra.

Folha de S.Paulo: O sucesso o deslumbrou?

Simonal: Não. Me chamaram de pretensioso, preconceituoso, arrogante, folgado. Houve racismo, porque eu andava em bons carros, casei com uma mulher loira.[121]

De fato, não se pode negar que a imagem do cantor "arrogante" era repudiada por setores mais conservadores. Como ele mesmo diz, essa rejeição deve-se em grande parte à sua conduta influenciada pelos negros americanos no que eles têm de "black pride", ou seja, de esbanjar, de se auto-afirmar, de se exibir elegantemente, de "botar banca". Essa imagem agressiva do negro que se impunha, que cortejava mulheres (brancas até), que dirigia carrões, que "fazia e acontecia", amedrontava a tradicional família brasileira.

No entanto, prática e discurso em Simonal provinham de matrizes distintas.[122] Enquanto sua conduta era de "negro norte-americano", o discurso *sobre* o racismo era bem "brasileiro". O antropólogo Peter Fry lembra que os americanos acham que um único ancestral africano é suficiente para produzir um "afro-americano" ou uma pessoa de "ascendência africana". O termo *one drop rule*, corrente naquela sociedade para explicar a herança negra de um indivíduo, explica essa concepção. Ou seja, nos Estados Unidos basta uma "gota" de sangue negro para que o descendente seja considerado "negro". No entanto, uma "gota" de sangue branco não faça alguém ser "branco". No Brasil acontece algo diferente: os brasileiros acreditam herdar características de todos os seus ancestrais.[123] A conse-

---

121 "Proscrito, Simonal tenta cantar em SP" (Entrevista de Simonal a Pedro Alexandre Sanches), *Folha de S.Paulo* (21/5/1999), Caderno Folha Ilustrada, p. 4-5.

122 Não quero com isso dizer que haja uma dissociação entre as práticas e o discurso de Simonal. Fujo do discurso que enxerga em tal postura uma falsidade discursiva ou uma hipocrisia social. Quero apenas chamar atenção para o fato de que, no Brasil, discurso e prática social têm origens distintas, mas acontecem sem conflitos no dia-a-dia. Não há oposição entre um discurso e outro, o que promove a especificidade racial brasileira.

123 Peter Fry, op. cit., p. 176.

quência disso é que, além de se ver de múltiplas cores "pardas", que vão do preto-azulado ao mulato-claro (cores que nos Estados Unidos caracterizariam um "afro-descendente"), o discurso racial hegemônico no Brasil é diferente do americano. Se nos Estados Unidos uma "gota" de sangue negro faz a pessoa ser "negra", no Brasil, esse discurso parece não ter validade. As múltiplas categorias raciais brasileiras parecem dissolver a radical bipolaridade americana. Um "negro" americano pode se tornar "moreno" no Brasil (e até um "quase branco"), dependendo das circunstâncias.

Simonal não se via como descendente dos negros da África e, por isso, não se vestia como "índio africano". Sua matriz era outra, era americana. Aliás, tanto Simonal como Toni Tornado e Erlon Chaves se comportavam como negros norte-americanos. Mas essa postura de negros norte-americanos se distanciava da identidade negra hegemônica no Brasil. E Simonal, paradoxalmente, incorporava as duas práticas, tanto a conduta negra americana de se portar (ao ser um negro "exibido", confiante, que se impõe) e a brasileira (negando o "ancestral"). Assim, é compreensível que Simonal se visse influenciado pelos negros norte-americanos *sem adotar* a perspectiva racial americana, ou seja, negando a importância do "ancestral africano". E, dessa forma, no Brasil, o discurso racial (e do racismo) compete em igual peso com outras questões, especialmente a questão socioeconômica. Pelé deixou claro este ponto de vista em 1979: "Aqui no Brasil o problema do racismo é mais social."[124] A opinião de Pelé não é um julgamento isolado, ela encontra forte eco social, e não só de brancos. O *discurso* do racismo quase nunca é a *única* explicação para os problemas sociais segundo grande parte dos próprios negros brasileiros.

Mesmo querendo apontar a importância do racismo para seu ocaso, Simonal continuava a reproduzir o estilo "brasileiro" de ver as "raças", ou seja, valorizando mais as influências do que as ascendências, mais as conexões sociais do que o "genótipo", mais as diversas matrizes que "*o ancestral*". Críticos poderão dizer que essa relativização do racismo é fruto da ideologia da "democracia racial", que esconde preconceitos e dominação. Para estes, a "realidade" brasileira está, na verdade, muito próxima da "realidade" do Estados Unidos e

---

[124] *IstoÉ* (14/3/1979), apud Heloísa Buarque de Hollanda e Carlos Alberto Pereira, op. cit., p. 128.

"O PRETO-QUE-RI" 131

o racismo brasileiro é "até pior" do que o americano, pois "não acontece às claras". Todos seríamos hipócritas ao "fingir" que ele não existe.

Assim, segundo esses críticos, a adoção da perspectiva racial bipolar serviria para resolver as desigualdades raciais por meio do conflito. Essa é uma das razões pela qual alguns preferem o modelo racial americano. O jornalista do *Pasquim* Tarso de Castro deixou evidente esta posição quando comparou os esportistas Pelé e Cassius Clay, em 1970. O boxeador americano, também conhecido pelo nome muçulmano, Mohammed Ali, foi valorizado frente ao "imobilismo do rei". Na década de 1960, Clay engajouse na luta dos negros americanos e se negou a lutar no Vietnam, razão pela qual foi suspenso do boxe:

> Nada poderia me dar mais alegria do que a volta de Cassius Clay, na semana passada, com a garra de um campeão que ele sempre será. Trata-se de um campeão, dentro e fora do ringue, um *homem de sua gente*, um lutador, um homem que *representa a grandiosidade da raça negra*. E nada me entristece tanto quanto ver que nós, tendo um magnífico Pelé, temos um péssimo Edson Arantes do Nascimento[125] (Grifos meus).

Críticos como Tarso de Castro cobravam de Pelé uma postura mais "combativa", que fugisse da imagem de "bom-moço" tão elaborada pelo próprio. No entanto, a ideia de que o jogador sempre foi um "negro bem-comportado" parte do princípio de que ele teria que adotar o discurso bipolar americano e se tornar um "lutador", "um homem que representa a grandiosidade da raça negra". Mas, assim como Simonal e Fio, Pelé não adotou o discurso do *ancestral* africano. E, mesmo assim, no Brasil, ele é visto como "um homem de sua gente". A opinião do jogador transparece o mito da *democracia racial* e, mais importante do que isso, transparece também os *arranjos culturais e sociais brasileiros* que negam o particularismo racial em nome de valores universais.[126]

---

125 "Um campeão", *O Pasquim* (4/11/1970), nº 72, p. 31.
126 Segundo Fry: "O 'fracasso' do Movimento Negro na conquista de corações e mentes dos brasileiros decorre do conflito entre os princípios segregacionistas que estão no cerne da ideologia do Movimento e os anseios assimilacionistas que continuam fortes no senso comum brasileiro." Peter Fry, op. cit., p. 178.

Longe de representar uma exceção, o comportamento de Pelé parece ser respaldado socialmente, por mais que os *resistentes* prefiram o boxeador. Para além do poder da mídia na divulgação de seu mito, a conduta de Pelé quanto ao tema racismo representa a forma como muitos brasileiros vêem a questão racial. A "raça" não é índice explicativo holístico, mas um dado relacional, que se constrói na vivência.

Um dos poucos a defender Pelé naquela época foi, corajosamente, Caetano Veloso. Em meio a um debate em que estavam Chico Buarque, Aldir Blanc, Sergio Cabral e Edu Lobo em meados dos anos 1970 Caetano fez o que poucas pessoas públicas fizeram. Sua precisão vale a reprodução na integra de sua fala:

> *Repórter:* Chico falou da necessidade de se alcançar uma certa situação de poder para ter condições de influir. Muita gente critica Pelé, por exemplo, porque ele ao invés de falar dos problemas de sua raça dedica o seu milésimo gol às criancinhas do Brasil. Com o prestígio e o poder que ele tem, poderia contribuir para combater a discriminação racial.
>
> *Caetano:* O que se falou sobre Pelé é revelador. Quando você cobra de Pelé uma atitude em relação a problemas sobre os quais você pensa de uma determinada maneira, você está se esquecendo de que Pelé é uma pessoa que já fez muito. É difícil uma pessoa conseguir o que Pelé conseguiu. Você está projetando em Pelé os valores utópicos que você tem, sem analisar os fatores que levam um indivíduo a se tornar um Mohammed Ali ou um Mao Tse-Tung. Como é que Pelé, jogando o futebol que joga, poderia ter uma consciência política? Não quero dizer com isso que não se deva pedir mais. Porém temos de ver como Pelé chegou a esse nível de realização dentro desta sociedade. Temos de ver o lugar onde nasceu, as condições de onde veio, como as coisas se processaram. Não conheço nenhuma declaração importante de Pelé sobre a situação do negro no Brasil e no mundo, sobre a situação do homem pobre, sobre a situação do Brasil diante dos outros países, ou mesmo sobre a situação jurídica dos jogadores de futebol. No entanto, todos esses assuntos foram afetados por ele, Pelé, pelo simples fato de jogar o grande futebol que joga e de ter chegado ao ponto em que chegou, abrindo uma imensa gama de possibilidades. Pedir a ele mais que isso seria pedir energia demais a quem já dá energia em demasia. Sem que Pelé dissesse uma só palavra, o jogador de futebol no Brasil ganhou a possibilidade de dizer suas próprias palavras. Os nossos jogadores eram escravos... é proibido vender gente no Brasil, mas os jogadores de futebol eram vendidos e

"O PRETO-QUE-RI"

comprados e ninguém contestava isso. Eles não tinham nenhuma respeitabilidade. Pelé conseguiu mudar coisas imensas pelo simples fato de jogar no Brasil. A gente tem de parar e ver a carga de informação cultural e a energia de liberdade e de verdade que emanam de Pelé, ao invés de desrespeitá-lo. É uma humildade que temos de ter. Alguns jogadores de futebol tentaram discutir politicamente a sua profissão e suas carreiras pouco duraram, não só por causa da reação contra a tentativa de serem conscientes, mas também por causa de sua própria formação psicológica. Penso em Afonsinho e em Nei Conceição. Acho, por isso, que a armadura de Pelé é útil e necessária. Ele é um homem que diz: "Eu não falo! Não quero falar! Não posso! Não tenho nada a ver com isso! Quero ser uma pessoa grande!" Esse é Pelé, um rei dentro de uma pessoa. Não me consta que João Gilberto tenha se preocupado com direitos autorais, com relação de produção nem com a estrutura do poder. Nunca se ouviu ele dizer que a injustiça social está errada. No entanto, estamos todos aqui por causa dele, porque cantou e tocou daquele jeito, porque a energia de rei dentro daquele homem funcionou iluminando uma porrada de coisas."[127]

Embora bastante sensatos, os argumentos de Caetano não convenceram a todos. Em entrevista a revista *Veja*, a apresentadora Hebe Camargo demarcou sua decepção em relação ao jogador:

Veja: E o Brasil? É uma falsa democracia racial?
Hebe: Acho, sempre achei. O negro também é racista. E, quando viram Pelé ou Simonal, quando se destacam, casam com brancas. Eles mesmos repudiam a raça. Eu fiquei desapontada quando o Pelé se casou com a Rose. Não, claro, ele deve amá-la. Mas o Pelé não poderia ter se apaixonado por uma negra? Uma Aizita maravilhosa? Uma Eliana Pittman? As mulatas extraordinárias do Sangentelli?[128]

Hebe reproduz o discurso do "índio africano", tão criticado por Simonal, ou seja, o negro cantor/jogador que deve se casar com a "mulata do Sargentelli". O sobrenome utilizado para caracterizar um certo tipo de mulher negra

---

[127] Esta entrevista foi obtida no site do compositor. Trata-se de um especial da revista *Homem*, sem data. Sabe-se que *Homem* é o nome da revista *Playboy* entre 1975 e 1978, antes de poder assumir o nome internacional por causa da censura. Presumo que a entrevista seja de 1976. Ela pode ser obtida através do link: www.chicobuarque.com.br/texto/mestre. asp?página=entrevistas/homem.htm
[128] *Veja* (5/9/1973), p. 5.

vem de Oswaldo Sargentelli, um apresentador e empresário de casas noturnas famoso por divulgar o trabalho de dançarinas mulatas do tipo "escola de samba".[129] Se Pelé era o negro símbolo do Brasil, cabia a ele, segundo Hebe, outro estereótipo da raça, a sambista de eterno sorriso na boca.

O fato de Pelé e Simonal serem criticados ao mesmo tempo faz sentido, pois suas trajetórias eram bem parecidas. Além de famosos, os dois estavam sempre juntos. Tornaram-se grandes amigos no final da década de 1960, quando ambos estavam no auge. O contrabaixista Sabá, integrante do Som Três, deixa claro o carinho que um tinha pelo outro: "Os dois eram carne e unha. Chegamos a ir juntos pro México, onde o Brasil foi tricampeão, e lá se afirmou mais ainda essa amizade Pelé e Simonal."[130] O companheirismo gerou uma parceria musical. Simonal gravou "Gosto tanto de você" no LP *Alegria, alegria vol. 2*, uma composição de Edson Arantes do Nascimento. Segundo o rei do futebol, a tabelinha com Simonal era fácil de ser explicada: "Todo cantor quer ser jogador e todo jogador quer ser cantor!"[131]

Além da intimidade, é importante constatar que ambos foram personagens importantes em suas áreas. Simonal foi o primeiro negro a comandar um programa musical de televisão, o *Spotlight*, na TV Tupi. Quanto a Pelé, de fato ele não foi o primeiro negro de destaque no futebol brasileiro. Nem de longe. Antes dele toda uma geração já havia desfilado nos gramados desde que os times de futebol começaram a aceitar negros. O primeiro herói negro dos campos foi Leônidas da Silva que na década de 1930 se impôs como grande estrela do esporte nacional, ganhando o apelido de Diamante Negro. Em 1947 foi publicado o livro *O negro no futebol brasileiro*, do jornalista Mario Filho, um clássico sobre o tema. Ao analisar o racismo na década de 1920 e a incorporação dos negros a partir das décadas de 1930 e 1940, Mario Filho pioneiramente defendeu a tese de que a

---

[129] Oswaldo Sargentelli morreu em 2002.

[130] Depoimento retirado do filme *Ninguém sabe o duro que dei*, documentário biográfico de Simonal feito pelos diretores Michael Langer, Claudio Manoel e Calvito Leal, 2009.

[131] Idem. Curiosamente, além de ter sido o primeiro a gravar Toquinho e o segundo a gravar Chico Buarque e Caetano Veloso, Simonal era o primeiro a gravar Edson Arantes do Nascimento, o Pelé.

ginga, o drible e a malemolência eram influências da raça negra no futebol brasileiro. Afinado ao discurso da identidade nacional, Mario Filho catalisou a tese agregativa já desenvolvida em outras áreas, transformando o futebol em símbolo de coesão nacional.

Se Mario Filho estava correto ao apontar o negro como fator positivo da nacionalidade, fato é que isso não estava claro para todos. Apenas três anos depois da publicação do seu livro, parte da sociedade preferiu culpar os negros Barbosa e Bigode pela surpreendente derrota no Maracanã na Copa de 1950. Não convencidos pela tese de Mario Filho, alguns ainda viam na negritude a explicação para uma sociedade fraca, deficiente por natureza, incapaz de conquistar sequer um título de futebol quanto mais o desenvolvimento. Tudo isso pesou contra a seleção brasileira nas copas seguintes.

De forma que a vitória de Pelé e de seus companheiros na Suécia, em 1958, teve um leve sabor de confirmação da tese tão propalada por Mario Filho. Se os brancos haviam inventado o futebol, coube aos negros recriá-lo e até subvertê-lo, transformando a nação periférica numa potência futebolística.

Na primeira crônica escrita por Nelson Rodrigues sobre Pelé, em 8 de março de 1958, ele já é tratado como rei. Um dos motivos para chamar o jovem menino de "rei" foi que, aos olhos argutos do dramaturgo, Pelé pareceu indicar uma nova postura dos brasileiros "vira-latas" em relação ao futebol. Para Nelson, Pelé seria "rei" na Copa da Suécia porque "não era humilde" nem entrava no campo "de cabeça baixa", mas de peito aberto sem o "complexo de inferioridade" que os jogadores brasileiros tinham quando jogavam com times de fora.[132] O curioso é que a imagem do Pelé de 17 anos contrasta muito com a do Pelé das esquerdas em 1970, negro comportado que sabe seu lugar. Contrasta com a própria imagem que ele criou para si, ao se chamar de Pelé na terceira pessoa. A busca de uma identidade através do futebol assumiu, assim, um caráter nacionalista que in-

---

[132] "Por que perdemos, na Suíça, para a Hungria? Examinem a fotografia de um e outro time entrando em campo. Enquanto os húngaros erguem o rosto, olham duro, empinam o peito, nós baixamos a cabeça e quase babamos de humildade. Esse flagrante, por si só, antecipa e elucida a derrota. Com Pelé no time, e outros como ele, ninguém irá para a Suécia com a alma dos vira-latas. Os outros é que tremerão diante de nós." "A realeza de Pelé", In Rodrigues, Nelson. *A sombra das chuteiras imortais: crônicas do futebol*. São Paulo: Cia das Letras, 1993, pp. 49-51.

corporou a ideia de *democracia racial* através da naturalização das raças e do valor de cada uma dessas cores que, ao se mesclarem, geravam a melhor das misturas. Essa naturalização, já bastante consensual na sociedade, foi incorporada pelos ideólogos do regime ditatorial. A história de Pelé, cheia de vitórias e glórias, reforça e catalisa essa nova identidade que se formava no futebol e na sociedade. O fato de Pelé ter sido tricampeão em 1970 e o uso político da vitória pelos ditadores demonstram com clareza o discurso nacionalista antirracial do governo. Tragicamente, os dois momentos da história do Brasil nos quais o elemento negro foi visto como fator positivo de nossa formação foram duas ditaduras: a de Vargas, entre 1930 e 1945, e aquela vivida por Pelé e Simonal. Além da virulência dos regimes autoritários, o negro foi definitivamente integrado à sociedade, e embora ainda permaneça, de modo geral, prejudicado economicamente, ganhou seu espaço no panteão do imaginário nacional.[133]

Com ou sem o apoio do regime, o fato é que grande parte dos artistas comprou ideia do herói negro. Após o tricampeonato no México, Pelé foi cantado como mito. Simonal foi um dos primeiros a homenageá-lo, justo quando ele dava adeus à Seleção. Em junho de 1971, Simonal gravou a marcha "Obrigado Pelé", de Miguel Gustavo.

> Todo mundo sambando com a bola no pé
> Obrigado, Pelé! Olé!
> Você tem o seu clube, eu tenho o meu,
> Escrete, cada país possui o seu,
> Mas quando Pelé balança o marcador
> Em todo o mundo grita o torcedor
> De pé! Gol de Pelé!

Outros também se comoveram. O MPB-4, grupo que na época acompanhava Chico Buarque como banda de apoio, gravou um compacto ofi-

---

[133] Obviamente afirmo isso em comparação a períodos anteriores da historia do Brasil. Durante o Império, por exemplo, a palavra "negro" e/ou "escravo" estava excluída da Constituição que governou o país de 1824 a 1989. A República do Café com Leite (1889-1930) nada fez para inclusão dos negros e ainda perseguiu práticas culturais associadas a essa raça como a capoeira, o samba, etc.

"O PRETO-QUE-RI" 137

cial para a CBD contendo a mesma marcha de Miguel Gustavo e uma composição do rei do futebol "Perdão, não tem", já gravada por Elis Regina dois anos antes.[134]

Emocionada com a despedida do rei, Ângela Maria gravou "Esse amigo Pelé" (Ted Moreno/Maria Cleide).[135] Jair Rodrigues prestou homenagem com a canção "Rei Pelé, Rei Luiz" (Reginaldo Santos/Durval Vieira), faixa que também cantava o rei do baião Luiz Gonzaga, que, na década de 1970, passou a ser visto como um dos pais da música brasileira.[136] No ano seguinte, foi a vez do desconhecido Joci Batista gravar outra versão dessa mesma canção.[137] Em 1972, o tradicional intérprete de sambas Noite Ilustrada compôs e cantou "O moço de Três Corações", na qual reforçava o caráter "comportado" de Pelé: "Em uma cidade pequena/ Do meu estado também/ Sereno calmo manhoso/ Ordeiro como ninguém/ Nasceu Pelé, nasceu Pelé/ A maravilha negra de um mundo novo/ Rei de um grande povo..."[138]

Em 1973, a ausência de Pelé gerava saudades. Com a aproximação da Copa da Alemanha no ano seguinte os sambistas Luiz Vagner e Hélio Matheus perguntavam-se: "Dez é a camisa dele/ Quem é que vai no lugar dele?/ Desculpe, seu Zagallo/ A crítica que eu faço é pura brincadeira/ espírito de humor, torcida brasileira/ A turma está sorrindo para não chorar/ Tá devagar!" A faixa era "Camisa dez", gravada por Luiz Américo.[139] Saudoso, Jackson do Pandeiro cantou "O rei Pelé", de José Gomes Filho e Sebastião Batista.[140]

Em 1978, foi feito um filme sobre a trajetória do jogador. A trilha sonora ficou sob a responsabilidade de Sergio Mendes, que compôs algumas músicas

---

[134] A gravação de Elis Regina será mais bem analisada em outro capítulo. Para a gravação do MPB-4, ver: Beto Xavier, *Futebol no país da música*, Panda Books, São Paulo, 2009, p. 229.

[135] Ângela Maria "Meu Tolo Coração", Copacabana Discos, 1971.

[136] Jair Rodrigues, LP *É isso aí*, Phonogram, Philips, 1971.

[137] Joci Batista, LP *Fofoca de artista*, Premier, 1972.

[138] Agradeço profundamente a Matheus Trunk, colega de internet que me chamou a atenção para esta canção presente no LP *Noite Ilustrada canta Marques Filho*, Continental, 1972. A composição foi assinada sob o nome de Marques Filho em parceria com B. de Almeida. O primeiro era o nome real de Noite Ilustrada.

[139] Luiz Américo, LP *Camisa dez*, Chantecler, 1973.

[140] Jackson do Pandeiro, *Nossas Raízes*, Alvorada, 1974.

e arranjou duas do próprio Edson Arantes, "Meu mundo é uma bola" e "Cidade Grande", que esse gravou na companhia de Gracinha Leporace.[141]

Naquele mesmo ano, Pelé se aposentou dos gramados do Cosmos, equipe nova-iorquina pela qual vinha jogando desde que abandonara os campos nacionais. Em discurso no estádio do Cosmos, agradeceu as homenagens com um singelo: "Love, love, love!" Novamente sofreu críticas por não utilizar a fama e a posição para veicular um protesto em plano mundial. Os críticos não entendiam porque Pelé, que na infância fora pobre, não protestava por todos os outros negros que também viviam naquelas condições. "Alienado", Pelé era o símbolo do Brasil do "absurdo". A crítica pegava pesado. Novamente eis que surge Caetano Veloso em defesa do rei. Tocado com a aposentadoria do jogador, Caetano compôs "Love, love, love", na qual enfrenta os críticos do futebolista: "Meu amor, te amo/ Pelo mundo inteiro eu chamo/ Essa chama que move/ E Pelé disse love, love, love/ Absurdo, o Brasil pode ser um absurdo/ Até aí tudo bem nada mal/ Pode ser um absurdo, mas ele não é surdo/ O Brasil tem ouvido musical/ Que não é normal."

O sucesso futebolístico do jogador tornou possível que suas músicas fossem gravadas pelas principais estrelas da música brasileira, mesmo sendo Edson Arantes um fraco compositor. Além dos já citados Simonal, Elis Regina, Gracinha Leporace e Sergio Mendes, o Pelé compositor conseguiu ser cantado por Jair Rodrigues, que regravou "Cidade Grande" no seu disco de 1981.[142] A Wando, Pelé não perdeu a chance de dar uma canção sob medida: "Palco de amor".[143] Outro que apostou nas composições do rei foi Moacyr Franco. Em 1971, gravou a autobiográfica "Pelé agradece", canção na qual o compositor Edson Arantes diz obrigado a todos, bem ao seu estilo contemporizador: "Não sei como aconteceu/ Quando acordei eu já era eu/ Não sei se foi por encanto/ Nem sei se eu mereço tanto/ ... / Sozinho não sou ninguém/ Agradeço a você também/ Você que me incentivou/ você que me criticou..."[144]

---

[141] LP *Pelé*, WEA, 1978.

[142] LP *Alegria de um povo*, Polygram, 1981.

[143] LP *Coisa cristalina*, Som Livre, 1983.

[144] LP *Moacyr Franco Especial*, 1971. Não consegui identificar a gravadora.

Simplória ou não, o fato é que a louvação a Pelé demarca uma certa admiração da sociedade para com sua postura fora dos campos. Além de excelente jogador, Pelé simbolizou uma determinada ideia de integração racial, o que causou a ira dos opositores do regime. A questão é que além da propaganda da ditadura e dos posicionamentos dúbios de Pelé, sua imagem deve muito à construção de uma eficaz identidade nacional a-racial. Mesmo se lembrarmos que os negros continuam excluídos economicamente, esse imaginário coletivo não deve perder seu valor intrínseco. Ele, por si, já é muito.

Um país continental e economicamente forte como os EUA têm muito mais dificuldade de assimilar tal união racial, até porque muitos de seus heróis esportivos preferiram enfatizar as diferenças, catalisando uma visão existente naquela sociedade. É nesse sentido que concordo com o antropólogo Peter Fry quando diz que a *democracia racial* pode ser um valor "em si", além da utilização política instrumentalizada pelo regime ditatorial. Fazendo as devidas críticas ao conceito de Gilberto Freyre, e sem ignorar a existência do racismo no país, cabe repetir a pergunta de Fry: "Será que a ideia da semelhança de todos é tão nociva assim?"[145]

Em meio às entrevistas para este livro, houve um entrevistado que mostrou de forma clara o choque com a concepção racial americana. Trata-se de Gerson King Combo, dublê do cantor e integrante de sua trupe nos shows mundo afora. Numa situação engraçada acontecida durante uma excursão aos Estados Unidos, Gerson se distanciou do segregacionismo "americano":

> Houve uma viagem que eu fui com Simonal e o Som Três para os EUA, que o Cesar Camargo foi barrado ao tentarmos entrar numa boate! Puta que pariu! Eu nunca imaginaria estar vivo pra ver uma história dessa: um branco ser barrado! Caramba, bicho!!! Eu não entendia nada! Eu entrei, depois o Simonal e o irmão Roberto, os caras da banda, todos negões, e o maestro Cesar foi barrado! O cara da porta, um negão invocado, que parecia que tava latindo, disse pro Cesar: '*You no! Do you have a problem? Get out!*' Uma coisa boba, a gente queria ouvir a música deles! Isso foi no Harlem. A gente falou: 'a gente é do Brasil, não tem isso!'. Não deu. Eles não deixaram a gente entrar. Aí ficamos xingando-os [em português] e eles não entenderam nada e ficaram rindo!

---

[145] Peter Fry, op. cit., p. 186.

Enquanto uns preferem vitimizar Simonal através do discurso do racismo, outros tentam reabilitar o cantor inocentando-o de todas as acusações. Utilizam-se do argumento que infantiliza Simonal, ou seja, a ideia de que ele era ingênuo, sem conhecimento de política. O comediante Chico Anysio defendeu o cantor no julgamento simbólico que os integrantes da Comissão Nacional de Direitos Humanos da Ordem dos Advogados do Brasil (OAB) realizaram em 2000, no qual Simonal foi considerado "inocente". Referendando a posição estavam os cantores Ronnie Von e Jair Rodrigues.

"Só podia acusar Wilson Simonal de ter sido delator do SNI (Serviço Nacional de Informações) quem não o conhecia", escreveu Chico Anysio. "Eu até admito que, por absoluta ignorância política, Simonal aceitasse vir a ser o diretor-geral do SNI, mas ser um dedo-duro, quem o conhece sabe que ele jamais aceitaria ser. Simonal incomodava a uns tantos, que não suportavam ver aquele negro com a fita na cabeça, um suingue absoluto, um ar de modéstia e ainda cantando olhando nos olhos das moças que brigavam por um lugar nas primeiras filas exatamente para serem olhadas por ele."[146]

Cesar Camargo Mariano também segue a mesma linha:

> Quando ele falou que era "amigo dos homens" da ditadura, estava longe do abuso de poder. Achava bacana ser amigo dos homens, muito pouca gente tinha noção do que estava acontecendo naquele regime. Até onde sei era no sentido mais inocente possível. Ele foi o bode expiatório.[147]

Frequentemente, o racismo e a infantilização política de Simonal servem como coringas para inocentá-lo. É curioso, no entanto, que, para reincorporá-lo à história da MPB, ele tenha que ser inocentado das acusações. Assim, procura-se reabilitar o cantor adequando-o à memória que se tem do período, ou seja, de que Simonal, assim como toda a sociedade, foi víti-

---

[146] "OAB absolve cantor Wilson Simonal", *O Estado de S. Paulo Digital*, acessado em 24 de setembro de 2003, às 18h17, *http://www.estadao.com.br/divirtase/noticias/2003/set/24/164.htm.*

[147] "Cesar Camargo Mariano faz show no Sesc Mariana" (entrevista de Pedro Alexandre Sanches), Folha de S.Paulo, acessado em 19/3/2003, às 8h07, *http://www1.folha.uol.com.br/folha/ilustrada/ult90u31444.shtml.*

ma do regime, refém dos desmandos do governo. Ao se infantilizar Simonal, aproxima-se o cantor de uma memória que vitimiza a sociedade.

A memória é constituída por caminhos tortuosos. A simplificação que persiste sobre a memória da ditadura não dá conta da trajetória do cantor. Tanto o Simonal repudiado quanto o cantor reincorporado são balizados pela memória simplificada do regime. Mesmo ao se tentar reincorporar Wilson Simonal à MPB, esta continua simplificada e dividida em "naturais" opostos, os bons e os ruins, os capazes e os "alienados", à sociedade "vítima" e os algozes de sempre. Há de se compreender o meio termo, as misturas, as diferenças, as múltiplas identidades. Trata-se de tentar entender Zumbi e Ganga Zumba ao mesmo tempo.

Capítulo 4

CABO SIMONAL

Uma multidão invadiu o campo do Maracanã para abraçar o herói vestido de branco, que pegava a bola no fundo das redes, no lado direito. Havia sido o jogo de um time só, e todos os olhos estiveram sobre o camisa 10. O goleiro Andrada socava o chão com raiva, mas afinal fora melhor assim: provavelmente ele não sairia vivo de campo se conseguisse empurrá-la para fora. Foi xingado pela torcida do camisa 10 quando, ainda no primeiro tempo, espalmou uma bola que ele chutara, de três dedos, da quina da grande área para o ângulo oposto, lá bem pertinho de onde a coruja dorme. Quando perdeu esta ótima oportunidade, os jogadores da defesa vascaína se abraçaram e ironizaram o artilheiro: "Ô crioulo, aqui não vai fazer não!"

No segundo tempo, o "crioulo" avançava pelo meio da área quando trombou com o zagueiro, e caiu meio que de maduro. O juiz apontou a marca do pênalti, apesar da revolta dos vascaínos. Raivoso, um deles começou a fazer um buraco na marca do tiro livre sem o juiz perceber, de forma a prejudicar a sorte do herói. Mas aquele não era um artilheiro comum. Mesmo nervoso e com as pernas bambas, ele bateu bem, no cantinho direito, a meia altura, para dificultar a vida do adversário. Apesar da plástica ponte para a esquerda, dessa vez Andrada não teve chance. Mais uma vez cumpria-se o ditado de que as pessoas só notam o goleiro quando ele falha. Mas há males que vêm para o bem, e Andrada com certeza será mais lembrado por esse gol sofrido do que por qualquer outra de suas boas defesas. A bola dormia agora na haste que segura o barbante, bem no cantinho.

Repórteres se estapeavam para colocar os microfones o mais próximo possível, em busca de declarações históricas. As grandes antenas dos transmissores invasores e os fios dos microfones davam a impressão de que o herói iria desaparecer em meio a tanta parafernália tecnológica. Com os braços levantados segurando a bola, era carregado por torcedores eufóricos. Em êxtase, não conseguia dizer nada.[1]

Era 19 de novembro de 1969, Dia da Bandeira. Aquele não fora um pênalti qualquer. Jornalistas do mundo inteiro estavam presentes no gramado esperando pela consagração do maior jogador de todos os tempos. Quando a situação se acalmou um pouco, o camisa 10 do Santos conseguiu, aos prantos, dizer alguma coisa aos repórteres: "Vamos ajudar os pobres. Vamos ajudar as crianças. O povo brasileiro não pode esquecer as crianças."[2]

Em janeiro do ano seguinte ele resolveu dedicar mais do que um gol às "crianças do Brasil". Pelé resolveu arrecadar fundos para as crianças pobres e para isso chamou aquele que era o "crioulo" mais famoso do Brasil, depois dele próprio, é claro: " — Pelé, nessa trincheira que você abriu pela criança pobre, pode contar com o velho cabo Simonal. Estou nessa milícia. Conte comigo. Se o negócio é criança, estou nessa."[3] O cabo Simonal não ficou só na conversa. Naquele mesmo mês, saiu o LP *Alegria, alegria vol. 4*, que continha a tradicional "Canção da criança", de Francisco Alves e René Bittencourt. Era a canção perfeita para demarcar a trincheira tão falada pelo cantor:

> Criança feliz
> Feliz a cantar
> Alegre a embalar
> Seu sonho infantil
> Ó meu bom Jesus
> Que a todos conduz
> Olhai as crianças do nosso Brasil

---

[1] DVD *Pelé Eterno*, Universal, 2004.
[2] Vídeo da comemoração do milésimo gol de Pelé, exibido no programa *Esporte Espetacular*, da Rede Globo, em 25/3/2007.
[3] *Fatos e Fotos* (1/1/1970), ano IX, nº 465.

Além de Simonal, Roberto Carlos também apoiou o rei do futebol: "Acho muito bacana o que o Pelé fez: no momento em que marcou seu famoso gol, em vez de pensar nele mesmo, foi ao encontro dos outros. Usou todo o seu prestígio em favor das crianças pobres. Quem acha que isso é demagogia, não passa de um demagogo. Está por fora ou não saiu de dentro de si."[4]

Simonal e Pelé foram além do discurso e da música. Shows beneficentes foram organizados, um cantava e o outro fazia exibições futebolísticas. De brincadeira, os dois reis, o da música e o do futebol, também invertiam seus papéis. Pelé cantava músicas de sua autoria, e Simonal batia uma bolinha e mostrava que era muito melhor cantor do que jogador. Os jornais não perderam a chance de noticiar o encontro dos heróis:

> Quando dois reis se encontram
> A dupla real agora está unida por uma causa nobre: criar a Fundação Pelé em benefício das crianças pobres do Brasil. Juntos eles bolaram a festa dos 1.000 gols no Maracanãzinho — promovida pela Shell e pela TV Globo e cuja renda se destina a organizações de caridade comandadas pela LBA. Um jogará e o outro fará shows beneficentes.[5]

* * *

Em 1956 Wilson realizou o sonho de sua mãe de ter um filho militar. Dona Maria acreditava que o exército traria uma vida mais segura, livrando o garoto dos subempregos e salários miseráveis. Além disso, teria comida diária garantida, se alimentaria nas horas certas. Para além do desejo de Maria, mais do que comida e segurança, o exército transformou a vida do garoto tímido e recatado.

Foi servindo no 8º Grupo de Artilharia Mecanizada, no Leblon, que Wilson se tornou Simonal. Começou a tocar corneta na banda e aprender alguns acordes de violão com os colegas.

---

[4] Paulo Cesar Araújo, *Roberto Carlos em detalhes*, São Paulo, Planeta do Brasil, 2006, p. 331-332.
[5] Idem; *Fatos e Fotos* (8/1/1970), ano IX, nº 466.

"Era casa, comida e roupa lavada de graça, né? Eu era pobre... Era um bom negócio ficar brincando de marchar... O quartel que eu servi era em frente a minha casa. Eu servi entre os burocratas, quer dizer, tiro, nem pensar! Não faz nada, só bico! Eu era aspone, não era nada".[6]

Amadureceu, fez amigos, ganhou soldo, fez exercícios, virou homem. A criança introvertida tornou-se o palhaço dos recrutas, popular entre os parceiros e admirado até pelos superiores:

Eu digo brincando que meu charme com a comunicação começou na Western, mas na verdade foi no exército. Eu cantava umas musiquinhas entre os soldados, umas coisas meio impublicáveis, quando me chamaram para cantar no show de aniversário do quartel. Eles precisavam de um soldado para se apresentar para oficiais no show. Eu me lembro que um oficial chegou e disse: quem é o oficial que canta? E o pessoal: "O 256!" Eu fui lá e dei o recado imitando o Agostinho dos Santos cantando uma música chamada "Três Marias".[7]

Obrigado a dar o bis, Simonal apelou para os famosos da época, como Harry Belafonte. Depois do show foi procurado pelo comandante do quartel, coronel Aldo Pereira, que passou a apresentá-lo até em festas particulares. Nessa época já tinha definidas suas principais influências:

Eu gostava do Cauby, pela elegância, bonito, com pinta de cantor americano. E do Agostinho dos Santos que cantava moderno, fora daquele tipo de voz tradicional. E os imitei muito. Acredito que eles influenciaram muito minha maneira de cantar.[8]

Em 1958 Simonal havia subido na hierarquia da organização, e já era cabo. Sua única dificuldade era acordar cedo, já que nunca gostou de levantar com o cacarejar do galo. Em compensação, sua função de datilógrafo era moleza frente às dificuldades que já havia passado:

---

[6] Wilson Simonal em depoimento a Paulo Cesar de Araújo em 21/2/1994.
[7] "Simonal: o charme com a comunicação", *Jornal do Brasil* (25/2/1970), Caderno B, p. 1.
[8] Wilson Simonal, programa de rádio Jornal do Brasil, do Rio de Janeiro, cedido por Paulo César de Araújo. Original de 16/1/1973.

> Eu pensei que não ia mais sair do exército. Casa, comida, bom tratamento e ainda tinha tempo para cantar em conjuntos de estudantes. Até que houve uma troca de comandos. O coronel Pereira foi para o Copacabana. Eu tentei uma transferência mas não deu pé.[9]

Quando seu coronel foi transferido para a guarnição militar vizinha, Simonal passou a ter problemas com a hierarquia. Seu novo superior não via com bons olhos seus dotes musicais. Simonal começou a se sentir perseguido:

> Um dia, no aniversário do [quartel de] Copacabana, o coronel Aldo Pereira me pediu para arrumar um showzinho e eu consegui tudo: músicos, instrumentos e tudo mais. Fui falar com o coronel Neiva que ia à paisana. Levei uma tremenda bronca e a partir daí comecei a ser perseguido. Notei que tinha preconceito porque chamava a atenção do soldado branco de uma maneira e do preto de outra. Até que um dia ele chegou ao máximo. A turma estava toda formada quando de repente o coronel deu um grito: "Cabo Simonal! Não se mexa! Em forma!" e foi por aí afora. Só que eu não estava em forma e sim de cabo da guarda. Um amigo meu disse: "O coronel está passando uma descompostura crente que você está em forma." Não tive dúvida, fui até lá ainda a tempo de ouvi-lo. Quando ele acabou cheguei na frente da tropa e me apresentei: "Cabo da guarda se apresentando! O senhor está me chamando, comandante?" Todo mundo percebeu que fora ele que tinha dado o furo. E ele: "Não, cabo, pode se retirar."[10]

Diante dos constantes embates com o coronel, Simonal foi forçado a dar baixa em 1958. Mas o exército marcara sua vida.

> O exército mudou muito minha personalidade. Quando dei baixa não era tão "babaquara" quanto antes. Eu tinha uma porção de complexos porque era pobre, feio, preto. Embora eu tenha saído por causa de um oficial racista, foi lá que eu percebi que podia me comunicar com os outros.[11]

---

[9] Idem à nota 7.
[10] Idem.
[11] Idem.

Bem antes do golpe de 1964, Simonal já via o exército como um regenerador de si próprio e do país. Diferentemente da geração universitária da década de 1960, Simonal possuía boas recordações da vida militar. Não à toa, ele dissera ao também ex-soldado Edson Arantes do Nascimento[12] que ambos estavam na mesma "trincheira", na luta pelas "crianças do "Brasil". Mas como ele sobreviveria longe da sua guarnição, sem as amizades, os superiores bondosos, a alimentação diária, as brincadeiras, o soldo? Não daria mais para morar na Zona Sul, isto era fato, e ele foi morar no subúrbio. Mas um novo caminho havia surgido durante esse período no exército: a música. Ele queria viver disso e, apesar do dom ter despertado um pouco tarde, sentia que nascera para fazê-lo.

---

[12] Pelé serviu o exército em 1959. Já bastante famoso, o artilheiro estava com o passe desejado por vários clubes europeus, como Milan e Juventus, da Itália, e Real Madrid, da Espanha. Mas como decidiu permanecer no Brasil, teve que servir o exército.

Capítulo 5[1]

"AOS AMIGOS TUDO... AOS INIMIGOS A JUSTIÇA" OU UM MERCADO AMIGO, UM INIMIGO MERCADOLÓGICO

> "*Sérgio Cabral*: Você tem capangas?
> *Flávio Cavalcanti*: Que é isso? Em absoluto. Eu acho isso uma cafajestada
> tremenda. Os capangas que eu tenho você também tem, são os meus
> amigos, tal qual você tem o Museu da Imagem e do Som."[2]

> "Quando eu canto
> Que se cuide
> Quem não for meu irmão
> O meu canto
> Punhalada
> Não conhece o perdão"
> ("Baioque", Chico Buarque, 1972)

Em agosto de 1987, três meses depois de descobrir que tinha Aids, o cantor Cazuza ganhou o prêmio de melhor letrista de MPB da Associação Brasileira de Discos. Naquela oportunidade ele dividiu o prêmio com Chico Buarque. Feliz com a comparação, Cazuza declarou: "Foi o máximo!

---

[1] Essa frase foi estampada na capa do primeiro número do jornal O *Pasquim* (de 26/6/1969). Abaixo do logotipo do jornal, a edição aparecia com novos dizeres para qualificar o jornal. Semanalmente uma nova frase de impacto, na maioria das vezes irônica, era criada. Seguem exemplos de edições seguintes: "O *Pasquim*: um jornal que só fala a verdade quando está sem imaginação"; "O *Pasquim*: um jornal que está por baixo e está gostando".
[2] O *Pasquim* (6/10/1970), nº 67.

A partir daquele momento percebi que era do *primeiro time* da MPB, não estava mais na reserva."[3]

A noção de que os artistas associados à MPB representam uma elite estética torna frequente a comparação com os gramados. A referência a titulares e reservas demarca uma diferenciação na aceitação de certos artistas dentro do rótulo MPB.

O cantor Agnaldo Timóteo há muito tempo critica o elitismo e a institucionalização da MPB. Segundo sua opinião, essa é a razão de sua exclusão das rádios FMs nas décadas de 1970 e 1980.

Em 1980, a revista *Veja* fez uma breve reportagem sobre o disco que o cantor lançava, *Companheiros*. De acordo com a reportagem, Timóteo não tocava nas rádios de frequência modulada pois não gravava compositores "do primeiro time" no seu repertório. Agnaldo discordava, dizendo que quem tinha preconceito eram os artistas associados à MPB, que o julgavam "popularesco" demais.

Mas Timóteo soube aceitar as críticas. Depois de *Companheiros* ele gravou dois discos com canções de compositores do "primeiro time" da MPB. Gonzaguinha compareceu com "Grito de alerta" e "Mergulho". Taiguara cedeu "Companheira Eliane" e o cearense Fagner compôs "Ressurreição" (com Abel Silva). A revista *Veja*, identificada com as classes médias e afeita aos padrões estéticos da MPB, chegou a dizer que Timóteo conseguira uma "evolução":

> Foi um salto importante para que a bela voz de Timóteo defenda — e leve também a seus velhos fãs — ideias, melodias e arranjos menos carregados de lugares-comuns. Se a abertura for além dos limites políticos, certamente Timóteo obterá, com esse disco, o passaporte exigido pelas emissoras FM e, em breve, poderá desviar suas reclamações para outras áreas.[4]

No entanto, as canções não atingiram as rádios de frequência modulada, que preferiram a versão de Maria Bethânia para "Grito de alerta": "Nosso caso é uma porta entreaberta/ Eu busquei a palavra mais certa/ Vê se entende o meu grito de alerta// Veja bem/ É o amor agitando meu cora-

---

[3] Eduardo Duó, *Cazuza* (coleção Vozes do Brasil), São Paulo, Martin Claret, 1990, p. 52, 78 e 98 (grifo meu).
[4] *Veja* (3/12/1980), p. 98.

ção/ Há um lado carente dizendo que sim/ E essa vida da gente gritando que não". E Timóteo, cuja história de uma noitada homossexual inspirou o amigo Gonzaguinha a compor a canção, continuou protestando.[5]

Timóteo reclamava que a MPB havia se transformado num lugar para o qual se precisava de "passaporte" para entrar. Em detrimento da popularidade, a MPB tornou-se uma das identidades pela qual as classes alta e média do país tendem a se diferenciar do "povão". E para conseguir esse passaporte os artistas têm que estar alinhados estética, comportamental e politicamente (ao menos em relação à ditadura). E os que não atingem esses padrões são julgados cartas fora do baralho da MPB, como acontece com Timóteo, frequentemente rotulado de cantor brega.

* * *

A música popular tem esse estranho poder de catalisar identidades. Afinidades são criadas mediante a aproximação e institucionalização dos gostos individuais. Mas a música popular é ainda mais do que simplesmente "gosto". Algumas vezes um conjunto de músicas pode definir uma geração através de afinidades eletivas, tal como analisou Jean-François Sirinelli. O pesquisador francês vê a *geração* menos como fruto das idades dos sujeitos históricos e mais como uma memória compartilhada. Memórias mais ou menos homogêneas denotam a existência de novas *gerações*, a partir da qual vivências, experiências, sentimentos e noções são compartilhados.

Trabalhar com o conceito de *geração* não é, portanto, uma reconstrução *a posteriori*, "...mas um dado originado das representações coletivas de uma época".[6] Sirinelli chama a atenção para o fato de que, a partir de uma origem comum, a geração segue sua história: "Uma vez surgida, ela viaja através do tempo ao ritmo de seus membros."[7] Por

---

[5] Para a inspiração de Gonzaguinha ver o capítulo "Pederastas, maconheiros e prostitutas (Agnaldo Timóteo perdido na noite)", in Paulo Cesar de Araújo, op. cit.
[6] Jean-François Sirinelli, "Effets d'âge et phénomènes de génération dans le milieu intellectuel français", in *Les Cahiers de l'Institut d'Histoire du Temps Present*, "Générations intellectuelles", n. 6, nov. 1987, p. 9 e 10; cf. também p. 8.
[7] Jean-François Sirinelli, op. cit., p. 10.

GUSTAVO ALONSO

isso, uma geração mais avançada tem muita dificuldade de absorver o desenvolvimento estético de uma geração mais nova. O renomado arquiteto Oscar Niemeyer relatou seu desconforto com a nova estética do final dos anos 1960:

> *Niemeyer:* Antigamente eu reagia um pouco contra a bossa-nova. Estava habituado aos sambas antigos. Mas depois me familiarizei também. Acrescentou muita coisa à nossa música.
> *Sérgio Cabral:* Mas você acompanha essa revolução que houve na música feita pelo Caetano e Gil? Você tem alguma opinião sobre isso?
> *Niemeyer:* Eu acompanho, mas não compreendo bem. Sou muito preso ao passado e aos amigos, se você perguntar um cantor, sou capaz de lembrar o Ciro Monteiro, só porque é amigo do Vinicius.[8]

Não deixa de ser curioso que uma pessoa identificada com as vanguardas arquitetônicas como Oscar Niemeyer se apresente como um conservador quando se trata de questões musicais. Parece claro no discurso de Niemeyer que não há nenhuma contradição em ser inovador e tradicional ao mesmo tempo. O interessante é perceber como um mesmo sujeito pode ser múltiplo em suas preferências, gostos e desejos.

A cantora Ângela Maria, por sua vez, disse que não gostava da cantora Gal Costa, pois ela "gritava muito". Provavelmente Ângela tinha em mente as apresentações da baiana ao cantar "Divino maravilhoso" no Festival Internacional da Canção de 1969. Gal cantava a composição de Caetano e Gil dando gritos à Janis Joplin: "Ela começa a cantar bonitinho e de repente começa a gritar, aí eu não gosto."

Moreira da Silva atirou contra todos aqueles que não eram de sua geração, especialmente Caetano Veloso, justo no ano em que este voltava do exílio londrino:

> O Caetano Veloso como cantor é medíocre, só aceito na base da gozação. Apesar de inteligente, como compositor a bagagem dele ainda é muito pequena. Em lugar de cantar a Bahia, terra tão poética, insiste em falar de chiclete, eletricidade, computador e outras coisas que o povo não canta. Não entendo porque ele é tão endeusado pela imprensa, pois daqui a vinte

---

[8] *O Pasquim* (25/6/1970), nº 53, p. 17.

"AOS AMIGOS TUDO... AOS INIMIGOS A JUSTIÇA" 153

anos ninguém mais se lembrará dele. (...) Não me venha falar em Taiguara, que manda um recado que ninguém entende. Nem em Gal Costa. Nem em bossa-nova, que é uma conversa fiada. Noel Rosa e Mário Reis já eram mestres em cantar desafinado como esse João Gilberto, que é apenas um sujeito de sorte.[9]

Para além do gosto pessoal dos artistas, o fato é que não raro as canções dizem algo sobre nossa personalidade social. Tanto Ângela Maria quanto Niemeyer e Moreira da Silva demonstram um desconforto com a modernidade dos anos 1960. Os três pertencem, esteticamente, à geração anterior: acostumados a outro tipo de canto, outros arranjos, outra instrumentação, enfim, acostumados a ver intérpretes, e não compositores, no palco.

Nesse sentido Jorge Ben ironizava ao dizer que não compraria de jeito nenhum um disco de Agnaldo Timóteo, embora sua mãe gostasse dele.[10] Jorge debochava esteticamente de Timóteo ao compará-lo à geração de sua mãe, muito embora ele não fosse muito mais novo que Timóteo. Trata-se de um juízo de valor semelhante ao operado por Niemeyer e Ângela Maria.

Ângela pertencia à geração que começou no rádio na década de 1950.[11] Ignorada e desprezada pelos bossa-novistas, essa geração (cantores e público) foi rotulada de "cafona". Isso se deve aos temas por eles cantados, extremamente lacrimosos e espalhafatosos, segundo o ponto de vista dos praieiros bossa-novistas de classe média, que se impuseram enquanto padrão estético brasileiro na década de 1960, passando por cima do panorama musical já existente. A MPB é filha desse processo, pois a maioria dos compositores foi influenciada por João Gilberto e Tom Jobim.

Caetano Veloso, Gilberto Gil, Chico Buarque, Jorge Ben e até Roberto Carlos dizem ser fãs de carteirinha de João Gilberto até hoje. A marca que a bossa-nova deixou nos novos compositores é tão incisiva que muitos se lembram perfeitamente da primeira vez que ouviram a canção "Chega de

---

[9] "Show do malandro". *Veja*, 9/2/1972, p. 82.
[10] *O Pasquim* (25/9/1969), nº 11, p. 8-11.
[11] Entre cantores que iniciaram carreiras nesse período estão Cauby Peixoto e Agnaldo Rayol, entre outros. Para uma biografia de Cauby Peixoto, ver Rodrigo Faour, *Bastidores: Cauby Peixoto: 50 anos da voz e do mito*, Rio de Janeiro, Record, 2001.

saudade", marco inicial do movimento. Caetano recorda-se de ter sido arrebanhado logo da primeira vez que a ouviu:

> Eu tinha 17 anos quando ouvi pela primeira vez João Gilberto. Ainda morava em Santo Amaro, e foi um colega do ginásio quem me mostrou a novidade que lhe parecera estranha e que, por isso mesmo, ele julgara que me interessaria: "Caetano, você que gosta de coisas loucas, precisa ouvir o disco desse sujeito que canta totalmente desafinado, a orquestra vai pra um lado e ele vai pro outro." (...) A bossa-nova nos arrebatou.[12]

Chico Buarque também recorda perfeitamente sua primeira audição:

> O que me levou para a música dessa forma arrebatadora foi o fato de eu ter 15 anos quando apareceu a bossa-nova. Era uma diferença muito grande. Foi uma coisa que pegou a gente e que o pessoal mais velho não se tocou tanto e o pessoal mais novo também não. Quando eu vi aparecer esse negócio, inteiramente novo, foi uma revolução. Não é coincidência que todo mundo diga a mesma coisa. "Onde você estava quando ouviu João Gilberto pela primeira vez?" Gil, Caetano, Edu, todos dizem a mesma coisa. Parece combinado, mas é a pura verdade. Foi um marco, mas para quem tinha aquela idade, porque é na adolescência que se faz a cabeça musical.[13]

Aquiles Reis, integrante do MPB-4, disse em entrevista que ele já havia percebido o violão de João Gilberto na gravação de Elizeth Cardoso de "Chega de saudade", apenas alguns meses antes da gravação do próprio.[14] O crítico Zuza Homem de Mello é detalhista ao descrever o ato quase religioso de se ouvir João Gilberto:

> Lembro-me nitidamente de quando fiquei estatelado ao ouvi-lo pela primeira vez, no rádio da perua Dodge 51 verde, próximo ao Monumento das Bandeirantes, no Ibirapuera. Tive de encostar o carro na guia para ouvir "Desafinado" até o fim, no máximo do silêncio possível e livre de qualquer motivo de distração. Um momento inesquecível".[15]

---

[12] Caetano Veloso, *Verdade tropical*, São Paulo, Companhia das Letras, 1997, p. 35.
[13] Regina Zappa, *Chico Buarque* (Coleção Perfis do Rio), Rio de Janeiro, Relume-Dumará, 1999, p. 45.
[14] Entrevista de Aquiles Reis concedida ao autor em 9/1/2009.
[15] Mello, Zuza Homem de. *João Gilberto*. Col. Folha Explica. Publifolha. SP. 2001, p. 7.

"AOS AMIGOS TUDO... AOS INIMIGOS A JUSTIÇA"

Simonal também viu algo de diferente em João Gilberto, embora não tenha sido tocado de forma tão definitiva quanto os outros de sua geração:

> *Entrevistador:* A forma de João Gilberto cantar teve impacto em você?
> *Simonal:* Não, porque eu já sabia que se cantava daquela forma. Quer dizer, não a forma dele cantar, mas a forma de acompanhamento, aquilo me impressionou: a harmonia. A batida em si não, mas a harmonia. Pois ele cantava feito compositor de morro. Ele cantava com voz pequenininha, começou a cantar baixinho. E, como bom nordestino, com suingue".[16]

O teórico Michel Pollack lembra que a criação de uma versão homogênea do passado revela um *enquadramento da memória*.[17] Se grande parte dos novos compositores recorda-se da primeira vez que ouviu João Gilberto, não cabe perguntar se os fatos por eles apontados realmente aconteceram. Será que Caetano realmente tinha um amigo que o achava "louco"? Isso pouco importa. O que interessa é que essa memória enquadrada da "revolução" da Bossa Nova serve para dar aval à nova geração de compositores da MPB surgida em meados dos anos 1960. Construiu-se para a MPB uma trajetória que busca se legitimar através das incursões de "poetas" na música, das inovações melódico-harmônicas e das novidades rítmicas. Todas essas questões foram trazidas como legado das lutas que a Bossa Nova travou para se afirmar enquanto padrão estético nacional.[18]

A ideia do "bom gosto", por sinal, é um dos argumentos basilares no discurso sobre a MPB. Vários são os autores que insistem em ver o aprimoramento estético-melódico-harmônico na MPB oriunda da Bossa Nova. Alguns críticos são duros na perseguição aos que não atingem o suposto padrão estético do "bom gosto", mesmo sem se saber bem o que exatamente é isso.

O crítico Juvenal Portela elogiou Chico Buarque no ano de 1967 por ele manter na "mão direita a bandeira da *decência* musical e na esquerda o

---

[16] Wilson Simonal em depoimento a Paulo Cesar de Araújo em 21/2/1994.

[17] Michael Pollack, "Memória, esquecimento, silêncio", *Estudos Históricos*, Rio de Janeiro, vol. 2, n. 3, 1989, p. 3-15; "Memória e identidade social", *Estudos Históricos*, Rio de Janeiro, vol. 5, n. 10, 1992, p. 200-212.

[18] Para ver as batalhas enfrentadas pela Bossa Nova até se tornar um gênero musical consolidado, ver Ruy Castro, op. cit.

pavilhão dos *nobres* da música popular brasileira". Portela criticava os tropicalistas "por se perderem ao buscar chegar ao público maior (e *desavisado*) através da mística de que experimentavam outros processos, *enganando* — é este o termo mais apropriado — aqueles incautos e sem qualquer formação musical"[19] (grifos meus).

Curiosamente, muitas vezes jornalistas, memorialistas, críticos e até mesmo os artistas se utilizam do discurso da superioridade estética para embutir posições políticas. O cantor e compositor Fagner chegou a dizer que sua "alienação" nos anos 1970 era diretamente proporcional ao que ele ouvia.[20] Fagner era fã de Nelson Gonçalves, um cantor pré-Bossa Nova. Como se vê, frequentemente a questão da participação política — leia-se *resistência* — é associada ao padrão estético. Em seu discurso, Fagner remete sua consciência política à aproximação com a MPB.

O discurso de autolegitimação da MPB baseou-se no argumento de que esta é uma música de "bom gosto". Esta ideia é em geral associada ao argumento político de *resistência* ao regime militar. Ambos formam a identidade do que se configurou gradualmente ao longo das décadas de 1960 e 1970 como MPB.

* * *

A partir desse juízo de valor estético e político, muitos artistas foram penalizados por não representarem a "boa música", aquela "digna" de ser preservada.

Um dos que sofreram tal pena foi, novamente, o cantor Agnaldo Timóteo. Quando aceitou participar do *Som Livre Exportação*, musical da Rede Globo do início da década de 1970, não sabia o que lhe esperava. Tratava-se de um programa de televisão liderado pelo Movimento Artístico Universitário (MAU), grupo que se destacou no FIC de 1970 e que era composto por Ivan Lins, Aldir Blanc, Ronaldo Monteiro de Souza, Gonzaguinha, Lucinha Lins e César Costa Filho, entre outros. Eles foram contratados

---

[19] *Jornal do Brasil* (9/1/1968), p. 2.
[20] Entrevista à *Veja* (26/10/2005). O cantor Cauby Peixoto chegou a dizer a mesma coisa. Quem gostava dele e de Ângela Maria na década de 1970 era visto como alienado. Ver a biografia de Cauby: Rodrigo Faour, op. cit., p. 279.

pela emissora carioca ainda no ano de 1970 para realizar um programa que mostrasse as novas tendências e os antigos valores. Mas Timóteo não tinha se dado conta de que iria cantar para um público que não era o seu:

> Então, me vaiaram, mas não vaiaram o cantor Agnaldo Timóteo, mas a pessoa Agnaldo Timóteo, porque a pessoa é mostrada a eles como um cantor de categoria inferior (...) E o pior de tudo é que eu não cantei uma música do meu repertório, cantei músicas do Roberto Carlos.[21]

O cantor levou uma imensa vaia por parte da autoritária plateia pois não era identificado à MPB. Parece que ele não era páreo para a falta de modéstia estética do público, patrulheiro a ponto de impedi-lo de começar a cantar. Essa prática baseada num juízo de valor estético e político criado nos anos 1970 tolheu certas figuras, como Timóteo e Simonal.

Timóteo percebeu que a vaia marcava fundo, pois era uma censura que vinha da própria sociedade e não de um órgão governamental. Tratava-se de uma vaia de setores universitários de classe média alta, majoritariamente, e era direcionada a certas posturas estético-políticas que os opositores do regime no meio musical identificavam como "alienadas" e "traidoras" da luta contra a ditadura. É importante frisar que em ambos os casos, de Simonal e Timóteo, a censura foi da própria sociedade, e não oficial e/ou estatal. Essa "outra" censura pegou pesado, fazendo com que ambos se sentissem pessoalmente atingidos.

Por isso as narrativas sobre a música dos anos 1960/1970 têm dificuldade de contar a história da MPB sem abordar as questões políticas. Numa época na qual a canção de Vandré foi considerada a *Marselhesa* da luta contra o regime militar,[22] Simonal ficou marcado pela memória política de um período para além do valor de sua obra, de suas inovações, de seu poder de comunicação.

Mas se os opositores do regime sabiam muito bem como punir os dissidentes, também sabiam elogiar e congratular os que faziam canções "con-

---

[21] O *Pasquim* (21-27/11/1972), nº 177, p. 9-14.
[22] O cartunista Millôr assim a caracterizou em 1968: Zuza Homem de Mello, op. cit., p. 299.

dizentes" com o momento vivido. Os jornalistas do *Pasquim* elogiaram em editorial não só a qualidade estética das obras, mas o "caráter" do compositor Paulinho da Viola. O sambista tinha acabado de compor "Sinal fechado", uma das obras-primas de seu repertório:

> Esta entrevista não foi feita apenas porque Paulinho da Viola é um dos melhores compositores brasileiros e está fazendo sucesso. Ela foi feita porque *O Pasquim* aposta no Paulinho, sabe que ele tem tanto talento quanto caráter e coisa e tal.[23]

O elogio estético-político passa novamente pelo caráter pessoal e vice-versa. Agora podemos entender por que a mancha nunca se apagou da carreira de Simonal. A memória construída a seu respeito, assim como toda a memória musical do período, é também pessoal. O caráter estético-político da MPB se fortalece através do julgamento pessoal dos artistas.[24] Nesse sentido, os que passam por tal crivo personalista são frequentemente idolatrados pela bibliografia. Não à toa, Chico Buarque é um dos mais cultuados.

Nas primeiras páginas da biografia escrita pela jornalista Regina Zappa, por exemplo, o compositor é descrito como genial, sensível (p. 8), simples, com imaginação sofisticada, um cara que não briga com amigo, recatado, protegido (p. 9). O Chico de Regina Zappa nunca é grosseiro ou implicante, mas livre e bem informado (p. 9), íntegro, ético, intuitivo, cuidadoso, leal (p. 10) e de altíssimo grau de sensibilidade (p. 157).[25] A psicanalista Maria Rita Kehl pergunta: "O que seria do Brasil sem ele?" Chico é para ela um "intérprete e xamã, capaz de dizer as palavras que não sabíamos que eram nossas e de repercutir em ritmo e melodia os desejos escritos da sociedade (quase) toda".[26]

---

[23] *O Pasquim*, nº 60 (sem data), p. 7.

[24] A identificação do público de classe média com os artistas se dá inclusive no plano pessoal. Alguns artistas podem se dar ao luxo de narrar em suas canções alguns pedaços de sua vida pessoal. Não obstante, o público parece ver nelas algo que transcende o autor. Gilberto Gil, por exemplo, compôs "Back in Bahia" (1972), na qual fala das agruras das lembranças do exílio. Em "Drão" (1981), cantou a separação de sua mulher, Sandra Gil.

[25] Regina Zappa, *op. cit.*

[26] Maria Rita Kehl, *Chico Buarque* (col. Folha Explica), São Paulo, Publifolha, 2002, p. 60-62.

"AOS AMIGOS TUDO... AOS INIMIGOS A JUSTIÇA"   159

Para além de complacente, a bibliografia musical é incansavelmente endeusadora. Assim, os fatos parecem acontecer por pura espontaneidade e talento. A cantora Elis Regina também foi cultuada por alguns escritores. Segundo Ricardo Cravo Albin, ex-diretor do Museu da Imagem e do Som (MIS), "foi assim, para benefício da nação musical brasileira, que o país ficou conhecendo, e já adorando, Elis Regina".[27] O compositor e memorialista Sérgio Ricardo fez coro: "Alguns artistas não se *maculam*" e "Elis, unanimidade nacional, não deixou a peteca cair até a morte".[28]

Felizmente havia uma mente menos apologética. Chacrinha, o Velho Guerreiro, foi debochado e irônico: "Que é que tem? A Elis é uma cantora como outra qualquer. Não é nenhum super-homem. No tempo que ela gravava boleros [antes do estouro, em 1965], ela pediu para eu tocar o disco nos meus programas. Pediu, e muito."[29]

É interessante que, quando se trata de biografar artistas da MPB, a maior parte dos críticos, memorialistas e biógrafos escrevam páginas e páginas de elogios. Ruy Castro, por exemplo, carrega nas tintas para descrever a hibernação genial de João Gilberto ao criar a famosa "batida" da Bossa Nova.[30] Isso se explica pelo fato de muitos destes acadêmicos, escritores e memorialistas terem vivido muito intensamente a relação canção-momento histórico. O próprio Ruy Castro admite que certa dose de paixão pode se intrometer na escrita, sendo ele um ouvinte apaixonado de Bossa Nova que nunca se conformou quando o Brasil começou a trocá-la por "exotismos".[31] Uma memória afetiva foi construída, fazendo com que as páginas carregadas não pareçam mais do que justos elogios.

Além de um relato apaixonado, muitos escritores expõem a memória corrente da sociedade acerca do meio artístico. Numa sociedade de massa, a música popular é frequentemente uma *enlaçadora* de representações

---

[27] Ricardo Cravo Albin, *O livro de ouro da MPB*, Rio de Janeiro, Ediouro, 2003, p. 326.
[28] Sérgio Ricardo, *Quem quebrou meu violão*, Rio de Janeiro, Record, 1991, p. 212.
[29] *O Pasquim*, nº 21 (13/11/1969), p. 10-13.
[30] Ruy Castro, op. cit., 1990, especialmente os capítulos 8 e 9 ("Em busca do ego perdido" e "Um minuto e 59 segundos que mudaram o mundo").
[31] Ruy Castro, op cit., p. 15.

sociais.[32] Há de se tratar a música de massa como um índice representativo dos anseios, desejos, vontades, perspectivas e sonhos dessa mesma sociedade, não apenas como um "gosto" pessoal e individual. Mais importante do que a música em si é aquilo que ela move, que paixões faz girar, que imagens cria na sociedade, que poder ela tem de ressignificar e criar mundos. A música popular gera em torno de si uma estrutura, que pode muitas vezes até ser mercadológica, mas que frequentemente molda vidas, cria anseios, forja expectativas. Enfim, ela atua no campo subjetivo, sensorial por excelência, do inconsciente individual e das emoções coletivas ao mesmo tempo.

* * *

Ao forjar uma identidade, a MPB se institucionalizou. Para isso, contou com o apoio tanto de organismos institucionais de música popular quanto do meio acadêmico. Aliás, a música popular é um dos poucos ramos da indústria de massa que é levado a sério pelo meio acadêmico.[33] A cada ano livros são escritos sobre o Tropicalismo, a Bossa Nova, canção de protesto, o samba e a malandragem dos anos 1930, e até a música cafona dos anos 1970, o rock dos anos 1980... Mas Simonal continuou ignorado, apesar de não ter sido o único esquecido.

O Museu da Imagem e do Som, instituição criada no Rio de Janeiro em 1965 para preservar as "grandes obras" da música popular brasileira, sempre privilegiou o registro de depoimentos de artistas da MPB. O compositor Chico Buarque deu seu depoimento aos 22 anos de idade em 1966, tendo gravado então apenas um disco. Enquanto isso, artistas com anos de estrada como Nelson Gonçalves, Cauby Peixoto e Ângela Maria não tinham espaço no Museu. Nenhum deles é identificado com a MPB. Pertencem a uma geração anterior, que começou no rádio nos anos 1950. Não

---

[32] José Miguel Wisnik, "O minuto e o silêncio ou Por favor, professor, uma década de cada vez", in Ana Maria Bahiana, *Anos 70: música popular*, Rio de Janeiro, Europa, 1980, p. 8; apud Mariana Martins Villaça, *Polifonia tropical: experimentalismo e engajamento na música popular (Brasil e Cuba, 1967-1972)*, Humanitas/FFLCH/USP, São Paulo, 2004.

[33] As obras sobre a televisão são numericamente insignificantes diante dos vários relatos, acadêmicos ou não, acerca da música popular. Os filmes "mercadológicos" da década de 1970, como as *pornochanchadas* e os filmes dos Trapalhões — vistos por milhões de brasileiros —, raramente são levados a sério em estudos acadêmicos.

tiveram como marcos de suas trajetórias a "revolução" iniciada por João Gilberto e Tom Jobim. Quando o Museu finalmente se convenceu de que Nelson Gonçalves era de fato "representativo" da música brasileira, ele negou-se a ceder seu depoimento, magoado com a exclusão por décadas a fio. Morreu em 1998 sem dar o depoimento.[34]

Outra geração impedida de entrar no MIS foi a dos "cafonas" da década de 1970. Odair José, Benito di Paula, Nelson Ned, Paulo Sérgio, Waldick Soriano, Luiz Ayrão e Agnaldo Timóteo foram barrados no baile da institucionalização da MPB. Logo eles, que, em termos de popularidade, superavam qualquer artista da MPB.

O museu só registrou aquilo que seu conselho executivo ouvia. E o que o conselho ouvia era a MPB. Não à toa, o apresentador Flávio Cavalcanti, em entrevista ao *Pasquim*, se irritou ao ser perguntado pelo jornalista Sérgio Cabral se possuía capangas. Flávio possuía um programa na TV Tupi aos domingos e era um dos alvos prediletos do *Pasquim*. Visto como "alienante" pelos críticos, seu programa era considerado de "baixo nível". Flávio também sofreu a acusação de ser *dedo-duro* nos anos 1970, mas, diferentemente de Simonal, sua carreira não foi prejudicada por isso. E saiu-se bem ao ironizar a pergunta desmascarando os amigos de Sérgio Cabral no MIS.[35] Cabral fazia parte do conselho do Museu: "Os capangas que eu tenho você também tem, são os meus amigos, tal qual você tem o Museu da Imagem e do Som."[36]

Flávio contou aos redatores do *Pasquim* que apoiou o golpe de 1964, mas que não fora dedo-duro. Rebateu as críticas dizendo que "ele (Sérgio Cabral) é contra mim porque sendo contra mim ele fatura e todo mundo vai dizer 'poxa, aquele cara é um chato, um dedo-duro'".[37]

Não era só o Museu da Imagem e do Som que louvava os novos artistas de classe média universitários. A Ordem dos Músicos do Brasil (OMB), órgão oficial que cuidava da regulamentação trabalhista da profissão, também can-

---

[34] Paulo Cesar de Araújo, op. cit., p. 348.

[35] O conselho do MIS era composto por quarenta integrantes, entre eles: Ricardo Cravo Albin; José Ramos Tinhorão, Sérgio Cabral, Ari Vasconcelos, Lúcio Rangel, Hermínio Bello de Carvalho, Guerra-Peixe, Jacob do Bandolim, Almirante, Sérgio Porto e Mozart de Araújo. Idem, ibidem, p. 408.

[36] O *Pasquim* (30/09 a 6/10/1970), nº 67.

[37] *Idem.*

tava "afinado" com os artistas da MPB. Durante o ano de 1967, a desavença entre os adeptos da música popular e os da Jovem Guarda se acirrava. *O fino da bossa*, programa então apresentado por Elis Regina e Jair Rodrigues, definhava em popularidade, enquanto o *Jovem Guarda*, de Roberto Carlos e companhia ia de vento em popa.[38] Ao voltar de sua segunda viagem à França, onde se apresentou no teatro Olympia, de Paris, Elis Regina deparou com a decadência do programa, que saiu do ar poucas semanas depois.[39]

O fato é que, diante da crise da MPB frente aos roqueiros da Jovem Guarda, a OMB resolveu ajudar seus amigos dando um golpe baixo. A Ordem passou a exigir dos músicos que quisessem se apresentar ao vivo a posse da carteira daquela instituição. Para obtê-la era preciso fazer um teste de capacidade musical que envolvia conhecimentos formais, como ler partitura, solfejo, ditado melódico e rítmico. Muitos dos artistas ligados ao iê-iê-iê, mesmo os profissionais, de fato não tinham esses conhecimentos formais, embora dessem conta do recado na prática, o que irritou muitos fãs da Jovem Guarda. Depois de revogada a medida, Erasmo Carlos expressou a raiva destes setores: "Dou um conselho aos músicos da velha guarda que estão sem trabalho e a quem couber a carapuça: não culpem a jovem música brasileira pelo desemprego de vocês, pois pelo fato de não se atualizarem os culpados são vocês mesmos."[40]

O curioso é que a direção da OMB foi reformulada logo após a chegada dos militares ao poder. O presidente da Ordem, Wilson Sândoli, foi empossado logo em seguida ao golpe militar de 1964 e permaneceu até 2007![41] Ao menos em aspectos estéticos, a luta dos defensores de uma música "de raiz" (que não incorporasse valores considerados "alienígenas") era abraçada pela OMB reconstruída pelo regime ditatorial. A MPB se utilizou de um órgão reestruturado pela ditadura para se sustentar frente a outras propos-

---

[38] *O fino da bossa*: de 19/5/1965 a 19/6/1967. Horário: Quartas, no começo às 22h10, depois às 19h40. Elis deixou o programa em 20/12/1965 e foi substituída por Peri Ribeiro e Simonal em 1966. Voltou em março de 1966 e o *Fino* já começava a perder terreno para a Jovem Guarda. Em 1967 ela voltou a se ausentar para viagens profissionais.

[39] *O Jovem Guarda* sairia do ar um ano mais tarde, não por falta de popularidade, mas porque Roberto Carlos buscava outros caminhos na carreira e não quis mais fazer parte do elenco. Sem ele o programa não se sustentou.

[40] *Última Hora-SP* (23/7/1967), p. 5

[41] *O Globo* (23/1/2006), Segundo Caderno, p. 2.

tas estéticas. A música que gradualmente se construiu como opositora ao regime de 1964 necessitou do seu apoio para se sustentar. Mais uma vez as fronteiras entre forças progressistas e conservadoras, oposição e regime, parecem se embaralhar frente aos olhos.

A questão vai além do paradoxal. O que está em jogo é que a popularidade parece não merecer registro ou validade diante dos órgãos institucionais de música. O ostracismo de Wilson Simonal segue essa lógica. A popularidade é vista pura e simplesmente como obra do mercado "manipulador" e destruidor da "boa música". Voltemos ao caso Agnaldo Timóteo.

Timóteo era um dos recordistas de vendas nos anos 1960. Segundo o Ibope, ele teve a segunda maior vendagem de LPs e compactos de 1968.[42] Um dos discos conceituais da música brasileira, *Tropicália ou Panis et circensis* (1968), não aparece na lista nem dos vinte mais vendidos daquele ano. Aliás, 1968 parece ter sido o ano de Roberto Carlos, Paulo Sérgio e Agnaldo Timóteo, se nos limitarmos ao arquivo de vendagem de discos. Isso parece estranho à primeira vista, pois o ano de 1968 é tido pela memória da MPB como central no embate entre tropicalistas e a música de protesto. Foi o ano de "Pra não dizer que não falei das flores", de Geraldo Vandré, e de "É proibido proibir", de Caetano Veloso. Ao que parece, os consumidores de discos, em sua maioria, passavam ao largo de tal debate.

Certa vez Agnaldo Timóteo perguntou a Elis Regina por que ela parara de gravar com Jair Rodrigues, fazendo decair suas vendas para no máximo 10 mil exemplares. Em sua longa e exitosa carreira, Elis só foi campeã de vendas uma única vez, justamente com a primeira edição de "Dois na Bossa", que ela gravou com Jair Rodrigues, em 1965.[43] Elis respondeu ironicamente: "Você, um *expert* em vendagem de disco, deve saber melhor do que eu. Que devo fazer? Agnaldo, estou desesperada! (Elis faz força para ficar séria.) Preciso de um conselho amigo, com todo o respeito que você merece como colega e ser humano..."[44]

---

[42] Pesquisa feita pelo *Ibope* — *Vendagem de discos* (1968), Arquivo Edgar Leuenroth, Unicamp.
[43] Regina Echeverria, *Furacão Elis*, São Paulo, Nórdica, 1985, p. 257
[44] Osny Arashiro (org.), *Elis por ela mesma* (coleção O autor por ele mesmo), São Paulo, Martin Claret, 1995, p. 63.

Se Timóteo ainda conseguiu o respeito pessoal da irônica Elis, coisa que não obteve da plateia do *Som Livre Exportação*, parece que sua música é tratada com deboche pela diva da MPB. A associação feita por Elis entre a vendagem de discos e a banalização da produção de Timóteo é algo recorrente entre os construtores do conceito MPB. A grande vendagem é risível aos olhos autoritários dos memorialistas e principais artífices da MPB porque é vista como uma forma de controle da arte pelo mercado.

Da mesma forma, a propaganda é quase sempre demonizada na bibliografia musical, vista como algo pernicioso para o artista e para a música em si.

A bibliografia sobre a MPB frequentemente busca satanizar o mercado. Uma das piores acusações que se pode fazer à memória de um artista da MPB é dizer que ele teve relações com o mercado. Não é por outra razão que as biografias sobre os artistas da MPB procuram silenciar-se sobre essas questões. Regina Zappa simplificou a trajetória e a personalidade de Chico Buarque ao transformá-lo num guerrilheiro antimercado:

> [Ele] nunca se preocupou com autopromoção. Seu assessor de imprensa, Mario Canivello, diz que nem ousa propor estratégia alguma, porque Chico é o próprio antimarketing. Não faz concessão ao mercado. Faz música que quer fazer e que acha de boa qualidade.[45]

Em seu livro de memórias, o compositor Sérgio Ricardo acusa Roberto Carlos de ter entrado no "jogo comercial". Sérgio buscava, obviamente, ofender o "rei". Nada mais condizente com o objetivo do livro, que, segundo o próprio autor, é libertar-se de um pouco de sua "indignação".[46] A raiva de Sérgio Ricardo contra a relação música-mercado não está sozinha.

José Novaes, defensor de uma tese acadêmica sobre a melancolia na obra de Nelson Cavaquinho, acha que indústria cultural e ditadura falam a mesma língua:

---

[45] Regina Zappa, op. cit., p. 10.
[46] Sérgio Ricardo, op. cit., p. 11.

"AOS AMIGOS TUDO... AOS INIMIGOS A JUSTIÇA" 165

Quando a censura e a repressão violenta dos governos da ditadura militar se unem às pressões e cerceamentos impostos pela indústria cultural, estruturada sobre o poder do dinheiro, há que ter jogo de cintura para se poder segurar a barra e manter uma posição digna em defesa da cultura popular, a ser preservada.[47]

Novaes faz eco às palavras do crítico Tárik de Souza, que sustenta que a MPB ainda resiste à "diluição" da música brasileira frente ao mercado:

Mesmo com todo o jabá, com todo o brega, toda a pirataria, a MPB foi levando em 1998... [apesar do] mercadão entregue à aeróbica sonora dos falsos pagodes, do axé e da oxente music, do bregarejo e agora... dos padres de gravadora.[48]

Por sinal, a associação entre "oposição ao mercado" e "oposição à ditadura" é constante nos discursos dos memorialistas da MPB. Cravo Albin, autor de vários livros sobre a MPB, enxerga essa crítica à indústria cultural na obra Movimento dos Artistas Unidos (MAU). Trata-se do grupo de artistas surgidos após o FIC de 1970, no qual se destacaram principalmente o cantor e compositor Ivan Lins, Aldir Blanc, César Costa Filho e Gonzaguinha, entre outros. Segundo Cravo Albin, "os meninos do MAU estavam unidos pela música, pelas críticas ao mercado fonográfico e pelo repúdio público aos anos de chumbo".[49]

Ao ler estas críticas parece que a MPB representa um poço de integridade estética e dignidade política, *resistente* a qualquer intervenção mercadológica e/ou ditatorial. Parece que suas relações são puramente musicais, abstratas e levadas somente ao nível do aprimoramento estético, em nome da "boa" música. Não há relação com o mundo "impuro" do mercado. Nossos críticos de arte parecem se esquecer que há muito tempo a "boa arte" vem sendo "vendida" pelo mercado. Machado de Assis e José de Alencar publicaram muitos de seus livros de forma fragmentada nos jornais

---

[47] José Novaes, *Nelson Cavaquinho: luto e melancolia*, Rio de Janeiro, Intertexto, 2003, p. 86.
[48] Idem, p. 89.
[49] Ricardo Cravo Albin, op. cit., p. 331-332.

do século XIX. As obras eram vendidas aos leitores dos grandes jornais, que fatiavam a história e a publicavam durante várias semanas. Isso não impediu que fossem reconhecidos como escritores da "boa" literatura e ganhassem o devido respeito.

Simonal representa o oposto dessa idealização antimercadológica. Sua imagem foi constantemente associada ao dinheiro e ao lucro, e foi patrulhado.

No início dos anos 1970, o cartunista Henfil criou o personagem Cabôco Mamadô, que enterrava aqueles que apoiavam, direta ou indiretamente, o regime ditatorial. As caricaturas dos artistas ligados ao regime apareciam em sepulturas sob uma lápide com seu nome. Simonal aparecia sempre com o "S" do seu nome transformado em cifrão: $imonal. Outro personagem brilhante de Henfil era o Tamanduá. Ele sugava os cérebros dos apologistas do regime e depois os cuspia, de forma que pudéssemos ver o que havia dentro de suas ocas cabeças. O Tamanduá trabalhava para Nelson Rodrigues, outro defensor do regime ditatorial. Certa vez, o Tamanduá foi sugar o cérebro de Pelé e não encontrou nada... pois estava vazio! Em outra oportunidade, o Tamanduá resolveu virar cantor e, interessado em ter uma boa voz, resolveu sugar o cérebro de "$imonal". Para atraí-lo para o bote Henfil desenhou seu personagem jogando uma moeda para o cantor, que caiu na arapuca.

Essa imagem construída acerca de Simonal tornou-se hegemônica após o contrato com a mutinacional Shell, em 1969. Foi um dos maiores contratos já então assinados por um artista brasileiro. Depois de Roberto Carlos e Sérgio Mendes, era a vez de Simonal ser o garoto propaganda da marca. Um dos chefes do Departamento de Comunicações e grande responsável pela contratação de Simonal, João Carlos Magaldi, dimensionou o papel do cantor: "Além do grande prestígio que Simonal trará para a Shell, há ainda a imagem já consagrada de uma empresa jovem e sólida, que casa perfeitamente com a posição segura que ele ocupa no mercado musical brasileiro."

Simonal parecia contente quando assinou o contrato milionário: "A Shell não interfere na minha carreira artística e eu crio junto com a empresa novas formas de propaganda."[50] Empolgado, chegou a ironizar a multinacional, bem ao seu estilo: "Não foi a Shell que me contratou para fazer propaganda dela, sabe? Na verdade fui eu que contratei a Shell para patrocinar todos os meus programas e ainda vou ganhar por causa disso!"[51] O dinheiro possibilitou que Simonal abandonasse o antigo empresário e criasse sua própria produtora, a Simonal Produções Artísticas, em 9 de setembro de 1969.

Com o aprofundamento do regime, um novo modelo econômico foi adotado pelo governo ditatorial. Por meio de um nacionalismo *sui generis*, a política econômica iniciou o chamado "milagre brasileiro", um acelerado desenvolvimento da indústria, auxiliado pela intervenção estatal principalmente na área de infraestrutura. Para gerar essa bolha de crescimento de 10% ao ano, o governo civil-militar aceitou a entrada das multinacionais interessadas em investir capitais produtivos no Brasil. A Shell foi uma dessas companhias estrangeiras que aproveitaram a oportunidade do regime e aumentaram os investimentos no país. Simonal era seu principal garoto-propaganda.

Não só ele. No mesmo ano de 1969, a Shell se tornou patrocinadora da seleção brasileira de futebol que um ano mais tarde seria tricampeã do mundo no México. Mas naquele ano as coisas não estavam fáceis para a seleção. Com problemas nas eliminatórias e ameaçado de não ir à Copa, o time de Saldanha ainda vivia os reflexos da fatídica Copa de 1966, da qual foi eliminado ainda na primeira fase. Simonal foi o escolhido para dar força ao elenco encabeçado por Pelé. O ano de 1969 pode ser considerado o auge do cantor; a partir daí sua carreira entrou numa descendente.

Desde a assinatura do contrato com a Shell, Simonal começou a polarizar ódios, e sua imagem de arrogante cresceu ainda mais. Nelson Motta chegou a dizer que o declínio da carreira do cantor teve que ver com o fato de que ele fora "folgado, arrogante, cafajeste".[52] Para o bem e para o mal,

---

[50] *Veja*, 24/09/1969, pp. 58-9.

[51] O *Estado de S.Paulo*, 17/9/1969, p. 13.

[52] "A MPB segundo o conciliador" (entrevista de Pedro Alexandre Sanches com Nelson Motta), *Folha de S.Paulo* (18/2/2000), Folha Ilustrada, p. 15-16.

foi no ano de 1969 que essa imagem se tornou hegemônica. Para a seleção brasileira e para a política econômica que incorporava o capital externo, Simonal era a figura ideal. Mas muitos não viam isso com bons olhos no meio musical. Elis Regina sabia que financeiramente não poderia chegar aos pés de Simonal.

> *Millôr:* Você está ganhando mais que o Simonal ou menos que eu?
> *Elis Regina:* Olha, eu vou te explicar: eu não tenho contrato com a Esso nem com a Shell. Evidentemente eu devo ganhar menos do que o Simonal. Mas devo estar ganhando um pouco mais que você.[53]

De fato, tal proximidade com a propaganda e grandes empresas não era bem-vista por vários artistas. Chico Buarque disse certa vez em entrevista à revista *Realidade* que uma das coisas que mais lhe incomodavam eram "os artistas que acomodam sua arte às concessões do momento, seja para alcançar as paradas, seja para ganhar o beijo do poderoso". Realmente Chico Buarque foi um artista perseguido, e por várias vezes se chocou com a Censura oficial e com os próprios militares. Ousadamente, ele negou o uso da música "A banda" como propaganda oficial.[54] Mas é importante notar que essa declaração de Chico data de 1972, quando ele estava envolvido até a cabeça na luta contra o regime militar e, por consequência (no raciocínio da MPB), também contra o mercado.

No entanto, no início da carreira ele cedeu uma música para um comercial. E teve que se explicar ao repórter da revista:

> A música popular tem uma vida curta. Não posso impedir (e parece que os do direito autoral também não) que uma canção minha seja utilizada, de velha, como mero veículo publicitário. "Com açúcar, com afeto" por exemplo, virou anúncio de bombom, açúcar e afeto. O que importa é o momento de criação. Componho aquilo que quero. Depois a canção será consumida ou não, mas não como simples objeto e, de preferência, jamais como mero adorno.[55]

---

[53] *O Pasquim*, nº 15 (2/10/1969), entrevista com Elis Regina.
[54] Para detalhes, ver *Realidade* (dez. 1972), p. 20.
[55] *Realidade* (dez. 1972), p. 24.

"AOS AMIGOS TUDO... AOS INIMIGOS A JUSTIÇA" 169

Chico realmente nunca beijou um "poderoso". Mas não se pode dizer que não tenha feito concessões. Sua obra ganhou muita divulgação com as propagandas, ao mesmo tempo que geravam lucro para os diversos fabricantes dos produtos vendidos com suas músicas. Poucos se lembram que Chico Buarque foi receber o prêmio pelo primeiro lugar do Festival da Record de 1966 com o boneco Mug na mão.[56] Naquela oportunidade ele ganhara o festival com "A banda", canção que levou instantaneamente um jovem de 22 anos ao estrelato.

O boneco Mug foi fruto de uma jogada publicitária dos produtores de brinquedo no ano de 1966. Tratava-se de um boneco de pano de uns vinte centímetros, preto, cabelos vermelhos, calça xadrez, mãos e pés enormes, longos e desajeitados braços. A campanha daquele simples brinquedo ganhou ares apoteóticos e tornou-se febre comercial quando artistas entraram na campanha confirmando que o boneco "dava sorte". Uma propaganda dizia que ele possuía estranha força, atuando "desde tempos imemoriais", e que o faraó Ramsés II e o rei Salomão tiveram um Mug, causa de sua importância histórica. No sentido oposto, o Brasil teria perdido o tricampeonato naquele ano porque não levara o boneco para a Inglaterra.

A campanha foi crescendo e, proporcionalmente às vendas, sua mística foi se popularizando. Em pouco tempo o Brasil inteiro ficou conhecendo o Mug. Ele apareceu nos quadrinhos de Maurício de Souza (o criador da Turma da Mônica); no jornal *Ultima Hora*, ao lado das "certinhas" do colunista Stanislaw Ponte Preta; na televisão, divulgado por Wilson Simonal e Jô Soares. Naquela época Simonal apresentava o programa *Show em Si... monal*, na TV Record de São Paulo, com bons índices de audiência. O cantor aparece na capa do seu disco de 1966, *Vou deixar cair*, ao lado do boneco. Simonal, por sinal, era um dos mais envolvidos nesse jogo publicitário e chegou a lançar a canção "Samba do Mug", de sua autoria e de José Guimarães: "Nunca vi ninguém com tanto azar/ Não tira onda nenhuma e nem consegue se arrumar/ Corta essa, você tem que andar pra frente/ Vou

---

[56] Zuza Homem de Mello, op. cit., p. 139.

dar-lhe o Mug de presente/ (...) Se você não acredita eu não posso fazer nada/ Mas a figa tem um Mug dentro da mão bem fechada/ E agora pra provar que o Mug que é o quente/ Vou dar-lhe o Mug de presente/ Olha o Mug!/ Mas que segurança!"

Simonal não estava sozinho. Chico Buarque, como foi dito, recebeu o seu prêmio no festival da TV Record daquele ano com o Mug na mão. A fama do produto crescia e chegaram a falar que Chico Buarque ficou um mês sem compor porque lhe roubaram o boneco. Regina Zappa, a mesma biógrafa que disse que Chico Buarque não tinha relações "impuras" com o mercado, escreveu que ele "foi na onda", referendando a própria vergonha do compositor nos dias de hoje. Exime-se assim o cantor das relações mercadológicas: "Tenho um pouco de vergonha disso, mas é verdade. Eu andava com o Mug e dizia que o Mug dava sorte. Aí venderam uma porção de Mugs. Essa história, na verdade, era o ponto de partida para uma grife de roupas que acabou não acontecendo."[57]

Além de divulgar o boneco na televisão, Chico Buarque também fez propaganda do Mug em seu LP de 1966, o mesmo do sucesso *A banda*. Na contracapa do disco, onde faz um balanço das músicas e agradece aos parceiros de gravação, o Mug foi citado: "Quanto à gravação em si, muito se deve à dedicação e talento do Toquinho, violonista e amigo de primeira. Franco e Vergueiro foram palpiteiros oportunos, Mané Berimbau, com seus braços urgentes, foi um produtor eficiente, enquanto Mug assistia a tudo com santa seriedade."

Ao contrário do que é frequentemente feito em relação a Chico, não se pode dizer que o compositor nunca tenha tido relações com o mercado; pelo contrário, desde o início da carreira sua trajetória foi sempre pensada junto com a questão do marketing e da promoção. Nada mais normal, afinal Chico inseria-se cada vez mais no mundo da *indústria* cultural. O que não procede é a bibliografia tentar eximi-lo dessa relação com o mercado.

---

[57] Regina Zappa, *op. cit.*, p. 64.

Do outro lado da memória coletiva nacional encontra-se Roberto Carlos que desde o início da carreira foi acusado de ser um cantor comercial, fruto da invasão do rock "imperialista" na música brasileira. No entanto, em nenhum LP deste cantor encontra-se uma propaganda tão explícita quanto a feita por Chico em seu primeiro disco. Durante toda a década de 1960, 1970 e 1980 o Roberto Carlos "comercial" nunca fez sequer uma propaganda em disco. A primeira publicidade feita pelo cantor em disco só aconteceu no disco de 1995, quando agradeceu ao transporte da companhia aérea Transbrasil.

Os criadores do boneco não tiveram a mesma boa sorte que o produto deu a Chico. A intenção deles (os publicitários Horácio Berlink, Luís Celso Piratininga, Sérgio Kehl e Décio Fisschetti, da H.B. Promoções) era competir com a Jovem Guarda.[58] O Mug era o mascote da marca de roupas (calças e blusas) da Indústria Santa Basilissa, do próprio Horácio Berlink. A nova marca visava fazer concorrência à Calhambeque, que fabricava produtos da marca Jovem Guarda. Imitando os Beatles, que também usaram e abusaram da propaganda em sua carreira, Roberto Carlos chegou a lançar ternos e Erasmo jaquetas "Tremendão".[59] Wanderléa tinha sua imagem associada a produtos através da marca "Ternurinha".[60]

Nas memórias sobre aquele período a Jovem Guarda é quase sempre valorizada (ou lembrada) *apesar* de sua associação com o mercado. E, embora a memória coletiva diga o contrário, a MPB também sempre esteve associada ao marketing publicitário.

---

[58] Em entrevista, por e-mail, Decio Fischetti discordou de que o boneco teria sido criado para competir com o rock de Roberto Carlos, pois, na sua opinião, quando o Mug foi lançado "já havia acabado o fenômeno da Jovem Guarda". No entanto, isso não é verdade, já que o programa de Roberto Carlos durou de 1965 a 1968 e naquele ano estava exatamente no auge da popularidade. Muito comum nos dias de hoje, a memória de Decio Fischetti apaga as arestas entre Jovem Guarda e MPB, imaginário que só se tornou mais viável no cenário nacional após o advento do Tropicalismo, a partir de fins de 1967.

[59] *Realidade* (dez. 1970), p. 170.

[60] *Ultima Hora* (2/8/1967), p. 4. Numa reportagem curta o colunista bastante autoritário diz que a Jovem Guarda é para imbecis mercadológicos e reacionários. Na Inglaterra os Beatles teriam sua virtude e seriam progressistas. Aqui, no entanto, a "cópia" não consegue nem imitar direito os originais. Trata-se, para o autor, de uma música imperialista e conservadora.

Quando Elis voltou da primeira viagem ao exterior, em 1966, o programa *Jovem Guarda* ameaçava seu *Fino da bossa*. Ao tentar inovar, o programa se reformulou sob a supervisão da agência Magaldi & Maia, a mesma que cuidava da marca Jovem Guarda. Ou seja, Jovem Guarda e MPB possuíam o mesmo produtor comercial. Como não podia deixar de ser, a ascensão de novos artistas na década de 1960, incluindo os de MPB, catalisou a criação de muitas propagandas, agências, empresários etc.

O fato é que, quando se trata de dar impulso à "boa" música brasileira, poucos enxergam ou querem ver na relação com o mercado algo a ser condenado. Mesmo os que defendiam a música de protesto achavam que valia a pena ir ao mercado (fonográfico e televisivo) desde que seu discurso "de protesto" não fosse alterado. Nesse caso a aproximação com o mercado não era vista como um processo sem volta ou "alienante". Tratava-se, então, de abrir portas para possibilidades maiores, conexões com a massa, de ganhar trincheiras contra o regime.

Não obstante, a década de 1960 representou um novo ciclo de expansão da indústria fonográfica. As duas companhias que mais cresceram com os movimentos musicais da década de 1960, a Philips (que incorporou a Companhia Brasileira de Discos) e a CBS, passaram a disputar o mercado com a Odeon, já bem estabelecida. O crescimento dessas empresas coincidiu com a explosão dos dois gêneros mais populares dos anos 1960: a MPB na CBD/Philips e a Jovem Guarda, ligada à CBS.[61]

A oposição entre Jovem Guarda e MPB era interpretada mais como oposição estética e ideológica do que mercadológica; afinal, um dos lados não se via como "mercado". No auge da disputa, logo após o fim do programa *O fino da bossa*, procurou-se rearticular o grupo da "música popular" contra a bem-sucedida Jovem Guarda. A TV Record criou então o programa *Frente Única — Noite da Música Popular Brasileira*. O título era uma brincadeira com os acontecimentos políticos de 1966, uma ironia à coligação entre JK,

---

[61] Marcos Napolitano, *Seguindo a canção: engajamento político e indústria cultural na MPB (1959-1969)*, São Paulo, Annablume/Fapesp, 2001, p. 84.

"AOS AMIGOS TUDO... AOS INIMIGOS A JUSTIÇA"

Carlos Lacerda e João Goulart, que se uniram numa "frente ampla" contra o regime. Mas a luta da MPB era contra a Jovem Guarda.

Para promover o programa foi realizada uma grande campanha de marketing.[62] A divulgação do programa incluía uma barulhenta passeata do Largo São Francisco ao Teatro da Record na rua Brigadeiro Luís Antônio, em São Paulo, no dia 17 de julho de 1967. Partidários da MPB agitavam bandeirinhas e Elis Regina bradava pela necessidade de defender as canções nacionais. Participaram da passeata, além de Elis, Geraldo Vandré, Gilberto Gil, Jair Rodrigues, Edu Lobo, Zé Kéti e o MPB4. No teatro, Juca Chaves cantou o hino do Frente Única, cuja passeata ficou conhecida como a "passeata contra a guitarra elétrica": "Moçada querida/ cantar é a pedida/ cantando a canção/ da pátria querida/ cantando o que é nosso/ com o coração".[63]

Muitos dos presentes à passeata viam nas questões estéticas um debate muito mais importante do que a lógica mercadológica da televisão, como confirma Nelson Motta:

> *Folha de S.Paulo:* Foi Elis Regina que organizou a passeata contra as guitarras? *Nelson Motta:* Foi ela com a TV Record. Não sei direito, são histórias controversas. Quem mais estimulou foi a Record, marketing puro. Ela tinha a Jovem Guarda e a MPB, ganhava dos dois lados. Mas os artistas sofreram. Muita gente brigou, porque levou a sério.[64]

Isso me leva a concordar com o historiador Marcos Napolitano quando diz que

> a MPB foi um "produto" comercial muito mais eficaz do que a Jovem Guarda, pois consolidou um comportamento musical específico, demarcou um público consumidor (demarcado na "elite" socioeconômica) e instituiu uma nova tradição musical e cultural. Por outro lado, a Jovem Guarda se diluiu mais tarde na música romântica tradicional ou na música "brega" dos anos 1970.[65]

---

[62] O primeiro programa havia sido transmitido no dia 26 de junho de 1967, apresentado por Jair Rodrigues e Elis Regina. O segundo foi apresentado por Geraldo Vandré. O terceiro programa foi conduzido por Chico Buarque, Simonal e Nara Leão.
[63] Sobre a passeata ver Zuza Homem de Mello, op. cit., p. 181-183.
[64] "A MPB segundo o conciliador", *Folha de S.Paulo* (18/2/2000), Folha Ilustrada, p. 5-16.
[65] Marcos Napolitano, op. cit., p. 101.

O Tropicalismo, pelo contrário, possuía uma posição muito mais lúdica em relação ao mercado. Por não negar ou minimizar sua existência, os tropicalistas problematizaram-no. É nesse sentido que Caetano dizia:

> (...) Entrei no Festival para destruir a ideia que o público universitário, *soit-disant* de esquerda, faz dele. Eles pensam que festival é uma arma defensiva da tradição da música popular brasileira. E a verdade mesmo é que Festival é um meio lucrativo que as TVs descobriram. Tradição, bacana, nenhuma."[66]

Os *pilantras* ligados a Simonal tinham outra visão. Carlos Imperial chegou a dizer que dos festivais só queria o dinheiro. Em outra oportunidade disse que havia comprado seu apartamento com o lucro obtido através dos direitos autorais de "Meu limão, meu limoeiro" e que iria decorá-lo com a versão que então lançava, "Serenata ao luar", que fizera com "Beethoven, um alemão que promete".[67] Ao ser irônico, cínico e direto, Carlos Imperial fundamentava no público a ideia de que era uma pessoa arrogante, que só pensava em dinheiro. Aliás, essa acusação também pesava sobre Simonal, como se constata na reação de dois jornalistas do *Pasquim* em uma entrevista com o humorista Jô Soares:

> *Jô Soares:* O Simonal é um cantor que tem muito suingue, muito balanço também, com toda a Pilantragem dele. Agora, o Simonal é um cantor extraordinário!
> *Millôr e Tarso* (em coro): O Simonal canta com uma máquina registradora na cabeça.[68]

Para os redatores do *Pasquim*, Simonal baseava a carreira em contratos milionários e jogadas de marketing. Seguindo essa lógica a MPB parece sobreviver apenas pelo talento e brilhantismo dos seus artistas, o que não é verdade. Como vimos, o mercado fonográfico se desenvolveu muito nos

---

[66] *Jornal do Brasil* (26/9/1968), página B1.
[67] *Fatos e Fotos,* nº 515 (17/12/1970).
[68] *O Pasquim* (4-10/12/1969), p. 10-13.

anos 1960. De 1965 a 1972, o mercado de discos cresceu 400%![69] Será que a dita MPB ficou de fora da festa? É óbvio que não.

Em 1979, Caetano Veloso cantava: "Não me amarra dinheiro não/ Mas a cultura/ Dinheiro não/ A pele escura/ Dinheiro não// A carne dura..."[70] Mas em 1968 ele não desprezou o dinheiro tanto assim. Obviamente não pretendo tomar ao pé da letra a canção de Caetano Veloso, já que sua poesia vai além do que se está dizendo aqui. Mas fato é que, em março daquele ano, Gil e Caetano assinaram um contrato com a Rhodia para fazer propaganda dos tecidos Tropicália, o que desagradou a outros tropicalistas, como Hélio Oiticica, Torquato Neto e Nelson Motta, simpatizante do movimento. Esse contrato possibilitou que Gil e Caetano se aproximassem da TV Globo para fazer um programa próprio que, depois de eternamente adiado, fez com que os tropicalistas migrassem para a TV Tupi.[71] Aliás, os tropicalistas sempre estiveram associados a setores que lucravam com a moda "alternativa". Nada mais normal. O cuidado com o figurino, principalmente no caso de Gal, Caetano e dos Mutantes, esteve a cargo da marchand/artista plástica Regina Boni, dona da famosa boutique Ao Dromedário Elegante, na Zona Sul carioca.[72]

Junto com os tropicalistas, todos os artistas da MPB também fizeram propagandas. Bastava abrir uma revista ou jornal, ou mesmo ligar a televisão, para ser arrastado por uma avalanche de músicos vendendo produtos: Juca Chaves vendia uísque;[73] o conjunto Antonio Adolfo e a Brazuca vendia tecidos Sudamtex;[74] Ziraldo desenhava cartuns para o Banco Lavoura e para a Ford;[75] as irmãs cantoras Cynara e Cybele e o MPB4 vendiam sa-

---

[69] Roberto Muggiati, "Ao som da discoteca o sonho dançou", Revista Manchete (29/12/1979), "Para entender os anos 70" (edição especial), Rio de Janeiro, Bloch Editores, s. d., p. 128. O artigo de Eduardo Vicente traz números semelhantes: de 5,5 milhões de unidades em 1966 a indústria fonográfica passou a vender 52,6 milhões em 1979. Vicente, Eduardo. Segmentação e consumo: a produção fonográfica brasileira — 1965-1999. *Revista Art Cultura*, Uberlândia, v. 10, n. 16, p. 105, jan-jun 2008.

[70] Canção "Beleza pura", do LP *Cinema transcendental* (1979).

[71] Zuza Homem de Mello, op. cit., p. 307-308.

[72] Villaça, op. cit., p. 180.

[73] Juca Chaves na revista *Realidade* (dez. 1968), p. 96-97 e p. 139; (jul. 1970) p. 130.

[74] Brazuca, *Fatos e Fotos*, nº 509 (5/11/1970), p. 83.

[75] Ziraldo, *Realidade* (out. 1970), p. 106.

patos da marca Alpargatas.[76] Até Chico Buarque entrou na onda. Em dezembro de 1968 ele apareceu, junto com o pai, o historiador Sérgio Buarque de Hollanda, numa propaganda do Banco da Indústria e Comércio de São Paulo![77] Aliás, na época, Chico aparentemente fazia propagandas sem maiores grilos. Naquele mesmo mês de dezembro de 1968, ele vendia máquinas de costura na revista *Realidade*, ao lado do MPB-4, de Hebe Camargo e de Jair Rodrigues.[78]

Fazer propaganda não era novidade para os artistas da MPB. Aliás, alguns deles começaram artisticamente cantando jingles políticos. Em 1961, Gilberto Gil cantava a canção "Povo petroleiro": "Está jorrando petróleo/ Jorrando, jorrando noite e dia/ Está jorrando petróleo/ Das terras da nossa Bahia/ (...) Nosso petróleo é ouro brasileiro/ Ele é o orgulho de um povo petroleiro".[79]

Juca Chaves também se envolveu no mercado da propaganda com o jingle "Gasolina Esso": "É o novo aditivo/ Aditivo tão ativo/ Conhecido como tigre/ Não, não se abrigue/ Que tal tigre não agride/ É um tigre só do asfalto/ Mais potência dá ao seu auto".[80]

A Esso já tinha uma tradição de propaganda com a música popular. Em 1963, a empresa contratou o músico Sergio Ricardo que cantou o jingle "Ritmos Esso", gravado num compacto simples em 1963: "Só Esso dá ao seu carro o máximo/ Veja o que Esso faz."[81] No entanto, em suas memórias lançadas em 1991 o compositor não comenta nada sobre a gravação. Um motivo que explica isso é o fato de Ricardo acusar os artistas da Jovem Guarda de serem comerciais, e em especial Roberto Carlos. Sobre ele próprio, silêncio. Provavelmente porque a imagem que valorize de si mesmo seja a da *resistência*, do compositor de canções críticas como "Zelão" e de

---

76 Cynara, Cybele e MPB4, *Realidade* (jun. 1969), p. 105.

77 Chico Buarque faz propaganda do Banco da Indústria e Comércio de São Paulo S/A, *Realidade* (dez. 1968), p. 152.

78*Realidade*, dezembro de 1968, p. 55.

79 "Povo petroleiro" (1962), de Evaldo Guedes.

80 A letra foi consultada em http://juca-chaves.musicas.mus.BR-3/letras/1245817/ . A música foi ouvida em http://www.youtube.com/watch?v=9lqYLtAy1eU .

81 Compacto *Ritmos Esso em samba e twist* (single de 1963) - Lado A: Sérgio Ricardo – "Ritmos Esso"; Lado B – The Crazy Cats – "Wadiya" (*Ritmos Esso*).

trilhas sonoras de filmes identificados ao questionamento da realidade brasileira, como "Deus e o Diabo na Terra do Sol" (1964). Na mesma época em que começava a escrever a trilha deste clássico do cinema nacional, Sergio Ricardo "vendia o peixe" da Esso através do compacto de final de 1963 que no verso da capa tinha os seguintes desejos para o ano seguinte: "Que as alegrias do Natal se estendam durante todo 1964. Esses são os sinceros votos dos seus amigos da Esso Brasileira de Petróleo". Seria cômico se não fosse trágico considerando que o fato mais marcante de 1964 foi o golpe militar.

Não se trata de julgar os artistas pelas suas relações com o mercado. O que é criticável é que a bibliografia raramente aponte essas relações. E quando o faz fica devendo, pois o tom é frequentemente parcimonioso e condescendente com os "heróis" da MPB.

Em 1969, Os Mutantes também foram contratados pela Shell para uma série de comerciais em TV, revistas e jornais. Os comerciais renderam ao trio o polpudo cachê de NCr$ 100 mil, dinheiro que nenhum deles jamais tinha visto de perto até então. Através destes comerciais puderam divulgar músicas como "Caminhante noturno" e "Dom Quixote". Curiosamente, em obra que conta a trajetória do grupo, o jornalista Carlos Calado percebe nos comerciais de TV qualidades estéticas para além da simples propaganda: "... outra vantagem estava no fato de a campanha apenas insinuar a marca da Shell. Não atuaram exatamente como garotos-propaganda tradicionais, dizendo 'compre isso' ou 'use aquilo', mas sim como atores de cinema."[82]

Se realmente não gritavam palavras de ordem do mercado, Os Mutantes definitivamente caíram de cabeça na campanha. Rita Lee e os irmãos Sérgio Dias e Arnaldo Baptista fizeram um jingle para a Shell. Seu título era o próprio slogan da companhia naquele ano, "Algo mais": "Olha meu irmão/ Vamos passear, vamos voar/ Dê a partida, acelere a vida/ Vamos amar/ Ande depressa/ A vida tem algo mais para dar/ (...) Vida no tanque, subiu no sangue/ Vida no ar/ (...) giro aflito, beijo e grito/ Algo mais! Algo mais! Algo mais!"

---

[82] Carlos Calado, *A divina comédia dos Mutantes*, São Paulo, Editora 34, 1996, p. 156.

Quando Os Mutantes lançaram seu segundo disco, em 1969, incluíram o jingle no seu repertório. Nelson Motta escreveu o texto da contracapa do LP elogiando a "contemporaneidade" dos garotos:

> Com raro sentido de invenção e liberdade eles compuseram música jingle para a Shell. É preciso ter coragem de ouvir claro e saber com certeza que aquele som é novo, limpo, inventivo e livre. (...) Quem vive numa sociedade de consumo tem duas alternativas: ou participa ou é devorado por ela. Não há saída fora desta opção. O jingle dos Mutantes, que eu prefiro chamar simplesmente de "música", é melhor, infinitamente melhor, que a maioria das canções que andam pelas praças e paradas. Por que não gravá-lo em disco?[83]

Exatamente no mesmo ano, 1969, quando a Shell expandia seu marketing para o futebol e para a música, a cantora Elis Regina gravou um compacto com o rei do futebol, o Pelé. Elis Regina comprou a ideia de gravar um compositor desconhecido, embora o mais famoso jogador da época. Ela cantou a duas vozes duas canções de Edson Arantes do Nascimento, "Vexamão" e "Perdão não tem". O compacto *Tabelinha Elis x Pelé* foi lançado pela Philips e produzido por Roberto Menescal, um dos criadores da Bossa Nova.

Para incrementar a "tabelinha", Nelson Motta noticiou em sua coluna "Roda Viva", no jornal *Ultima Hora*: "Vai ser amanhã no Maracanã, antes do jogo do Santos com o seu Fluminense querido, que Elis Regina vai lançar o compacto que gravou junto com Pelé."

O golpe de marketing não deu muito certo. Segundo o próprio Nelson Motta, as críticas já pairavam no ar: "Uma das músicas chama-se "Vexamão", que os detratores musicais do negão dizem ser autobiográfica, em termos musicais, é claro..."[84] Diante do insucesso da gravação e das críticas dos amigos, o produtor Roberto Menescal passou a se esquivar, colocando a culpa do fracasso em Pelé: "Pelé foi talvez o maior jogador de futebol do Brasil, né? E um dos piores músicos também." Pelé, por

---

[83] Idem, ibidem, p. 174.
[84] "Roda Viva" Coluna de Nelson Motta. *Ultima Hora* (25/10/1969).

"AOS AMIGOS TUDO... AOS INIMIGOS A JUSTIÇA" 179

sua vez, também se esquivou, utilizando-se do seu próprio mito: "Eu particularmente não gosto de fazer a comparação do Pelé compositor com o Pelé jogador. Eu tenho várias músicas gravadas por Sergio Mendes, [Elis e Simonal também]. O Pelé ganhou um presente que Deus deu para ele: o dom de jogar futebol. Isso tudo é coisa de Deus. E o Pelé compositor... aí já é outra coisa."[85]

Naquele ano, Pelé estava em evidência, em contagem regressiva para o milésimo gol. Menos de um mês depois do lançamento do compacto com Elis, em pleno Maracanã lotado, ele finalmente comemorou o triunfo. Recebeu inclusive homenagem do presidente Médici em cerimônia em Brasília.[86]

Elis parecia trilhar um caminho bastante próximo ao de Simonal, entre o comercialismo e o nacionalismo. Se Simonal contou com o apoio da Shell, Elis não dispensou o apoio do rei. Mas diante das críticas ela preferiu não lançar as músicas de Pelé em LP. Tradicionalmente, um LP era a compilação dos compactos lançados pelo artista. Elis optou por deixar de fora as canções do maior jogador de todos os tempos.

Simonal era o ator principal da campanha da Shell e foi fundo nela. Quando recebeu de Jorge Ben a música "País tropical", resolveu fazer algumas modificações. Colocou suingue na música, como vimos. Outra modificação criada foi cantar só as primeiras sílabas das palavras na segunda parte da música: "Mó... no pa tropi/ Abençoá por Dê/ E boni por naturê..." Aproveitou para abraçar ainda mais a campanha da Shell:

> Mudei melodia, harmonia e acrescentei aquela parte que diz "patropi" e "esta é a razão do 'algo mais'". Na época eu tinha um contrato com a Shell

---

[85] As críticas de Pelé e Menescal ao disco de Elis podem ser vistas no documentário "Brasil, Brasil: Tropicalia Revolution", produzido pela BBC". Acessível pelo link: http://www.youtube.com/watch?v=C-Lq2objPTw

[86] As imagens de Pelé cumprimentando o Médici podem ser vistas no mesmo documentário da BBC citado na nota anterior.

e aproveitei para fazer merchandising. Hoje o Jorge canta igual a mim. Se eu gravasse Jorge Ben hoje, eu estaria fazendo cover de mim mesmo.[87]

Se Os Mutantes e Gilberto Gil são vistos como artistas mesmo quando gravam jingles, Simonal não teve o perdão da bibliografia, dos memorialistas ou dos críticos. Continuou sendo visto como "mercenário".

Simonal caiu de cabeça na campanha da Shell, é verdade. Mas não estava só. Fato é que a Shell também caiu de cabeça no marketing cultural. Além de patrocinar o programa *Jovem Guarda*, a multinacional contratou Chico Buarque e Norma Bengell para apresentarem uma atração chamada *Shell em show maior*, que não passou do primeiro número na TV Globo.[88] Até mesmo a primeira edição do *Pasquim* tinha propaganda da Shell, o que levou o cartunista Millôr a escrever a Jaguar ironizando o mascote e outro slogan da multinacional:

> Meu caro Jaguar, você me garante que O *Pasquim* vai ser independente. Tá bem, Jaguar, pode começar a contagem regressiva. (...) este primeiro número tem um anúncio da Shell. Pois ainda há bem pouco tempo a revista da Shell me pediu um artigo e não publicou porque escrevi a história de um elefante que brigava com um tigre. E olha que o elefante ganhava, pombas! Honra seja feita, não publicou, mas pagou. Só a Shell dá ao seu escritor o máximo.[89]

Cabe perguntar até que ponto pode ser considerado "alternativo" um jornal que vendia tanto quanto O *Pasquim* no início dos anos 1970. O que me parece claro é que a memória que se cultiva sobre esse jornal é a da *resistência*. Entre tantos, esses *resistentes* escolheram outros *resistentes*, especialmente no meio musical, passando a bola adiante. Mas a memória da *resistência* não me parece, hoje, uma memória alternativa.

---

[87] *Folha de S.Paulo* (25/11/1994), Folha Ilustrada, entrevista com Wilson Simonal.
[88] Tárik de Souza in Luís Martins (org.), *Roberto Carlos por ele mesmo*, São Paulo, Martin Claret, 1996. Apud Napolitano, op. cit., p. 96; Sobre o *Shell em show maior*, ver Humberto Werneck, "Gol de letras", in *Chico Buarque: letra e música*, São Paulo, Companhia das Letras, 1998. Apud Napolitano, op. cit., p. 159.
[89] Millôr Fernandes, *Millôr no Pasquim*, São Paulo, Círculo do Livro, 1977, p. 14.

E se o mercado já era visto na época como um "tigre", a MPB não estava fora de sua mira. Aliás, consolidou-se como projeto estético e político muito devido a este mesmo mercado. No entanto, paradoxalmente, o mercado virou um gatinho em grande parte da bibliografia sobre a música popular, engrandecendo os protagonistas, enaltecendo a "boa" arte e louvando a *resistência* dos heróis da canção.

Capítulo 6

SIMONAL E O IMPÉRIO DO ROCK

Quando abandonou o exército, Simonal voltou à fase das vacas magras. Morou em Areia Branca, um bairro de Nova Iguaçu, durante três anos, de 1958 a 1961. Marcos Moran, amigo desde essa época, lembra-se que Simonal referia-se ao bairro do subúrbio como White Sand, ironizando sua própria condição[1]. Voltou a fazer bicos durante o dia, sem deixar de lado o sonho de virar cantor. Vivia no subúrbio, mas seu mundo afetivo continuava na Zona Sul, onde tinha amigos e admiradores. No tempo livre, cantava em praças e festas principalmente em bairros ricos com os amigos amadores. No Leblon, era obrigado a aderir à nova moda do momento, o *twist*, o calipso e o recém-chegado rock norte-americano. Mas a língua era um problema para muitos cantores, inclusive para Simonal, que anos mais tarde confessou: "Eu cantava um inglês meio furado, manja, as primeiras palavras eram certinhas, o resto a gente mesmo criava."

Aos sábados, era crooner de um conjunto chamado Dry Boys, formado por Edson Bastos, Marcos Moran, José Ary e Roberto Simonal. Influenciado por conjuntos vocais da época, como The Platters e The Four Aces, todos cantavam, além de tocar os instrumentos. A ideia para o nome do grupo veio da gíria "garoto enxuto", que na época significava pessoa legal, sofisticada. Sem uma tradução perfeita, o jeito foi improvisar. Edson Bastos, que ensinou alguns acordes de violão e piano a Simonal, tocava guitar-

---

[1] Depoimento de Marcos Moran (intérprete), Rio de Janeiro, 13/11/2008.

ra, mas aceitou trocar seu instrumento pelo contrabaixo para deixar a vaga para o amigo.[2] O grupo chegou a fazer teste junto com Roberto Carlos na Columbia, mas foi rejeitado com a justificativa de que já havia um grupo vocal de sucesso, Os Cariocas. Sempre na Zona Sul, onde os laços musicais foram criados na época do exército, Simonal tinha problemas para voltar depois dos shows para o subúrbio. Cansado, deitava-se na areia da praia e só acordava com o sol batendo no rosto. Na maior parte das vezes, ficava acordado até de manhã, rodando pelos bares até o dia amanhecer, quando a condução se tornava acessível.

Nessas andanças, é provável que tenha perambulado por vários bares e boates onde havia shows ao vivo. Na virada das décadas de 1950/1960, ainda havia várias dessas boates na noite carioca, especialmente em Copacabana. O Rio de Janeiro ainda mantinha o glamour de capital do país e a Zona Sul era o ponto de encontro dos grã-finos, deputados e senadores da república. Era comum o flerte dos poderosos com as vedetes, cantoras e dançarinas das boates. O próprio vice-presidente João Goulart teve um relacionamento tempestuoso com a cantora Maysa.[3]

Mais do que qualquer outro bairro, Copacabana era o ponto de concentração dos boêmios da *high society* que batiam ponto nos bares em conversas regadas a muito uísque. Também não faltavam boates, como a Arpège, na rua Gustavo Sampaio, a Fred's, na esquina da Princesa Isabel e Atlântica, onde hoje fica o hotel Meridien. Na rua Princesa Isabel ficavam as boates Sacha's, Havaí, Texas e Drink. O cantor Cauby Peixoto chegou a ser dono desta última, em meados da década de 1960, e muitas vezes deu canja junto com seus irmãos Araken e Andyara Peixoto.[4] Não muito longe dali ficava o Beco das Garrafas, num canto da rua Duvivier, entre as avenidas Nossa Senhora de Copacabana e Atlântica. Segundo reza a lenda, a Bossa Nova teria surgido nesses bares e boates, nos quais músicos como Tom Jobim, Johnny Alf e Newton Mendonça se apresentavam noites afora antes e depois da fama. A maior parte das boates se localizava no perímetro

---

[2] Edson Bastos (músico), Rio de Janeiro, 10/11/2008.
[3] Ronaldo Bôscoli, *Eles e eu: memórias de Ronaldo Bôscoli*, Rio de Janeiro, Nova Fronteira, 1994, p. 175-185.
[4] Ver especialmente o capítulo "Um drink com Cauby" em Rodrigo Faour, op. cit.

imaginário das ruas República do Peru, Barata Ribeiro, Princesa Isabel e avenida Atlântica. Mas toda a orla era tomada por bares e cabarés. O escritor Ruy Castro contou perto de sessenta desses bares ao longo da orla carioca, fonte eterna de curtição e bebidas entre os anos de 1954 e 1964.[5] Foi nessa época que Simonal começou a estabelecer seus contatos com aqueles artistas refinados e boêmios, núcleo da Bossa Nova e da MPB. Mas antes de ser bossa-novista, Simonal foi um discípulo do rock.

Não havia muita possibilidade de escolha. Toda oportunidade era abraçada com unhas e dentes. O rock proporcionava um meio interessante e a juventude parecia como que tomada pela novidade. Havia boatos de que a nova música transformaria pacatos jovens em rebeldes sem causa. Mas no Brasil não houve sinal de atos semelhantes ao que acontecera em alguns cinemas americanos, nos quais a "juventude transviada" promoveu atos de vandalismo depois da exibição de filmes de Marlon Brando, James Dean e Elvis Presley, os astros da época. Quando estes filmes e discos chegaram aqui, o máximo que causaram foram o rebuliço, a moda e a paixão pelo novo som americano. Antes mesmo da Bossa Nova, que surgiu na virada de 1958 para 1959, o rock já arrebanhava a juventude, do subúrbio à orla carioca. Tim Maia, Roberto Carlos, Jorge Ben, Erasmo Carlos, Luiz Ayrão, os irmãos Paulo César e Renato Barros (futuros Blue Caps), Luiz Carlos e Liebert Ferreira (futuros The Fevers), então ainda adolescentes, foram sugados pela maré do rock americano. E, com eles, grande parte da juventude. Com Simonal não foi diferente.

Integrou o Quinteto Guarany, que fazia bailes em clubes da Zona Sul, especialmente em Botafogo. Cantou também no conjunto de Alda Pinto Bastos, diretora do Conservatório Brasileiro de Música. Mas as dificuldades continuavam. Sem ter onde dormir, Simonal dependia dos vários amigos. Algumas vezes, parceiros de banda o abrigavam. Edson, o parceiro da Dry Boys, costumava levá-lo escondido para casa, para não desagradar os outros moradores do prédio, que não viam com bons olhos o amigo negro. O colchonete era duro e o quarto muito quente, mas era melhor do que

---

[5] Ver mapa com a localização das principais boates da orla carioca em 1950/1960 em Ruy Castro, *op. cit.*

dormir na praia. Além do problema de transporte, Simonal também tinha dificuldades de se vestir adequadamente para as apresentações e não foram poucas as vezes em que os amigos ou o irmão Roberto lhe emprestaram camisas e calças para que não destoasse do conjunto. Apesar dos contratempos, o amigo de banda Lourival Santos lembra que Simonal causava uma boa impressão nos clubes de Botafogo, frequentados pelas principais mocinhas do bairro que buscavam as novidades americanas:

> Era um deus-nos-acuda no dia que Simonal cantava. Ele era o único que sabia cantar em inglês, e quando ele faltava tinha que colocar o Marcos Moran, mas não era a mesma coisa. Sei lá, faltava o balanço e um pouco daquela irreverência com que Simonal tratava as garotinhas. [Apesar das roupas emprestadas] ele ficava à vontade mesmo. Quem visse o jeitão dele pensava que aquela camisa era feita sob medida e que atrás dela tinha outras vinte. Pura cascata, mas cascata feita com muito charme.[6]

Nessas andanças pelos clubes e grupos de rock Simonal esbarrou com Carlos Imperial, ainda no final da década de 1950. Nascido em 1935 na cidade de Cachoeiro de Itapemirim, Espírito Santo, a mesma cidade natal de Roberto Carlos, Carlos Eduardo Corte Imperial era de família rica. O imponente sobrenome veio de seu avô, que recebeu de Dom Pedro II o título de "moço da corte imperial", por ter hospedado o imperador em sua casa, em Salvador.[7] Homem de muitas influências, trocou as certezas da vida da elite econômica para se integrar ao meio artístico e começar do zero. Começou como dançarino e logo conseguiu, por meio das amizades importantes, um programa de televisão. Na década de 1950, poucos tinham um aparelho em casa e a programação estava voltada para a pequena parcela da elite capaz de gastar uma pequena fortuna por aquela maravilha tecnológica.

E o que os jovens ricos queriam ver? A novidade daquele período: o rock de Bill Haley, Jerry Lee Lewis, Elvis Presley, The Platters, Buddy Holly, Chuck Berry e Ritchie Valens. Imperial percebeu que havia demanda por parte da

---

6 "Simonal: no tempo do rei do rock", *Jornal do Brasil* (26/2/1970), Caderno B, p. 5.

7 Denilson Monteiro. *Dez! Nota dez!: Eu sou Carlos Imperial*. São Paulo: Matrix, 2008, p.15.

juventude e criou o programa Clube do Rock, que ia ao ar às terças-feiras, às 12h45 da tarde, na TV Tupi. Começou então a correr atrás de artistas novos, adolescentes ainda, para fazer covers dos originais americanos em seu programa. Um destes grupos foi o The Sputniks, formado por quatro integrantes, quatro cantores e dois violões: os mais habilidosos eram Sebastião Maia, futuro Tim Maia, e Roberto Carlos.

A primeira vez que Imperial viu Simonal foi através do amigo Sérgio Ryff, que tinha um conjunto que só tocava música americana. Quando chegou estava tudo pronto, mas o cantor se atrasara um pouco. Ao chegar, foi muito simpático e cantou muito bem. Imperial achou estranho o inglês do rapaz : "Eu só não entendia bem o inglês dele, porque em todas as músicas ele repetia: Hey, Mister Jones! Hey, Mister Smith! Mas era agradável." Quando acabou a audição, Simonal pediu carona a Imperial e durante a conversa este prometeu que lhe daria uma chance na televisão.

Meses mais tarde, os grupos de Roberto Carlos, Tim Maia e também o de Wilson Simonal terminaram. Imperial, então, contratou os três como artistas individuais. Além do programa, os jovens passaram a fazer shows organizados por Imperial. Numa jogada promocional ele os apresentava, respectivamente, como o Elvis Presley, o Little Richard e o Harry Belafonte brasileiros.

Simonal não costumava andar com as pessoas do próprio bairro. Mesmo quando começou a fazer rock com Imperial, nenhuma das amizades morava tão longe quanto ele. Tim e Erasmo moravam na Tijuca; Jorge Ben, no Rio Comprido; Roberto Carlos, em Lins de Vasconcelos; o núcleo de Renato & Seus Blue Caps, Paulo César e Renato Barros, em Piedade; Luiz Carlos e Liebert, no Méier. E o ponto de encontro de todos esses jovens era um bar na esquina da rua Haddock Lobo com a rua do Matoso, na Tijuca.[8] Sempre um alienígena, ninguém morava tão longe quanto Simonal.

Vendo as necessidades do rapaz, Imperial resolveu contratá-lo como secretário. Assim ele não ficaria tão dependente das longas viagens e dos

---

[8] Ver o capítulo "Little darling: Roberto Carlos e a turma do subúrbio", in Paulo Cesar de Araújo, *Roberto Carlos em detalhes*, São Paulo, Planeta do Brasil, 2006.

bicos humilhantes que arrumava. Outro fator positivo era que ele teria presença garantida nos shows organizados por Imperial, aos quais algumas vezes não conseguia chegar, pois ficava preso no trabalho. Para facilitar ainda mais as coisas, Imperial lhe permitiu dormir no seu escritório quando precisasse. Fazia cobranças, respondia cartas, organizava shows, agendava testes, produzia programas.

Na opinião dos mais velhos, o rock era uma moda passageira, furor temporário da juventude "rebelde sem causa". E realmente parecia que isso era verdade. No final dos anos 1950, o rock entrou numa maré baixa. Os heróis fundadores do novo estilo sumiam do mapa. Elvis foi servir o exército em março de 1958; Little Richard "encontrou" Deus e virou pastor evangélico; Jerry Lee Lewis foi execrado depois que revelou um romance com a prima de 13 anos; Chuck Berry foi preso acusado de gerenciar uma casa noturna com menores; Buddy Holly e Ritchie Valens morreram em um acidente de avião em fevereiro de 1959.[9] Sem patrocínio, o programa Clube do Rock saiu do ar e o apresentador Carlos Imperial resolveu viajar para o exterior. Seus pupilos ficaram meio desorientados, sem rumo. Parecia o fim de um sonho, o início do desespero.

Então, cada um resolveu seguir o próprio caminho. Jorge Ben tentou se tornar jogador de futebol, chegando até a conseguir uma vaga para treinar no time juvenil do Flamengo, o que Erasmo Carlos não obteve, depois de um fracassado teste no América carioca.[10] Roberto Carlos continuou ligado à música, mas, assim como tantos outros de sua geração, ficou fascinado com o violão e a voz de João Gilberto. Com um estilo cool parecido com o baiano, Roberto Carlos arranjou emprego fixo na boate Plaza em Copacabana, na rua Princesa Isabel, sinônimo de vanguarda e renovação musical na noite carioca. Tim Maia foi para os Estados Unidos, aos 17 anos, conhecer de perto aquela onda que parecia estar acabando. Quem se deu pior foi Simonal, que não encontrou outro emprego ligado à música ou ao futebol. Arranjou então um bico em uma pequena empresa como cobrador.

---

[9] Idem, p. 61.
[10] Idem, p. 58.

SIMONAL E O IMPÉRIO DO ROCK

A orfandade dos cantores do subúrbio não duraria muito. Quando Imperial voltou, em meados de 1959, continuou tentando emplacar os afilhados. Levou Roberto Carlos a várias gravadoras com o intuito de gravar um disco e assim lhe abrir as portas artísticas. Depois de ignorado muitas vezes, Imperial conseguiu que a Polydor produzisse o primeiro compacto do rapaz. O disquinho com duas faixas trouxe ao público um grande... imitador de João Gilberto. Mais um. Só que este, por ser suburbano, nem conseguiu entrar no seleto grupo bossa-novista que se reunia no apartamento à beira-mar de Nara Leão. E se Roberto virou o João Gilberto do subúrbio, Simonal estava numa pior.

Por sorte, uma das primeiras dívidas que foi cobrar era do próprio Imperial, recém-chegado. Era uma conta de boate que ele havia pendurado e se esquecido de pagar. Com a sorte de seu lado ao reencontrar o amigo, Simonal passou a ajudar Imperial no novo emprego na TV Continental. Era um assistente exemplar. Chegava ao meio-dia, lia todas as cartas, arquivava-as, recebia discos da gravadora, selecionava os candidatos que iriam para o teste final, era bastante cuidadoso com tudo. Mostrando tamanha eficiência, Imperial voltou a se afeiçoar ao rapaz.

Na tentativa de ajudar, Imperial forçava a barra e não foram poucas as vezes em que tentou convencer os amigos poderosos a ouvir o cantor. Simonal quase morria de vergonha com os exageros:

> Um dia Imperial deu um jantar na casa e, de repente, na frente de uma porção de caras que eu não conhecia, jornalistas e outros mais, ele disse: "esse cara que está aí é o maior cantor do Brasil. Vamos lá, Simona. Canta um negócio para eles ouvirem." Não precisa nem dizer que minha voz quase nem saiu. Imperial porém insistia.[11]

Foi como "rei do rock" que Simonal foi para a Rádio Nacional fazer um teste, levado por Imperial. Passou a ganhar um salário fixo para fazer apresentações nos estúdios. Naquela época, as rádios tinham orquestras e cantores que realizavam ao vivo as músicas mais desejadas pelo público. Como a "moda" do rock não acabava, apesar do aparente declínio no

---

[11] "Simonal: no tempo do rei do rock", *Jornal do Brasil*, (26/2/1970), Caderno B, p. 5.

final da década de 1950, Simonal tornou-se um dos cantores de rock prediletos dos ouvintes. Foi nessa época que a carreira começou a gerar alguns frutos.

Pouco antes de entrar para a Rádio Nacional, Simonal conheceu aquela que seria sua futura mulher, Teresa Pugliesi, uma moça jovem, bonita, loura, baixa e magra. Era ainda o período de dureza, e quando a conheceu Simonal tinha no máximo quatro calças, outras tantas camisas e um sapato de lona. Com o dinheiro da Nacional ele começou a se virar pela Zona Sul, mas vivia duro. Como lhe sobravam as noites livres, especialmente as madrugadas, resolveu tentar a sorte naquelas boates por onde tanto perambulara. Andava de uma em uma, perguntando se o cantor havia faltado e se poderia dar uma canja, em troca do jantar e de uma possível vaga.

Certo dia, o baterista de um grupo faltou na boate Mittle; polivalente, Simonal pegou as baquetas, dizendo-se integrante da banda Renato & Seus Blue Caps e indicado por Imperial. Após o show, o então dono da boate foi reclamar: "Puxa, Imperial, aquele baterista do tal de Blue Caps é o pior do mundo." O baterista original do grupo era Claudinho, um dos bons da praça, sabia Imperial. Foi quando o dono da boate, enfezado, disse: "Aquele crioulo é muito metido a besta. Chegou aqui para substituir o baterista, tocou mal e ainda comeu dois pratos de comida." Imperial logo percebeu: "crioulo", "botando banca" e comendo pelo almoço e jantar só podia ser um.

Se ele de fato não nasceu para as baquetas, quando cantava ninguém tinha vez. Deu muita canja na Dominó, pertinho do famoso Beco das Garrafas, se entrosando entre os bossa-novistas e garantindo o jantar. Até que um dia, levado por Marco Moran, Simonal deu uma canja na Drink e foi contratado. Cantava ao lado dos músicos Miltinho, Djalma Ferreira e Silvio César:

> Aí eu senti que podia ficar por cima. Eu já tinha no currículo a televisão, a fonte da [Rádio] Nacional. Na Drink tocava jazz, "Georgia on My Mind", meio no estilo do Ray Charles, e na Nacional mandava rock, no clima da moçada. A grana subiu porque eu ganhava 25 contos no Drink, e soma aí mais uns trocados que eu conseguia nos bares e eu podia até esticar algum para minha mãe, que ainda era empregada doméstica.[12]

---

[12] Idem.

Mesmo ganhando seus trocados, Simonal não conseguia se livrar dos preconceitos. Certa vez, cantava na Drink quando percebeu que a namorada estava do lado de fora. Ela não podia entrar pois era menor de 21 anos. No intervalo, foi até a entrada da boate para vê-la. Foi quando parou um carro de polícia e o que aconteceu chocou a então namorada Teresa:

> Um homem saltou dizendo: "Documento, crioulo!" Simonal então pediu que eles esperassem pois iria pegá-los dentro do camarim. Eles não quiseram conversa e levaram Simonal com cara de quem me tinha feito um grande favor. Afinal, eu era uma loura e estava com um crioulo.[13]

Imperial continuava tentando colocar Simonal em uma gravadora, como havia feito com Roberto Carlos. Em algumas, não passou da porta. Em outras foi censurado na apresentação. Quando acabou de fazer o teste na gravadora Copacabana, o diretor artístico da empresa deu-lhe um disco dizendo: "Leve esse disco para casa, ouça e aprenda a cantar." Simonal pensou em parar, mas diante dos incentivos do mestre, que o divulgava como o melhor cantor do Brasil, ele se sentia novamente animado.

Ainda no primeiro semestre de 1961, Simonal dormia profundamente pela manhã, como quase sempre fazia, só acordando depois do meio-dia. De repente, pancadas fortes na porta: era Imperial chamando-o para mais um teste, desta vez na Odeon. Ele ainda tentou argumentar que estava rouco, mas não conseguiu escapar.

Ao contrário do que acontecera em todas as outras oportunidades, sua voz agradou muito o diretor comercial da companhia, J. Ribamar, que prometeu integrá-lo ao rol da gravadora. Depois de esperar quase seis meses "na geladeira", Simonal gravou um compacto (78 RPM) em 24 de novembro de 1961, cantando o calipso "Biquínis e borboletas", de Fernando César, e o cha-cha-chá "Teresinha", de Carlos Imperial, uma homenagem à namorada do cantor.

Finalmente o sonho de tornar-se cantor profissional, com disco e tudo, se tornava realidade.

---

[13] Idem.

Capítulo 7

"CADA UM TEM O DISCO QUE MERECE"
OU ALGUNS DISCOS SÃO DIFÍCEIS DE QUEBRAR

"Temos ódio e nojo à ditadura. Ódio e nojo!"
(Ulysses Guimarães em discurso no dia da Promulgação da
Constituição de 1988)

"Começo a entender o porquê da reação dos jovens, o porquê de suas atitudes, o porquê de seu protesto. Com relação à música brasileira, os jovens têm protestado muito. Mas, observem, são estranhos os caminhos que percorre a nossa música popular. Estranhos? Às vezes chega a me parecer contrassenso!"[1]
(Wilson Simonal)

Era uma terça-feira, 4 de outubro de 1988. Naquele dia de primavera os ventos sopravam a favor da redemocratização. Não eram mais "as flores vencendo o canhão", como desejara Vandré em 1968. Mas definitivamente aquela onda parecia irreversível, tamanho o engajamento da sociedade. Depois de 21 anos subordinado a uma Constituição autoritária, a de 1967, o povo brasileiro esperava ansiosamente pela proclamação da nova Carta.

Entre as flores daquela primavera estava o deputado Ulysses Guimarães, que embora tenha apoiado o golpe e as primeiras medidas do governo

---

[1] Disco *Show em Si... monal*, gravado ao vivo no Teatro Ruth Escobar em 24/7/1967. Na faixa 3 Simonal conversa com o público presente antes de iniciar uma canção.

militar em 1964, logo se notabilizou na luta contra o regime.[2] Ao longo dos anos 1970/1980 foi um dos principais artífices da aliança entre as forças liberais e as esquerdas que gradualmente se reintegravam aos mecanismos institucionais. Ulysses é um dos raros casos de um conservador que se tornou progressista:

> *Veja*: Sendo reformista, não seria mais adequado ao senhor o rótulo de conservador inteligente?
> *Ulysses Guimarães:* Conservador não. Tenho horror a essa palavra. Se me declaro conservador não me elejo...[3]

Suas lutas pela redemocratização foram essenciais para o desabrochar daquela primavera. No final dos anos 1970, defendeu a anistia aos presos políticos. Em 1984, lutou pela aprovação da emenda "Dante de Oliveira", que estabeleceria a eleição direta para presidente no ano seguinte. Embora sem sucesso, a mobilização gerada no seio da sociedade em torno da defesa da emenda levaria à promulgação da Constituição quatro anos mais tarde.

---

[2] Tanto ele como Tancredo Neves, outro político frequentemente louvado como artífice da *abertura democrática*, estiveram ligados aos dois golpes contra o governo João Goulart, o primeiro em 1961 e o segundo em 1964. Durante a curta experiência parlamentar (1961-1963), solução conciliatória com os golpistas, Ulysses foi ministro da Indústria e Comércio; Tancredo foi primeiro-ministro. Mais tarde, quando João Goulart retomou os poderes presidenciais, em 1963, os dois políticos engajaram-se na autoproclamada "Rede da Democracia". Tratava-se da unificação política da oposição sob uma cadeia de rádio que visava culpar Goulart por todos os males do país. Os donos das rádios Globo, Jornal do Brasil e Tupi, contrários aos discursos de Leonel Brizola vinculados pela Rádio Mayrink Veiga, se uniram em tal empreitada. Brizola conseguiu angariar opositores poderosos e influentes com seu discurso em defesa das reformas do presidente, especialmente entre aqueles ligados ao PSD, como Tancredo e Ulysses. Os opositores do presidente bradavam pela democracia, mas apoiaram o golpe que instaurou a ditadura em 1964. Logo após o golpe Ulysses juntou-se aos que queriam mutilar os direitos políticos dos envolvidos no governo Goulart. Sugerida por Julio Mesquita Filho, proprietário do *Estado de S. Paulo*, a lista dos cassáveis foi apoiada pela fina flor do liberalismo brasileiro, incluindo Ulysses Guimarães, e contou com apoio até do cardeal do Rio de Janeiro, d. Jaime de Barros Câmara. Para o golpismo de Ulysses Guimarães, ver Jorge Ferreira, "A estratégia do confronto: a Frente de Mobilização Popular", in *Brasil: do ensaio ao golpe (1954-1964)*, Revista Brasileira de História, ANPUH, vol. 24, nº 37, jan.-jun. 2004; para o apoio à lista de Julio Mesquita, ver Elio Gaspari, *A ditadura envergonhada*, São Paulo, Companhia das Letras, 2002, p. 122.
[3] *Veja* (2/1/1980).

"CADA UM TEM O DISCO QUE MERECE" 195

Em 4 de outubro de 1988, Ulysses discursou como presidente da Câmara dos Deputados. Era o auge de sua carreira política. A promulgação da Constituição estava sendo transmitida ao vivo pela televisão e seu discurso foi muito bem recebido. Ulysses parecia falar para uma plateia de eternos democratas no Congresso, que o aplaudiam a cada pausa. Nas casas de milhões de brasileiros, pela televisão, seu discurso parecia ressoar a vontade das multidões. Exaltado, bradava pela defesa da democracia e repudiava os horrores da ditadura:

> Quando, após tantos anos de lutas e sacrifícios, promulgamos o Estatuto do Homem, da Liberdade e da Democracia bradamos por imposição de sua honra: *temos ódio e nojo à ditadura. Ódio e nojo.* Amaldiçoamos a tirania onde quer que ela *desgrace homens e nações*, principalmente na América Latina.[4]

Em meia hora de discurso foi aplaudido 59 vezes![5] Suas palavras diretas eram louvadas por aqueles que queriam se desligar do legado de um governo ditatorial. E eram quase todos os que queriam se desvencilhar das armadilhas do passado, alguns por oportunismo político. Mas a maioria se viu levada por aquela primavera em que novas esperanças brotavam junto com renovadas lideranças. Curiosamente, no entanto, a mesma maioria que bateu palmas para o Ulysses "democrata" também bateu palmas para o Ulysses golpista de 1964, soldado da luta contra o "comunismo".

De maneira geral, em países democráticos há extrema dificuldade em compreender as ditaduras, quase sempre entendidas como períodos de "exceção". Frequentemente faz-se silêncio sobre o apoio das sociedades ditas "democráticas" a governos autoritários. Se consultarmos a bibliografia encontraremos discrepâncias gritantes. Por exemplo, a famosa passeata dos "Cem mil" de 1968 é muito mais mencionada do que o milhão de pessoas que participaram das marchas "da família com Deus

---

[4] *Jornal do Brasil* (5/10/1988), p. 1-3. O discurso de Ulysses Guimarães foi publicado na íntegra em grande parte dos jornais no dia seguinte à promulgação, sob o título de "A persistência da Constituição e a sobrevivência da Democracia" (grifo meu).
[5] *Jornal do Brasil* (5/10/1988), p. 2; *Jornal do Brasil* (30/1/2005), Revista Domingo, Coluna DomingoListas (de Lula Branco Martins).

pela liberdade" comemorativas do golpe de 1964.[6] O partido dos militares, a ARENA, autoproclamado o maior partido do Ocidente, só veio a ser estudado por uma tese acadêmica muito recentemente.[7] Reflexões, memórias e biografias são oriundas com mais frequência de setores que se opuseram ao regime. Mais importante do que o número de obras que se identificam com a oposição ao governo militar, fato é que a receptividade dessas obras pela sociedade foi muito boa, desde o início da Anistia, quando as primeiras memórias de ex-guerrilheiros começaram a ser publicadas.[8]

Frequentemente as sociedades que se autoproclamam democratas têm dificuldade de expor suas faces autoritárias. O Brasil não está sozinho. O ex-presidente francês Charles de Gaulle escreveu cinco volumes de memórias nas quais exalta a grandeza do exército francês e sua indissociável ligação consigo próprio, heroico líder da Segunda Guerra. Mas quando se trata de analisar os mecanismos políticos a que recorreu para desmontar a associação dos militares franceses com a extrema direita, a repressão política e o colonialismo na Argélia, tudo somado não preenche mais que dez páginas.[9] Aliás, além do envolvimento na repressão à Argélia, a França ainda encontra dificuldade em assimilar sua colaboração com o nazismo.[10]

---

[6] Ao referir-se à oposição ao regime no ano de 1968, o jornalista Franklin Martins caracteriza-o como um "movimento de massas". Se cem mil pessoas configuravam um movimento de massa, o que dizer do milhão que apoiou a queda de Goulart? Franklin Martins, "Prefácio", in Carlos Eugênio Paz, *Viagem à luta armada*, Rio de Janeiro, Civilização Brasileira, 1996, p. 12.

[7] Lucia Grinberg, *Partido político ou bode expiatório: um estudo sobre a Aliança Renovadora Nacional (ARENA)*, 2004, tese de doutorado, UFF, Niterói, 2004.

[8] "As letras da Anistia", *Veja* (13/8/1980), p. 78-79.

[9] Charles de Gaulle, *Mémoires d'espoir*, tomo I: Lê Renouveau 1958-1962, apud Elio Gaspari, *A ditadura envergonhada*, São Paulo, Companhia das Letras, 2002, p. 38.

[10] Recentemente, autores franceses vêm problematizando a *resistência* francesa durante a Segunda Guerra. Dentre eles destacamos: Pierre Laborie, *Les Français des années troubles. De la guerre d' Espagne à la Liberation*, Paris, Seuil, 2001; Pierre Laborie, *L'opinion française sous Vichy. Les Français et la crise d'identité nationale, 1936-1944*, Paris, Seuil, 2001; Marc Olivier Baruch, *Le regime de Vichy*. Paris, La Decouverte, 1996; Pierre Laborie, *Une poignée des miserables: L'épuration de la société française après la Seconde Guerre Mondial*, Paris, Fayard, 2003; Laurent Douzou, *La résistance française: une histoire périlleuse*, Paris, Seuil, 2005; Laurent Douzou, *La résistance française: une histoire périlleuse*, Paris, Seuil, 2005.

"CADA UM TEM O DISCO QUE MERECE"

Como punir toda uma sociedade por se engajar numa ditadura? Isso seria inviável. Como punir os alemães, por exemplo, por terem apoiado Hitler? A saída para os vencedores da Segunda Guerra foi punir os "cabeças" nazistas. Condenar os chefões do Terceiro Reich à pena de morte foi a forma encontrada pelos vencedores de *purgar* o *pecado* alemão de ter mordido a maçã nazista.[11] O nacionalismo francês também *purgou* seu *pecado*, mas de forma diferente. Construiu para si uma memória heróica da *resistência* contra o nazismo, apagando as lembranças de colaboracionismo indesejadas.

* * *

O consenso em torno da imagem *traidora* de Wilson Simonal *purga* a sociedade brasileira, e especialmente os artistas de música popular, de suas relações com o regime. E se Simonal é o bode expiatório da memória, cabe perguntar: qual foi o *pecado*?

No início da década de 1970 começou a circular no meio artístico a notícia de que ele era um informante dos órgãos da ditadura. Segundo o boato, Simonal seria o *traidor* de toda uma geração que nascera musicalmente se opondo ao regime militar. O *pecado* que o condena às notas de rodapé dos livros sobre música popular é o de ter sido *dedo-duro*. O produtor Luiz Carlos Miéle discorda do boato:

> Dizem também que o Simonal apontou uma série de artistas de esquerda. Mas qual era a surpresa em dizer que Chico Buarque, Geraldo Vandré etc. eram artistas de esquerda? Não havia novidade nisso, eles eram todos militantes explícitos. Mas o Simonal era muito prepotente, e essa prepotência acabou com ele.[12]

---

[11] O Tribunal Militar Internacional, em 1946, condenou 12 chefes nazistas à pena de morte: Göring, Ribbentrop, Keitel, Kaltenbrunner, Rosenberg, Frank, Frick, Streicher, Sauckel, Jodi, Bormann, Seyss-Inquart. Dois *carrascos* foram punidos com a prisão perpétua: Hess e Raeder. Quatro foram punidos com prisões com penas variadas. Apenas dois foram absolvidos: Franz von Papen e Hans Fritzsche. Leo Kahn, *Nuremberg: epílogo da tragédia*, Rio de Janeiro, Renes, 1973, p. 146-147.
[12] Luiz Carlos Lisboa, *Luiz Carlos Miéle* (Coleção Gente), Rio de Janeiro, Universidade Estácio de Sá/Ed. Rio, 2002, p. 105-106.

Sintomaticamente esse boato se tornou um *mito* no imaginário da sociedade brasileira, mesmo entre os que não conhecem a obra de Wilson Simonal. No entanto, poucos se lembram como os rumores surgiram. Aliás, isso é muito próprio do mito: ele já se apresenta pronto. O mito nunca surgiu, ele já é um dado por si só, não interessando o que o tenha gerado. Nesse sentido, o boato/mito não tem prazo de validade, pois gera um conjunto de respostas socialmente desejáveis no presente. No caso de Simonal a resposta é o repúdio aos horrores e arbítrios da ditadura.

Concordo com Alessandro Portelli[13] quando ele diz que o *mito* não é uma história falsa ou inventada, mas uma história que se torna significativa na medida em que passa a ser compartilhada e se torna símbolo de autorrepresentação de uma cultura. Porém, isso não significa que essa "dimensão mítica" tenha apenas um significado: "Um mito não é uma narrativa unívoca, mas uma matriz de significados, uma trama de oposições: depende, em última análise, de o individual ser ou não percebido como representativo do todo, ou como uma alternativa para o todo."[14]

Nesse sentido, o período da ditadura brasileira está repleto de *mitos*. Um desses mitos é a morte de um estudante em 1968. Frequentemente essa morte é colocada como um dos eixos das narrativas sobre a radicalização política daqueles anos, e a maioria dos livros que tratam do movimento estudantil em 1968 aborda este "fato". É interessante perceber que a morte de Edson Luis possui variações, mas seu poder mítico se mantém. Apesar de discordarem das circunstâncias da morte, todos os autores a tomam como ponto de inflexão das lutas daquele ano, caminho sem volta que levou à radicalização política e ao choques com o regime. Para H. Almeida a morte ocorreu "durante uma pequena passeata"; Daniel A. Reis afirma que Edson foi morto dentro do restaurante Calabouço durante a invasão dos policiais, versão corroborada por Zue-

---

13 Alessandro Portelli, "O massacre de Civitella Val di Chiana (Toscana, 29 de junho de 1944): mito e política, luto e senso comum", in M. Ferreira e J. Amado (orgs.), *Usos e abusos da história oral*, Rio de Janeiro, FGV, 1995.

14 Idem, ibidem, p. 123.

nir Ventura.[15] O importante aqui não é sabermos qual das versões está correta, mas *como* o "fato" da morte desse "indivíduo" foi apropriado pelo coletivo e por esses intelectuais. Nas narrativas sobre 1968, ele quase sempre aparece de maneira "mítica", servindo de senha para o levante estudantil.

E mais, chamo a atenção para a questão da grafia do nome do estudante. Reis escreve *Edson Luis*[16] e Almeida, *Édson Luís.*[17] Pode parecer um erro simples de datilografia, mas não o é. O nome de uma pessoa é uma das expressões máximas de sua "individualidade". E a razão de não haver uma preocupação com a grafia correta do nome do estudante pode estar ligada ao fato de que isso pouco importa dentro da função mítica que ele representa. Nesse sentido, o importante não é falar dos "indivíduos", mas da representatividade que eles têm para a memória coletiva. Portanto, tanto faz se Edson se escreve com ou sem acento gráfico. O nome dele não pertence mais a ele, mas à memória coletiva.

É incrível como cada autor escreve o nome de uma forma. Alfredo Sirkis escreve *Edson Luís*, da mesma forma que o músico Sérgio Ricardo.[18] Paulo Cesar de Araújo o escreve de forma diferente: *Edson Luiz.*[19] Mas seu sobrenome (de Lima Souto) quase nunca é citado pelos autores![20] Não interessa sabê-lo, pois o estudante não mais pertence à sua família "de sangue", da qual adquiriu o sobrenome, mas à família dos *resistentes* à ditadura. Assim, basta o primeiro nome. Os codinomes dos estudantes envolvidos na luta armada também não tinham sobrenome. O guerrilheiro Alfredo Sirkis se transformou em "Felipe"; Carlos Eugênio Paz, em "Clemente".

---

[15] M. H. T. Almeida e L. Weis, "Carro-zero e pau-de-arara: o cotidiano da oposição da classe média ao regime militar", in F. Novais (org. da coleção) L. Schwartz (org. do volume), *História da vida privada no Brasil: contrastes da intimidade contemporânea*, São Paulo, Companhia das Letras, vol. 4, 1998; Daniel Aarão Reis, "O ano mágico", in Daniel Aarão Reis e Pedro Moraes, *1968: a Paixão de uma utopia*, Rio de Janeiro, FGV, 1998, p. 14; Zuenir Ventura, *1968: o ano que não terminou*, Rio de Janeiro, Nova Fronteira, 1988, p. 98.
[16] Idem, op. cit.
[17] Almeida, op. cit., p. 330.
[18] Alfredo Sirkis, *Os carbonários: memórias da guerrilha perdida*, São Paulo, Global, 1980, p. 61; Sérgio Ricardo, op. cit., p. 207.
[19] Paulo Cesar de Araújo, op. cit., 2003, p. 37.
[20] São exceções a essa regra os textos de Aarão Reis e Gaspari. Daniel Aarão Reis Filho, op. cit., p. 14; Elio Gaspari, op. cit., p. 278 e 388.

Se o sobrenome do estudante morto raramente é lembrado pelas esquerdas, as direitas sequer dão importância à questão: é sintomático que nem seu primeiro nome seja citado por Ernesto Geisel em suas memórias.[21] Ele não faz parte das lembranças do ex-presidente pois não era representativo para a coletividade militar da qual o general-presidente fazia parte. Logo, não foi um dos marcos centrais e articulador de suas lembranças.

Sob o ponto de vista oposto, Zuenir Ventura escreveu um livro cujo capítulo que trata da morte do estudante é chamado de *Onde tudo começou*, para o qual colheu a seguinte epígrafe do então líder estudantil Vladimir Palmeira: "Foi o espetáculo mais impressionante que eu vi em minha vida."[22] Aliás, Zuenir prefere a grafia com acentuação nos dois nomes: *Édson Luís*. Os autores mudam, mas o sentido mítico da morte do estudante continua. Elio Gaspari escreve sem acento, *Edson Luis* (p. 388), mas o marco de um messias que dá a senha da revolta permanece: "O crime chocara o país. Era como se ele fosse *esperado* havia anos, uma senha de que chegara a hora de fazer alguma coisa."[23]

Não se trata aqui de apontar a diversidade da escrita do nome do estudante morto como um erro dos escritores mencionados anteriormente. Se os escritores cometeram um engano, cabe notar que esse engano passou por pelo menos três revisores, prática de praxe nas editoras. Também os corretores parecem não ter conseguido entrar num consenso sobre o nome. Não saberia dizer qual o nome correto, mas a própria imprecisão acerca do seu nome já diz algo sobre essa época: o estudante deixou de ser uma pessoa e transformou-se numa causa, um ponto catalisador de memórias.[24]

Outro episódio que serve de eixo *mítico* para muitas das narrativas do período é o discurso do jovem deputado Marcio Moreira Alves. Na manhã do dia 3 de setembro de 1968, o deputado da Guanabara subiu à tribuna para protestar contra a ocupação militar da Universidade de Brasília, ocor-

---

[21] Maria Celina d'Araújo e Celso Castro (orgs.), *Ernesto Geisel*, Rio de Janeiro, FGV, 1997.

[22] Zuenir Ventura, op. cit., p. 97.

[23] Elio Gaspari, op. cit., p. 282 (grifo meu).

[24] Todas essas reflexões sobre o nome do estudante morto foram inspiradas num trabalho de graduação em História da colega Priscila Azeredo, a quem agradeço o plágio.

"CADA UM TEM O DISCO QUE MERECE" 201

rida quatro dias antes e que resultou em diversos exageros por parte dos soldados. Tiros, espancamentos e prisões foram a tônica do curto discurso, de apenas dez minutos. Ousado, Marcio Moreira Alves sugeriu um boicote aos desfiles de 7 de setembro. Chegou a propor às mulheres dos militares que fizessem um boicote no leito conjugal, sugerindo que elas se espelhassem no exemplo das esposas de Atenas que, segundo o texto do grego Aristófanes, rejeitaram seus maridos para forçá-los a terminar a guerra com Esparta.[25]

O discurso foi curto e realizado numa manhã de poucos presentes no Congresso. Mas a confusão se instaurou quando chefes militares pediram a cabeça do deputado e a ordem foi vetada por seus pares congressistas. Marcio Moreira Alves havia apoiado o golpe de 1964 que decepou várias lideranças congressistas pró-Goulart. Ironicamente, em 1968 era ele que dependia das vozes democráticas. No entanto, esse fato é quase sempre por demais relativizado pelos pesquisadores. Dentre eles, Zuenir Ventura abrandou:

> Embora tivesse apoiado o golpe de 64, Marcito, logo depois, por ocasião do AI-1, tornou-se um dos mais aguerridos militantes da oposição parlamentar. O seu livro *Tortura e torturados*, a primeira denúncia no gênero depois do golpe, já tinha atraído para si a ira dos militares e uma proibição.[26]

É curioso como alguns personagens conseguem ser rapidamente reabilitados pela memória da *resistência*. Simonal não teve a mesma chance.

Muitos pesquisadores viram no discurso de Moreira Alves um pretexto para a promulgação do AI-5, que fechou o Congresso alguns meses mais tarde.[27] E se o discurso fora breve demais, para a memória coletiva forjada nos anos seguintes seus parcos minutos se multiplicariam em milhares de páginas que tomaram o episódio como um dos eixos explicativos da radicalização do regime.

---

[25] Paulo Cesar de Araújo, op. cit., p. 41.

[26] Zuenir Ventura, op. cit., p. 199.

[27] Paulo Cesar de Araújo diz que "o pretexto de que se valeu o presidente Costa e Silva para editar o AI-5 foi o que ficou conhecido como o 'caso Marcio Moreira Alves'". Araújo, op. cit., p. 41.

Segundo Elio Gaspari, a memória reproduz uma polêmica que não aconteceu de fato. Até alguns militares foram envolvidos pela força desproporcional que a história tomou sob o mito da *resistência*:

> [O general Jayme Portella], capturado pela própria fantasia, chegou a dizer em suas memórias, onze anos depois, que o discurso de Moreira Alves "havia sido publicado em toda a imprensa, servindo de manchetes, o que irritou as Forças Armadas, pelo destaque dado.[28] Além do registro da *Folha de S. Paulo*, nenhum jornal publicou uma só palavra. As manchetes, os destaques e a irritação, ele os providenciaria.[29]

Outros membros do governo, mais precisos nas suas memórias, expuseram de forma clara o que significou o episódio para a linha dura do governo. Delfim Netto foi claro: "O discurso do Marcito não teve importância nenhuma. O que se preparava era uma ditadura mesmo. Tudo era feito para levar àquilo."[30]

Outra mitificação muito comum na bibliografia acerca dos anos de recrudescimento da ditadura é a mitificação do ano de 1968. Mesmo os autores que vêem criticamente o legado daquela época parecem ter uma forte identidade com o número. Não à toa a referência ao ano está sempre cheia de significados marcantes. Daniel Aarão o chama de *O ano mágico* e *Paixão de uma utopia*.[31] Zuenir Ventura escreveu que 1968 foi *O ano que não terminou*.

Quase sempre a exaltação dos marcos da oposição vem junto com a naturalização de uma posição da *resistência*, na qual a sociedade é vitimizada.[32] A oposição é generalizada e o apoio ao regime minimizado. Ao disser-

---

28 Jayme Portella de Mello, "A Revolução e o governo Costa e Silva", p. 586, apud Gaspari, op. cit., p. 317.

29 Idem.

30 Antônio Delfim Netto, agosto de 1986 e maio e novembro de 1988. Apud Gaspari, op. cit., p. 339.

31 Na reedição do livro em 1998 há um prefácio novo intitulado "Trinta anos depois", em que o autor faz uma série de contrapontos à leitura eufórica e épica de 1968: "O que dizer de um movimento tão ambicioso mas incapaz de suscitar o ânimo de grandes maiorias, a não ser em momentos bem particulares e fugazes. Ora, a participação maciça era algo indispensável para efetivar muitas das mudanças preconizadas."

32 Gaspari vê a classe média "de joelhos". Gaspari, op. cit., p. 345.

tar sobre os debates do ano de 1968, Ventura reproduz esse ponto de vista reconstruído pela memória:

> Os temas eram infindáveis, tanto quanto a duração dos debates. Mais do que discutir, torcia-se: pela vitória dos vietcongues, a favor ou contra as guitarras elétricas na MPB, por Chico ou Caetano, pela participação política dos padres e, claro, contra a ditadura.[33]

Claro? Era a oposição tão óbvia assim? As escritas *a posteriori* quase sempre são carregadas de generalizações e simplificações, especialmente no que concerne à participação da sociedade e suas relações com o regime. Diante disso, parte da bibliografia prefere demonizar a ditadura, e especialmente os anos do milagre econômico pós-AI-5, frequentemente associados a termos como "anos de chumbo",[34] "era do terror", "auge das torturas", "período negro"[35] de suplícios nos "porões da ditadura".[36]

Essa imagem começou a ser escrita logo no início da Abertura, quando o mercado editorial percebeu que as memórias de ex-guerrilheiros poderiam aumentar seu faturamento. E gradualmente criou-se uma imagem que polarizou sociedade e regime. Embora preciosos no que diz respeito ao testemunho de época, esses livros quase sempre apresentam interpretações controversas, como a de Reinaldo Guarany, ex-militante da ALN: "Todos nutriam uma grande antipatia pela repressão, até mesmo quando eram obrigados a aplaudir o Médici no Maracanã. Eu lucrava com isso."[37]

---

[33] Zuenir Ventura, op. cit., p. 75.

[34] Percival de Souza, *Autópsia do medo: Vida e morte do delegado Sérgio Paranhos Fleury*, São Paulo, Globo, 2000, p. 646. Em outras obras a referência ao *chumbo* está presente no título, muito embora se queira dar voz aos perdedores no campo da memória. Ver Maria Celina d'Araújo, Celso Castro e Gláucio Ary Dillon (orgs.), *Os anos de chumbo: a memória militar sobre a repressão*, Rio de Janeiro, Relume-Dumará, 1994.

[35] Gaspari chama o capítulo que instaura o AI-5 de "A missa negra": Gaspari, op. cit.

[36] O historiador Paulo Cesar de Araújo escreveu um capítulo cujo título é "Tortura de amor (Waldick Soriano e os porões da ditadura)", in Paulo Cesar de Araújo, op. cit., p. 69. Devo a análise das palavras ao texto de Daniel Aarão Reis, "Ditadura e sociedade: as reconstruções da memória", in Daniel Aarão Reis, Marcelo Ridenti e Rodrigo Patto Sá Motta (orgs.), *O golpe e a ditadura militar: 40 anos depois (1964-2004)*, Bauru, Edusc, 2004.

[37] Reinaldo Guarany, *A fuga*, São Paulo, Brasiliense, 1984, p. 77.

É problemático ver todo o Maracanã aplaudindo *forçadamente* o presidente Médici. Será que "todos nutriam uma grande antipatia pela repressão"? Quando se trata de um livro de memórias fica difícil cobrar outros olhares do autor, até porque o interessante de uma autobiografia é conhecer o ponto de vista pessoal. O problema se dá quando parte da academia incorpora tal visão sem fazer uma crítica do conceito de *resistência*.[38]

Por anos a fio os trabalhos acadêmicos giraram em função da oposição ao regime ditatorial. Assim, a balança da bibliografia sobre o período pesa mais para o lado da *resistência* ao regime, até porque essas obras tiveram grande receptividade na sociedade. Por mais relevantes que sejam, factual e criticamente, ao enfatizarem as guerrilhas e as diversas dissidências da oposição ao regime, essas obras retratam uma realidade bem reduzida: a das esquerdas comprometidas com a luta contra o governo. Embora de alto valor histórico, priorizam a realidade de uma pequena parte da população frequentemente associada aos meios universitários. Não à toa *tudo começou* com a morte de um... estudante. Os envolvidos diretamente na luta contra o regime nunca passaram de duas mil pessoas. É pouco se compararmos aos *90 milhões em ação* gritando "pra frente Brasil"![39]

Mais recentemente, algumas obras surgiram com o intuito de recuperar as histórias das direitas do país. Trabalho pioneiro foi a coletânea de depoimentos de militares sobre o fim da ditadura e a série de entrevistas realizadas com o ex-presidente Geisel pelos cientistas sociais Maria Celina d'Araújo e Celso Castro.[40] Aos poucos, estão surgindo obras que tentam dar conta da

---

[38] A problematização do conceito de *resistência* é feita em Paulo Cesar Araújo, *Eu não sou cachorro, não*: música popular cafona e ditadura militar, Rio de Janeiro, Record, 2002. Aline Alves Presot, *As marchas da família com Deus pela liberdade*, dissertação de mestrado, Programa de Pós-graduação em História Social, Universidade Federal do Rio de Janeiro, 2004; Carlos Fico, "'Prezada Censura': cartas ao regime militar", *Topoi 5* (setembro 2002), 7Letras, 2002, p. 251-286; Beatriz Kushinir, *Cães de guarda: jornalistas e censores, do AI-5 à Constituição de 1988*, São Paulo, Boitempo, 2004; Samantha Viz Quadrat, *A repressão sem fronteiras: perseguição política e colaboração entre as ditaduras do Cone Sul*, tese de doutorado, UFF, Niterói, 2005; Lucia Grinberg, *Partido político ou bode expiatório: um estudo sobre a Aliança Renovadora Nacional (ARENA)*, tese de doutorado, UFF, Niterói, 2004; Daniel Aarão Reis Filho, *op. cit.*
[39] Elio Gaspari, *op. cit.*, p. 352.
[40] Maria Celina d'Araújo e Celso Castro (orgs.), *op. cit.*; Maria Celina d'Araújo e Gláucio Ary Dillon, *op. cit.*

"CADA UM TEM O DISCO QUE MERECE" 205

participação da sociedade no regime. Os movimentos de direita estão sendo cada vez mais estudados.[41] O partido dos ditadores, a ARENA, e os "porões do regime" estão começando a ser vistos por dentro, apesar de todas as limitações.[42] A censura está sendo melhor compreendida, sem cair no mito do censor "idiota".[43] A procura de novas temáticas não impede, contudo, que uma história justiceira, que busca heróis e vilões, continue.[44]

O propósito aqui não é esse. Trata-se mais de problematizar as relações do período que de apontar o dedo para o vilão da próxima esquina. Nesse sentido, a mitificação também acontece na bibliografia musical. Os artistas associados ao conceito MPB são vistos dentro do imaginário da *resistência* ao regime.

O próprio termo MPB surgiu em 1965, um ano após o golpe militar de 1964, no calor do debate que tomou conta da canção popular especialmente entre os universitários e o público de classe média. Aliás, para grande parte dos escritores, a história da MPB é construída através de eixos centrais nos quais a música aparece como reflexo dos acontecimentos políticos[45]. Assim, a Bossa Nova já foi vista como legado da modernização de Juscelino Kubitschek. Carlos Lyra e Nara Leão foram muito elogiados ao transformar a herança da Bossa quando inovaram sua linguagem, incorporando temas políticos e promovendo contato com o samba de morro. Para vários escritores, a música antes elitizada buscava seus laços com o "povão"

---

[41] Aline Alves Presot, op. cit.; Samantha Viz Quadrat, op. cit.; Lucia Grinberg, op. cit.

[42] Percival de Souza, op. cit.; idem, *Eu, cabo Anselmo*, São Paulo, Globo, 1998.

[43] Carlos Fico, op. cit., 2002, p. 251-286; Beatriz Kushnir, op. cit.

[44] Obras como as do jornalista policial Percival de Souza preenchem várias lacunas acerca da repressão. Percival, no entanto, parece preocupado em desmascarar os "falsos heróis": "Não são apenas os porões que querem que nunca se saiba o que passou lá dentro. Há mais vergonhas, lado a lado com a covardia, a tibieza, a pusilanimidade, o embuste, a mentira. (...) O caminho da contextualização também é amargo porque em torno dele gravitam falsos heróis, pessoas que se dizem 'vítimas da repressão' e que mentem, sem pudor, como se fossem personagens importantes de momentos que na realidade nunca viveram." (p. 646-647). O ponto de vista de uma história positivista é esboçada por Percival, o que talvez explique a sua busca por heróis "reais": "Pronta a lista [de personagens a serem entrevistados para o livro], eu sabia que naquele círculo hermético estava a História. Dependeria exclusivamente de mim extraí-la, sem a ajuda de ninguém, sem contar com pesquisadores, porque esses personagens não são de conversar com desconhecidos" (p. 645). Percival de Souza, op. cit.

[45] Carlos Fico, op. cit., 2004, p. 75.

resistente, antecedendo os futuros embates com a ditadura. A música de protesto é quase sempre vista como um símbolo de uma geração acuada pelos "anos de chumbo" dos militares. Os tropicalistas, por sua vez, foram incorporados ao imaginário da MPB depois que foram exilados pelo regime. A classe média encontra dificuldade em contar a história dos anos de *terror* e *tortura* agravados pelo AI-5 sem lembrar de "Para não dizer que não falei das flores", de Geraldo Vandré, ou "Apesar de você" e "Cálice", de Chico Buarque e Gilberto Gil. À *abertura* política do final dos anos 1970 são relacionadas canções como "Novo tempo" (Ivan Lins) e "O bêbado e a equilibrista" (Aldir Blanc/João Bosco), esta última considerada, já na época, como o "Hino da Anistia".[46] Músicos ligados à MPB são identificados à oposição ao regime militar e dessa forma a memória preserva artistas associados a este projeto estético-político.

O jornalista Elio Gaspari reproduz esse ponto de vista no livro *A ditadura envergonhada*, de 2002. No capítulo "A Era de Aquarius" ele associa várias peças teatrais e canções aos acontecimentos da época. Valoriza as obras de *resistência* ao regime. As peças dirigidas por José Celso Martinez, *Roda viva* e *O rei da vela*, e o musical *Opinião* são descritos no intuito de demonstrar a cultura como um campo de oposição aos governos ditatoriais. Não se pode dizer que Gaspari seja um autor que reproduza uma história memorialista da *resistência*. No entanto, quando ele escreve sobre cultura, seus questionamentos sobre a bibliografia política são moídos pela roda da *resistência* e sua identidade cultural pesa muito, fazendo a oposição ao regime ser cantada mais alto.

A memória construída acerca da ditadura foi a memória daqueles que foram derrotados politicamente em 1964 e 1968. Aliás, muitos militares são unânimes em relatar que mesmo sendo vitoriosos em 1964 e, especialmente, contra a luta armada, foram derrotados em relação à memória histórica do período.[47] Como lembra Daniel Aarão Reis, as esquerdas derrotadas parecem ter conseguido impor uma memória que *vitimiza* a socie-

---

46 "Elis Regina: 'Nós vivemos num regime de 1500. São 3 ou 4 mandando'", *Repórter*, nº 18 (jun. 1979), p. 25.
47 Celso Castro, *Os militares e a memória do regime de 1964*, apud Elio Gaspari, op. cit., p. 278.

"CADA UM TEM O DISCO QUE MERECE"

dade perante o governo ditatorial.[48] Esta visão *vitimizadora* das esquerdas se configura tão hegemônica que é capaz de fazer com que grandes empresas de comunicação que apoiaram largamente o golpe de 1964 e a ditadura reformulem seus pontos de vista nos dias de hoje, passando a se identificar hipocritamente com a *resistência*. Aliás, na própria sociedade poucos são aqueles que não se reconhecem ou não se identificam com a *resistência* ao regime militar.[49]

O problema é que essa visão ao mesmo tempo vitimizadora e redentora das esquerdas não explica por que a ditadura se sustentou por tanto tempo. Em trabalho pioneiro, o historiador Daniel Aarão Reis demonstrou como essa memória começou a ser construída momentos após os conflitos decisivos dos anos 1960/1970. Logo após 1964 as esquerdas construíram para si a ideia de que foram surpreendidas pelo golpe. Parecem querer esquecer que o golpe também poderia ter vindo por parte dessas mesmas esquerdas, que raramente tinham algum apego à democracia senão de uma forma instrumentalizada.

Ao se referirem ao período, muitos membros depostos em 1964 silenciam-se sobre suas intenções golpistas. Por exemplo: na elipse de seu livro de memórias, o líder trabalhista Darcy Ribeiro, ligado à ala brizolista radical do PTB, escreveu que na tarde de 31 de março havia enviado "ordens incumpríveis" aos seus subalternos. O que Darcy Ribeiro "esqueceu" foi que as ordens, hoje vistas como "inexequíveis", eram para executar membros conservadores do Congresso naqueles dias conturbados de março de 1964.[50] O mito da *resistência* apaga o legado não-louvável de algumas carreiras políticas. A existência de uma esquerda que pensava num golpe não justifica, por outro lado, o discurso igualmente autoritário dos "guardiões da *democracia*" militares e setores conservadores. Do contrário continuaríamos reafirmando o mito da *resistência*, transferido de lado ideológico.

A memória da *resistência* continuou avançando. Quando o AI-5 tornou ilegal qualquer tipo de oposição, alguns setores das esquerdas apostaram

---

[48] Daniel Aarão Reis Filho, op. cit., p. 7-9.
[49] Daniel Aarão Reis Filho, "Ditadura e sociedade: as reconstruções da memória", in Daniel Aarão Reis, Marcelo Ridenti e Rodrigo Patto Sá Motta, op. cit.
[50] Darcy Ribeiro, *Confissões*, apud Elio Gaspari, op. cit., p. 107.

suas fichas na tomada insurrecional do poder através da luta armada, prática que já era levada adiante por alguns grupos antes mesmo daquele ato institucional.[51] Elaborou-se a própria a ideia de *resistência* ao regime militar. Mas nenhum dos grupos guerrilheiros tinha como plano defender a volta de João Goulart, presidente democraticamente eleito, ou o retorno aos cânones da democracia derrubada em 1964. Assim, planos de tomada do poder por vias não-democráticas foram frequentemente reconstruídos pela memória coletiva como *resistência*. O ocaso da ditadura entre os anos 1970/1980 e a volta de grande parte dos exilados políticos consolidaram uma visão que a sociedade já vinha construindo para si mesma: a de que nada teve a ver com a ditadura. Para exaltar a luta e legitimar a volta dos ex-guerrilheiros no processo de abertura política, a luta armada passou a ser chamada de *resistência democrática*. A ideia de defesa da sociedade frente ao regime tornou possível esquecer o espírito ofensivo que tivera a guerrilha urbana.[52] Assim, a sociedade poderia se reencontrar com a democracia ao fim de um "período de exceção" ditatorial. Nas palavras de Daniel Reis, "a sociedade brasileira viveu a ditadura como um pesadelo que é preciso exorcizar, ou seja, a sociedade não tem, e nunca teve a ver com a ditadura".[53]

A demanda por ícones da *resistência* foi fruto de uma pressão social, primeiro das esquerdas e depois de grande parte da sociedade. Aqueles indivíduos que haviam se mantido *indiferentes* ao regime durante anos, e creio que estes foram a maioria, no final dos anos 1970 se engajaram na abertura tentando redimir os "erros" do passado. Para isso adotaram o referencial de *resistência democrática* já existente desde a instauração da ditadura. No começo pontual e muito moderada, houve uma *resistência democrática* no Brasil que ganhou peso ao longo dos anos 1970. Embora não defendessem a volta de João Goulart, alguns setores desejavam o retorno da democracia e não estavam de acordo com o "espírito ofensivo" da luta armada. Esse projeto tornou-se, ao longo dos anos, uma ideia valorizada

---

[51] Daniel Aarão Reis Filho, "Ditadura e sociedade: as reconstruções da memória", in Daniel Aarão Reis, Marcelo Ridenti e Rodrigo Patto Sá Motta, op. cit., p. 133.

[52] Idem, ibidem. In idem, ibidem, p. 133.

[53] Idem, *Ditadura militar, esquerdas e sociedade*, Jorge Zahar, Rio de Janeiro, 2000, p. 9.

por vários setores da sociedade, inclusive pelas esquerdas revolucionárias, que se metamorfosearam para se adequar à queda legal do regime.

Se houve uma minoria que lutou contra e uma grande parte da sociedade que colaborou com o regime, há de se realçar que também houve uma grande quantidade de *indiferentes*, para quem a ditadura passava ao largo dos interesses mais diretos. Foi nessa área pantanosa da *indiferença* que Simonal tentou se apoiar, sem sucesso:

> Se os militares estão aí e você não gosta desse regime de exceção o que você deve fazer? Trabalhar para esse regime mudar no futuro: não ficar tumultuando com anarquia, não ficar de gozação, não ficar desacreditando antecipadamente. Para mim não importa quem é que está governando. Se todo brasileiro meter na cabeça que tem que fazer o melhor, o Brasil vai dar um banho.[54]

Penso que são esses *indiferentes*, para quem "não importa quem está governando", que deram peso e consistência à ideia da *resistência democrática* anos mais tarde. Se realmente eles nunca se opuseram ao regime, não se pode dizer que tenham apoiado os ditadores. Sem eles o regime não sobreviveria, é verdade. É igualmente verdadeiro que, se dependesse deles, a ditadura nunca acabaria. Mas daí a dizer que tenham colaborado é reduzir as nuances e sutilezas do período. Eram setores que não estavam dispostos à luta armada, mas poderiam até manifestar voto descontente se as eleições fossem realmente livres. A ideia da *resistência democrática* teve enorme sucesso e respaldo social porque trabalhou tanto com os que lutaram efetivamente pela derrubada da ditadura quanto com os indiferentes que se encontravam na *zona cinzenta*,[55] entre a luta armada e o apoio à ditadura. Principalmente em função destes últimos.

Quando as sociedades passam de um estágio para outro de sua História, cujos pontos de mudança são por elas mesmas construídos, preferem-se algumas lembranças a outras. É comum o silêncio acerca de histórias *non*

---

[54] *Correio da Manhã* (4/12/1970), caderno anexo, p. 3.
[55] Esse conceito remete aos estudos de Pierre Laborie sobre a França ocupada pelos nazistas e será discutido no próximo capítulo. Ver Pierre Laborie, *Les Français des années troubles, De la guerre d' Espagne à la Liberation*, Paris, Seuil, 2003.

gratas, o que transforma fatos cotidianos em totais absurdos. Dessa forma, o apoio ou a indiferença à ditadura parece aos olhos de hoje inconcebíveis, e a oposição ao regime é louvada como uma resposta óbvia, clara. Os *indiferentes* tornaram-se críticos; os guerrilheiros da "ditadura do proletariado" se transformaram em democratas. E a *resistência* foi incorporada como marco da MPB e da sociedade.

* * *

Penso que a bibliografia acerca da música popular no Brasil prioriza os artistas associados à MPB pois os enxerga como membros da *resistência* à ditadura. O número de obras que tratam desses artistas é bastante grande, ao contrário daquelas referentes a outros estilos musicais e projetos estéticos.[56] Entendido como "pai" da MPB, o samba é o gênero musical mais respeitado e referendado pela bibliografia, seja ela de jornalistas, memorialistas ou mesmo de acadêmicos. Tal ênfase só pode ser entendida se captarmos o que significou o samba para grande parte dos nossos literatos: a *resistência*. A memória musical quase sempre associa o samba à oposição aos regimes autoritários, de Vargas à ditadura de 1964. Quando Chico Buarque surgiu para o estrelato em 1966, foi visto como um dos herdeiros de Ismael Silva e Noel Rosa, pois seus sambas reabilitavam a ideia de que o ritmo "malandramente" brasileiro era redentor da liberdade.

O crítico Tárik de Souza reproduz a visão apologética da obra de Chico:

---

[56] A bibliografia sobre outro gênero musical que não a MPB é rara. Durante a pesquisa encontrei algumas poucas exceções. Sobre a música sertaneja a única obra encontrada foi uma autobiografia dos irmãos Chitãozinho e Xororó. O funk, apesar de ter nascido há mais de trinta anos e de ter grande penetração na sociedade (há de se perguntar qual sociedade?), não tem uma bibliografia proporcional a sua realidade social. A tese pioneira de Hermano Vianna foi o primeiro passo. O livro de Silvio Essinger tenta cobrir a lacuna, com brilhantismo. A música brega ganhou seu espaço por meio do livro de Paulo Cesar Araújo. Ver, respectivamente, Chitãozinho e Xororó, *Nascemos para cantar*, São Paulo, Artemeios, 2005; Silvio Essinger, *Batidão – uma história do funk*, Record, Rio de Janeiro, 2005; Hermano Vianna, *O baile funk carioca – Festas e estilos de vida cetropolitanos* (tese de doutorado). Museu Nacional, Rio de Janeiro, 1987; Paulo Cesar Araújo, *Eu não sou cachorro, não: música popular cafona e ditadura militar*, Rio de Janeiro, Record, 2002.

"CADA UM TEM O DISCO QUE MERECE"

Chico Buarque restaurou a música que ficava obsoleta acrescentando novidades. Ele é o pós-bossa-nova, pegou a coisa lá de trás. Por isso sua obra é sólida, porque os alicerces vêm lá de baixo, das fundações da música brasileira. Vêm de Ataulfo Alves, Ary Barroso, Ismael Silva, Pixinguinha. Durante muito tempo não se reconheceu a qualidade musical de seu trabalho porque o peso da sua palavra é muito forte. Mas as fundações estão lá, no trabalho de Chico, e com letras fabulosas.[57]

Já no seu primeiro LP, de 1966, Chico insiste na visão do samba como redentor e libertador do cotidiano. Em "Juca" ele cantou: "O delegado é bamba/ Na delegacia/ Mas nunca fez samba/ Nunca viu Maria"; em "Tem mais samba": "Vem que passa/ Teu sofrer/ Se todo mundo sambasse/ Seria tão fácil viver"; e em "Amanhã, ninguém sabe": "Hoje, eu quero/ Fazer o meu carnaval/ Se o tempo passou, espero/ Que ninguém me leve a mal/ Mas se o samba quer que eu prossiga/ Eu não contrario não".[58] A louvação à *resistência* é comum na bibliografia sobre o samba em geral. O samba quase sempre é visto como porto seguro daqueles que possuem "bom-gosto", bastião do apuro estético e defesa da brasilidade em sua melhor potência. Os livros que tratam do assunto exaltam a luta deste estilo frente aos "modismos" passageiros da modernidade. Privilegiado pelos pesquisadores, o samba se apropria do lema de *resistente*[59]

---

[57] Regina Zappa, op. cit., p. 68.

[58] Antes mesmo de lançar um disco, Chico já assumia a malandragem como um dos ícones de suas primeiras canções, como em "Malandro quando morre" (1965): "Menino quando morre vira anjo/ Mulher vira uma flor no céu/ Pinhos chorando/ Malandro quando morre/ Malandro quando morre/ Vira samba". Outros exemplos, do disco de 1966, são: "Não chore ainda não/ Que eu tenho a impressão/ Que o samba vem aí/ É um samba tão imenso/ Que eu às vezes penso/ Que o próprio tempo vai parar pra ouvir" ("Olé olá"); "O refrão que eu faço/ é pra você saber/ Que eu não vou dar o braço/ Pra ninguém torcer/ Deixa de feitiço/ Que eu não mudo não/ Pois eu sou sem compromisso/ sem relógio e sem patrão" ("Meu refrão"). No LP do ano seguinte Chico continua descrevendo o samba como libertador do cotidiano: "Mas é carnaval/ Não me diga mais quem é você/ Amanhã tudo volta ao normal/ Deixa a festa acabar/ Deixa o barco correr/ Deixa o dia raiar/ Que eu hoje eu sou/ da maneira que você me quer/ O que você pedir/ eu lhe dou/ Seja você quem for/ Seja o que Deus quiser" ("Noite dos mascarados").

[59] A seguinte reportagem publicada num jornal do Rio de Janeiro sobre o restaurante Zicartola, que Dona Zica da Mangueira e o sambista Cartola tiveram no centro da cidade, expressa um ponto de vista comum nos textos sobre o samba: "Mas o Zicartola foi muito mais. No breve período entre 1963 e 1965, se tornou ponto de encontro de músicos das zonas Norte e Sul e de *resistência cultural*", O Globo, 5/2/2005, Caderno Prosa & Verso, p. 2 (grifo meu).

para ser o gênero mais publicado no país.[60] Só no mês de fevereiro de 2005 foram lançados oito livros sobre samba pelas principais editoras do país.[61]

Curiosamente, no início do século XX recaíam sobre o samba os mesmos preconceitos que cabiam aos negros. Oriundos da escravidão, muitos negros permanecem ainda abaixo da linha da pobreza. Sobre eles recai o preconceito econômico e social que muitas vezes é amplificado pelo discurso segregacionista do sutil racismo à brasileira.

Mas não se pode dizer que o samba, sempre associado à influência negra na sociedade brasileira, não tenha seu espaço. Que outro gênero é visto como representante da cultura musical nacional? Só o samba. E se o negro continua em grande parte excluído dos meios universitários, dos bairros e das escolas elitizados e das festas da alta sociedade, sua imagem é quase sempre associada à do país. No entanto, os próprios negros identificados ao samba instrumentalizam o discurso da *resistência* para fazer valer sua hegemonia enquanto padrão estético associado à nacionalidade brasileira.

Não é por outra razão que a *raiz* do samba é quase sempre invocada pelas *velhas guardas* armadas com o discurso da *resistência*. Aliás, os termos

---

[60] Ver, por exemplo: Muniz Sodré, *Samba, o dono do corpo*, Codecri, Rio de Janeiro, 1979; Hermano Vianna, *O mistério do samba*, Rio de Janeiro, Jorge Zahar, 1995; Nei Lopes, *O samba na realidade...*, Codecri, Rio de Janeiro, 1981; Beatriz Borges, *Samba-canção: fratura e paixão*, Rio de Janeiro, Codecri, 1982; Monique Augras, *O Brasil do samba-enredo*, Rio de Janeiro, FGV, 1989; Luiz Fernando de Carvalho, *Ismael Silva: samba e resistência*, José Olympio, Rio de Janeiro, 1980; Pedro Alexandre Sanches, *Tropicalismo: decadência bonita do samba*, São Paulo, Boitempo, 2000; José Novaes, *Nelson Cavaquinho: luto e melancolia na música popular brasileira*, Rio de Janeiro, Intertexto, 2003; João Máximo, *Paulinho da Viola: sambista e chorão*, Rio de Janeiro, Relume Dumará, 2002.

[61] Segundo *O Globo* (5/2/2005), Caderno Prosa & Verso, p. 2, os livros publicados foram: Aldir Blanc, Hugo Sukman e Luiz Fernando Vianna, *Heranças do samba*, Rio de Janeiro, Casa da Palavra, 2005; Luiz Fernando Vianna, *Geografia carioca do samba*, Rio de Janeiro, Casa da Palavra, 2005; Alexandre Medeiros, *Batuque na cozinha: as receitas e as histórias das tias da Portela*, Rio de Janeiro, Casa da Palavra/Senac, 2005; Carlos Monte e João Baptista Vargens, *A velha guarda da Portela*, Rio de Janeiro, Manati, 2005; Roberto Moura, *No princípio era a roda: um estudo sobre o samba, partido-alto e outros pagodes*, Rio de Janeiro, Rocco, 2005; Maurício Barros de Castro, *Zicartola* (Coleção Arenas do Rio), Rio de Janeiro, Relume Dumará, 2005; Felipe Ferreira, *Livro de ouro do carnaval brasileiro*, Rio de Janeiro, Ediouro, 2005; Roberto Lapiccirella, *As marchinhas de carnaval*, Rio de Janeiro, Musa, 2005.

"CADA UM TEM O DISCO QUE MERECE"   213

associados ao samba denotam a institucionalização da *resistência* do samba nos dias de hoje. Palavras como *escola*, *velha guarda*, *raiz*, *sambódromo*, *mestre* (da bateria, mestre-sala), *rainha* (da bateria), *ala* (dos compositores, da velha guarda...) e tantas outras parecem deixar claro o quanto o samba já está entronizado na cultura brasileira.[62]

A MPB sempre buscou se vincular à ideia da *resistência* assumindo o samba como uma de suas origens. Aliás, ousaria dizer que a noção de *resistência* do samba foi muito catalisada pelos apreciadores da MPB que, nas décadas de 1960/1970, realizaram uma leitura por demais condescendente dos sambas e da malandragem da primeira metade do século. Nada mais condizente com as experiências de uma geração que buscava novas identidades contrárias ao regime ditatorial de 1964. Assim, o samba *resistente* era o pai fundador ideal.

O samba, visto como arma de defesa da sociedade frente aos maus governos e ao cotidiano opressor, limitaram o gênero a um contra-discurso, um panfleto político. Tal como foi apropriado nos anos 1960/1970, o samba é o lastro da identidade da MPB com a *resistência*. Mais importante do que ter se "apropriado" de uma ideia já presentes nos sambas do passado, é preciso notar que os músicos da MPB *legitimaram*, e muito, a própria noção do samba *resistente*.

O problema é que, ao criar para si própria uma identidade *defensiva*, a memória da MPB simplificou a realidade do período. Críticos musicais chegaram a exagerar na vitimização da MPB, como fez Tárik de Souza ao dizer que "o AI-5 promoveu a MPB a inimiga cultural número um do regime militar".[63]

De forma a depreciar as ações repressivas do governo, a memória frequentemente simplifica as medidas cerceadoras para exaltar a *resistência*.

---

[62] Isso sem falar no marketing e no dinheiro investido por grandes empresas no carnaval carioca. No carnaval de 2005 a Petrobras e a Eletrobrás deram três milhões de reais para a Mangueira falar do cinquentenário da empresa pública de petróleo e da "história da energia". A Nestlé investiu 2,5 milhões de reais para a Grande Rio fazer referências aos produtos de suas marcas. A empresa de telefonia TIM investiu 1,4 milhão para que a Mocidade falasse sobre a culinária italiana. "Olha o marketing na Sapucaí, geeeente!", *Veja* (9/2/2005), coluna Contexto.

[63] Regina Zappa, op. cit., p. 103.

Por exemplo, quase sempre a censura é vista como idiota, burra até.[64] No sentido oposto, a *genialidade* dos que conseguiram burlá-la é louvada. Há uma constante imbecilização dos censores nos livros sobre música popular. Os deslizes e enganos da Censura são relembrados como forma de louvar a *sapiência* dos compositores, por mais paradoxal que isso seja.

De fato, a Censura tropeçou algumas vezes quando lidava com as obras de artistas famosos, e esses enganos sempre são relembrados na bibliografia. Os choques com esse órgão são quase sempre tomados como eixos do discurso sobre a música nos anos 1970. Para Heloísa Buarque de Hollanda, ao burlar a Censura os compositores conseguiam falar "o que o povo diria se não se visse impedido".[65] Não à toa muitos artistas são valorizados na mesma proporção em que foram atacados pela "tesoura" da censura.

A trajetória de Chico Buarque é contada muitas vezes através das canções que foram impedidas pela censura e as que furaram este cerco cultural. A canção "Apesar de você" foi liberada e gravada em 1970. Só mais tarde, quando começou a tocar nas rádios, os censores perceberam as suas metáforas contestadoras. Então veio a proibição. Um ano depois, em 1971, Chico fez a letra para uma canção de Carlos Lyra e ironicamente a chamou de "Essa passou", título que nada tinha a ver com a letra, mas que era uma forma de denunciar e propagar que ele era uma constante vítima da censura.[66] Em 1974, tornou-se intérprete de si mesmo ao cantar músicas dos compositores fictícios Julinho da Adelaide e Leonel Paiva. Ao perceber o erro, a Censura passou exigir o número da identidade dos compositores para a liberação das músicas. Suas artimanhas tinham como propósito driblar o órgão estatal que engavetava quase toda canção enviada sob seu nome.

O problema é que a memória da *resistência* prefere imbecilizar a Censura como forma de louvar os próprios artistas. Paulo Cesar de Araújo re-

---

64 Alguns autores veem se destacando na tentativa de demonstrar que a censura não era estúpida. Dentre eles Carlos Fico, op. cit., p. 75 e Beatriz Kushnir, op. cit.

65 Heloísa Buarque de Hollanda, op. cit., p. 103.

66 Lula Branco Martins, "Chico Buarque e a imagem do artista", *Jornal do Brasil* (13/6/2004), p. B9.

"CADA UM TEM O DISCO QUE MERECE"

produz o discurso da imbecilização da censura ao dissertar sobre a proibição do relançamento da canção "Tortura de amor" de Waldik Soriano:

> Que a Censura era ignorante e burra, o caso Julinho da Adelaide já o demonstra, mas este abuso de autoridade talvez se explique, no caso de Waldik Soriano, porque a palavra "tortura" — embora com intenção poética — era muito grávida de sentido naquele momento para ser liberada.[67]

O livro do historiador Paulo Cesar de Araújo, *Eu não sou cachorro, não: música popular cafona e ditadura militar*, é um dos mais importantes textos escritos sobre música popular. Sua importância está em denunciar o silêncio que exclui toda uma geração de cantores tidos como "bregas". O livro deixa clara a identificação que nossos intelectuais têm com os artistas da MPB e demonstra como todos os preconceitos que cercam a música *cafona* são simplistas frente ao complexo contexto dos anos 1960/1970.

Paulo Cesar problematizou o mito da *resistência* ao discutir a exclusão dos bregas. O autor afirma que os bregas foram em vários momentos reprodutores dos discursos oficiais e entusiastas da ditadura, mas deixa claro que apenas esse viés de análise não explica sua exclusão. Os bregas foram ignorados pelos formadores de opinião, pois não se enquadraram nem na tradição nem na modernidade musical da MPB, ou seja, eles foram riscados da história da música popular pois não couberam dentro do padrão estético dos críticos musicais brasileiros.

Para atribuir a exclusão da geração brega a questões estéticas, o autor precisou quebrar duas falácias que se tornaram mito na memória musical: o primeiro é que só a MPB resistiu, a todo momento, à ditadura; o segundo é que os bregas foram, pura e simplesmente, adoradores dos generais, comparsas do regime e reprodutores do discurso oficial. Diferentemente da MPB, que sempre é lembrada pela luta contra a censura e pelas críticas ao regime, os bregas resistiram por meio de práticas e de opiniões cotidianas, conscientes ou não, que iam de encontro às propostas da ditadura. Através de Paulo Cesar constata-se que os bregas se opuseram às políticas dos ditadores em diversos momentos, verbalizando um discurso diferente dos ar-

---

[67] Paulo Cesar de Araújo, op. cit., p. 75.

tistas da MPB, porque oriundos de classes sociais mais baixas.[68] E foram tão ou mais censurados do que os mitos da MPB. Ao mostrar que a MPB também flertou com os ditadores e que os artistas bregas tiveram sim seus embates cotidianos com a censura e com as políticas do regime, Paulo Cesar contribuiu para a desconstrução de dois mitos da história recente e provou que a memória da *resistência* precisa ser mais refletida.

Quase sempre, sociedade e MPB são vistas como faces da mesma moeda na luta da *resistência* contra o regime.[69] Simplificando a *resistência,* a memória coletiva pune os censores (principais "inimigos" dos artistas), vistos como idiotas, e também os militares ("inimigos" da sociedade), associados à burrice. Frequentemente os militares foram chamados de gorilas, vistos como trogloditas acéfalos.[70] De forma semelhante, Elio

---

[68] Embora não se trate da versão do autor, fato é que parte dos críticos musicais e do público comprou a versão de que os artistas bregas foram ícones da resistência. O texto do autor é mais ambíguo e mostra que os compositores bregas eram conservadores em alguns aspectos e progressistas em outros. Para exemplificar como parte da sociedade comprou a versão simplificada da tese de Paulo Cesar basta constatar que Odair José foi o artista "cafona" que mais se beneficiou com a publicação do livro do historiador, cuja primeira edição é de 2002. Em 2006, foi lançado um CD intitulado *Eu vou tirar você desse lugar*, no qual diversos artistas da MPB participaram de regravações de seus sucessos da década de 1970. Odair José apresentou algumas regravações no programa Altas Horas (TV Globo, 16/4/2006). Incrivelmente, os convidados exaltaram o "gênio" do compositor, como se tivessem sido seus fãs desde o berço. Dentre os que louvaram a *resistência* à ditadura presente na obra de Odair estavam os compositores Zeca Baleiro e Otto. Os artistas que participaram do CD tributo a Odair José foram: Paulo Miklos (do Titãs), bandas como Mundo Livre S/A, Mombojó, Leela e Picassos Falsos, além dos já citados Baleiro e Otto. A banda carioca Los Hermanos regravou "Eu vou tirar você desse lugar", lançado como uma das canções da trilha sonora do filme *A taça do mundo é nossa*, comédia do Casseta & Planeta, em 2004. Em 2006, o compositor fez uma campanha de cartão de crédito. Odair José foi indultado e passou de "brega" a *"cult"*. Fonte: "Turma de roqueiros quer tirar o Odair José desse lugar", *O Globo* (29/1/2006), Segundo Caderno, p. 4. Em outubro de 2008, o compositor foi eleito um dos cem maiores músicos do Brasil, eleito na 74ª posição pela revista *Rolling Stone*.

[69] O músico Luiz Galvão, integrante do grupo Novos Baianos, simplifica a direita para exaltar a luta da *resistência*: "Em 1968, dera-se a guerrilha urbana entre nós; e qual o jovem que no seu íntimo não vibrou com as notícias dos assaltos mirabolantes a bancos e as fugas sensacionais de Marighella e Lamarca? Qual? Só se for um membro da TFP." Luiz Galvão, *Anos 70: novos e baianos*, São Paulo, Editora 34, 1997, p. 54.

[70] O termo "gorilas" surgiu em 1964 e sua definição mais imediata era "inimigos do povo". Jorge Ferreira, op. cit., p. 199. Ao chamar os militares dessa forma, a memória visa a ver em si própria uma superioridade maior que a racial: trata-se da superioridade de espécie, afinal os *homo sapiens* da *resistência* são mais conscientes e inteligentes do que os gorilas de verde. Tal discurso simplista não dá conta da complexidade da época.

Gaspari defende a tese de que a desorganização burocrática era uma constante na ditadura brasileira: "... o regime militar, outorgando-se o monopólio da ordem, era uma grande bagunça."[71] Parece-me que as caricaturas criadas sobre o período, a "burrice" da censura, a "desorganização" do governo e a "truculência primata" dos generais cumprem a função memorialística de exaltar a certeza — e inteligência — da *resistência*. Trevas e luzes.

É incrível, no entanto, que alguns artistas hoje facilmente associados à *resistência* tenham tido dificuldades de entrar nesse "clube". Os tropicalistas, por exemplo, só foram aceitos no panteão da MPB depois de exilados pelo regime. O próprio Roberto Carlos só conseguiu ser minimamente valorizado depois de ter sido um dos inspiradores do movimento de Caetano Veloso e Gilberto Gil. Mas o caso mais impressionante é o de Chico Buarque.

A imagem do artista hoje é a do *resistente* ideal, louvado pela postura combativa e aguerrida na luta cultural contra o regime. Os biógrafos são profícuos ao dissertar sobre suas várias idas ao DOPS. As letras censuradas são exaustivamente "resgatadas" e expostas como ideal na defesa da "boa música" contra o regime autoritário. De fato, Chico Buarque é tudo isso.

Mas é mais do que isso também. Paradoxalmente, nos idos da década de 1960 ele não era visto como o *resistente* ideal. No início da carreira, muitos tiveram dificuldades em associá-lo à luta contra a ditadura, pois ele quase sempre preferia compor temas lírico-amorosos e "alienados". De fato, a crítica a ele não era de todo improcedente, pois diante dos acirrados acontecimentos de maio de 1968 ele defendeu uma canção chamada "Bom tempo" na I Bienal do Samba, um festival restrito ao gênero musical. Enquanto em maio de 1968 a França pegava fogo e no Brasil os trabalhadores entravam em greve e estudantes articulavam a passeata dos Cem mil, Chico Buarque queria ir à praia pela manhã e ouvir o jogo do Fluminense à tarde:

---

[71] Elio Gaspari, op. cit., p. 41.

"Um marinheiro me contou
Que a boa brisa lhe soprou
Que vem aí bom tempo
Um pescador me confirmou
Que o passarinho lhe cantou
Que vem aí bom tempo
(...)
Vou que vou
Pela estrada que dá numa praia dourada
Que dá num tal de não fazer nada
Como a natureza mandou
Vou
Satisfeito, alegria batendo no peito
O radinho contando direito
A vitória do meu tricolor"

A canção foi muito bem recebida no festival do samba, e ficou em segundo lugar, atrás de "Lapinha", de Baden Powell e Paulo César Pinheiro, mas à frente de compositores do quilate de Cartola e Paulinho da Viola.[72] Testemunha das apresentações, o crítico Zuza Homem de Mello lembra: "O povo delirou à entrada de Chico Buarque e cantou com ele a segunda parte, acompanhando o ritmo bem marcado com palmas e batendo os pés."

Se fosse outro o compositor, provavelmente seria chamado de "alienado" até hoje pelos autores de música popular. Mas como se trata de Chico Buarque, os memorialistas veem sua obra sempre de forma positiva, como é caso de Zuza, que escreveu sobre o acontecimento trinta e cinco anos depois: "a referência ao maxixe foi uma brincadeira que deu o maior pedal, com versos bem-humorados e de esperança, numa época em que a cara amarrada era a tônica. Quando terminou, o clássico 'já ganhou' simplesmente confirmava o que se dizia: era o grande rival de 'Lapinha'."[73] Nas palavras de Zuza, uma canção que na época chegou a ser chamada de "alienada" transformou-se em "esperançosa". Nem todos os artistas têm direito a tamanha pirueta revisionista.

---

[72] Cartola ficou em quinto lugar com "Tive sim", defendido por Cyro Monteiro. Paulinho da Viola ficou em sexto lugar com "Coisas do mundo, minha nega". Zuza Homem de Mello, *A era dos festivais*, São Paulo, Editora 34, 2003, p. 449.

[73] Zuza Homem de Mello, *A era dos festivais*, São Paulo, Editora 34, 2003, p. 261-3.

"CADA UM TEM O DISCO QUE MERECE"

219

É importante dizer que, na época, não foi fácil para os afinados às disputas estudantis e ao linguajar engajado das lutas políticas ver Chico Buarque cantando um "bom tempo". Era algo difícil de engolir. Como Chico ainda não era o mito intocável que se tornaria anos mais tarde, foi patrulhado. Essa pode ser a razão pela qual esta bela e bem-sucedida canção não aparece em nenhum dos seus LPs da época, tendo sido lançada apenas em compactos. Diante das críticas era melhor evitar que a música manchasse a carreira do compositor que tinha dificuldades em ser um porta-voz dos anseios mais radicais. Em 1977, quando já havia se tornado o porta-voz que não conseguira ser no início da carreira, ele passou a se julgar mal interpretado e defendeu a canção:

> Eu lembro de uma música que eu fiz naquela época, que as pessoas vieram me pichar, pichar essa música, não sei o quê, achando que ela era, talvez até que fosse uma música reacionária, quando eu nunca fui um cara reacionário (...). A música chama-se "Bom tempo". Ela diz a mesma coisa do "O que será", noutra linguagem, e as pessoas vieram pichar porque era uma música otimista, uma coisa assim e tal.[74]

Definitivamente a música não era reacionária e os ânimos da época pegaram pesado com o compositor. Mas a defesa de Chico parece um tanto equivocada. A poética das duas canções relacionadas é bastante diferente. Enquanto "O que será (À flor da pele)" gira em torno de um questionamento sem fim, "Bom tempo" sabe o quanto futebol, praia, brisa e amor fazem bem a uma pessoa. Nada mais brasileiro. No entanto a necessidade de Chico de se desvincular de sua própria obra demonstra como sua imagem foi sendo construída e se modificando ao longo de sua carreira.

Alheio às autocríticas do compositor, o grupo A Turma da Pilantragem gravou a canção no LP de 1969, vendo em "Bom tempo" uma ode à boa vida carioca, à alegria de viver e de se divertir.[75] Nada mais "pilantra". Aparentemente com o mesmo olhar despreocupado e sem se importar com as possíveis críticas, Elis Regina gravou a canção no seu LP de 1968, sob a batuta de Erlon Chaves.

---

[74] Entrevista a Tarso de Castro, Folhetim, *Folha de S. Paulo*, 11/9/77.
[75] LP *O som da pilantragem vol. 2* da Turma da Pilantragem. CBD. 1969.

Não demorou muito e os críticos voltaram a pegar no pé de Chico Buarque. Em setembro de 1968 ele foi muito vaiado pela nostálgica letra de "Sabiá", sobre a melodia de Tom Jobim.[76] Apesar de ganhar o III FIC da TV Globo, o público preferiu "Pra não dizer que não falei das flores", de Geraldo Vandré, que ficou em segundo. Chico e Jobim, este já um bamba da música popular, amargaram talvez a pior vaia de suas carreiras. Se nem o experiente maestro foi poupado, muito menos o jovem Chico Buarque, então com 24 anos.

Anos mais tarde os memorialistas tentaram reconstruir aquele episódio corroborando o discurso *a posteriori* de Chico. Humberto Werneck tentou ver a canção como uma antevisão de períodos críticos do porvir, forçando muito a barra interpretativa e colocando Chico como um visionário:

> Comparada com o engajamento explícito da música de Geraldo Vandré, 'Sabiá', como 'Bom tempo', meses antes, era vista como uma canção desvinculada da realidade nacional. A pouca gente, naquele instante de exaltação, ocorreu tomá-la como uma nova e premonitória canção do exílio.[77]

Apesar de já ter composto canções bastante críticas como "Pedro pedreiro" e "Roda viva", alguns ainda associavam sua imagem ao moço de boa família, ingênuo e "alienado". Como se dizia na época, Chico era "o genro que toda sogra gostaria para sua filha". Ele se irritava com a imagem da qual não conseguia se desvencilhar: "Eu ia à televisão, falava e falava de dom Helder, no fim a Hebe Camargo dizia 'gracinha, olhos verdes', e coisa e tal. Todo mundo só se lembrava disso."[78]

---

[76] *Sabiá* (1968): "Vou voltar/ Sei que ainda vou voltar/ Para o meu lugar/ Foi lá e é ainda lá/ Que eu hei de ouvir cantar/ Uma sabiá// Vou voltar/ Sei que ainda vou voltar/ Vou deitar à sombra/ De uma palmeira/ Que já não há/ Colher a flor/ Que já não dá/ E algum amor/ Talvez possa espantar/ As noites que eu não queria/ E anunciar o dia// Vou voltar/ Sei que ainda vou voltar/ Não vai ser em vão/ Que fiz tantos planos/ De me enganar/ Como fiz enganos/ De me encontrar/ Como fiz estradas/ De me perder/ Fiz de tudo e nada/ De te esquecer// Vou voltar/ Sei que ainda vou voltar/ Para o meu lugar/ Foi lá e é ainda lá/ Que eu hei de ouvir cantar/ Um sabiá".
[77] Capítulo"Gol de letras" In: Werneck, Humberto. Chico Buarque: Letra e Música. Companhia da Letras, 1989.
[78] "Apesar do governo", *Veja* (14/5/1980), p. 63.

A imagem de "lírico" e "alienado" o incomodava. Para tentar desconstruir essa imagem ele escreveu a peça *Roda Viva* no ano de 1968, uma crítica bastante contundente do mundo do showbizz. Nela o popular Benedito da Silva transforma-se no cantor de *iê-iê-iê* Ben Silver e é consumido na roda-viva do sucesso. Não adiantou.[79]

Apesar do tom crítico, que visava a romper com a imagem do moço bem-comportado, muitos viram na peça uma arte menor e colocaram toda a polêmica gerada em torno da montagem como fruto da direção do tropicalista José Celso Martinez Correa, que se utilizou de agressões ao público, xingamentos e uma encenação incomum para tentar chocar a plateia, principal meta do seu teatro. Chegou a ser dito que Chico teria sido "usado" por José Celso, que viu na peça um questionador da própria "chicolatria":

> José Celso: eu aceitei dirigir a peça por isso. Talvez sinceramente não tivesse o mesmo empenho se fosse de outro autor. Mas como diretor, que oportunidade rara para optar e me manifestar sobre este material que é o fenômeno Chico e seu público! Meu estímulo para o espetáculo foi poder, como diretor de teatro da minha geração, lidar com o material mais consumido da minha geração. Mesmo se eu detestasse a peça e o Chico, eu seria uma besta de perder a oportunidade de trabalhar com esta matéria nas mãos. Neste sentido acho que a peça será de imenso sucesso, pois ela trata de um fenômeno nacional. Estes fenômenos estão aí para serem expostos pra jambar, pra serem analisados, elucidados e sentidos.

> Entrevistador: *Roda Viva* é uma autobiografia de Chico Buarque de Hollanda?

> José Celso: Não! A não ser em um pequeno trecho do segundo ato. Mas introduz uma nova visão na biografia do Chico. Eu até sugeri que o cartaz da peça fosse o Chico num açougue. Ou os olhos verdes do Chico boiando como dois ovos numa posta de fígado cru. Foi assim que eu vi o Chico do *Roda Viva*.[80]

---

[79] Para mais informações sobre a carreira de Chico Buarque, ver: Ferreira, Gustavo Alves Alonso. *Quando a versão é mais interessante do que o fato: a 'construção' do mito Chico Buarque*. In Reis, Daniel Aarão; Rolland, Denis. *Intelectuais e modernidades*. Rio de Janeiro: FGV, 2010.

[80] Texto de José Celso Martinez Corrêa publicado no programa original da peça *Roda Viva*. Lido no site do compositor (www.chicobuarque.com.br).

Mas não era só a apresentadora Hebe Camargo que via em Chico Buarque um exemplo de bom compositor sem nenhuma vinculação política. O próprio presidente Costa e Silva se identificava com as obras líricas do compositor. Em 1968 foi lançado um LP chamado *As minhas preferidas*, no qual o presidente militar selecionou temas ufanistas e canções de amor que lhe agradavam. O cantor Agnaldo Rayol encarregou-se de cantar as músicas escolhidas. A capa do LP trazia uma ilustração de Costa e Silva ao lado da primeira-dama, Dona Iolanda, e a netinha Carla. Curiosamente, entre as escolhidas do presidente estava uma bonita canção de Chico Buarque "Carolina": "Lá fora amor/ uma rosa nasceu/ todo mundo sambou/ uma estrela caiu/ Eu bem que mostrei sorrindo/ pela janela ó que lindo/ e só Carolina não viu."[81] Entre os preferidos do presidente, estavam compositores da antiga, de Pinxinguinha a Noel Rosa, de Silvio César a Ary Barroso. O único "moderno" adorado pelo presidente era Chico Buarque.[82] Ao som deste, o presidente achava que entendia melhor o Brasil, como deixou claro o texto da contracapa:

Assoberbado com os vários e difíceis problemas do país, com as inúmeras e intrincadas questões de Estado, o presidente ainda encontra tempo e volta sua alma e seu coração para a beleza singela das obras nascidas da sensibilidade dos nossos cancioneiros. As composições musicais contidas neste LP são síntese do sentimento – marcadamente pleno de amor à terra – do homem do povo que dirige o destino da Nação Brasileira. (...) Quem se volta para os tesouros da música popular é capaz de melhor compreender os fatos sociais, é capaz de perdoar defeitos decorrentes da própria perfeição huma-

---

[81] Paulo Cesar de Araújo, "Chico Buarque e as raízes do Brasil", *Jornal do Brasil* (13/6/2004), p. B8; Caetano Veloso, "Diferentemente dos americanos do norte", in *O mundo não é chato*, São Paulo, Companhia das Letras, 2005, p. 49, texto originalmente proferido em forma de conferência no Museu de Arte Moderna do Rio de Janeiro em 26/10/1993.

[82] "As minhas preferidas (presidente Costa e Silva) – Na voz de Agnaldo Rayol", Copacabana, 1968. Faixas: Lado A: 1- Ave-Maria do Morro (Herivelto Martins); 2 - Minha terra (Waldemar Henrique); 3 - Feitio de oração (Vadico/Noel Rosa); 4 - Prenda minha (Folclore gaúcho); 5 - Chão de estrelas (Silvio Caldas/Orestes Barbosa); 6 - Canta Brasil (David Nasser - Alcyr Pires Vermelho); Lado B: 1 - Perfil de São Paulo (Francisco de Assis Bezerra de Menezes); 2 - Lamento (Vinicius de Moraes - Pixinguinha); 3 - Carolina (Chico Buarque); 4 - Noite cheia de estrelas (Candido das Neves); 5 - O que eu gosto de você (Silvio César); 6 - Na Baixa do Sapateiro (Ary Barroso).

"CADA UM TEM O DISCO QUE MERECE"

na, é capaz de entender e conservar – sem egoísmos – a criação de outrem, é capaz de ser mais justo!

Para Costa e Silva não havia contradição em ouvir e dançar as canções de Chico Buarque e arrochar a repressão aos inimigos políticos, como relata Zuenir Ventura:

> No dia seguinte ao das missas de Édson Luís, o presidente Costa e Silva ainda permanecia no Rio Grande do Sul, para onde deslocara o seu governo. Mais precisamente, na noite de sexta-feira, ele se encontrava no Clube Comercial de Pelotas. O salão estava vazio quando a orquestra começou a tocar "Carolina". A canção, um dos sucessos do terceiro disco que Chico Buarque acabava de lançar, não era propriamente o que se poderia chamar de música dançante. É, como se sabe, a melancólica história de uma moça de olhos fundos onde guarda muita dor e que se recusa a ver o tempo passar pela janela. Nada disso, porém, impediu que o presidente pegasse dona Iolanda pela mão e abrisse animadamente o baile.
>
> A fotografia dessa cena saiu na primeira página do *Jornal do Brasil*, um pouco abaixo da seguinte manchete: "Governo proíbe Frente e ameaça cassados."[83]

Como se vê, nem o presidente da república via Chico Buarque como um "(...) subversivo/ Um elemento ativo/ Feroz e nocivo/ Ao bem-estar comum".[84] E se o presidente podia gostar de Chico Buarque, o ministro da Educação também podia. Em um dos primeiros programas *Som livre exportação*, que estreou em 1970 na TV Globo, o ministro Jarbas Passarinho declarou-se admirador de Chico Buarque. Obviamente, ambos, presidente e ministro, estavam sintonizados com a imagem preponderante do compositor até então, a do "bom-moço", "comportado" e renovador da tradição sambista de Noel Rosa.[85]

---

[83] Zuenir Ventura, op. cit., p. 125.

[84] Parte da letra da canção "Fica", do LP *Chico Buarque de Hollanda — Volume 2*, de 1967.

[85] "Templo de todos os sons". *Veja*, 23/12/1970, p. 56-57, Apud: Scoville, Eduardo Henrique Martins Lopes de. *Na barriga da baleia: a Rede Globo de televisão e a música popular brasileira na primeira metade da década de 1970*. Tese (Doutorado em História), UFPR, 2008, p. 90.

Insatisfeito com os elogios dos militares e civis pró-regime, Chico Buarque gradualmente procurou se desvincular de tal imagem. O embate com a censura ajudou neste projeto. A mudança começou entre o breve exílio na Itália e o lançamento do LP *Construção*, de 1971.[86]

O historiador italiano Luca Bacchini analisou a fundo o exílio de Chico. Em tese de doutorado defendida na Università di Roma, Bacchini conta como a breve passagem do compositor por território italiano foi, também, uma saída mercadológica.[87] Ao contrário dos tropicalistas, Chico Buarque não foi preso pelas forças de repressão logo após a instauração do AI-5 em 13 de dezembro de 1968. Mas o clima realmente não estava muito bom e ele aproveitou a turnê italiana já marcada para dar um tempo fora do país.

Ao chegar à Europa em 3 de janeiro de 1969, viu-se numa forte campanha publicitária da RCA, empresa que cuidava da distribuição dos seus discos na Itália.[88] Tendo conseguido algum êxito naquele país, os diretores da RCA italiana tentaram mudar a imagem do jovem compositor para aumentar as vendas.[89] Sabendo da sede da juventude italiana pelos mitos da América Latina, especialmente Che Guevara, a RCA criou uma campanha publicitária que colocava Chico Buarque como

---

[86] Veja "Apesar do governo" (14/5/1980), p. 63.

[87] *Francisco-Francesco. Chico Buarque de Hollanda e l'Italia* (Università di Roma Tre, 2006). Não publicada ainda. Conheci a tese através do artigo de Luca Bacchini "Vendesi Sovversivo: L'esilio di Chico Buarque sulla stampa italiana" (2006), a ser publicado em 2007, na revista *Letterature d'America*, de Roma.

[88] Chico gravou os três primeiros discos pela RGE, fábrica nacional de pequeno porte. A RCA cuidava da distribuição européia apenas.

[89] Segundo o historiador italiano Luca Bacchini: "Maurizio Catalano, então diretor artístico do setor internacional da RCA, foi o principal responsável pela ida de Chico à Itália: "o gancho promocional que pensamos para lançar Chico era essencialmente dois" disse Maurizio. "Um era 'A banda' e outro era sobretudo a ideia de apresentá-lo como uma vítima do regime militar brasileiro, como uma espécie de perseguido político do seu país e que buscava refúgio na Itália. Mina [cantora italiana] já havia lançado 'A banda' quando Chico chegou à Itália. Tanto é verdade que quando ele chegou, era apresentado como o autor da 'Banda'. Tinha havido o golpe no Brasil e decidiu-se bater na tecla de apresentá-lo como uma vítima do regime. Estas foram, de forma sintética, os dois ganchos promocionais." [tradução livre do autor] Luca Bacchini, *Vendesi Sovversivo: L'esilio di Chico Buarque sulla stampa italiana* (2006), p. 11.

"CADA UM TEM O DISCO QUE MERECE"

vítima da ditadura.[90] Passou-se a vender a ideia de que ele era um exilado político, cantor de protesto expulso do país. Paradoxalmente, foi na Itália que Chico tornou-se o *resistente ideal*.

Para atingir o objetivo, a RCA mudou as capas dos discos de Chico lançados no país. Na capa do primeiro disco, seu nome aparecia em caracteres laranja sobre um fundo negro, como que a retratar a sombria conjuntura política do país de origem. A foto original do cantor sorridente presente na capa do primeiro LP nacional foi trocada por outra na qual ele aparecia sério. Não pegava bem um cantor exilado sorrir.

Os jornais italianos logo noticiaram a chegada do "exilado" brasileiro. A primeira aparição foi no jornal *Paese Sera*, de 7 de janeiro de 1969, poucos dias após a chegada, numa reportagem intitulada "Per gli auguri al governo finisce in prigione" (algo como "Pelas felicitações ao governo acabou na prisão").[91] Não era uma reportagem somente sobre a chegada de Chico Buarque, mas também sobre a prisão de Carlos Imperial por membros da ditadura! Curiosamente, a reportagem italiana falava de um episódio pouco conhecido dos brasileiros.

Poucos dias após o AI-5, Carlos Imperial enviou cartões natalinos debochados a altos membros do governo ditatorial nos quais o próprio aparecia sentado num vaso sanitário. Imperial teria enviado cartão até ao presidente da República, o general Costa e Silva! Anos mais tarde Imperial comentou o episódio:

> A contestação é válida, não na minha profissão, mas na minha participação de vida. Eu nunca tive problemas com a censura. Fora a ocasião em que

---

[90] "No mais, atribuir a um cantor a imagem de um artista de protesto era um dos ganchos promocionais mais sugestivos à disposição da discografia da época; uma estratégia dessas poderia levar a bons resultados, considerando o clima de contestação na Itália em fins dos anos 1960 (mobilização dos estudantes universitários, greve de trabalhadores nas indústrias, radicalização do conflito social, nascimento de grupos extraparlamentares), especialmente no caso de Chico, um artista filho do continente no qual Che Guevara havia difundido a revolução e a quem os jovens, que eram os maiores compradores de discos, tinham particular simpatia." [tradução livre do autor] Idem, ibidem, p. 12.

[91] "Per gli auguri del governo finisce in prigione", *Paese Sera*, 7 de janeiro de 1969. Idem, ibidem, p. 11.

enviei um cartão de Natal às autoridades. Cheguei a ser preso para averiguações, mas logo viram que tinha um passado limpo e fui solto.[92]

Segundo o jornal italiano, o ousado Carlos Imperial era o mais famoso cantor brasileiro.[93] Ao superestimar a fama de Imperial,[94] o jornal italiano tinha por intenção fazer uma analogia com a chegada de Chico Buarque. A reportagem continuava:

> E o cantor brasileiro Chico Buarque de Hollanda chegou de avião a Roma vindo do Rio de Janeiro. Também ele esteve preso pelo governo brasileiro. O compositor de 24 anos, famoso na Itália por ser o autor do sucesso "A banda", aparecerá em alguns programas de televisão (...). Chico Buarque de Hollanda, que também é teatrólogo, durante os recentes acontecimentos brasileiros ficou preso por 24 horas."[95]

Chega até a ser irônico que Chico Buarque tenha começado a se tornar o *resistente ideal* em comparação com o *pilantra* Carlos Imperial. Quem diria? Mas a história não acaba aí. Poucos dias depois, o mesmo jornal *Paese Sera* publicou uma reportagem intitulada "Chico contra gorilas" ("Con-

---

[92] "O pilantra", *Ultima Hora* (5-6/8/1978), suplemento especial, p. 5; "Carlos Imperial: o monstro pré-fabricado", *A Notícia* (16/6/1973).

[93] Do italiano, numa tradução livre, "o cantor popular mais famoso do Brasil, Carlos Imperial, enviou bilhetes natalinos contestatórios às autoridades" "Per gli auguri del governo finisce in prigione", *Paese Sera*, 7 de janeiro de 1969.

[94] Penso que Luca Bacchini erra ao classificar Imperial de "medíocre" e explicar seu ato não como uma oposição ao regime, mas uma loucura excêntrica: "Embora Carlos Imperial não fosse um cantor popular de sucesso, mas um medíocre ator de cinema e de teatro quase desconhecido mesmo no Brasil, surpreende que um jornal italiano tenha noticiado algo assim. Se tentei verificar tal notícia foi para deixar claro que o motivo da prisão não foi o valor político do cartão, mas seu conteúdo obsceno. É justo notar que o cartão de natal contestatório do qual fala a notícia consistia em uma foto do próprio sentado numa privada com as calças abaixadas, que Imperial teve a singular ideia de enviar nas festas de final de ano a um número elevadíssimo de destinatários (entre os quais autoridades). Em suma, mais que tentar um ato de protesto contra a ditadura, o cartão de natal foi um ato louco de um excêntrico". [tradução livre do autor]

[95] Numa tradução livre de "Per gli auguri del governo finisce in prigione", *Paese Sera*, 7 de janeiro de 1969: "O compositor e cantor brasileiro Chico Buarque de Holanda chegou de avião a Roma vindo do Rio de Janeiro. Também ele foi preso pelo governo brasileiro. O compositor de vinte e quatro anos, famoso na Itália por ser o autor do sucesso cantado por Mina, 'A banda', aparecerá em alguns programas de televisão [...]. Chico Buarque também é teatrólogo e durante os recentes fatos brasileiros ficou preso por vinte e quatro horas."

tro Chico i 'gorillas'") na qual comparava sua canção "Juca" à repressão dos militares à subversão.[96] Exagerada, a matéria termina por dizer que Chico ficou preso por poucos dias. De "24 horas", a estada carcerária passou para alguns "poucos dias".

Além de jogada de marketing, a ênfase dos meios publicitários italianos no Chico *resistente* cumpria os anseios de grande parte das esquerdas italianas, desejosas de verem no compositor um herói latino-americano. Nesse sentido, a revista *TV, Sorrisi e Canzoni*, de 19 de janeiro de 1969, fez uma reportagem sobre o compositor intitulada "Combatterò con le mie canzoni". No final, o texto aumentou a biografia de Chico, ao mencionar que ele teria ficado preso por algumas semanas em um campo de concentração![97] A ditadura brasileira nunca manteve prisioneiros em campos de concentração, ao contrário da chilena, que torturou e matou no campo do Estádio Nacional, em Santiago. E mais uma vez, o cantor que

---

[96] "Certo dia no Rio de Janeiro, Juca foi fazer uma serenata embaixo da janela de Maria. Chega a polícia dos gorilas, vê os cabelos longos do apaixonado e o leva à delegacia. O delegado que 'não conhece o amor, não sabe cantar, não sabe quem é Maria' prende Juca na prisão por vagabundagem.

Proibido cantar no Brasil – Os generais (os gorilas) iniciaram a ofensiva contra a canção e a guitarra: (...) e assim como Geraldo Vandré foi preso, (...) o número de detidos se alonga. Foi a vez de Chico Buarque de Holanda, autor da história de Juca: uma alegoria do clima opressivo que se desencadeia no Brasil. Quem se lembra? Chico Buarque é o autor de 'A banda', uma canção difundida na Itália pela cantora Mina em uma versão que dissolve o clima paranoico e o senso dramático da original. Em 'A banda' há um imaginário da vida brasileira: um personagem triste, entre o povo pobre que através do improviso de uma banda consegue juntar uma efêmera alegria. A canção de Chico não tem o conteúdo ácido de Vandré ou de Veloso, é mais subliminar. Aquilo que Chico escreve, no entanto, pode levá-lo à prisão, haja vista as cadeias dos fascistas brasileiros. Prisão, aliás, da qual ele saiu a poucos dias." [tradução livre do autor] Ermanno Gargani, "Contro Chico i 'gorillas'", *Paese Sera*, 8 de janeiro de 1969. *Apud idem, ibidem*, p. 15.

[97] "Francisco 'Chico' Buarque de Hollanda autor de várias canções de sucesso ('Tem mais samba', 'A banda', 'Pedro pedreiro' etc.) contestador do regime militar através da música, foi preso por poucas semanas e libertado após três dias em um campo de concentração — diante da pressão popular [...]. Não obstante as recentes desventuras políticas, Chico não está entre nós em exílio: como havíamos dito, depois de três dias num campo de concentração, as autoridades, devido à revolta das multidões, o liberaram. Seria algo comparável na Itália como se Gianni Morandi fosse deportado depois da vitória na Canzonissima". [tradução livre do autor]. "Combatterò con le canzoni", TV, Sorrisi e Canzoni, 19 de janeiro de 1969. Apud idem, ibidem, p. 17.

* Referência ao filme *Por um punhado de dólares*, que tem trilha de Morricone. (*N. da R.*)

não fora preso e não fora exilado se tornou um ex-prisioneiro de campo de concentração! E como "exilado", Chico não poderia voltar ao Brasil, sendo forçado a estender a temporada na Itália. Cooperou para a estada em Roma a repressão instaurada pela ditadura brasileira, evidentemente. Em 1970, a RCA lançou o segundo disco do compositor cujos sambas foram traduzidos para o italiano. O LP continha algumas canções inéditas, o que talvez tenha desagradado o público italiano que esperava mais uma *A banda*. A pressão por um novo hit incomodava o cantor: "No final dos anos 60, quando morei em Roma, eles queriam que eu fizesse outra música como "A banda", 'orecciabile'. E eu acabei não fazendo outras músicas "orelháveis", frustrando muitas expectativas."[98] Apesar da coragem, Chico não ficou muito contente com o resultado do LP, e muito menos o público italiano, que não comprou o disco:

> *BIZZ*: Você gravou com Ennio Morricone, na Itália. Como foi essa experiência?
> *Chico*: Bom, ele é um grande orquestrador. Ele pegou umas músicas minhas e fez aquele som dele, o som do Ennio. O disco se chama *Per un Pugno de Samba*. ("Por um Punhado de Samba").[99] É um disco híbrido. É samba e tal – são canções minhas –, tudo gravado lá. O som do Ennio, que é da maior competência, é muito bonito, mas a marca dele é muito forte. O disco fica a meio caminho entre a música brasileira e a música italiana. Mas foi uma experiência interessante. Esse disco é raríssimo. Eu mesmo não sei se tenho.[100]

Mas parece que a RCA forçou a barra demais. Chico nunca chegou a ser popular na Itália. Depois de breves aparições na televisão italiana, ele conseguiu fazer alguns shows que logo rarearam. Então a grana começou a escassear e, diante do desconhecimento do público italiano, Chico foi obrigado a apelar:

> *Chico*: Fiz shows que... Uma hora [o violonista] Toquinho foi me dar uma mão lá. Fizemos um show para vinte pessoas, na casa de uma marquesa. Começamos a cantar e vimos que não tinha nada a ver, ninguém tava saben-

---

[98] *Folha de S. Paulo* (6/5/06). Lido no site do compositor.
[99] *Per un Pugno de Samba* não foi lançado no Brasil.
[100] *Revista Bizz* (Abril/1988). Lido no site do compositor em 30/8/2007.

"CADA UM TEM O DISCO QUE MERECE" 229

do nada. "Vamos mandar um carnaval!" (risos) Apelamos pro carnaval. Depois "A banda". Aí o pessoal cantava. Depois de "A banda", não tinha outra marcha... Aí ia de "Mamãe eu quero". Levamos muitos canos também.[101]

Uma oportunidade nova surgiu quando ele se dedicou a abrir o show da então decadente Josephine Baker. Tratava-se de uma oportunidade proporcionada pela mudança de gravadora. Ainda na Itália, Chico abandonou a nacional RGE e foi contratado pela Philips. Divergências entre ele e a distribuidora fizeram-no voltar ao Brasil em 1970:

> A RGE é uma fábrica pequena, de um homem só. E eu estava na Itália com a RGE também, distribuído pela RCA, o que criava vários problemas. A RCA tinha metade de interesse para divulgar meus discos do que tinha para artistas que fossem só deles. Eu sentia que o fato de eu ser da RGE me atrapalhava na Itália. (...) Eu não tenho muitas queixas a fazer deles, mas, por exemplo, eu posso me orgulhar de ter as capas mais feias do Brasil. Sou o cantor que tem as piores capas de discos. É uma coisa que a gente queria falar e não podia porque era complicado, porque ia pro homem que fazia a capa deles, uma porção de coisinhas assim que foram juntando e no fim eu tava com um problema de pagar imposto de renda e eles não atenderam o pedido de adiantamento que eu fiz. O que estourou foi isso.[102]

Mas nem assim sua situação financeira melhorava. Ele continuava precisando de bicos abrindo shows de artistas decadentes:

> *Chico*: Eu e Toquinho fizemos uma temporada de 45 dias pela Itália inteira, fazendo o final da primeira parte do show da Josephine Baker. Tinha vários artistas. Tinha uma cantora canadense, um conjunto não sei de onde, e terminava com eu e Toquinho cantando músicas brasileiras.
> *O Pasquim*: Mas conseguiam fazer alguma coisa?
> *Chico*: Nada, porra, o pessoal ia ver Josephine Baker! Média de idade pelo menos 75 anos. Foi uma merda! A gente cantou num negócio que parecia sede do Partido Monarquista. Tinha retrato do Rei Umberto (risos). Não era teatro, era um salão.[103]

---

[101] Entrevista publicada no livro de entrevistas d'*O Pasquim*, de 1975. Entrevistas lidas no site do compositor, acessado em 30/8/2007.
[102] Entrevista de Chico Buarque, *O Pasquim* (2-9/4/1970), n° 41.
[103] *Ibidem.*

Chico Buarque sobrevivia com os parcos rendimentos dos shows, mas a situação apertava. Sua família ainda lhe enviava dinheiro, mas era difícil sustentar a mulher e a filha. Na Itália nasceu a primeira filha do compositor e de sua mulher, a atriz Marieta Severo. Sem músicas que agradassem aos ouvidos italianos, o dinheiro não entrava. Chico Buarque só ficou um pouco famoso na Itália quando se associou a outra figura muito mais conhecida, o ex-craque Garrincha:

> Garrincha chegou a Roma como marido da [cantora] Elza [Soares], que tinha ido lá fazer uns shows. Na época, em 1969, ele jogava umas peladas remuneradas, e gostava muito daquilo. Geralmente eram jogos em campinhos perto de Roma. Mas era impressionante a popularidade do Garrincha. Ele foi lá em casa umas três vezes, e eu só sei que ganhei um prestígio imenso com o sujeito do bar que ficava no térreo do meu prédio quando ele soube que eu conhecia o Garrincha. Ganhei um prestígio imenso lá. A gente saía de carro e eu levava ele para essas peladas. Era impressionante como, sete anos depois da Copa de 62, todo mundo ficava atrás: "Garrincha, Garrincha." E eu era o chofer dele.[104]

Sem muitas perspectivas na Itália, Chico resolveu voltar ao Brasil. Como não havia sido expulso pelo regime de forma direta e clara, não haveria problemas para voltar. Aliás, a mudança de gravadora, da RGE para a Philips, muito se deveu à vontade do compositor de retornar ao país. A Philips prometeu ao compositor a gravação de um disco no Brasil e a promoção de shows em teatros e na TV Globo. Ao chegar ao Brasil, foi recebido com festa. No aeroporto do Galeão estavam a sua espera a Jovem Flu — parte da torcida organizada do Fluminense, seu time —, a Banda de Ipanema e músicos contratados pelos amigos, que o carregaram nos ombros enquanto Chico sorria meio encabulado.[105]

De volta ao Brasil, ele lançou o primeiro disco pela Philips, o quarto da carreira: *Chico Buarque de Hollanda — Volume 4*. Anos mais tarde, Chico

---

[104] *O Globo*, 10/5/98. Lido no site do compositor.
[105] *Jornal da Tarde*, 20/3/70. Lido no site do compositor.

considerou *Vol. 4* um disco "confuso"[106], de "transição"[107]. Tratava-se de uma obra na qual o cantor fazia uma metamorfose, como ele mesmo deixou claro anos mais tarde:

> Eu tenho três discos que são praticamente iguais. São discos que reúnem as músicas que eu fiz ainda quase não profissionalmente. Eu era um estudante de arquitetura que fazia música e tomava cachaça. No meu terceiro disco, tem músicas que eu já tinha composto na época do meu primeiro disco. Um disco é continuação do outro. São de uma fase [que] hoje eu chamo de carreira, mas na época eu não tinha a menor ideia de que estava criando pra mim uma profissão, uma carreira. Era uma brincadeira. Uma extensão da minha vida de estudante. (...) Já o quarto disco é um disco complicado, porque eu gravei na Itália, eu morava na Itália. É o disco mais irregular que eu tenho. Eu gravei esse disco, que se chama *Chico Buarque de Hollanda nº 4*, quando eu morava na Itália (...), vivendo com uma certa dificuldade. Esse é um disco de transição. É o disco da minha maturidade, não como compositor, mas como ser humano. Eu estava morando na Itália, com problemas pra voltar pro Brasil, com uma filha pequena... Virei um homem. Eu era moleque. Virei um homem e não sabia o que dizer. Então, as músicas estavam com um pé ali e outro aqui. Um pé no Brasil e outro na Itália. E eu sem saber exatamente o que ia fazer da minha vida: Ah! Bom... Vou ser compositor? Vou viver disso... Vou ter que encarar isso a sério... Vou ter que encarar a vida a sério. Uma série de circunstâncias me levou a isso. A estar morando fora do Brasil e estar casado e com uma filha, e a ter que pensar pra valer na vida. Eu tive dificuldade. São as músicas mais arrancadas a fórceps que eu tenho. (...) A história é essa. É um disco feito por necessidade. Os outros três discos anteriores são desnecessários (risos). Eu precisei passar por isso pra chegar ao disco seguinte, que é *Construção*, que já é um disco maduro como compositor. Aqui é um disco em que eu estou maduro como homem, como ser humano. Peraí. Sou gente grande. Tenho uma filha pra criar. Acabou a brincadeira. Mas eu não sabia ainda como exprimir essa perplexidade.[108]

---

[106] "O disco anterior a *Construção* é muito confuso. Há atenuantes para isso: eu gravei a voz na Itália, os arranjos foram feitos aqui, mas a própria criação das músicas é confusa, você percebe que eu estava um pouco perdido. Já não queria fazer o que estava fazendo e estava sem encontrar uma linguagem." *Folha de S.Paulo* (9/1/1994). Fonte lida no site do compositor.

[107] *Chico Buarque nº 4* é o quarto LP lançado no Brasil, sem contar os dois lançados na Itália durante seu autoexílio.

[108] "Semana Chico Buarque nº 4", *Rádio Eldorado* (27/9/89). Lido no site do compositor, acessado em 30/8/2007.

A caracterização do quarto LP como "confuso", feita *a posteriori* pelo compositor, talvez também se explique por uma certa "esquizofrenia" estética do disco, especialmente aos olhos pós-AI-5. Chico falava de coisas sérias e tristes em *Rosa dos ventos* ("E do amor gritou-se o escândalo/ Do medo criou-se o trágico"); ironizava a camisa do Flamengo em *Ilmo. Sr. Ciro Monteiro*; debatia-se contra os tropicalistas em *Essa moça tá diferente*; ironizava seu próprio lirismo em *Agora falando sério*; cantava *Os inconfidentes*, tema de peça com texto da poetisa Cecília Meireles; mantinha a parceria criticada com Tom Jobim em *Pois é*; retornava ao lirismo em *Samba e amor*. A capa apresentava um compositor garoto, sorridente. A "confusão" que Chico constata *a posteriori* explica-se pelo fato de o disco ainda estar muito preso às temáticas da década de 1960, do debate com os tropicalistas às ingenuidades do samba "alegre". Não pegava bem aos artistas da "resistência cultural" rir, ato que ficou muito associado às propagandas do regime ditatorial. A década de 1970 não suportaria mais os sambas "ingênuos".

Alguns meses depois de chegar ao Brasil, Chico compôs *Apesar de você*, lançada como um compacto duplo com *Desalento*. O fato de a Censura ter liberado e depois censurado a canção ao constatar seu potencial transgressor tornou o episódio um marco na memória nacional, o que talvez se explique pelo fato de exacerbar a concepção largamente difundida na sociedade de que a Censura era "burra". Apesar dos trabalhos acadêmicos sobre a Censura terem avançado muito, eles a entendem de forma menos alegórica,[109] a sociedade quase sempre prefere reproduzir essa visão mais arquetípica. De qualquer forma, depois de *Apesar de você*, Chico conseguiu finalmente deixar de ser o "genro que todas as sogras gostariam de ter". Mesmo proibido, esse foi o compacto mais vendido de sua carreira, e logo tornou-se peça de colecionador.[110]

---

[109] Carlos Fico, *A pluralidade das censuras e das propagandas da ditadura*, in *1964-2004 – 40 anos do golpe: Ditadura militar e resistência no Brasil*. Rio de Janeiro, Faperj/Sete Letras, 2002, p. 251-286; Beatriz Kuschnir, *Cães de guarda: jornalistas e censores, do AI-5 à Constituição de 1988*, São Paulo, Boitempo, 2004.

[110] Segundo Chico: "Aliás, disco compacto que mais vendeu foi o *Apesar de você*, apesar de tudo (sic). Mas disco grande foi *Construção*, mesmo com letra comprida e aquela trapalhada toda." Quando concedeu essa entrevista, em 1976, Chico ainda não havia batido o recorde de vendas de *Construção*, que seria rompido exatamente naquele ano, com o disco *Meus caros amigos*. Revista 365 (1976), lida no site do compositor, acessado em 30/8/2007.

"CADA UM TEM O DISCO QUE MERECE"

Ainda em 1971, Chico gravou o LP *Construção*, o segundo pela multinacional Philips. O disco trazia canções que falavam da monotonia da vida de um proletário ("Construção"), das tristezas de um exilado ("Samba de Orly"), do sombrio ar da época ("Acalanto") e ironizava o regime ("Deus lhe pague"). Esta obra colocou Chico definitivamente entre os *resistentes*, tornando o compositor uma figura frequente na censura e nos órgãos de repressão política do Estado. Acostumados à imagem de "bom-moço" do artista, alguns estranharam a nova postura do compositor, como relatou o jornal *Opinião*:

> *Opinião:* No meio dos estudantes, algumas mães questionam uma mudança. Você ficou muito agressivo. Parece com raiva de tudo e de todos. Por que no outro show, no ano passado, você cantou coisas que não canta mais? *Chico:* Os tempos mudam. As coisas mudam muito rapidamente.[111]

A revista *Realidade* também notou a transformação na carreira de Chico ao comentar que "não foram as músicas que mudaram; ele é que mudou".[112] Até Nelson Rodrigues lamentou a transformação do compositor. Depois de ler sua entrevista na revista *Veja*, ele sentiu-se ofendido com o comentário de que Chico não gostava de tê-lo como fã, já que o dramaturgo era um conhecido reacionário. Na coluna intitulada "O bom menino", de 20 de setembro de 1971, Nelson foi polêmico ao dizer que havia na verdade dois Chicos:

> O antigo, que faz canções; e o outro, o da entrevista, que tem ideias. A profundeza do entrevistado é dessas que uma formiguinha atravessa a pé, com água pela canela. Cercado de perguntas por todos os lados, e perguntas das mais profundas, Chico Buarque é um pobre menino acuado. O leitor tem vontade de interromper a leitura e apelar para a revista: "Parem! Parem! Não façam isto com ele!"[113]

---

[111] "Chico Buarque: 'as coisas vão piorar e pode ser o fim do espetáculo'", *Opinião*, nº 22 (2/4/1973).
[112] Revista *Realidade* (dez. 1971), p. 12 e 13. De fato, o discurso de Chico também mudou. Anos mais tarde, ao defender a "classe musical", Chico viu-se como proletário e justificou-se: "Vivo do meu próprio trabalho e não exploro ninguém." "Chico e Xênia", *Veja* (6/2/1980).
[113] Reportagem de Nelson Rodrigues: "O bom menino". *O Globo*, 20/09/1971; Martins, Lula Branco. "Chico Buarque e a imagem do artista", *Jornal do Brasil*. (13/6/2004), p. B9.

Gradualmente construiu-se em torno de Chico Buarque a imagem do *resistente* à ditadura. Distanciando-se da figura de moço comportado, filho de pais ricos e família estruturada, hoje ele é visto como o oposto simétrico de Simonal, ou seja, o antibode expiatório, na medida em que encarna a *resistência* e todas as virtudes que os memorialistas conseguem cogitar. Em grande parte a transformação em ícone da *resistência* deve-se aos seus constantes embates com o regime. Depois de mais de uma década de choques ele estava tão associado à luta contra a ditadura que chegou a criar um respeito quase mítico entre seus pares. Em 1980, Djavan acompanhou Chico numa viagem a Angola e em shows no Riocentro, na capital carioca. Djavan sintetizou assim o poder mítico e agregador do Chico *resistente*: "Quando ele convida alguém para alguma coisa, ninguém vacila. A gente sabe que ele não participaria de algo que não tem nada a ver."[114]

É importante notar que essa imagem foi construída ao longo da década de 1970 e que, mais tarde, foi referendada pela bibliografia musical quase sem nenhuma crítica. Não custa lembrar que até 1968 ele só tinha sido censurado uma única vez. A canção "Tamandaré" (de 1965) não foi liberada, pois os censores viram na letra uma chacota ao patrono da Marinha, cujo retrato vinha estampado no dinheiro da época: 'Seu marquês, 'seu' Almirante/ Do semblante meio contrariado/ Que fazes parado/ No meio dessa nota de um cruzeiro rasgado/ (...) Cadê as batalhas/ Cadê as medalhas/ Cadê a nobreza/ Cadê a marquesa, cadê/ Não diga que o vento levou"[115]. Curiosamente, até 1968 Wilson Simonal também tivera apenas uma única música censurada (e logo em seguida liberada), "Tributo a Martin Luther King". Não espanta que Chico Buarque tenha sido visto por Costa e Silva "simplesmente" como o compositor de "Carolina".

Mas Chico Buarque não foi o único a mudar. Ao longo da década de 1970 a MPB se solidificou, superando as dores do parto. Artistas que durante a década anterior haviam trocado farpas e declarações não muito

---

114 "Apesar do governo", *Veja* (14/5/1980), p. 61.
115 Se a música foi censurada, a letra e a partitura integrais da canção puderam ser publicadas. Ver Chico Buarque de Hollanda, *A banda*, Rio de Janeiro, Editora Paulo de Azevedo Ltda., 1966.

"CADA UM TEM O DISCO QUE MERECE"

gentis viraram grandes amigos. Em 1972, Chico Buarque e Caetano Veloso se juntaram e gravaram um LP ao vivo no Teatro Castro Alves, em Salvador. Era a primeira vez que os dois artistas, vistos como pólos opostos da música surgida nos anos 1960, se reuniam.[116] Aliás, Chico já havia se aproximado do som tropicalista no seu disco anterior, *Construção* (1971). A faixa-título tinha uma letra concretista e seu arranjo fora feito por Rogério Duprat, maestro e arranjador dos discos de Caetano e Gil.[117]

Aplaudidos, os compositores "esqueceram" que o clima de rivalidade da década anterior não era só fogo criado pela imprensa. Apenas dois anos antes, em 1970, Chico Buarque era descrente das inovações de Caetano Veloso:

> Nunca pertenci a grupo nenhum. Particularmente, gosto, como o Vinicius disse, do som brasileiro. Não acredito em som universal saindo do Brasil. Som universal inglês e americano, sim.[118]

> Eles [os tropicalistas] não são, possivelmente, o início de nada, mas provavelmente o fim de um ciclo que se iniciou com João Gilberto.[119]

Naquele mesmo ano Chico compôs uma sátira aos tropicalistas em "Essa moça tá diferente". Se em "Apesar de você" a mulher foi uma desculpa para falar mal da ditadura, a moça diferente era uma crítica à modernização "excessiva" da música popular promovida pelos tropicalistas: "Essa moça tá diferente/ Já não me conhece mais/ Está pra lá de pra frente/ Está me passando pra trás/ Essa moça tá decidida/ A se supermodernizar/ Ela só samba escondida/ Que é pra ninguém reparar". Por sua vez, os tropicalistas ironizavam o tradicionalismo presente na obra de Chico. Tom Zé chegou a afirmar que respeitava muito Chico, pois o considerava seu "avô musical".[120]

---

[116] Caetano era visto como a vanguarda contracultural na MPB e Chico como um compositor associado à tradição do samba de morro.

[117] Paulo Cesar de Araújo, "Chico Buarque e as raízes do Brasil", *Jornal do Brasil* (13/6/2004), p. B8.

[118] *O Globo* (26/11/1970), p. 21.

[119] *Fatos e Fotos* (29/1/1970), ano X, nº 469, p. 54.

[120] "O tropicalismo é nosso, viu?", *Realidade* (dez. 1968).

Os tropicalistas não eram os únicos a ver Chico Buarque como "antigo". Lupicínio Rodrigues chegou a dizer que Chico era conservador musicalmente: "Chico Buarque ainda é naquele estilo antigo, que eles chamam, como é?, os 'quadrados'. Mas acho o Chico um poeta maravilhoso, conservador daquele ambiente."[121]

Se o clima nos anos 1960 era tenso devido às disputas estéticas em jogo, grande parte dos escritores que refletiram sobre música popular nos anos seguintes tentou apagar as fissuras da MPB em nome da identidade da *resistência*. Segundo Regina Zappa, não havia disputas e "a culpa era toda da imprensa", bode expiatório ideal para as palavras que não fazem mais sentido num presente conciliatório: "Musicalmente, Chico nunca foi contra nada. Sempre ouviu de tudo. Abria para tudo. Mas a imprensa tinha necessidade de antagonizar, colocá-lo em uma posição que não era a dele."[122] Pensando em conversar sobre a idealização da imagem de Chico pelo público, tentei inúmeras vezes contato com o compositor que, por meio de sua assessoria, negou a entrevista. Para além da mudança individual do compositor, é justo constatar que no meio musical brasileiro a regra foi a metamorfose artística.

Elis Regina também aparou as arestas com os tropicalistas, aceitando a entrada no panteão da MPB depois do exílio de Caetano e Gil. Mas, anos antes, em 1968, ela repudiava a tropicália: "Eu só digo uma coisa: vai bem quem faz coisa séria. Quem quer fazer galhofa, piada com o público, que se cuide. Tropicália é um movimento profissional e promocional, principalmente. De artístico mesmo não tem nada, nada, nada."[123]

Pouquíssimo tempo depois, ela repensou a questão e foi menos impetuosa no seu julgamento:

> O tipo de música que o Caetano Veloso estava fazendo estava mexendo comigo, com a minha acomodação (...) eu fiquei muito agitada, não entendendo o que estava acontecendo. Realmente balançou o meu coreto. Aí eu

---

[121] Entrevista de Lupicínio Rodrigues ao *Pasquim*. *O som do Pasquim: Grandes entrevistas com os astros da música popular brasileira*. 2ª ed., Rio de Janeiro: CODECRI, 1976, p. 65-76.
[122] Regina Zappa, *op. cit.*, p. 157.
[123] *Jornal da Tarde* (3/10/1968). Apud Regina Echeverria, *op. cit.*, p. 286.

"CADA UM TEM O DISCO QUE MERECE" 237

cheguei à conclusão de que o problema não era do Caetano, era eu que era problematizada em relação ao troço que ele estava fazendo, porque ele estava mexendo demais nas minhas entranhas. Eu parei, pensei e disse: é, ele está certíssimo.[124]

Outro tropicalista, o diretor José Celso Martinez, mostrou-se incomodado com o mea-culpa de Elis. Irritava-o o fato de a cantora representar o tipo de posicionamento político que só atribuiu as benesses da resistência aos tropicalistas após o exílio de Caetano e Gil:

> Há um certo público que rejeita (...) é aquele público que chega sempre atrasado. É o público que endeusa o Caetano Veloso, hoje em dia [pós-exílio]. Eu acho, por exemplo, que o endeusamento que está havendo hoje, do Caetano, é muito mais escandaloso do que o endeusamento que houve do Roberto Carlos. É uma coisa de sentimento de culpa, fascista e viscosa. (...) E vem carregada de uma carga de culpa que dá um caráter de mistificação muito maior, como a entrevista da Elis Regina no *Pasquim* [Elis fez elogios a Caetano]. É uma coisa muito mais quadrada do que a própria rejeição inicial que ela tinha em relação à musica de Caetano e Gil. Hoje em dia, uma das coisas que mais me repugna, na própria pele, é o tropicalismo. (...) Aquela figura do Caetano rejeitado é mais forte do que essa de hoje, uma coisa piegas, por causa do que aconteceu com ele, por ele estar fora do Brasil etc. Na verdade, ele não é aceito, nem a música dele. O que é aceito é aquela coisa desgastada, que já está no patrimônio universal, como os Beatles etc.[125]

Sem rancores, Caetano retribuiu o afago durante seu show no evento Phono 73, promovido pela gravadora Philips, entre os dias 10 e 13 de maio do ano de 1973 no Centro de Convenções do Anhembi, em São Paulo. Era um festival "sem competição" no qual cada artista se apresentava sozinho e, antes de sair do palco, fazia dueto com o artista seguinte. A plateia de universitários recebeu Elis com certa frieza, pois no ano anterior ela tinha participado das festividades dos 150 anos da independência nacional realizadas

---

[124] Entrevista de Elis Regina a O *Pasquim*, nº 15 (2/10/1969).
[125] *Apud* Coluna "Vanguarda" de Luiz Carlos Maciel no jornal *Ultima Hora,* por volta de 1969. *In* Luiz Carlos Maciel, *Geração em transe: memórias do tempo do tropicalismo*, Rio de Janeiro, Nova Fronteira, 1996, p. 220-221.

pelos militares. Houve até um início de vaia. Caetano Veloso levantou-se da plateia e gritou: "Respeitem a maior cantora desta terra."[126]

A partir da primeira metade da década de 1970 os tropicalistas não foram mais antagonizados ao estilo de Elis Regina. Todos silenciaram sobre suas diferenças e se identificaram em torno da *resistência* ao regime. Continuando a *política de boa vizinhança* no meio musical, no ano de 1974 ela gravou o disco *Elis & Tom* reatando os laços com um dos pais da Bossa Nova, contrariando os críticos que a viam como o exato oposto do canto falado e baixo de João Gilberto.[127]Anos mais tarde Elis dedicou seu disco de 1980 à cantora Rita Lee, outro personagem tropicalista antes seu desafeto.[128]

Até os roqueiros iê-iê-iê preferem uma versão menos briguenta. Erasmo Carlos relativizou os embates da Jovem Guarda com a recém-nascida MPB:

> *Entrevistador:* Havia algum tipo de preconceito?
> *Erasmo:* Nada. Não teve a mínima coisa. Sempre foi uma amizade, que já surgiu com um sorriso de ambas as partes. Bom, da nossa parte nunca houve inimizade com ninguém.[129]

Não bastava o esfriamento das tensões internas da MPB para que uma identidade musical fosse forjada. Era preciso que todos soubessem de quem eram descendentes. Assim a MPB começou a construir um panteão de artistas que eram considerados "de bom gosto" pelos setores de classe média. E o "bom gosto" era, para a classe média universitária, o que Paulo Cesar de Araújo definiu em seu livro como a tensão da "tradição e da modernidade":

---

126 Osny Arashiro (org.), *Elis por ela mesma* (coleção O autor por ele mesmo), São Paulo, Martin Claret, 1995, p. 51.

127 Elis chegou a dizer: "Tom [Jobim] é capaz de resumir, na sua obra, praticamente toda a história da música brasileira dos últimos tempos. E eu poderia me apoiar nessa obra para contar a história dos meus dez anos de carreira." Osny Arashiro *(org.), Elis por ela mesma* (Coleção O autor por ele mesmo), São Paulo, Martin Claret, 1995, p. 77. Em 2004, quando foi remasterizado o disco de trinta anos antes, jornalistas exaltaram aquela obra e a manchete da revista *IstoÉ* foi: "O que tinha de ser: o histórico disco *Elis & Tom*, de 1974, é relançado em CD e DVD áudio (...)", *IstoÉ* (1/9/2004), nº 1821.

128 Regina Echeverria, op. cit., p. 335.

129 Entrevista realizada em 12/7/1996 por Marcelo Fróes, Marcos Petrillo e Carlos Savalla e publicada no livro de Marcelo Fróes e Marcos Petrillo (orgs.), *Entrevistas: International Magazine*, Gryphus, Rio de Janeiro, 1997.

Para ser bem qualificada pela crítica e aceita pelo público intelectual, a obra precisa estar obrigatoriamente identificada ao que se considera tradição (folclore, samba de raiz, samba de morro) ou então ao que se considera modernidade (influências de vanguardas literárias ou musicais, como o jazz, a bossa-nova, o rock inglês). Fora desse receituário, não há salvação.[130]

Segundo o autor, esse debate, que tem início em meados dos anos 1960, é "reflexo do dilema de uma elite em busca de sua identidade nacional". É por esta razão que Cartola e Nelson Cavaquinho só passaram a ser valorizados depois de sexagenários, quando na década de 1960 os estudantes universitários começaram a resgatar compositores "genuinamente" brasileiros e conheceram os compositores do morro, que logo foram incorporados à "tradição" da MPB que se inventava. Ao longo da década seguinte essa busca prosseguiu, encontrando novos "pais" para a música brasileira. Justamente quando a juventude universitária procurava uma identidade para se agarrar, Simonal fazia piada desses mitos:

Sérgio Cabral: E Noel Rosa?
Simonal: Eu conheço muita coisa ruim dele. Eu acredito que na época ele foi um Chico Buarque, eu não sei, mas ele poderia até ser considerado um Caetano Veloso na época, porque fez umas músicas realmente muito diferentes das músicas que se faziam naquele tempo. Como eu não conheço a maioria das coisas do Noel Rosa, eu não dou nota.
Sérgio Cabral: Ary Barroso?
Simonal: Compositor razoável. Foi muito idolatrado, mas ele não chegava a ser sensacional.
Jaguar: Você conhece o Nelson Cavaquinho? Que tal?
Simonal: Conheço, é sensacional. Como músico, pelo simples. Isto dele tocar o instrumento cavaquinho, que é pobre harmonicamente, faz com que ele mesmo muitas vezes estrague suas melodias. O Nelson Cavaquinho é um compositor em potencial, ele sente uma música, mas não dá para fazer o que quer fazer, porque se o Nelson Cavaquinho fosse Nelson Pianinho, seria sensacional. Como letrista, dentro daquela simplicidade, eu daria quinze.[131]

---

[130] Paulo Cesar de Araújo, "Chico Buarque e as raízes do Brasil", *Jornal do Brasil*, 13/3/2004.
[131] "Não sou racista", entrevista de Wilson Simonal – O *Pasquim* (jul. 1969), n° 4.

Se alguns "pais" foram descobertos nos anos 1960, novas raízes foram reencontradas pelos artistas da década de 1970. Como lembra o historiador Paulo Cesar de Araújo, Luiz Gonzaga, já um ídolo popular nos anos 1940, só começou a obter algum prestígio entre os universitários a partir do fim da década de 1960, quando jovens compositores como Caetano Veloso e Gilberto Gil passaram a destacar a importância de sua obra e a colocá-lo no mesmo pedestal de Dorival Caymmi e João Gilberto.

Da mesma forma Lupicínio Rodrigues passou a integrar a MPB depois que João Gilberto apareceu num especial na TV Tupi cantando "Quem há de dizer", em 1971. A influência do pai da Bossa Nova foi capaz de transformar a imagem do velho Lupicínio. De autor de "letras horrendas", Lupicínio se tornou um dos compositores mais admirados pelos novos artistas. Regravações surgiram pelos principais nomes da MPB, como Caetano Veloso, Maria Bethânia, Gal Costa, Paulinho da Viola e Elis Regina. Assim como Cartola e Nelson Cavaquinho, Lupicínio Rodrigues só conseguiu seu lugar ao sol depois dos sessenta anos de idade.[132] E se ele não era um compositor político por excelência, a sua incorporação à MPB salvou suas "letras horrendas" do esquecimento e o colocou como um dos pais da música popular.

Isso se explica pelo fato de que muitos críticos e músicos pensam que as canções sobrevivem ao tempo devido às qualidades intrínsecas, ou seja, devido ao valor harmônico, às inovações melódicas e ao preciosismo lírico. O pesquisador Zuza Homem de Mello é autor de dois volumes sobre a música brasileira. Neles relembra as "canções que o povo brasileiro consagrou através dos anos". O autor diferencia os modismos eventuais e passageiros e as músicas "para sempre":

> [No livro encontram-se] as [canções] que obtiveram sucesso ao serem lançadas, não importando sua qualidade ou permanência, e as que não obtiveram sucesso imediato, mas que, em razão de sua qualidade, acabaram por merecer a consagração popular.[133]

---

[132] Sobre a reabilitação de Luiz Gonzaga, Lupicínio Rodrigues, Cartola e Nelson Cavaquinho, ver Paulo Cesar de Araújo, op. cit., p. 355-356.
[133] Zuza Homem de Mello, op. cit., apud nota 590, p. 407.

"CADA UM TEM O DISCO QUE MERECE"

241

Esse ponto de vista é referendado por Edu Lobo. Em entrevista à revista *Realidade*, em 1967, ele "previu" o caminho da MPB em direção a suas próprias canções: "Música popular não é o que se canta muito, a curto prazo, mas o que se canta sempre."[134]

Como se vê, "cada um tem o disco que merece" ou, ao menos, a música que merece. Se o artista é identificado à MPB, sua obra provavelmente será referendada "pelo tempo", já que quase todos os críticos, jornalistas, acadêmicos e memorialistas estarão do seu lado. Num país de semianalfabetos, a MPB é conduzida pelos literatos egressos da universidade e, assim, a profecia se sustenta, tornando alguns discos peças de museu e outros cacos de vinil.[135]

* * *

Como lidar com o ostracismo de certos artistas? O que explica o silêncio da memória sobre certos compositores e intérpretes? O historiador Paulo Cesar de Araújo teve que lidar com essas questões ao trabalhar com a geração *cafona* dos anos 1970. Segundo sua pesquisa, o silêncio e a negligência com que os cantores "bregas" são tratados explica-se pelo fato de que eles não se enquadravam no padrão estético das elites cuturais que não viam suas produções (em grande parte boleros, baladas românticas, guarânias e sambas "deturpados") nem como parte da "tradição" nem como da "modernidade". De fato, através das lentes da intelectualidade de classe média, os bregas não eram nem *modernos*, pois não referendavam vanguardas literárias ou musicais (jazz, rock, bossa-nova), nem se sustentavam no que a MPB entendia como *tradição* brasileira (folclore, samba de raiz, samba de morro). Logo, não eram vistos como legítimos representantes da música popular e, por isso, não mereciam ser lembrados nos livros e reportagens.[136]

De fato, o conceito é pertinente para entendermos a obra de Simonal, afinal toda a sua carreira foi balizada entre a *tradição e a modernidade*. Si-

---

[134] *Realidade* (jun. 1967), p. 21-22.
[135] Refiro-me à pratica do apresentador Flávio Cavalcanti, que em seu programa na TV Tupi, durante a década de 1970, quebrava discos que considerava de "mau gosto".
[136] Ver o capítulo "Tradição e modernidade" do seu livro Paulo César de Araújo, *op. cit.*, 2003.

monal foi um dos construtores da MPB. Ele iniciou a carreira cantando rock e logo depois passou para a Bossa Nova. Ambos gêneros são identificados com a modernidade. Mais tarde, quando criou a Pilantragem, continuou dançando nas balizas definidas por Paulo César. Essa é a razão do seu sucesso: ele conseguiu popularizar um padrão estético que encontrava crescente aceitação na sociedade. Ao contrário dos bregas, Simonal não foi excluído por cantar boleros, guarânias ou sambas "deturpados", mas por questões políticas.

A *tradição e modernidade* a que se refere Paulo Cesar de Araújo, apesar de pertinente, não dá conta do caso Simonal. Tal conceito enfatiza a criação de um padrão estético da intelectualidade brasileira, na qual o cantor está totalmente inserido. E, por isso mesmo, não explica a especificidade de sua exclusão.

O silêncio que cerca sua obra, a constante chacota que se faz em torno de sua pessoa, a banalização de sua produção, a perda das nuances de sua carreira e as frequentes humilhações sofridas não podem ser explicados pelo rompimento de um padrão estético. Afinal, ele não rompeu essa baliza. Para além de um padrão estético, a MPB estruturou-se sobre os pilares políticos do *mito da resistência.* Ao mesmo tempo que um projeto estético estava sendo construído, um pressuposto político vinha sendo gradualmente incorporado pelos artistas e pela sociedade brasileira.

É importante perceber que mesmo artistas cujas obras não têm grande identificação direta com a *resistência* foram incorporados pelo imaginário da MPB como, por exemplo Tom Jobim, Baden Powell e João Gilberto. Embora pouco afeitos aos debates políticos da época eles se enquadram no padrão estético da "tradição e modernidade". Mas o caso Simonal é mais específico e sua exclusão se explica para além das questões estéticas, embora estas disputas tenham sido importantes para catalisar sua queda. O que tornou-o uma figura imperdoável foi o fato de ter sido tachado como mais que um adesista, um "traidor". Daí a repressão das esquerdas ter caído com toda força sobre ele. Se fosse visto somente como um apologista do regime, é possível que isso tivesse sido relevado ao longo dos anos. Outros também foram vistos pelas esquerdas como adesistas, mas não foram apagados da memória.

Como traidor, ele se tornou um símbolo da maçã que não deve ser mordida. Ele é o bode expiatório ideal para uma memória que buscou ao longo dos anos se desvincular da ditadura. De forma geral, os autores não conseguiram dar conta da representatividade da expulsão de Wilson Simonal do panteão dos *heróis* da MPB.

Ricardo Cravo Albin, ex-diretor do Museu da Imagem e do Som, escreveu um livro chamado O *livro de ouro da MPB*, publicado em 2003. Três anos após a morte de Simonal, sua exitosa e fulminante carreira aparece na obra de Albin como uma pequena nota dos anos 1960.[137] A popularidade não é um quesito necessário do padrão estético da MPB.

Da mesma forma, a geração de cantores *bregas* muito populares na década de 1970 (Odair José, Wando, Agnaldo Timóteo, Nelson Ned e Waldick Soriano, entre outros) não é sequer citada por Cravo Albin. É como se não tivessem existido, embora tenham feito parte do convívio diário das grandes camadas populares das periferias do país.[138] No entanto, diferentemente da geração "cafona" dos anos 1970, que já nasceu excluída das histórias de nossos memorialistas, Simonal era reconhecido como um legítimo exemplar da nova geração da MPB dos anos 1960.

O livro de Ricardo Cravo Albin não inventou nada, ele simplesmente cristaliza uma visão social já existente, ou seja, a de que a MPB representou um "avanço" estético-artístico e foi uma das formas da *resistência* ao regime ditatorial. O problema é que um livro como esse se propõe construir a história de um gênero musical que se supõe *popular*. Aliás, popular com *P* maiúsculo.

---

[137] "Registre-se ainda o popularíssimo Jair Rodrigues, além do fenômeno Wilson Simonal, que espantou a todos (e a ele mesmo) ao dirigir feito um maestro as arquibancadas do Maracanãzinho, transformando-as em coro e coreografia para sua apresentação. Em consequência desse episódio, Simonal tornou-se o cantor mais em evidência da MPB, criador do estilo que ficou conhecido como 'pilantragem'." Fonte: Ricardo Cravo Albin, op. cit., p. 330.

[138] No livro de Cravo Albin, o funk, o axé e a música sertaneja tampouco são valorizados como música popular, enquanto Chico Buarque é divinizado como símbolo da história da *resistência* à ditadura. É importante lembrar que o funk surgiu no início dos anos 1970 através da influência de James Brown nas comunidades populares do Rio de Janeiro. A música sertaneja tradicional conviveu sob o pano da grande mídia por muitos anos. Artistas como Chitãozinho e Xororó começaram suas carreiras no início dos anos 1970, embora só tenham chegado à grande mídia e, por consequência, ao público de classe média em meados dos anos 1990.

Mas a memória coletiva construída pela sociedade brasileira excluiu alguns artistas simplesmente apagando o seu legado e a sua popularidade. Por isso, certos personagens são privilegiados nas memórias enquanto outros são citados brevemente. O que era regra vira exceção; o que era popular se torna "vergonhoso", "corrompido"... pronto para ser esquecido.

Cravo Albin não está sozinho. Caetano Veloso cita Simonal seis vezes em suas memórias dos anos 1960/1970 intituladas *Verdade tropical*, sempre de forma corriqueira e sem considerar sua importância. Por outro lado, a verdade tropicalista privilegia artistas como Roberto Carlos, citado 26 vezes, frequentemente de forma longa e elogiosa. Obviamente a Jovem Guarda de Roberto Carlos foi muito mais importante para a trajetória de Caetano, um dos pilares fundamentais do antropofagismo tropicalista. Mas o que nos chama a atenção é que Simonal é quase sempre desprivilegiado nas memórias dos que viveram o período.

A academia também apagou seu legado. Isto aconteceu porque grande parte da bibliografia acadêmica acerca da MPB privilegia os *resistentes*. A única tese acadêmica de peso sobre o cantor, escrita pela historiadora Adriane Hartwig, peca por preconceitos comuns entre os universitários. A autora prefere vê-lo como marionete da indústria fonográfica, braço do capitalismo. Para ela, Simonal não tinha "consciência" de sua condição dentro do "sistema". Ele era um animador dos miseráveis. Seu espírito alegre era pano de fundo de uma trajetoria útil para legitimar a exploração do sistema capitalista sobre os pobres. Para a historiadora, a ênfase da mídia da época na carreira ascendente do cantor que era pobre, preto e favelado e se tornou um ídolo da música era uma forma de o sistema se utilizar de um exemplo que era exceção e impô-lo como regra aos explorados. Ou seja, nas entrelinhas a trajetória incomum de Simonal dizia ao mais comum proletário que o capitalismo não é ruim, e que as trajetórias individuais podem ser mudadas através do trabalho "duro". Simonal era um "analgésico" do sistema, a convencer os pobres de que o capitalismo é viável e "bom" para aqueles que realmente têm "força de vontade". No entanto, sua condição de "peça do sistema" também o tornava descartável. Quando ele deixou de ser útil à burguesia fonográfica apoiadora da ditadura, foi jogado no ralo da história.

"CADA UM TEM O DISCO QUE MERECE"

A tese de Adriane Hartwig não consegue explicar o porquê de sua queda a não ser pela lógica cruel do mercado musical.[139] Outras trajetórias poderiam ser explicadas dessa forma simplista; a de Simonal com certeza não se limita a isso. No trabalho de Adriane ele continua digno apenas de ser visto como bode. Sua trajetória ainda é vista como aquela que um "bom artista" não deve trilhar. Sua carreira permanece como uma simples contraposição aos *resistentes*, estes sim bravos inimigos do regime ditatorial e/ou do "sistema" capitalista. Na memória coletiva consolidada pela academia, a música que merece ser preservada é a da *resistência*, a mesma ouvida cotidianamente pelos *resistentes* universitários. São estes mesmos universitários os reprodutores e construtores de uma visão da sociedade segundo a qual a MPB é um núcleo de *resistência* à ditadura. Simonal não é "digno" desse lugar social.

Assim, fecha-se um ciclo que condenou o cantor ao exílio interno. Ele foi excluído da memória pois foi identificado pelas esquerdas como um *traidor*, a pior forma de adesão à ditadura, tornando-se um exilado da trincheira da MPB. Além de não ser integrado ao panteão memorialístico das esquerdas, certas condutas do cantor desagradavam setores mais conservadores. Sua postura arrogante chocava-se com o padrão conservador da "tradicional família brasileira", que repudiava sua pose de "negro folgado".

O silêncio em relação a Simonal não pode mais ser simplificado. Muitas vezes se diz que "brasileiro não tem memória". Não se trata disso, obviamente. A memória possui caminhos tortuosos. O fato de seu legado ter sido por demais banalizado não se explica por questões individuais, como frequentemente é abordado nas obras que procuram inocentá-lo ou acusá-lo. O exílio interno de Wilson Simonal explica-se não pela veracidade dos boatos que transformaram sua carreira num longo martírio. Seu exílio pode ser mais bem compreendido se abordarmos o contexto da época e as reconstruções que as diversas gerações fizeram desse período. Ele foi um dos que sofreu a censura que não era institucionalizada, ou seja, que não era feita a partir do Estado. Não. Sua censura foi social. Grande parte da sociedade brasileira preferiu apagar ou relativizar o seu legado, transformando-o num exilado interno.

---

[139] Adriane Mallmann Eede Hartwig, *A pérola negra regressa ao ventre da ostra: Wilson Simonal e as suas relações com a indústria cultural (1963-1971)*, Marechal Cândido Rondon, UNIOESTE, 2008.

Se Wilson Simonal não teve um enterro condizente com seu passado, Chico Buarque comemorou sessenta anos com honras de *unanimidade nacional* em 2004.[140] Nenhum meio de comunicação passou incólume à referência louvatória ao mito sexagenário.

O *Jornal do Brasil* dedicou cinco páginas de sua revista semanal *Domingo* de 6 de junho para publicar uma série de quadros de artistas plásticos homenageando o artista.[141] Não satisfeito o jornal carioca fez do caderno cultural de domingo de 13 de junho um espaço de glorificação *buarquiana*. Suas passagens pelo DOPS, suas músicas censuradas e a apologia do lirismo foram a tônica das doze páginas de homenagens.[142] Poucos foram os que tentaram se posicionar de forma menos pedante diante do *herói* da *resistência*. Corajosamente, e fugindo a regra da mídia em relação ao mito de Chico Buarque, o *Jornal do Brasil* publicou dois artigos, um de Paulo Cesar de Araújo e outro de Lula Branco Martins, críticos à "chicolatria". Mais do que simplesmente se opor ao legado buarquiano eles procuraram compreender melhor sua herança.[143]

O jornal *O Globo* dedicou-lhe integralmente o caderno cultural do domingo seguinte, 18 de junho. Os autores repetiram a glorificação do mito em 18 páginas de aplausos.[144] A ovação dos dois jornais pode ser vista como de interesse de seus próprios leitores, visto que jornais como *O Globo* e *Jornal do Brasil* são muito vendidos entre a classe média alta carioca. Quando esses jornais aplaudem o *mito da resistência* Chico Buarque, estão ecoando o aplauso dos setores que compram seus exemplares nas bancas de jornal.

---

[140] A revista *IstoÉ* definiu-o como "uma das raras unanimidades do Brasil". "Justo ele", *IstoÉ* (28/12/2005), p. 84.

[141] *Jornal do Brasil* (6/6/2004), Revista Domingo, p. 16-22.

[142] *Jornal do Brasil* (13/6/2004), Caderno B.

[143] Respectivamente"Chico Buarque e a imagem do artista" e"Chico Buarque e as raízes do Brasil", *Jornal do Brasil*. (13/6/2004), p. B8-B9. Segundo o jornalista Lula Branco Martins, o assessor de Chico Buarque, Mario Canivello, manifestou-lhe insatisfação com seu artigo, chegando a dizer que estava pensando "nas medidas cabíveis legalmente". Ao final, não houve processo. Mas o tom do comentário demonstra que a *persona* Chico Buarque não parece admitir problematização ou críticas.

[144] *O Globo* (18/6/2004), Segundo Caderno.

A *Folha de S. Paulo* de 13 de junho também publicou vários artigos louvando o aniversariante. No mais exagerado deles Danuza Leão assina um texto com o título: "É o maior! É o maior!", numa sintomática citação do grito das "macacas de auditório" que louvavam Emilinha e Marlene na época do rádio.

Não deixa de ser curioso que o endeusamento ao *mito* da *resistência* seja realizado a um artista que, como lembrou Paulo Cesar de Araújo, chegou aos sessenta anos "sem que sua obra tenha conquistado uma projeção internacional — como a de um Tom Jobim — nem alcance nacional popular — como a de um Roberto Carlos".[145] Curiosamente, o *mito* Chico Buarque só parece fazer sentido para os brasileiros de uma classe social bem demarcada, um público majoritariamente de classe média alta, da Zona Sul carioca ou de áreas nobres das grandes cidades brasileiras. Fora deste mapa, seja em outros países do mundo ou em outros "planetas" sociais, sua obra não tem o mesmo peso e seu caráter *mítico* simboliza muito pouco.[146]

Aliás, essa visão heroicizadora da *resistência* não é só atribuída a Chico Buarque. Também Caetano Veloso, Gilberto Gil, Gal Costa e Maria Bethânia foram chamados de "os quatro heróis" por *O Globo*, quando do relançamento do filme *Doces bárbaros*.[147] Associando-se à *resistência*, o jornal fez propaganda de si mesmo ao falar dos quatro baianos, simplificando seu surgimento e vitimizando a sociedade:

> Hoje eles enchem casas de shows no mundo inteiro. Mas a gente já estava lá quando eles só enchiam a paciência dos militares. Quando um grupo de jovens baianos aportou no Rio de Janeiro, em busca de um lugar ao sol no

---

[145] "Chico Buarque e as raízes do Brasil" (por Paulo Cesar de Araújo), *Jornal do Brasil* (13/6/2004), p. B8.

[146] O livro de Caetano Veloso, *Verdade tropical*, possui um capítulo chamado "Chico" especificamente sobre a relação do autor com Chico Buarque. Curiosamente, a edição americana do livro não possui este capítulo e o texto sobre Chico foi diluído entre outros capítulos. Parece não haver sentido em manter um capítulo sobre Chico Buarque para um público americano, pouco familiarizado com o "herói da *resistência*". Caetano Veloso, op. cit., 1997, p. 230-235; Caetano Veloso, *Tropical Truth: A Story of Music and Revolution in Brazil*, Nova York, DaCapo Press, 2003.

[147] Filme original de 1976. *O Globo* (3/7/2005), Segundo Caderno, p. 2.

disputado mercado fonográfico, todo mundo aplaudiu seu jeito novo, sua musicalidade, sua atitude em mudar a ordem estabelecida e buscar uma nova brasilidade no som. Todo mundo, menos os militares no poder, que resolveram mandar dois deles para uma temporada no exterior, mesmo sem show marcado.[148]

Não deixa de ser curioso que a classe média alta e seus jornais se sintam motivados a louvar *heróis* antiditatoriais. Não custa lembrar que essas mesmas classes e jornais cariocas apoiaram largamente o golpe de 1964. E quarenta anos depois eles se colocam do lado dos *heróis da resistência* sem culpa alguma. Para além da hipocrisia de alguns, a maioria se vê levada pela maré da memória que transforma tudo e todos em *resistentes* "desde a infância".

Quando o jornal *O Globo* comemorou oitenta anos de sua fundação em 29 de julho de 2005, a direção decidiu homenagear o leitor. Publicou um caderno (de folhas especiais mais duráveis) com as reproduções das primeiras páginas do jornal em datas marcantes.

Nada é mencionado sobre o apoio ao golpe de 1964, a desestabilização do governo João Goulart, o apoio aos governos autoritários e o crescimento do jornal e da TV Globo durante os anos da ditadura. Quando o jornal fala sobre a ditadura é para se colocar do lado dos *resistentes*. Hoje o jornal *O Globo* vê o comício das "Diretas Já", que pressionaram o Congresso pela eleição direta para presidente, como marcante e decisivo na história nacional. Mas na década de 1980 seus editores não viam a pressão pela redemocratização com bons olhos. Como se sabe, as organizações Globo foram um dos últimos meios de comunicação a começar a dar notícia sobre os comícios das Diretas Já, que haviam começado bem no início dos anos 1980. O jornal só noticiou os eventos quando não dava mais para evitá-los. Assim, nesse caso, trata-se de má-fé dos diretores do jornal quererem se associar ao fim do regime que eles tanto apoiaram.

Mas não são apenas os jornais que buscam se associar à memória da *resistência*. A preferência por temas que retratam o cotidiano das es-

---

[148] *O Globo* (24/4/2005), p. 21.

querdas é muito comum. Hoje em dia a TV dificilmente menciona a década de 1960 sem falar na vida conturbada e cheia de dilemas dos estudantes da época. Nossas emissoras parecem ter fetiche com personagens que, de uma forma ou de outra, estão sempre metidos em revoltas e passeatas estudantis.[149] A própria ideia de que alguém naquele período apoiasse a repressão não merece consideração: os personagens centrais são sempre bravos lutadores antiditadura. O apoio ao regime é visto, hoje, como incabível para os novelistas/diretores/roteiristas que tentam retratar aquele período. A associação ao regime é sempre caracterizada como um absurdo e os apoiadores são sempre truculentos e frequentemente retratados como "ignorantes" em relação ao que se passava ao redor.

A TV começou a abordar o tema da *resistência* cedo, logo após a volta dos anistiados a partir de 1979. Contudo, apesar da precocidade, o tema foi abordado de forma *lenta*, *gradual* e *segura*. Antes de exaltar a luta armada e o movimento estudantil, como foi feito na minissérie *Anos rebeldes* em 1992, as redes de televisão preferiram outras estratégias. No início, as memórias (e só as memórias) da luta armada foram narradas por personagens periféricos como uma experiência pessoal e pontual. Esses temas não eram, sob nenhuma hipótese, o tema de seriados ou novelas. O primeiro personagem ex-guerrilheiro a aparecer na TV surgiu em 1980. Na primeira fase da novela *O todo-poderoso*,[150] da TV Bandeirantes, um estranho personagem canceroso relatava suas desventuras na guerrilha do Araguaia. Também no primeiro semestre de 1980 estreou a novela *Água viva*, de Gilberto Braga. Nela o autor introduziu algumas falas "pró-socialistas" na boca do simpático professor Edyr, interpretado por Cláudio Cavalcanti.

Mas o primeiro protagonista guerrilheiro foi Tom, interpretado por Tony Ramos na novela *Chega mais*, de Carlos Eduardo Novaes, de 1980.

---

[149] *Anos rebeldes*, seriado da Globo do início dos anos 1990, forjou uma visão vitimizadora da sociedade e simplificada do regime militar. Mais recentemente, personagens principais da novela *Senhora do destino* e do filme *A dona da história* (ambos de 2004 e produzidos pela Rede Globo) tiveram participações políticas nos acontecimentos de 1968.
[150] Novela de Clóvis Levy e José Safiotti.

Como quase todo herói de novela, Tom possuía um passado misterioso. Com o desenrolar dos capítulos ficou-se sabendo que havia participado de guerrilhas na Bahia em 1972. De quebra, carregava a culpa de ter iniciado sua ex-namorada Rosa (Thaís de Andrade) nos segredos da luta armada. Exilada do Brasil, ela se uniu aos tupamaros e ficou paralítica num combate com a polícia uruguaia. O tom açucarado da novela global das 19h impedia qualquer final infeliz, mesmo para ex-guerrilheiros. Através de uma operação milagrosa Rosa voltou a andar e Tom ficou livre de suas culpas.[151]

O cinema também tem apego ao tema. Aliás, grande parte da nova produção cinematográfica a partir dos anos 1990 se baseou naquele período para legitimar uma versão sobre nosso passado e se reestruturar enquanto indústria. Filmes como O *que é isso, companheiro?*, *Hercules 56*, *Ação entre amigos*, *Lamarca*, *Sonhos e desejos*, *No olho do furacão*, *Cabra-cega*, *Quase dois irmãos*, *Vlado — 30 anos depois*, *O sol: caminhando contra o vento*, *A taça do mundo é nossa*, *Zuzu Angel*, *O ano em que meus pais saíram de férias*, *Caparaó* e *Batismo de sangue* reconstruíram esse período. Deram prosseguimento a filmes como O *bom burguês* e *Pra frente Brasil*, que na década de 1980 iniciaram a cinematografia sobre o período. Incrivelmente, alguns meios de comunicação não enxergam a insistência dessa temática no cinema brasileiro. O jornal O *Globo* chegou a dizer que "os 21 anos de regime militar passaram quase em branco nas telas".[152] Obviamente trata-se de uma completa inversão dos fatos, já que o cinema nacional, salvo raríssimas exceções, louva a *resistência*.

---

[151] Sobre os personagens ex-guerrilheiros em novelas, ver Artur Xexéo, "Front global: a política ganha o vídeo e o herói das 7", *Veja* 13/8/1980, p. 111.

[152] Em 2005, catorze filmes estavam sendo rodados sobre a época da ditadura. No entanto, numa reportagem de O *Globo* um jornalista insiste em dizer que "os 21 anos de regime militar passaram quase em branco nas telas". Trata-se da reprodução de uma visão que insiste em vitimizar as esquerdas e a própria sociedade. Nenhum outro tema político foi tão abordado pelo cinema nacional quanto a *resistência* ao regime ditatorial. Fonte: "Tirando o capuz: Os anos de chumbo da ditadura militar ressurgem em 14 filmes". O *Globo* (21/8/2005), Segundo Caderno, p. 1. Para uma abordagem acadêmica sobre os filmes da ditadura, ver Alex Barros Cassal, *"Lamarca e Iara"*, in *Cadernos AEL: Tempo de ditadura: do golpe de 1964 aos anos 1970*, Campinas, Unicamp, v. 8, n. 14/15, 2001.

"CADA UM TEM O DISCO QUE MERECE" 251

O que significa então ser o "dedo-duro" de toda essa história? Se Chico Buarque é louvado como *fiel* escudeiro da *resistência*, Simonal é o *traidor* da memória conciliatória da *resistência*.

Para os *resistentes* só havia uma traição "boa", a traição ao regime.

Em 1973 Chico Buarque escreveu com Ruy Guerra a peça *Calabar — o elogio da traição*. Quando foi concebida, em 1972, *Calabar* queria salpicar de ridículo a historiografia oficial que então municiava a propaganda dos 150 anos da Independência.[153] A peça contava a história do português do título, que *traiu* seus conterrâneos e lutou ao lado dos holandeses que *invadiram* Pernambuco em 1630, quando o Brasil ainda era uma colônia escravista.

Chico teve vários problemas com a Censura por causa da peça. Uma das canções da trilha sonora, "Ana de Amsterdam", não pôde ser cantada integralmente, pois fazia referência ao amor de duas mulheres. Pior ainda, a peça não pôde estrear, pois o governo logo percebeu o tom questionador.

É interessante notar que o processo de censura foi muito eficaz. Houve três estágios diferentes. Quando os ensaios já haviam terminado e tudo estava pronto para a estreia, a Censura vetou a montagem, falindo os produtores. A produção do disco com a trilha sonora da peça foi liberada, mas sem a capa original na qual a palavra *Calabar* aparecia pichada em uma parede, tal qual as pichações "subversivas" dos estudantes em luta armada. O disco foi lançado sob o título de *Chico canta* com uma nova capa, toda branca, e as passagens que faziam referência ao lesbianismo foram silenciadas. O texto da peça, que já havia sido liberado meses antes, pôde ser publicado. Espantosamente, a Censura liberou a capa original do livro, que era exatamente igual à que seria vinculada no LP.

Será que a Censura era sempre tão estúpida quanto advogam os *resistentes*? As diferentes censuras a *Calabar* deixam claro que não. Não havia por que censurar o livro num país em que poucos são capazes de ler e ter

---

[153] "Apesar do governo", *Veja* (14/5/1980), p. 60-65.

acesso direto a bibliotecas. O disco mereceu uma censura maior pois poderia atingir uma parcela grande da população. Liberar a encenação da peça seria correr o risco de o ato se tornar uma celebração antirregime, o que não podia ser tolerado.[154]

Se proibir a encenação da peça foi fácil, difícil foi conter a memória coletiva que cada vez mais via em Chico Buarque um dos *heróis da resistência*.

Como se vê, a *traição* não era vista pelo *resistente* Chico como algo ruim *em si*. Calabar havia traído o "governo" e a ele coube o "elogio da traição". Chico queria desconstruir a historiografia tradicional, mostrando que "trair" o regime militar não era tão ruim assim. Mas Simonal havia feito algo "pior", ele "traíra" a memória que vitimiza a sociedade e a coloca refém do Estado ditatorial todo-poderoso. Simonal foi o dedo-duro de Calabar. Quando ofendida no seu brio, a sociedade mostra suas garras e pune os "dissidentes" da memória coletiva. Por isso a ele coube o deboche, o escárnio e o silêncio. A Simonal coube a censura do esquecimento.

---

[154] A peça só foi liberada em 1980, mas não teve o mesmo efeito que poderia ter em 1973. Fonte: "Apesar do governo", *Veja* (14/5/1980), p. 60-65.

Capítulo 8

UMA CONCHA NA PRAIA DE COPACABANA

"A vantagem da Bossa Nova foi trazer um apuro de instrumentação, de pesquisa de letra, de afinações... E esse foi o defeito da Bossa Nova: ter se fechado numa concha, da praia de Copacabana talvez, mas uma concha, e de ter perdido o tempo dos contatos."[1]

Luiz Carlos Miéle

Com disco embaixo do braço, as possibilidades de Simonal aumentaram. Conseguiu emprego de crooner na boate Drink, ao lado do trio formado por Miltinho, Djalma Ferreira e Silvio César. Chegou a gravar uma participação no disco conjunto *Isto é o Drink* (1962), com os outros artistas que se apresentavam na boate.[2] Foi nessa época que Luiz Carlos Miéle e Ronaldo Bôscoli começaram a ouvir falar de um cantor que estava "arrebentando". Então, resolveram chamá-lo para ser produzido pela dupla, num show próprio no Beco das Garrafas.

---

[1] Luiz Carlos Miéle em entrevista gravada no disco *SambalandClub Wilson Simoninha*, Trama, 2002.

[2] Ao lado de Celso Murilo ao piano, Simonal canta com o Conjunto Drink (Américo Cerqueira, Paulinho, Sebastião de Barros, Fernando Alves, Francisco Neto "Ceará" e Julio da Silva) duas das melhores faixas do LP: "Tem que balançar" (Carlos Imperial) e "Olhou pra mim" (Ed Lincoln/Silvio César); e ao lado de Luis Bandeira e Sandra ele canta "Oba" (Oswaldo Nunes). *Isto é o Drink*, Remon, 1962.

O Beco não era o que se poderia chamar de um lugar "fino", mas era muito "bem frequentado". Pessoas importantes se espremiam nas quatro minúsculas boates: Little's Club, Baccará, Bottle's Bar e o Ma Griffe. Eram, na verdade, garagens desativadas transformadas em casas de show, nas quais cabiam no máximo cinquenta pessoas.

Durante os anos de 1962/1963, Simonal se apresentou lá diversas vezes. Para acompanhá-lo, foi chamado o Bossa Três, conjunto formado pelo pianista Luiz Carlos Vinhas, o baixista Otavio e o baterista Ronie Mesquista. Os shows instrumentais organizados pela dupla Miéle-Bôscoli eram o forte da programação: o jazz estava no auge. Os novos músicos com influência americana, gradualmente, foram impondo o novo estilo, expulsando a gafieira que até então reinara nas quatro boates do Beco. Músicos talentosos como Luiz Eça, Sergio Mendes, Chico Batera, Wilson das Neves, Airto Moreira e vários outros tocaram diversas vezes ali. O Beco do início dos anos 1960 era reduto dos músicos instrumentistas. Mas, aos poucos, os cantores começaram a entrar e alguns chegaram a se destacar nas apertadas casas. Além de Simonal, Jorge Ben e Elis Regina também enfrentaram os músicos e a exigente clientela e soltaram as vozes em várias apresentações.

Com sucesso no Beco, a dupla Miéle-Bôscoli resolveu levar Simonal para shows em teatros acompanhado da bailarina Marli Tavares e do Bossa Três. Pouco a pouco, seu nome começou a ficar mais conhecido entre os amantes da bossa e do jazz. Com os contatos da dupla e a presença de figuras de destaque na plateia, Simonal não demoraria a gravar o segundo compacto, em 1963. Diferente do primeiro, em que havia gravado um calipso ("Biquínis e borboletas") e um cha-cha-chá ("Teresinha"), o novo compacto trazia o blues "Walk Right In" (Gus Cannon/Hosea Woods) e a bossa "Fale de samba que eu vou" (Tito Madi). Não foi a primeira nem seria a última metamorfose do cantor.

Capítulo 9

MORANDO NO PATROPI
OU "SE VOCÊ ENTRA NA CHUVA VOCÊ TEM QUE SE MOLHAR"

"Simonal: O sucesso é envolvente. É realmente muito difícil uma pessoa
não ficar fascinada pelo sucesso.
Repórter: É verdade que o sucesso te deixou mascarado?
Simonal: Eu sempre fui mascarado."[1]

"Vivemos em estado de guerra aqui dentro e quem não vê essa guerra é cego."[2]
Glauber Rocha (1/3/1980)

No dia 31 de agosto de 1978 o jornal *O Estado de S.Paulo* publicou uma entrevista de Carlos Diegues à jornalista Póla Vartuck sob o título de "Cacá Diegues: por um cinema popular sem ideologias". No final dos anos 1970, a abertura política promovida pela ditadura possibilitou que os debates no campo cultural voltassem a se acirrar. Nesse contexto, alguns artistas declararam-se pressionados a abordar questões sociais em suas obras. Em tom de desabafo, o cineasta reclamou que se sentia cerceado por questionamentos ideológicos de grande parte do público "de esquerda", que criticava seus filmes mais recentes, desde *Xica da Silva*, de 1976. Em 1978, ele acabara de lançar *Chuvas de verão*, e sofrera diversas críticas por parte de artistas, jornalistas e universitários comprometidos com uma visão ideologizada da arte, posição rebatida por Cacá:

---

[1] Cena do filme *É Simonal*, Domingos Oliveira, 1970.
[2] Heloísa Buarque de Hollanda e Carlos Alberto M. Pereira, op. cit., p. 28.

O que existe é um sistema de pressão, abstrato, um sistema de cobrança. É uma tentativa de codificar toda manifestação cultural brasileira. Tudo que escapa a essa codificação será necessariamente patrulhado. E quem exerce essa fiscalização é o patrulheiro. Isso é uma brincadeira; espero que ninguém leve isso a sério, porque não é um fenômeno político, cultural, social que mereça uma reflexão mais séria.[3]

Se Cacá não deu muita importância à categoria por ele inventada, a repercussão da entrevista provou que o diagnóstico estava errado. Afinal, o tema foi levado extremamente a sério. Menos de uma semana depois, em 3 de setembro, o *Jornal do Brasil* comprou e reeditou na íntegra a entrevista com uma instigante mudança no título: "Uma denúncia das patrulhas ideológicas". A partir de então, todos quiseram dar seu pitaco no tema. Diversos jornais e revistas como *O Globo*, *Folha de S.Paulo*, *Tribuna da Bahia*, *Tribuna da Imprensa*, *Jornal de Brasília*, *Veja*, *IstoÉ*, *Pasquim*, *Versus*, *Status* e várias outras publicações realizaram inúmeras entrevistas com diversos artistas tendo como tema a *patrulha* ideológica. As entrevistas reunidas deram origem ao livro de Heloísa Buarque de Hollanda e Carlos Alberto Pereira, *Patrulhas ideológicas — marca registrada: arte e engajamento em debate*, lançado dois anos depois.

Cacá Diegues catalisou uma controvérsia que já existia há bastante tempo. Artistas que se sentiam incomodados com as patrulhas, como Caetano Veloso, vieram à público posicionar-se, criticando os principais símbolos do engajamento automático:

---

3 Idem, ibidem, p. 18. Waly Salomão define a patrulha ideológica de forma parecida: "É aquela exigência de uma coerência política, de todo esse tipo de coisa, que facções da esquerda brasileira ficavam exigindo dos artistas (...). Para mim, a verdadeira dimensão do artista não é estar, não é trilhar na doxa, quer dizer, no pensamento costumeiro, no lugar-comum, é no paradoxo, na construção de paradoxos, quer dizer, naquilo que fende o saber convencional" (p. 133). Nelson Motta diz que "muitos mitos da esquerda são uma merda tão grande quanto os mitos da direita. Como não podiam questionar publicamente, então isso infeccionou, se adulterou num questionamento policialesco do trabalho dos outros artistas. É próprio do artista se questionar. O artista que tem certeza absoluta... aí fica estranho" (p. 41).

MORANDO NO PATROPI

Entrevistador: Com essa tal "abertura", entre aspas, voltam discussões antigas, em torno do que possa ou do que deva ser uma arte, entre aspas, "engajada". Como é que você vê essa questão?

Caetano Veloso: Tudo entre aspas... Eu acho que se a gente tirar as aspas então pode começar a conversar para ver como é mesmo que são as coisas... Eu sou mau para política; já falei isso mil vezes e pensei que essa afirmação fosse ser entendida como uma espécie de modéstia justificada mas, na verdade, foi recebida como uma agressão. (...) Eu faço música, minha energia vai em outra coisa, me sinto ligado a tudo que acontece mas através do que eu faço (...). Quer dizer, se eu tentar um engajamento extra-artístico e submeter minha criação às conclusões que eu tirar desse processo de engajamento, vou fazer uma...

Entrevistador: Um mau panfleto...

Caetano Veloso: Talvez, eu não sei o que vai resultar, pode até resultar em boa arte. Eu acho que o Chico Buarque comete esse erro ao nível de dizer assim: eu sou um cidadão, enquanto cidadão eu acho... quer dizer, dá a impressão de que fazer música, sambinha, não é tão importante; que o importante é querer justiça social. Mas no Chico Buarque o mais importante é o sambinha mesmo. O interesse dele pela justiça social é uma coisa que pode ou não servir ao sambinha. Agora, o sambinha dele não é um sambinha, é mais do que a própria justiça social, é alguma coisa que poderá até criar condições estéticas, psicológicas, sociais na alma do brasileiro, para que se possa viver alguma justiça social. Eu acho que o teatro dele não é bom por isso e sua música é genial porque nasceu disso.[4]

A metralhadora verborrágica de Caetano não poupou nem o próprio Cacá Diegues:

Agora, eu não acho o Cacá uma pessoa tão parecida assim comigo, com as coisas que faço... eu acho os filmes dele, até *Xica da Silva*,[5] bem mais parecidos com o outro lado do que com o lado patrulhado... (...) Eu não tive uma atitude assim como a do Cacá Diegues, que chegou a forjar a expressão que fez tanto sucesso, que eu acho um barato, mas cujo sucesso me impressiona um pouco demais... parece uma dessas coisas boladas em agências de publicidade, que funcionam muito...[6]

---

[4] Entrevista de Caetano Veloso realizada em 26/10/1979, in Heloísa Buarque de Hollanda e Carlos Alberto M. Pereira, op. cit., p. 107-108.

[5] Para um resumo da polêmica sobre o filme *Xica da Silva*, ver "Xica da Silva. Genial? Racista? Pornochanchada?", *Opinião* (15/8/1976).

[6] Entrevista de Caetano Veloso realizada em 26/10/1979, in Heloísa Buarque de Hollanda e Carlos Alberto M. Pereira, op. cit., p. 107-108.

Se o termo *patrulha* conseguiu se espalhar com tamanha rapidez é porque fazia sentido para os brasileiros que viveram a ditadura. A sociedade era extremamente *patrulheira*, tanto à esquerda quanto à direita.

Veja-se como a *patrulha da direita* era igualmente dura e intolerante. Recentemente o historiador Carlos Fico realizou uma pesquisa na qual analisou cartas enviadas à Censura.[7] Na grande maioria dessas cartas, sujeitos comuns escreviam pedindo a proibição de determinadas obras. Isso demonstra que, mesmo decadente, a ditadura ainda era vista como legítima por grandes setores da sociedade. Mais incrível ainda, a pesquisa do historiador revelou que o número de cartas escritas ao DCDP (Departamento de Censura e Diversões Públicas) aumentou quando do início da abertura, a partir de meados dos anos 1970 e foi aumentando à medida que esta foi avançando. Percebe-se assim que a sociedade não foi simplesmente refém do autoritarismo da caneta vermelha:

> Curiosamente, não foi durante o período admitido como o de auge da repressão (governos da Junta Militar e de Emílio Médici) que houve mais cartas pedindo censura, tanto quanto também não foi nessa fase que houve mais censura. A maior parte das cartas (quase metade) concentra-se entre os anos de 1976 e 1980, portanto, após a posse do governo da "abertura política" de Ernesto Geisel, adentrando o de João Figueiredo.[8]

Em algumas ocasiões, cidadãos se mostravam mais repressores do que os censores e cobravam cortes em obras que já haviam passado pelo crivo especializado. Em 1976, leitores da *Manchete* ficaram indignados com as fotos eróticas publicadas pela revista logo após o carnaval. Encaminharam então um abaixo-assinado em protesto. Só que a lista de nomes não foi enviada à revista, mas diretamente ao DCDP! Em outra ocasião um telespectador irritou-se com a ousadia da apresentadora e sexóloga Marta Suplicy quando esta mostrou o desenho de uma vagina no programa *TV Mulher*, da Rede Globo, em 1980. Segundo um espectador, o ato "foi revoltante, imoral, indecente e pornográfico". Não valeu muito sua indignação, pois a argumentação foi rejeitada pelo próprio censor, que julgou o programa "de bom nível".[9]

---

[7] Carlos Fico, op. cit., p. 251-286.
[8] Idem, p. 277.
[9] Idem, ibidem, p. 273.

Em 1981, o prefeito de Votorantim, pequena cidade industrial de 50 mil habitantes perto de Sorocaba, a cem quilômetros de São Paulo, decidiu tirar do ar o canal 7, TV Record de São Paulo, às sextas-feiras a partir das 23 h. Pressionado pelos seus cidadãos, o prefeito agiu por conta própria e, tendo o controle do transmissor local, fez a vontade dos habitantes. Os telespectadores estavam indignados com o programa *Sala especial*, especializado em exibir "explícita e frequentemente grosseiras pornochanchadas nacionais". A gota d'água teria sido o filme *A superfêmea*, com Vera Fischer.

Telespectadores revoltados com a programação das TVs fizeram um abaixo-assinado com mais de cem mil assinaturas, que foi encaminhado por um grupo de mulheres ao ministro da Justiça Ibrahim Abi-Ackel. Segundo uma das porta-vozes do movimento, a senhora Marlene Schmidt Rodrigues, de quarenta anos, a censura era uma prática para ser exercida também na democracia: "Somos donas de casa ocupadas com nossos filhos e afazeres domésticos, mas encontramos tempo para opinar sobre o que vemos em nossa sociedade. Afinal isso faz parte do exercício democrático, não faz?"[10]

Se a censura deveria ou não continuar no sistema democrático não importa aqui. O que interessa é perceber como a censura ditatorial não era necessariamente arbitrária, autoritária e sem lógica, como frequentemente é lembrada.[11] Ela cumpria vontades e desejos de segmentos conservadores, incomodados com temas mais polêmicos.

O abaixo-assinado ganhou força. E quanto mais a Censura "relaxava", mais a pressão social conservadora aumentava. Vários telespectadores indignaram-se com a mudança na programação da TV Globo no início da década de 1980. A série *Amizade colorida*, exibida em 1981, foi uma delas. Como já sugeria o título, o tema era inaceitável aos cânones da "tradicional família brasileira". Na novela *Gatinhas e gatões*, o fotógrafo Edu, interpretado por Antônio Fagundes, também foi alvo de críticas. O personagem, que já havia ficado "grávido" em um episódio, primava por se apresentar

---

[10] "Com mais cuidado: telespectadores e governo levam a Globo a rever sua ética", *Veja* (3/6/1981), p. 113-114.

[11] Para uma visão diferente da censura, ver Carlos Fico, op. cit., p. 251-286; Beatriz Kushnir, op. cit.

em trajes "sumários" ou seminu em banheiros, além de namorar mãe e filha ao mesmo tempo. Na novela *Coração alado* o que chocou as telespectadoras foram as cenas de estupros e masturbação.

Não custa lembrar que havia censura nesse período.[12] Como poderia tal "leviandade" passar pelo seu crivo? — perguntavam os telespectadores mais moralistas. Segundo a revista *Veja*, o que acontecia era que tanto a Censura quanto os responsáveis pelos padrões de ética da Globo examinavam apenas os textos, na tentativa de abrandar o cerceamento às artes. O que constava do roteiro como uma cena erótica era exibido, como masturbação. Mas a pressão das senhoras surtiu efeito. A partir daquela data, disse a revista, a censura examinaria a imagem antes de ir ao ar.[13]

É por demais simplista entendermos a Censura pura e simplesmente como fruto da arbitrariedade do censor. A censura não pode ser vista como algo exógeno à sociedade visto que ela ecoa interesses que eram compartilhados por muitos segmentos tão ou mais conservadores que os próprios "donos" da caneta vermelha.

E não eram poucos os que viam a Censura como algo positivo. Mesmo entre os artistas, vários em algum momento apoiaram algumas práticas do regime.

Roberto Carlos achou correta a proibição do filme *Je vous salue, Marie*, de Jean-Luc Godard, em 1985. Caetano Veloso não perdoou a "burrice" do rei e chegou a dizer que "o telegrama de Roberto Carlos a Sarney, congratulando-se com este pelo veto a *Je vous salue, Marie*, envergonha nossa classe". Caetano espantava-se com a atitude de Roberto pois lembrava que no início da carreira o rei tivera problemas com bispos por causa da canção "Quero que vá tudo pro inferno".[14]

---

[12] Quando a revista *Playboy* chegou ao Brasil, em 1975, sofreu com a censura. As primeiras edições ainda se chamavam *Homem* na época em que a censura proibia que os bicos dos seios fossem mostrados. Estes eram então apagados manualmente com pincel diretamente no fotolito. Só sobrava uma auréola embaçada. *Playboy* (agosto 2005), nº 362, p. 207.

[13] Sobre o abaixo-assinado das senhoras, o boicote à Record em Votorantim e a pressão sobre a Globo, ver: "Com mais cuidado: telespectadores e governo levam a Globo a rever sua ética", *Veja* (3/6/1981), p. 113-114.

[14] Texto original de 1984: Caetano Veloso, *O mundo não é chato*, São Paulo, Companhia das Letras, 2005, p. 228.

MORANDO NO PATROPI

Aliás, a prática da censura é tema controverso entre os artistas. O diretor Daniel Filho achava utópica a ideia de uma televisão sem censura, "seja política ou cultural".[15] Outros defendiam a prática "racional" e "técnica" do lápis vermelho. É o caso do instrumentista Hermeto Pascoal, que se declarou a favor da censura, desde que "bem aparelhada".[16] O apresentador Chacrinha, mesmo sendo vítima, concordava com a prática autoritária:

> *Entrevistador:* O que você acha da censura?
> *Chacrinha:* Acho que deve existir censura. Mas no meu caso, que eu fui suspenso por causa daquela imagem que faço, houve má interpretação da censura.[17]

E, se havia os que apoiavam a censura, outros apoiavam até práticas mais brutais do regime. No início dos anos 1970, o colunista David Nasser chegou a louvar o Esquadrão da Morte comandado pelo temido delegado Sérgio Paranhos Fleury, que liderava um grupo de policiais exterminador de "bandidos" e "ladrões" das periferias das grandes cidades, sem julgamento e de forma cruel. As práticas assassinas do Esquadrão da Morte possibilitaram a ascensão de policiais dentro do regime, entre eles o próprio Fleury, que logo assumiram a brutal repressão às ações guerrilheiras da luta armada.

Este grupo contava com o apoio irrestrito de grande parte da sociedade. David Nasser se referia a esses homens como "missionários do general França [secretário de Segurança Pública], empreiteiros de Jesus".[18] O cantor de boleros Waldick Soriano ecoava grande parte da população ao defender a existência de grupos de extermínio: "Eu sou a favor do Esquadrão da Morte, acho que não deveria terminar."[19] A panela de pressão da política brasileira frequentemente extravasava para a música e vice-versa.

* * *

E se a sociedade manifestou-se de forma *patrulheira*, algumas figuras encarnavam perfeitamente esse clima *policialesco*. Talvez o cartunista Hen-

---

[15] *Playboy* (jan. 1981), p. 31.

[16] *O Pasquim*, nº 169.

[17] "Entrevista com Chacrinha", in *O Pasquim* (13/11/1969), nº 21, p. 10-13.

[18] Percival de Souza, op. cit., p. 71.

[19] "Uma noite com Waldick Soriano no Harém e na Urca", *Zero Hora* (8/4/1973), apud Paulo Cesar de Araújo, p. 71.

fil tenha sido o mais famoso *patrulheiro* (*de esquerda*) daquele período. Seus personagens desenhados nas tirinhas do *Pasquim* ironizavam todos aqueles que se alienavam frente ao regime ou apoiavam suas políticas.

Naquele conturbado ano de 1978, houve uma troca de acusações entre o cartunista e Caetano Veloso. Em entrevista ao *Diário de São Paulo*, o compositor baiano rebateu as críticas que vinha sofrendo pelo disco *Muito*. Segundo Caetano, os cadernos de cultura dos principais jornais e revistas do país eram dominados por uma "esquerda medíocre, de baixo nível cultural e repressora", que pretendia *policiar* "essa força que é a música popular no Brasil". Caetano citou nominalmente quatro desses críticos, Tárik de Souza, José Ramos Tinhorão, Maurício Kubrusly e Maria Helena Dutra, e completou dizendo que ao distribuir estrelinhas a discos e shows esses críticos estavam "fingindo que estão fazendo um trabalho da revolução operária e se acham no direito de esculhambar com a gente, porque se julgam numa causa nobre, quando não tem nobreza nenhuma nisso. São pessoas que obedecem a dois senhores: um é o dono da empresa, o outro é o chefe do partido".[20]

Henfil saiu em defesa dos jornalistas e criticou Caetano. O cartunista fazia do seu trabalho uma arma de combate ao sistema e cobrava dos outros artistas a mesma atitude. Ironizou Caetano criando uma nova expressão: *patrulha Odara*, um deboche à canção de mesmo nome, sucesso do compositor no ano anterior. O termo criado por Henfil demarcava que também havia uma *patrulha* que cobrava a "desvinculação" entre arte e política. Cacá Diegues e Aldir Blanc também opinaram a cerca da temática arte-política, respectivamente.

> Cacá Diegues: Eu quero primeiro sair desse patrulhamento que você está me fazendo, me obrigando a ficar um pouco prisioneiro dessas expressões, dessas coisas — insisto nisso — que eu criei por acaso. Acho que não existem "patrulheiros" e os "patrulhados". O patrulheiro de hoje é o patrulhado de amanhã e vice-versa. (...) Eu continuo acreditando na sociedade sem classes. Só não estou disposto a ficar aceitando hoje os códigos da estrutura social do século XIX como verdadeiros. Transportar isso para a cultura é mais grave ainda.[21]
>
> Aldir Blanc: O artigo do Cacá bota o ovo em pé depois que o Colombo fez isso, quatrocentos anos atrás. Fazendo letras com um conteúdo político mais declarado, tenho levado uma porção de cacetadas, um achincalhe dizendo

---

[20] Paulo Cesar de Araújo, op. cit., p. 273.
[21] Heloísa Buarque de Hollanda e Carlos Alberto M. Pereira, op. cit., p. 20.

que é uma obra esquerdizante, sem nenhum valor. (...) especificamente a música "O bêbado e a equilibrista" manifesta uma contradição muito grande: a mensagem nova não traz uma forma nova, e isso seria uma coisa condenável. (...) Eu discuto até mesmo a precisão do termo... isto é, se realmente o que uma patrulha faz é um patrulhamento ideológico e se a Patrulha Odara não traz dentro dela também uma ideologia de patrulhamento que, às vezes, é tão violenta quanto a queixa que eles fazem com relação à patrulha ideológica. (...) O que está acontecendo é uma luta que sempre existiu. (...) É uma luta pelo poder artístico, uma luta que vem até hoje se desenrolando nos bastidores. Todo mundo que lida ali dentro sabe disso, mas na hora todo mundo se abraça. Aparece no disco de um com o outro, vem o outro e faz disco com mais um... fica aquele clima pra boi dormir. E o público consome à larga.[22]

De volta à polêmica de Caetano e Henfil, este retrucou argumentando que "hoje há dedos-duros muito mais famosos do que o Simonal". Para Henfil, Caetano teria sido "extremamente covarde" ao denunciar seus críticos como membros do Partido Comunista, especialmente "num país onde comunismo dá cadeia, torturas e até morte".[23] Henfil completou em tom ameaçador: "Se um desses críticos chegar a ser preso ou sofrer um arranhão por causa das denúncias dele, eu não sei o que vai dar para fazer, não. Eu acho que vou querer descontar, porque são todos meus amigos, e se não são, passaram a ser".[24] Henfil e os jornalistas do *Pasquim* criaram também o apelido "bahiunos" para ironizar Caetano e seus amigos da Bahia, fazendo piada com o fato de que através deles a "alienação" contracultural teria invadido o Rio de Janeiro. Caetano sentiu-se obrigado a reagir em entrevista à revista *Playboy*, em agosto de 1979:

> *Playboy*: [Depois da volta do exílio], [os militares] não voltaram a mexer com você?
> *Caetano*: Nunca mais. Os jornalistas do *Pasquim* é que começaram a me encher o saco, eles só gostavam de mim enquanto eu estava preso e exilado.

---

[22] Em entrevista realizada em 27/11/1979, apesar de atacar a "Patrulha Odara", Aldir Blanc disse que também sofria com a patrulha ideológica "da parte da esquerda que não evoluiu historicamente". Revoltou-se contra um crítico de sua composição "Rancho de goiabada": "No Rio, eu levo um cacete tremendo, no [jornal] *Movimento*, de um cara da área de Economia que tenta, através de laudas de matéria, mostrar o meu equívoco ideológico." In idem, ibidem, p. 119.
[23] Paulo Cesar de Araújo, op. cit., p. 273.
[24] Idem, ibidem, p. 273.

Playboy: Você não admite que, na época atual, suas acusações poderiam ser perigosas para os jornalistas [acusados de comunistas]?
Caetano: Não, não acho. Está todo mundo vendendo esquerdismo, porra! Eu vi, por exemplo, o show da Elis Regina, é tudo mentira! M-E-N-T-I-R-A! Vendem esquerdismo em embalagem de bombom. Eu não tô nessa, bicho! Ou eu sou bombom mesmo, ou dou logo uma porrada!

Aproveitando a polêmica, saíram notas em alguns jornais dizendo que Caetano Veloso seria agraciado com o "Simonal de Ouro".[25] Caetano não sentiu necessidade de defender o cantor. Novamente retornamos ao Simonal "bode expiatório". O problema é que, ao menos em relação a ele, a história da música popular brasileira ainda é contada sob o prisma da *patrulha ideológica*. Além de encarnar todos os males do regime, sua imagem passou a servir de símbolo para todo e qualquer tipo de delação. Mas como tudo começou?

* * *

Um episódio transformou Simonal de apologista do regime a "dedo-duro". Durante a pesquisa para a produção deste livro várias pessoas relataram suas versões para explicar o ostracismo do cantor. Quase nenhuma se lembrava exatamente o que ocorreu naquele trágico mês de agosto de 1971.

Mas o que aconteceu?

Com problemas em sua empresa, Simonal via seu dinheiro ir ralo abaixo. A Simonal Promoções Artísticas havia sido criada em 1969 para gerenciar sua própria carreira com o dinheiro recebido pelo contrato com a Shell. Simonal tornara-se um dos cantores mais caros do país e resolveu cortar aproveitadores indiretos de seu sucesso. Evitando os empresários, montou uma empresa que visava gerenciar o auge da fama. Mas a empresa não dava o lucro esperado e Simonal começou a desconfiar dos empregados.

Cabeças começaram a rolar. O chefe do escritório da Simonal Promoções Artísticas, o contador Raphael Viviani, foi demitido pelo cantor, que o responsabilizara pelos desfalques e prejuízos na empresa, da ordem de 100 mil cruzeiros. Por sua vez, o contador Viviani acusava Simonal de não pagar o 13º

---

[25] Idem, ibidem, p. 273.

salário e as férias, motivo pelo qual movia um processo trabalhista na 17ª Vara do Estado da Guanabara.[26] Mas a situação não se resolveria de forma legal.

Na noite do dia 24 de agosto de 1971, o Opala do cantor dirigido por seu motorista, Luiz Ilogti,[27] estacionou em frente ao prédio do contador à rua Barata Ribeiro 739, em Copacabana. Os policiais Hugo Corrêa Mattos

---

[26] "Simonal ameaçado de cadeia por sequestro", *Ultima Hora* (27/8/1971). Arquivo Público do Estado do Rio de Janeiro (APERJ), Dossiê DOPS, pasta 153, folha 113.

[27] Luiz Ilogti era amigo pessoal de Simonal desde os tempos de exército, na década de 1950. Presumo que o ex-motorista tenha por volta de setenta anos hoje. Durante a pesquisa cheguei a falar com o próprio por telefone com o intuito de marcar uma entrevista. Apesar de receoso, no primeiro contato ele mostrou-se disposto a conversar. Defendia o cantor de todas as acusações e culpava um complô da mídia. No dia marcado para a entrevista, uma chuva estrondosa (daquelas de verão do Rio de Janeiro) impediu-me de chegar a sua casa, num bairro do subúrbio. Liguei pedindo desculpas, o que ele prontamente compreendeu. Como viajaria, ficamos de remarcar uma nova data após sua chegada. Algumas semanas depois voltei a telefonar, mas ele nunca estava. Uma criança sempre atendia o telefone dizendo que o pai não estava. Todas as vezes acontecia o mesmo. Ilogti não retornava os telefonemas. Depois de diversas chamadas passei a desconfiar, pois parecia ouvir uma voz adulta cochichando ao fundo, quando a criança dizia não haver ninguém em casa. Enviei-lhe uma carta explicitando (ainda mais) a natureza do projeto e justificando a relevância de seu relato. Em anexo foram enviados uma cópia do projeto e meu telefone, mas ele não retornou. Depois de duas semanas, voltei a ligar. Por algumas vezes aconteceu o de sempre, a criança atendia, eu ouvia a voz ao fundo e Ilogti não retornava. Já impaciente com um sujeito capaz de botar uma criança para tentar se esquivar de suas questões, liguei mais uma vez. A criança atendeu novamente e a voz ao fundo pareceu se impacientar e resolveu atender. Era o próprio Ilogti, que, mais seco e impaciente do que antes, disse ter recebido a carta. Começou então um papo estranho, no qual dizia ter informações muito relevantes sobre o caso mas que elas não poderiam ser dadas "de graça", pois temia represálias contra a sua pessoa e família. Sua fala poderia ofender pessoas que estão até hoje no "showbizz" e que eram "formadoras de opinião" e/ou pessoas importantes. Contou-me brevemente como conheceu o cantor e o quanto lhe era grato. Por fim, disse que tinha um filho que morava nos Estados Unidos, para onde desejava se mudar. Propôs então que lhe desse direitos da obra (um "*pro labore*", segundo sugeriu), já que ele supunha que a pesquisa viraria um livro. Logo depois, dizendo-se "idoso" e querendo garantir um "futuro para a família", propôs-me uma soma em dinheiro. Até então eu desconversava, mas quando ele foi direto em relação ao que queria não pude perder a chance de perguntar o quanto valiam suas informações. Ilogti me pediu mil reais, prometendo-me que suas revelações seriam "bombásticas", embora o pouco que soltasse para me seduzir não fosse muito diferente do que eu já encontrara por outros meios. Ilogti insistia na tese do complô da mídia, responsabilizando diretores e funcionários da Rede Globo e ex-amigos do cantor. O ex-motorista disse-me que daria tempo para eu pensar. Obviamente, neguei-me a pagar e nunca mais telefonei. Embora se dizendo muito amigo do cantor até sua morte, é questionável que uma pessoa tão próxima buscasse lucrar em torno da memória de um sujeito que tanto estimava. É curioso também que o medo de uma represália também tenha um preço determinado: mil reais! As conversas telefônicas de Luiz Ilogti com o autor aconteceram entre setembro e novembro de 2005.

e Sérgio Andrade Guedes saíram do carro, passaram pela portaria e bateram na porta do apartamento de Raphael Viviani. A mulher deste, Jacira Viviani, atendeu e um dos homens apresentou identidade do DOPS.[28] Conduzido pelos policiais, Raphael foi levado até o escritório da Simonal Promoções Artísticas, à rua Princesa Isabel 150/404, também em Copacabana. Segundo os jornais, diante de Simonal e dos policiais, Viviani negou os desfalques. Foi então conduzido a uma dependência policial onde os interrogatórios começaram. O ex-contador disse ter sido torturado com um aparelho parecido com um telefone, com dois fios com pontas descobertas. O sequestrado foi então obrigado a segurar nas pontas, enquanto um policial girava uma manivela, fazendo tremer seu corpo:

> [O policial] ordenou que todos saíssem da sala porque eu confessaria o furto em particular. Sob coação, terminei dizendo que trabalhava há 10 meses para Simonal. Depois de fevereiro deste ano comecei a subtrair quantias de 400 a 500 cruzeiros semanalmente. Fui obrigado a escrever a confissão. Posteriormente, já pela madrugada, o policial chamou Simonal para que eu falasse na sua presença. Como o desmentisse, fui atacado com socos e pontapés. Pela manhã, finalmente assinei o depoimento, que começava com um relato de minha vida pregressa. No final do interrogatório, constava minha confissão sobre o desfalque do Simonal.[29]

Sob pressão, Viviani redigiu uma carta de próprio punho na qual confessou ter gastado o dinheiro em "noitadas com bebidas e mulheres".[30] Liberado pela manhã do dia 26, o contador voltou para casa. Sua mulher ficou horrorizada com o ocorrido e foi com o marido à 13ª DP em Copacabana registrar o sequestro e extorsão comandados pelo cantor. Foi nesse momento que a informação vazou para a imprensa. Viviani expôs uma faceta que o regime procurava esconder: a tortura. É bom lembrar que a ditadura negava a todo custo que existissem tais práticas no país. Afinal, como anunciava uma reportagem de capa da revista *Veja* no início do go-

---

28 "Processo contra Simonal", *Correio da Manhã*, 27/8/1971. Arquivo Público do Estado do Rio de Janeiro (APERJ), Dossiê DOPS, pasta 153 folha 114.
29 "Simonal ameaçado de cadeia por sequestro", *Última Hora* (27/8/1971). Arquivo Público do Estado do Rio de Janeiro (APERJ), Dossiê DOPS, pasta 153, Folha 113.
30 Para uma cópia da declaração de Viviani ver anexos.

verno Médici, "O presidente não admite torturas".[31] Por isso mesmo, o rebuliço tomou conta dos meios de comunicação.

O sequestro de Viviani abriu uma ferida. O tema tortura gerou problemas entre as diferentes instituições do regime. Delegacias de polícia civil cuidavam da repressão a pequenos furtos, roubos, assaltos, sequestros, enfim, crimes sem conotação política. Para crimes políticos como assaltos a banco para financiamento de luta guerrilheira, ações armadas contra o governo, roubos de armas e dinheiro público realizados por grupos revolucionários, o órgão responsável era o Departamento de Ordem Política e Social, o DOPS. Institucionalmente, DOPS e delegacias civis eram órgãos distintos, que possuíam missões diferentes.[32] Viviani foi à delegacia de Polícia Civil reclamar que tinha sido sequestrado justamente por achar que o crime cometido era um delito comum, ou seja, sem conotação política. Não estava configurado, nem para o próprio Viviani, que uma questão "política" estava em jogo.

O problema aconteceu quando Viviani acusou Simonal e seus amigos. Estes eram policiais do DOPS, que deveriam estar comprometidos com os "crimes do terrorismo", ou seja, com a repressão à luta armada. Não cabia ao DOPS resolver problemas de ordem particular, desfalques em empresas, roubos e sequestros comuns. Por que o DOPS se envolveria em um crime comum?

Ao ser chamado para depor na 13ª DP de Copacabana, Simonal negou que tivesse sequestrado o contador. Afirmou que vinha sofrendo ameaças e extorsões de organizações "terroristas" desde que despedira Viviani. Quando começou a ser ameaçado dirigiu-se ao DOPS e prestou uma queixa. Como prova, citou o pedido de proteção que havia feito aos policiais do DOPS apenas alguns dias antes do sequestro. De fato, durante a pesquisa encontrei um documento intitulado "Termo de Declarações que presta Wilson Simonal de Castro", datado de 24 de agosto de 1971, no qual o

---

[31] "O presidente não admite torturas", *Veja* (3/12/1969), in Fernando Molica, *Dez reportagens que abalaram a ditadura*, Rio de Janeiro, Record, 2005, p. 65-90.

[32] Em teoria, DOPS e Polícia Civil eram órgãos distintos, mas na prática havia uma sinistra combinação da repressão civil e política. Segundo Percival de Souza, "... [no início da repressão] o DOPS pediu reforço à Secretaria de Segurança. A ajuda veio da Delegacia de Roubos com todo o seu estilo, a sua cultura, os seus métodos. (...) O *know-how* da repressão foi civil". Percival de Souza, op. cit., p. 33.

cantor relata aos inspetores do DOPS, Mario Borges e Hugo Corrêa Mattos, que vinha sofrendo ameaças de "terroristas" que supunha serem oriundos do seu próprio escritório. O datilógrafo redigiu:

> O declarante desde o dia 20 de agosto do corrente vem recebendo no seu escritório e em sua residência telefonemas anônimos os quais sempre ameaçam de sequestro a sua pessoa e seus familiares se não for feita uma certa injunção com o possível grupo subversivo.[33]

Diante das ameaças, Simonal pediu ajuda, no que foi atendido. De fato, Marcos Moran, amigo do cantor desde a época de Dry Boys, lembra-se que o filho do cantor, seu afilhado, tinha um segurança fornecido pelo regime:

> Simoninha estudava num jardim de infância ali na Presidente de Moraes, em Ipanema. Se eu não me engano o nome da escola era Chapeuzinho Vermelho. Aí havia aquele negócio de sequestro, de terrorismo, de não sei o quê, de ditadura, de gente que precisava de dinheiro pra comprar armas... Isso acontece no mundo até hoje. Nessa história toda Simonal pediu um 'help', e como o general gostava dele... Mas como amigo, só isso... Ele botou um segurança pro Simoninha. Mas não era segurança pra andar colado com ele não, botou disfarçado. Mas sabe como é, né, a imprensa sempre localiza, a imprensa enxerga muito. Às vezes enxerga até demais. E por Simonal ser amigo do general pensaram que ele fosse do SNI. Aí tacharam-lhe de dedo-duro, que não teve nada a ver.[34]

Como se vê, Simonal temeu, e muito, ser alvo de grupos "subversivos", e topou andar muito próximo dos membros do regime. O datilógrafo continuou redigindo as aflições do depoente:

> (...) Evitou por todos os meios e modos atender ao telefone bem como manter diálogo com o anônimo; que o declarante [tendo] permanecido os últimos três dias no Rio, atendeu por duas vezes o anônimo o qual em todas as duas comunicações telefônicas foi taxativo quanto as suas ameaças dizendo: "Se você não arrumar o dinheiro que a nossa organização deseja, além do sequestro de sua pessoa ou de uma pessoa da família, nós faremos divulgar

---

[33] Uma cópia desse documento se encontra na seção "Anexo" deste livro.
[34] Depoimento de Marcos Moran (intérprete), Rio de Janeiro, 13/11/2008.

elementos em nosso poder quanto a uma possível fraude em suas declara ções de imposto de renda e no pagamento do INPS."

Que o declarante não vinha dando importância aos telefonemas por pensar tratar-se de alguma brincadeira, porém o tom ameaçador com que era feita esta nova ameaça e semelhança de voz do anônimo com a do seu ex-empregado Raphael Viviani o levaram aqui comparecer para pedir auxílio (...) visto a confiança que deposita nos policiais aqui lotados e aqui cooperar com informações que levaram esta seção a desbaratar por diversas vezes movimentos subversivos no meio artístico.

Como se vê, o próprio Simonal diz que ajudou a "desbaratar movimentos subversivos no meio artístico". E achava que sofria represálias por causa de sua postura. Um dia antes do sequestro de Viviani, Simonal acusava alguns de seus ex-funcionários:

o declarante acha provável partir tais ameaças de Raphael Viviani ou de Walberto Camargo Mariano e de Jorge Martins, os dois primeiros afastados de seu escritório por incapacidade profissional e adulteração de documento e o terceiro seu ex-motorista particular também afastado e que presta serviços ao Sr. João Carlos Magaldi, o qual é dono de uma firma de promoções juntamente com o Sr. Ruy Pinheiro Brizolla Filho, também afastado do escritório do declarante.

O curioso é que a declaração de Wilson Simonal data de 24 de agosto de 1971 no DOPS, exatamente um dia antes da confissão forçada de Raphael Viviani, na mesma instituição. Ainda, ela foi feita diante dos mesmos policiais que na noite seguinte forçaram o contador a assumir o desfalque. E um fato ainda mais comprometedor: os inspetores presentes na declaração eram já antigos conhecidos do cantor, afinal Mario Borges era segurança de Simonal, como se recorda Gerson Cortes, amigo que fazia parte dos shows do cantor:

Tinha um cara do DOPS que começou a andar conosco. A gente não sabia... o Simonal devia saber, mas ele tirava coisas do nosso dia a dia... Mas a gente não sabia e brincava sobre ele: 'ele é viado?' 'ele tem uma carinha de subversivo!'... E ele fudendo a gente. Esse cara andava dia e noite com a gente. E o Simonal confiando muito na ditadura, conhecedor das coisas, até pensava que o cara era um segurança. O cara era um policial. Ele veio como segurança de Simonal, como tem hoje em dia. O nome dele era Borges... Mario Borges. Ele era um inspetor de polícia e tal... até era muito simpático por sinal.[35]

Não há como saber se este "termo de declarações" foi forjado *a posteriori* de forma a inocentar o cantor, embora isso não seja improvável. Mais importante do que a veracidade do documento é que ele tenta isentar o cantor associando-o ao regime:

> O declarante, quando da revolução de março de 1964, aqui esteve oferecendo seus préstimos ao inspetor José Pereira de Vasconcellos. Quando apresentava o seu show *De Cabral a Simonal* [durante o ano de 1969] no Teatro Toneleros foi ameaçado de serem colocadas bombas naquela casa de espetáculos e [que, por isso,] solicitou a proteção do DOPS para sua casa de espetáculo, o que foi feito e nada se registrando de anormal; (...) o declarante acha que tais ameaças são feitas visto ele ser o elemento de divulgação do programa democrata do Governo da República; que o declarante esclarece que está pronto a colaborar mais uma vez com esta Seção no intuito de serem apurados totalmente os fatos aqui apresentados.

Como se vê, é neste "termo de declarações" que surge o Simonal "dedo-duro". No entanto, o documento não diz quem Simonal teria deletado. Seria essa declaração forjada para que o julgamento se desse de forma favorável ao cantor? Tudo leva a crer que sim. Afinal, os prováveis falsificadores inventaram até uma desculpa para o motorista e o carro de Simonal aparecerem na cena do crime:

> o declarante solicita às autoridades que apurem o fato, que procurem fazê-lo da melhor forma possível quanto às pessoas aqui citadas, pois trata-se de mera hipótese, e ao mesmo tempo coloca todos os meios disponíveis à disposição [sic] desta Seção inclusive seu carro e motorista, por saber das dificuldades de meios de transporte que vêm atravessando o Departamento de Ordem Política e Social (DOPS).

---

[35] Depoimento de Gerson Cortes [Gerson King Combo] (produtor, intérprete, compositor), Rio de Janeiro, 12/11/2008.

MORANDO NO PATROPI

Quando foram chamados para depor, Simonal e seus amigos tiveram que explicar por que levaram Viviani para as dependências do DOPS. Para poder justificá-lo, eles talvez tenham inventado que o contador era membro da luta armada. Isso explicaria por que o DOPS se envolvera na prisão do contador. Tratava-se, assim, de averiguar se Raphael Viviani tinha ou não ligação com grupos "subversivos".

Simonal realmente foi "dedo-duro" ou essa foi a forma encontrada para aliviar a pressão do momento? Um dos policiais envolvidos no sequestro do contador defendeu a segunda tese. Em carta secreta, de circulação interna do DOPS, o policial Mario Borges (superior direto e chefe dos dois policiais que sequestraram Viviani, chefe da Seção de Buscas Ostensivas — SOB), tentou defender o cantor, colocando-o como aliado das forças de repressão do regime:

> A quem desejam atingir? Ao DOPS? A Wilson Simonal? Sim ao DOPS na sua estrutura por intermédio de elementos infiltrados na imprensa e simpatizantes dos movimentos que tanto combatemos; a Wilson Simonal, visto ser o mesmo no meio artístico homem independente e livre de qualquer vinculação às esquerdas, havendo ainda a possibilidade de elementos corruptos que vicejam na nossa imprensa tentarem contra o mesmo as armadilhas da nefasta e jamais esquecida *imprensa marrom* devendo tal fato render grossas "propinas" a título de "cala boca", com o fito de cessarem as difamações, escrachos e acusações infundadas. Aqui ficam as verdades e, como sabe V. Sa., jamais foi qualquer funcionário desta Seção contratado por quem quer que seja para servir de revanche ou amedrontar quem quer que seja. É o que cabia informar.[36]

Como Simonal era, aos olhos do DOPS, um "homem independente e livre de qualquer vinculação às esquerdas", o apoio ao regime serviria a seu favor diante do juiz.

Simonal e seu motorista foram indiciados pelo delegado Ivã dos Santos Lima. O processo oriundo da acusação de Viviani baseava-se em "constrangimento ilegal e sequestro".[37] Para poder indiciar os três policiais envolvidos (os inspetores Hugo Corrêa de Mattos e Sérgio Andrade Guedes e o chefe de

---

[36] Para a cópia, ver anexos.
[37] "Simonal ameaçado de cadeia por sequestro", *Última Hora* (27/8/1971). Arquivo Público do Estado do Rio de Janeiro (Aperj), Dossiê DOPS, pasta 153, folha 113.

ambos, Mario Borges), o delegado enviou uma cópia do inquérito ao DOPS, a fim de que fosse apurada a culpabilidade dos policiais em inquérito administrativo. Além do julgamento interno da corporação, os dois policiais também foram julgados em júri civil, junto com o cantor e o motorista.

O julgamento foi realizado três anos depois. A sentença final foi lida em 11 de novembro de 1974 pelo juiz João de Deus Lacerda Menna Barreto. O argumento utilizado por Simonal e seus amigos de que o cantor vinha sofrendo ameaças "terroristas" foi útil aos réus. A repressão às esquerdas era apoiada pelo Judiciário. O próprio juiz na sentença final concordou que a luta contra o "terrorismo" era prioridade do regime:

> Na verdade, a ordem de mandar buscar a vítima a fim de inquiri-la sobre fatos que a tornaram suspeita de atividades subversivas estava revestida de toda legitimidade. (...)
> Que Wilson Simonal de Castro era colaborador das Forças Armadas e foi informante do DOPS, é fato confirmado quer pela sua própria testemunha de defesa, quer pelo terceiro acusado [Mario Borges] (...)
> Que recebia telefonemas ameaçadores de pessoas que supunha ligadas às ações subversivas também é matéria pacífica, pois são inúmeros os depoimentos nesse sentido. Entretanto, nenhum desses fatos pode, de algum modo, justificar a ação delituosa dos réus Hugo Corrêa de Mattos e Sérgio Andrade Guedes.[38]

Essa primeira parte da sentença final dá a entender que, se Raphael Viviani fosse de fato um membro da guerrilha "subversiva", tudo estaria "revestido de toda legitimidade". No entanto, de acordo com as investigações "nada ficou apurado sobre subversão contra a vítima". Se o Judiciário brasileiro legitimava a perseguição à luta armada, o grande problema para os acusados foi que o prédio do DOPS foi usado para questões de crime comum e, mais grave ainda, expondo a face da tortura. Embora tenha in-

---

[38] A sentença final do processo de Simonal e seus amigos foi encontrada na Aperj. Não foi possível encontrar o processo inteiro, que aparentemente se localiza na 23ª Vara Criminal no Rio de Janeiro. O processo está arquivado no Fórum do Estado do Rio de Janeiro, no centro da cidade, mas não foi possível obtê-lo. A burocracia da instituição e as diversas viagens do arquivo por vários departamentos levou o sumiço do processo, segundo me disseram os responsáveis. Para cópia da sentença final, ver anexos.

MORANDO NO PATROPI

terpretado que Simonal fora colaborador do regime, o juiz não concordou com a utilização das dependências policiais:

> No entanto, apenas *ad argumentandum*, se se pudesse aceitar a versão dos réus, de que foram diretamente ao prédio da residência da vítima para o DOPS, ainda assim, e até por isso mesmo o crime resultaria mais configurado.
> Naquela repartição oficial é que foi extorquida do ofendido a declaração onde se confessou responsável por desfalque na firma do primeiro denunciado. (...) A só coação de levar o ofendido para o DOPS e exigir-lhe confissão de fato sem relação com a atividade normal do órgão, mas visando exclusivamente ao interesse do acusado Wilson Simonal, já caracterizaria a violência de que fala o caput do Art. 158 do Código Penal.

Depois de três longos anos de processo, Simonal e os policiais Hugo Corrêa de Mattos e Sérgio Andrade Guedes foram condenados a cinco anos e quatro meses de prisão, além de um ano reclusos em colônia agrícola e multa. Embora o processo tenha sido aberto sob a acusação de sequestro, o juiz entendeu que não era esse o caso. Segundo a sentença, o crime cometido fora o de extorsão, ou seja, Simonal e seus comparsas foram condenados por "constranger alguém, mediante violência ou grave ameaça, e com o intuito de obter para si ou para outrem indevida vantagem econômica, a fazer, tolerar que se faça ou deixar fazer alguma coisa" (art. 158). Legalmente, a extorsão diferencia-se do sequestro, pois no segundo há como fim "obter, para si ou para outrem, qualquer vantagem, como condição ou preço do resgate" (art. 159).[39] O motorista Luiz Ilogti[40] e o chefe dos policiais, Mario Borges[41],

---

[39] Se Simonal e amigos tivessem sido condenados por sequestro, suas penas seriam de 8 a 15 anos. Como foram condenados por extorsão, a penalidade incidiu entre 4 e 10 anos e multa. A pena de cinco anos parece demonstrar que o juiz entendeu que o crime não foi tão grave. Fonte: Código Penal Brasileiro.

[40] O juiz João de Deus Lacerda Menna Barreto julgou que o motorista Luiz Ilogti agiu de acordo com as funções profissionais: "Destarte, à ação do terceiro denunciado nenhum reparo é possível fazer, pois agiu consoante os ditames da lei e as exigências da sua função."

[41] Em sentença final, o juiz Menna Barreto absolveu o chefe Mario Borges pois este não teria participado da sessão de tortura. Mario Borges era chefe do Serviço de Buscas Ostensivas: "Com efeito, é o próprio Raphael Viviani quem (...) diz que Mario Borges não exerceu qualquer pressão contra o declarante e não estava presente quando das sevícias que lhe foram infligidas; que sua atuação se limitou a indagar do declarante se confirmava os termos daquela declaração, fazendo algumas perguntas sobre o caso." Ver cópia da sentença final em Anexos.

foram absolvidos. Quando saiu do tribunal, Simonal mostrou-se irritado com a insistência dos meios de comunicação por uma declaração. Manifestou toda a decepção com a imprensa que cooperava para seu ostracismo: "Não vem que não tem. Não tem papo, bicho. Vocês são todos uns cascateiros, bicho. Desculpe, bicho. Eu não vou falar nada. Você não me leve a mal, morou? Mas vocês são fogo, bicho."[42]

Caído em desgraça, Simonal foi conduzido à carceragem de Água Santa, no subúrbio da cidade do Rio de Janeiro. Em depoimento ao historiador Paulo Cesar de Araújo, vinte anos depois do julgamento, ele foi sincero ao relatar o que sentiu nos primeiros dias na prisão, demonstrando ódio ao juiz João de Deus Lacerda Menna Barreto:

> *Entrevistador*: Como foi essa semana na prisão?
> *Simonal*: Eu quis matar o juiz. No dia em que me condenou, ele me perguntou se eu tinha alguma coisa a responder, se eu estava satisfeito... Se haviam me tratado bem... E eu estava armado!
> *Entrevistador*: Você foi armado?
> *Simonal*: Fui!
> *Entrevistador*: Como é que você conseguiu [entrar com arma no fórum]?
> *Simonal*: Artista consegue coisas fantásticas...
> *Entrevistador*: E você foi preparado pra tudo?
> *Simonal*: Se ele fizesse mais uma piadinha, aí ia dar m... Mas Deus me protegeu... Graças a Deus não aconteceu nada![43]

Simonal irritava-se com o fato de tudo ter caído nos seus ombros. E sentia que a imprensa contribuía pra isso. Gerson Cortes, acompanhante da trupe do cantor, recorda-se que Simonal foi o único a ficar tachado:

> A gente era artista... não era de esquerda ou direita. Eu sempre me perguntei o que era isso... Eu virava pro Simonal e perguntava: 'esse cara aí, você não acha que ele está se metendo muito na banda?' Mas ao mesmo tempo ele era um amigo, o inspetor Borges. O Borjão, um amigo! Mas tava ali em nome do governo direitista para saber detalhes de quem era quem e não sei mais o quê. Era a profissão dele. E de repente até eu poderia ter falado... Mas muito pouco, se eu falei foi muito pouco. Eu não me abria muito com

---

42 "Simonal ouve sentença", *O Globo* (14/11/1974), p. 1 e 11.
43 Wilson Simonal (intérprete), depoimento a Paulo Cesar de Araújo em 21/2/1994.

esse rapaz porque era um polícia... Eu me perguntava... ele viajava tanto com a gente, ele está na ativa? Ele dizia: 'eu tenho um conchavo...'. Esse cara fez um dossiê, você tá entendendo? Conversando lá com os caras ele poderia me usar. Tinha um tal de Zeca do trombone, Zeca falador... Mas tudo caiu na conta do Simonal. Foi quando as costas dele ficou mais larga. É onde eu defendo ele até hoje e morro defendendo-o. Não foi o monstro que pintaram os esquerdistas e não sei mais quem... Eu nunca soube quem é direita ou esquerda. Eu nunca me preocupei com isso.

Raphael Viviani soube da sentença de prisão do cantor pela televisão. Simonal caíra no ostracismo em 1971 e tornara-se sombra do que um dia fora. Naqueles últimos meses de 1974 os jornais, revistas, rádios e TV voltaram a falar dele, justamente para reafirmar o que todo mundo "já sabia": Simonal era um "dedo-duro". Pego de surpresa, Viviani estava diante da TV em seu apartamento, na cidade de São Paulo. Televisões, jornais e rádios foram ouvir sua opinião sobre a condenação do cantor, mas ele negou-se a fazer qualquer comentário. Foi sua mulher, Jacira Viviani, que disse aos jornais estar "aliviada e nervosa":

> Aliviada por ter a justiça aplicada; nervosa por ter de relembrar os dois meses terríveis que passei no Rio, vendo meu marido machucado, cheio de hematomas pelo corpo. Raphael não disse nada. Continuou ouvindo o noticiário, enquanto eu chorava de emoção. Aliás, desde que mudamos para São Paulo, em outubro de 1971, ele nunca mais comentou o assunto. Aqui durante um ano ficou desempregado, mas não desistiu. Até que em 1973 conseguiu emprego como vendedor numa firma de São Bernardo do Campo. (...) Lembro que no dia 24 de setembro [de 1971] pela manhã, Raphael recebeu uma intimação para comparecer à tarde na justiça do trabalho, onde seria celebrado um acordo entre as partes. Ele voltou sossegado para casa, havia aceito as condições do acordo. À noite nossa casa foi invadida por Simonal e seus companheiros, que levaram meu marido embora, e o devolveram horas depois, todo cheio de hematomas no corpo, provenientes das fraturas que sofrera.[44]

Os advogados de Simonal apelaram da sentença e dois anos mais tarde conseguiram a comutação da pena. A 3ª Câmara Criminal do Tribunal de

---

[44] "Simonal ouve sentença", *O Globo* (14/11/1974), p. 1 e 11.

Justiça do Rio de Janeiro acatou os argumentos da defesa e reduziu a pena a seis meses de detenção com direito a sursis.[45] Ou seja, através do sursis a pena foi suspensa e, na prática, isso foi quase a absolvição do cantor. Mas se em termos legais o cantor foi praticamente isentado da pena por extorsão, a pecha de "dedo-duro" nunca mais saiu do imaginário popular: a carreira do cantor foi gradativamente sendo apagada.

Os acontecimentos de agosto de 1971 sempre foram problemáticos para o próprio Simonal, que não gostava de relembrar o episódio. Na década de 1990, quase trinta anos após o ocorrido, ele enrolou-se ao relatar o episódio pelo qual foi acusado.

> *Folha de S.Paulo:* O que aconteceu?
> *Simonal:* Não houve problema nenhum. O contador realmente me roubava. Tinha gente junto com ele, o João Carlos Magaldi, que era colado da Standard. Quando fiz a Simonal Promoções, fui roubado pelo Magaldi junto com o contador. Magaldi (já morto) foi padrinho de casamento do Boni. Por isso não toco na Globo.
> *Folha de S.Paulo:* Você não toca por isso ou por causa da pecha de delator?
> *Simonal:* Tenho esses documentos que provam que nunca fui informante. Os jornais não publicaram isso. Que medo é esse? Quem inventou tudo isso? Ninguém tem prova.
> *Folha de S.Paulo:* Os documentos só dizem que não há registros, não que os fatos não tenham ocorrido.
> *Simonal:* Se acontecesse tinha que estar registrado. Tudo é registrado. Tudo. O que não é registrado é crime. Calúnia, difamação. Se não existe é porque não existiu. Eu tinha amigos comunistas. Já fui até pedir para soltar, dei esporro, me desgastei. Quiseram censurar "Tributo a Martin Luther King", disseram que era música racista, que colocava os negros contra os brancos. Fui pessoalmente saber por quê. Eu falo na cara, não fico escondido no boteco. Não tenho medo, porque não tenho telhado de vidro. Não sei botar a bunda de fora para gravar disco. Não gravo, mas também não faço. Se a imprensa não tem coragem, não publique. O que não admito mais é calúnia e difamação. Porque para mim é muito fácil enfiar porrada.
> *Folha de S.Paulo:* Porrada?

---

45 "Simonal tem pena reduzida", *Jornal do Brasil* (4/6/1976), p. 12. Cópia encontra-se no Arquivo Público do Estado do Rio de Janeiro (Aperj), Dossiê S Secreto, pasta P 159, folha 188.

Simonal: É, porrada física. Me encheu o saco, bato ou mando bater. Ou não tenho condições de mandar bater?

Folha de S.Paulo: Essa foi uma das acusações, de que você havia batido ou mandado bater no contador.

Simonal: Não mandei bater em ninguém. O cara me roubou, tinha que tomar porrada mesmo. Aliás, cometi o erro de não mandar bater. Evidentemente não mandei. Nunca vi atestado do delito. Quando fomos depor, não vi cicatriz.

Folha de S.Paulo: Você era contrário ou favorável ao regime militar?

Simonal: Todo mundo era contra. Aquilo durou muito tempo por incompetência. Não acredito que nenhum milico fosse favorável. Milico não foi treinado para isso. (...) Direita e esquerda é coisa de militar. Hoje, apesar da ditadura civil que há por aí, até nos programas de pagode todo mundo faz ginástica calistênica, todo mundo marcha. Só falta colocar farda. Me picharam porque eu era nacionalista. Sou brasileiro, quero ver meu povo feliz.[46]

A fala do cantor aborda vários aspectos interessantes. Ao dizer que "todo mundo era contra" o regime, Simonal tentava se identificar com a memória da *resistência*, que nunca lhe abriu as portas.[47] Aliás, esse é um discurso constante entre aqueles que procuram isentar o cantor, preferindo a parte de sua trajetória que consideram, aos olhos do presente, mais "digna". Seu próprio filho, o também cantor Wilson Simoninha, prefere vê-lo dessa forma:

> Em 1966 [na verdade foi em 1967], meu pai fez "Tributo a Martin Luther King", que ficará como um dos legados de sua importância na história da cultura brasileira, pois fazer militância para o movimento negro era muito mais difícil naquela época do que hoje.[48]

---

[46] "Proscrito, Simonal tenta cantar em SP", Entrevista a Pedro Alexandre Sanches, *Folha de S.Paulo* (21/5/1999), Folha Ilustrada, p. 4-5.

[47] Em 1981 a revista *Veja* deixava claro que a sociedade não comprava essa nova interpretação da trajetória do cantor: "O 'rei da pilantragem' Simonal deu para se proclamar 'de esquerda' e carrega nos ombros a má vontade geral nascida na revelação, feita por um delegado, de que ele em 1972 era informante do DOPS carioca." "Apesar do governo", *Veja* (14/5/1980), p. 60-65.

[48] "Repercussão", *Folha de S.Paulo* (26/6/2000), Cotidiano, p. C6.

Quando entrevistei o filho primogênito do cantor em 2005, Simoninha mantinha a visão do pai como um *resistente*. Chegou a compará-lo ao boxeador Mohammed Ali, herói da luta dos negros americanos. Ao tentar adequar a memória da *resistência* a Simonal consegue-se fazer o malabarismo de ver todos como bravos *resistentes* do regime autoritário. Como vimos, esse é um processo muito comum da memória daqueles que viveram o período. E entre os artistas da MPB mais ainda, pois esta surgiu diante das demandas da sociedade por um discurso de oposição ao regime.

Durante os anos 1990, toda vez que era chamado de "dedo-duro", Simonal sacava do bolso uma declaração oficial que "comprovava" que não era culpado de nada. Angustiado com tantos anos de achincalhe e deboche, Simonal aproveitou o fim da ditadura para conseguir uma declaração do Ministério da Justiça, assinada pelo secretário de Direitos Humanos José Gregori, datada de 26 de janeiro de 1999:

> Em atendimento à solicitação do Sr. Wilson Simonal de Castro, declaro que foi realizada uma pesquisa nos arquivos dos órgãos federais, especialmente os do extinto Serviço Nacional de Informações (SNI) e no Centro de Inteligência do Exército, conforme cópia de documentos em anexo datados de 28 de agosto de 1991 e 30 de junho de 1998 respectivamente, que informam não terem sido encontrados nenhum registro ou evidência que apontem o interessado como colaborador, servidor ou prestador de serviços, mesmo como informante, dos referidos órgãos, durante o regime de exceção vivido no país.[49]

Esse parecer veio legitimar um *habeas data* emitido em 1991, quando o cantor recorreu à Secretaria de Assuntos Estratégicos da Presidência da República e provou que não havia nada referente à suposta delação de colegas artistas.[50] Após a morte do cantor em 2000, seus familiares prosseguiram a luta pela reparação moral. Em julgamento simbólico, integrantes da Comissão Nacional de Direitos Humanos da Ordem dos Advogados

---

[49] Cópia da declaração é mostrada em "Não suporto mais esse peso", *Época* (24/4/2000), p. 132-133.

[50] "Não suporto mais esse peso", *Época* (24/4/2000), p. 132-133; Lea Penteado, *Um instante, maestro! A história de um apresentador que fez história na TV*, Rio de Janeiro, Record, 1993, p. 133.

do Brasil (OAB) absolveram o cantor. A pedido da família, um grupo de advogados analisou documentos da época e concluiu que o artista "não dedurou ninguém".[51]

Se a OAB e a Comissão de Direitos Humanos afirmam não ter encontrado documentos acerca do cantor, cabe problematizar as pesquisas levadas a cabo por estas instituições. Parece-me que, aos olhos desses órgãos (e de parte da sociedade), a memória de Simonal encontra-se pronta para ser regenerada, podendo o cantor ser inocentado de qualquer ligação com o regime.

No entanto, sociedade e Justiça continuam muito preocupadas com o binômio veracidade/falsidade das acusações. Nesse sentido, mantém-se uma lógica de análise na qual Simonal continua como bode expiatório: se inocente, serve para apontar os excessos do regime do qual também seria *vítima*; se culpado é o *judas* a ser malhado, aliviando-se toda a ira acumulada contra os militares. A ditadura continua sendo vista pela Justiça e pela sociedade como um "regime de exceção", como deixou clara a declaração do secretário de Estado dos Direitos Humanos, José Gregori. A reabilitação continua servindo a uma visão que vitimiza a sociedade.

No entanto, o ostracismo do cantor não se explica somente por ter se tornado um "bode" das esquerdas. Como relata Ronaldo Bôscoli, a desgraça do cantor é mais terrível ainda, pois une direitas e esquerdas num processo de silenciamento:

> Todos os problemas do Simonal vieram de sua teimosia. Quando resolveram limá-lo sumariamente, eu quis defendê-lo, mas ele nunca se deu ao trabalho de me explicar direitinho o que havia acontecido. Não acredito que tenha sido nada tão grave que pudesse acabar com a carreira de um homem. Simonal conseguiu ficar mal com a esquerda e com a direita. Dr. Roberto Marinho, por exemplo, nunca quis saber dele.[52]

---

[51] "OAB absolve o cantor Wilson Simonal", *O Estado de S.Paulo* digital (24/9/2003), http://www.estadao.com.br/divirtase/noticias/2003/set/24/164.htm; "OAB: Wilson Simonal não era 'dedo-duro'", *O Globo online* (25/2/2006) *http://oglobo.globo.com/online/pais/plantao/2006/02/25/191981838.asp*.

[52] Ronaldo Bôscoli, *Eles e eu: memórias de Ronaldo Bôscoli*, Rio de Janeiro, Nova Fronteira, 1994, p. 278.

Segundo o próprio Simonal, durante o declínio de sua carreira ele teria sido boicotado pela televisão, especialmente pela Rede Globo. Quando acusou o ex-contador, Simonal também suspeitava de João Carlos Magaldi e Ruy Pinheiro Brizolla Filho, ambos ex-gerentes da Simonal Promoções. E se Raphael Viviani se tornou o único culpado dos desfalques da firma, isto serviu também para apagar a acusação sobre os outros dois empregados.

Mas quem eram esses dois personagens? João Carlos Magaldi era sócio da firma publicitária Magaldi, Maia & Prósperi, que tinha entre seus sócios Carlito Maia, homem forte da Rede Globo.[53] Ao longo das décadas de 1970 e 1980 Magaldi ascendeu na hierarquia da emissora e, quando morreu, em julho de 1996, dirigia a Central Globo de Comunicações. Ele fora o criador da maioria dos slogans da emissora, como "Globo e você, tudo a ver" e "A Globo bola o que rola".[54] Além disso, Magaldi era amigo íntimo de José Bonifácio Sobrinho, o Boni, diretor-geral da rede carioca. De fato, se dependesse de favores pessoais para tocar na Globo, Simonal estava em apuros.

As divergências entre Simonal e a Globo eram anteriores à entrada de Magaldi na emissora. Um bate-boca entre o cantor e o diretor-geral Boni, em 1970, demonstra que a briga era antiga. Disse Boni: "O Wilson Simonal não participa do FIC porque não deseja fazer televisão."[55] Na verdade, um culpava o outro pelo não-cumprimento de acordos de cessão de imagem.

Além de Magaldi e Boni, Simonal também conseguiu outro inimigo poderoso na televisão brasileira: Carlos Manga. Tudo começou quando

---

[53] Quando Simonal apontou o dedo para João Carlos Magaldi na entrevista mencionada, a família do acusado redigiu uma carta ao jornal *Folha de S.Paulo* expressando a indignação diante das acusações: "Somos filhos de João Carlos Magaldi, maldosamente mencionado pelo senhor Wilson Simonal na entrevista publicada em 21/5. É uma atitude covarde acusar uma pessoa que não pode se defender, pois já está morta. Onde estão as provas de que o nosso pai roubou o sr. Simonal? A história profissional de nosso pai mostra a sua preocupação social, a sua ética e o quanto valorizava o ser humano. Essa tentativa do sr. Simonal de retomar a sua vida profissional denegrindo a imagem de várias pessoas, inclusive de nosso pai, demonstra sua mesquinhez e seu verdadeiro caráter." Álvaro B. Magaldi e Monica Magaldi Suguihura (Bebedouro, SP), "Menção Maldosa", Seção Painel do Leitor, *Folha de S.Paulo* (25/5/1999), p. 3.
[54] Entrevista de Carlos Manga à revista *Playboy* (out./1996), p. 35-55.
[55] *Fatos e Fotos* (5/11/1970), nº 509, p. 17.

Simonal contratou o baterista Vitor Manga, sobrinho de Carlos, para excursionar no México em 1970. O músico abandonou seu grupo, Antonio Adolfo e a Brazuca, para viajar com o cantor. No entanto, seus problemas com drogas acabaram fazendo com que fosse despedido — e ele, desgostoso, acabou morrendo de overdose. Sua antiga banda então gravou uma música para homenagear o ex-integrante, a carregadíssima balada "Tributo a Vitor Manga", literalmente chorada e berrada na gravação do disco no ano seguinte: "Bicho, você se foi/ Amigo, você se foi/ Não sei se digo, se digo... adeus!"[56]

E se o grupo conseguiu superar a perda do amigo, o tio Carlos Manga nunca esqueceu o acontecido e procurou vingança contra Simonal. O próprio Manga relatou aqueles dias tensos e vingativos à revista *Playboy* quase trinta anos mais tarde:

> Tive um sobrinho, Vitor Manga, um grande baterista [pausa]... Ele era um menino fraco... [pausa] Teve muitos problemas [com as drogas]. Ele foi convidado para ir ao México, (...) e nós acreditávamos que o trabalho ia tirá-lo daquele caminho. Ele foi me perguntar, na Record, o que eu achava. Respondi que se o trabalho tivesse continuidade poderia ser uma boa. Ele contou que tinha a promessa de ser contratado. Mas quando voltou, foi dispensado. Foi enganado. Acho que ele se puniu por isso [pausa]... Seguramente, eu teria feito uma bobagem se tivesse encontrado o Simonal logo em seguida. (...) O garoto se matou com uma overdose. [No] dia 13 de agosto de 1970. Eu queria encontrar o Simonal depois disso. Procurei por ele durante três dias... Fui armado de revólver. Eu ia matá-lo. Mas o João Carlos Magaldi, meu amigo, ficou sabendo e conseguiu evitar que eu encontrasse o Simonal.[57]

Simonal não foi o único que brigou com grandes redes de televisão. Aliás, alguns artistas que surgiram como produtos televisivos da década de 1960 dez

---

[56] Músicos de peso compunham o grupo, dentre eles o próprio Antonio Adolfo e o baixista Luizão Maia. Os outros integrantes eram Bimba, Julie, Luiz Cláudio e Tibério Gaspar (como assistente de produção). A canção "Tributo a Vitor Manga" foi gravada no LP "Antonio Adolfo e a Brazuca II" (Odeon, 1971). Agradeço ao amigo "de orkut" Ricardo Schott, jornalista da *International Magazine* e do *Jornal do Brasil* que me chamou a atenção para essa entrevista de Carlos Manga.

[57] Entrevista de Carlos Manga à revista *Playboy* (out. 1996), p. 55.

anos mais tarde transformaram a televisão em seu inimigo número um.[58] Milton Nascimento ficou durante algum tempo sem aparecer nas redes de TV durante os anos 1970, pois achava que a televisão "queimava" os artistas:

> eu sou muito desconfiado com televisão. De modo geral, não gosto. É tudo muito corrido, em cima da hora, nada pensado, nada a longo prazo. Talvez, para fazer uma coisa especial, a TV seja interessante, fora isso, só faz desgastar, queimar. (...) Para os novos a televisão só sabe descobrir quem ela vai usar, quem ela vai queimar.[59]

Outro artista que é sempre lembrado devido aos seus embates com a Rede Globo durante os anos 1970 é Chico Buarque, que só fez as pazes com a emissora carioca durante o processo de abertura política, no início dos anos 1980. Essa memória deve-se à inimizade que começou durante o Festival Internacional da Canção em 1972, quando ele liderou um grupo de artistas que se colocou contra a autocensura que a TV carioca queria impor.[60] Por causa desse episódio algumas declarações de Chico durante os anos 1970 eram realmente ofensivas, no que ele tinha razão, já que a Globo era de fato um dos principais pilares de sustentação do regime:

> Nunca estive brigado com a televisão, nunca disse que não transava TV. Não concordo com o monopólio, com o tipo de censura que a Globo andou fa-

---

[58] Essa visão dos artistas, é importante frisar, era referendada pelos trabalhos acadêmicos da época, que culpavam a televisão pela "alienação" popular. Apesar de existirem poucos trabalhos realizados naquele período, o tom dessas obras busca sempre culpar a TV pelos grandes males da sociedade brasileira. Sérgio Miceli, que pioneiramente analisou o programa de Hebe Camargo de forma acadêmica, foi taxativo. Para ele a TV, e a cultura em particular, tem a função de saciar a demanda social do excluído, trazendo-lhe o familiar. Nesse sentido, o programa da Hebe, uma sala de estar onde senhoras batem papo prosaicamente, reforça no espectador a divisão do trabalho dentro de casa. Sua conclusão aponta para o poder autoritário da televisão. Ao contrário, penso que a TV não tem todo esse poder. Prefiro enfatizar que ela respalda certos costumes já existentes na sociedade, em vez de impor uma realidade. E se o autor entendeu que Hebe Camargo é uma janela para se compreender o Brasil, parece que preferiu ver essa mesma janela como uma via de mão única. Ver Sérgio Miceli, *A noite da madrinha,* São Paulo, Perspectiva. 1972. Dentro da mesma perspectiva: João Rodolfo Prado, *TV: quem vê quem,* Guanabara, Eldorado. 1973. Sobre a TV Globo: Daniel Herz, *A história secreta da Rede Globo,* Porto Alegre, Tchê.
[59] "O som é meu rumo para a liberdade", *Opinião,* nº 99 (27/9/1974), p. 16.
[60] Mello, *op. cit.,* 2003, especialmente o capítulo 15.

zendo, por exemplo. O que houve foi isso: estive cortado da televisão, em parte pela censura oficial em parte pela censura da Globo.[61]
Porque a Globo é prepotente, resolvi me afastar voluntariamente de seus programas. Chegaram a dizer que não precisavam de mim. Eu também não preciso dessa máquina desumana, alienante. Então estamos quites.[62]

O que a gente sente é que na época mais negra, mais dura, não precisava de uma ordem expressa do governo para apertar o sujeito. Aquelas proibições de rádio e na TV Globo aqui no Rio não eram por ordens vindas de Brasília. São coisas mais realistas que o rei, dos puxa-sacos, isso em todos os níveis.[63]

Eu não tenho muita questão de honra com a TV Globo. Acho que esse valor não existe muito lá. Mas eu acho que há interesse, não só da Globo, mas de tudo o que ela representa, em colocar todo mundo dentro daquele quadrado.[64]

A virulência do compositor, em entrevista junto com Edu Lobo, espalhava farpas também para a Som Livre, a gravadora da Rede Globo:

Entrevistador: Até que ponto a Som Livre tem prejudicado ou favorecido a música popular brasileira?
Edu Lobo: Só tem prejudicado.
Chico: Concordo. (...) Hoje em dia só sabem que a música é da "Marcela", personagem da novela tal. (...) Nesse esquema desleal não estão só as músicas de novelas, mas também aqueles discos em que a Som Livre encaixa vinte músicas. Poderia encaixar até trinta, se quisesse, mas sucede que, para isso, tem de comprimir os sulcos da gravação e o disco não presta. Essa jogada não é invenção brasileira, existe também lá fora, mas é uma vigarice. O cara pensa que está levando a maior vantagem se comprar um disco com vinte faixas, julgando-se mais malandro que o otário que compra um disco só com dez. Acha que está recebendo mais por seu dinheiro. Só que a qualidade de som do disco vai pras picas. O sulco fica tão estreito que a agulha já não chega ao fundo...
Edu Lobo: O som se achata, os graves e os agudos somem...

---

[61] *Coojornal* (junho/1977). Lido no site do compositor: www.chicobuarque.com.br
[62] *Veja* (27/8/1976), p. 4.
[63] Entrevista obtida no site do compositor (www.chicobuarque.com.br).
[64] Folha de *S.Paulo* (11/9/77). Lido no site do compositor.

Chico: O malandro bota esse som na aparelhagem que a TV Globo convenceu ele a comprar e ouve aquela porcaria. E depois de ouvir o disco umas dez vezes a agulha já começa a pular...[65]

A ênfase nos embates de Chico frequentemente esconde uma dimensão mais complexa e menos dicotômica de sua relação com a TV. Como o próprio Chico lembrou, ele só voltou ao Brasil depois de assinar contrato com a Philips para aparecer na Rede Globo:

"Bondinho: Você, quando voltou da Itália, teve a sensação de que voltou porque está melhor, daria pra trabalhar?
Chico: Eu voltei porque me garantiram que aqui estava tranquilo e me ofereceram contratos. E na verdade estava lá já de saco cheio, não é? Aí apareceu o negócio de poder voltar que "não tem problema"; pelo contrário, a TV Globo me ofereceu pra fazer um programa especial, 20 milhões, e fazer um show na [boate] Sucata, eu achei que dava pé. Tava chato paca, no fundo era isso.[66]

Como se vê, apesar dos diversos choques com a emissora, a relação de Chico com a Globo deve ser melhor analisada. Para além da oposição simples enfatizada pela memória, havia mediações e negociações mútuas. Se em 1970 as relações eram amigáveis, o que aconteceu naquele festival de 1972 para que tudo se acirrasse? O próprio compositor deixou claro que a briga resumia-se mais a presença de uma pessoa que trabalhava na direção da emissora:

Entrevistador: A Rede Globo anda usando suas músicas nas novelas. É uma manobra de sedução?
Chico: Eu tenho repetido que não estou a fim de fazer nada lá. Isso depois de ter sido proibido na Globo. Proibido mais de uma vez, e na mais grave com outras pessoas: foi todo um grupo de compositores que se recusou a participar do penúltimo Festival Internacional da Canção. Não era nada

---

[65] Esta entrevista foi obtida no site do compositor. Trata-se de um especial da revista *Homem*, sem data. Sabe-se que *Homem* é o nome da revista *Playboy* entre 1975 e 1978, antes de poder assumir o nome internacional por causa da censura. Presumo que a entrevista seja de 1976.
[66] Jornal *O Bondinho* (Dezembro/1971). Lido no site do compositor.

MORANDO NO PATROPI

contra a Globo, era um protesto contra a censura — foi naquele ano mais bravo da censura, acho que 1972. A gente escreveu uma carta protestando e retirando as músicas. A Globo, que tinha muito interesse em jogo, quis forçar a gente a participar. E isso chamando todo mundo no DOPS. O Secretário da Segurança, general França, os compositores todos lá de pé e um diretor da Globo — um cara chamado Paulo César Ferreira — aos berros, chamando todo mundo de comunista. Apoplético, queria enquadrar todos na Lei de Segurança Nacional, queria deixar a gente preso lá. E, como não consegui, vingou-se proibindo a execução de músicas nossas na Globo durante um bom tempo. Houve vários incidentes assim com a Globo. Eu simplesmente não tenho interesse nenhum em participar de seus programas.
Entrevistador: E da parte deles?
Chico: Eles estão usando músicas minhas aí em novelas. É uma coisa que podem fazer independentemente de mim, através da editora.[67]

É importante lembrar que, embora apoiadora do regime, a TV carioca incorporou toda a MPB resistente dentro do que ficou conhecido como "padrão Globo de qualidade", como chamou atenção Paulo Cesar de Araújo. Nas trilhas sonoras das novelas globais é difícil encontrar músicas que não sejam MPB. Chico não ficou de fora, apesar das disputas com a direção da emissora: "Olhos nos olhos" foi tema da novela *Duas Vidas* (1976-77), "Carolina" de *O Casarão* (1976), "Vai levando" de *Espelho Mágico* (1977), "Não existe pecado ao sul do Equador", tema de abertura de *Pecado Rasgado* (1978-79), "João e Maria" foi cantada em *Dancin' Days* (1978).[68] A "odiada" Globo contribuiu para a vendagem dos discos do compositor e foi fundamental na criação da noção de "música de qualidade", tão enfatizada pela memória da MPB. Ao menos em questão musical, a Globo incorporou os opositores do regime que tanto apoiava.

Em 1982, dez anos mais depois do FIC onde tudo começou, Chico Buarque comentou a reaproximação com a TV Globo que havia mudado os diretores que incomodavam o compositor:

---

[67] Entrevista na Revista *Playboy*, Fev/1979.
[68] Araújo, op. cit., 2003, p. 301-2. Até 1978, contudo, não era o próprio Chico que as interpretava. A primeira canção na sua voz como tema de novela da TV Globo foi *João e Maria*. Ney Matogrosso havia cantado *Não existe pecado ao sul do equador*; Miúcha e Tom Jobim, *Vai Levando*; Agnaldo Timóteo, *Olhos nos olhos*; e o grupo Acquarius interpretara *Carolina*.

É evidente que houve uma quebra de gelo. Durante a fase da censura, eu sentia uma simpatia recíproca entre eu, que estava censurado, e uma parte da imprensa que sofria a censura também. Essa imprensa me tratava como aliado. Eu, idem. Acontece que, acabada a censura e depois de um ano e meio debaixo do malho dessa imprensa que antigamente me mimava, eu descobri que estava fazendo bobagem. "Ué", pensei, "por que fazer diferença com a Globo, se toda a imprensa me trata igual?" (...) Não é porque me critiquem. Pode malhar, pode criticar à vontade, eu não gosto é de jogo sujo.[69]

O jogo mudou tanto nos anos 1980 que Chico chegou a gravar pela antes odiada Som Livre. O LP "O grande circo místico"[70] que fazia parte da trilha sonora de uma peça teatral composta em parceria com Edu Lobo foi lançado pela Som Livre. Ainda vivia-se na ditadura, a mesma que era tão bem sustentada pela Rede Globo nos anos 1970. Cabe lembrar que a emissora carioca foi um dos últimos órgãos de imprensa a noticiar o movimento das Diretas Já, em 1984, até o momento que, acuada pela pressão popular, não deu mais para esconder tal fato. Nesse ano, Chico estava envolvido com o grande sucesso de "Vai passar", samba em parceria com Francis Hime que falava sobre os "anos negros" da ditadura e as esperanças da redemocratização: "Dormia/ A nossa pátria mãe tão distraída/ Sem perceber que era subtraída/ Em tenebrosas transações/ ... / Meu Deus, vem olhar/ Vem ver de perto uma cidade a cantar/ A evolução da liberdade/ Até o dia clarear".

Seguindo a postura de fazer as pazes com a emissora Chico apresentou a música no programa do Chacrinha, que também voltara a fazer as pazes com a Globo depois de quase dez anos de rompimento.[71] Em 1985 suas composições para a trilha de "O corsário e o rei" também foram produzidas pela Som Livre.[72] No ano seguinte foi a vez do LP "Melhores Momentos de Chico e Caetano", fruto do programa dos dois astros da MPB na Rede Globo durante o ano de 1985. O disco, obviamente, saiu pela gravadora da emissora.[73]

---

[69] "Sou um boi de piranha", entrevista com Chico Buarque, *Veja* (17/2/1982), pp. 3-6.
[70] LP *O grande circo místico*, Som Livre, 1983.
[71] Chacrinha voltou à Globo em 1982. O vídeo de Chico Buarque no seu programa, em 1984, pode ser visto no site: www.youtube.com/watch?v=Wou7D1abpwM
[72] LP *O corsário do rei*, Som Livre, 1985
[73] LP *Melhores momentos de Chico e Caetano*, Som Livre, 1986.

MORANDO NO PATROPI

As tensões entre Elis Regina e a TV Globo também só se amenizaram com o fim dos anos 1970. A onda da democratização tornava mais difícil para Elis encontrar inimigos claros:

> Eu andava errada a respeito de algumas coisas, como participação de TV e rádio, até resistindo a uma série de pressões. Como se a gente acreditasse, com isso, poder mudar o mundo, quando na verdade a gente não vai mudar porcaria nenhuma, muito menos se a gente não estiver dentro do mundo. (...) Uma vez no inferno, é muito melhor estar no centro do inferno. (...) Em relação (...) à Globo, foi feita uma reunião em que todo mundo decidiu resistir, e chegou determinado momento em que a gente começou a perceber muita trilha de novela com os 'resistentes', muito Globo de Ouro com eles lá dentro. Então a gente se toca, só eu estou resistindo? Então, tudo é um negócio e a gente é mercadoria, então eu vou mais é pra Globo.[74]

Outro artista que brigou diversas vezes com os diretores da TV Globo foi o cantor Tim Maia. Numa dessas brigas foi direto ao ponto: "A Globo não me quer mais lá. Não é só o Boni. O Roberto Marinho não me quer lá. Li [o livro] *A Fundação Roberto Marinho* e fiquei chocado. Não quero ser Simonal. Mas mataram o rapaz. Tem gente que faz muito mais, e ninguém faz nada."[75]

Como se vê, brigar com as redes de televisão não foi exclusividade de Wilson Simonal. Então como fazer para chegar ao público? Como já cantou Milton Nascimento: "todo artista tem de ir aonde o povo está". Já que na década de 1970 não dava para chegar ao público através da televisão, cabia ir diretamente a ele, sem intermediários. Essa caminhada foi feita através dos Circuitos Universitários. O primeiro Circuito Universitário nasceu em maio de 1972 quando Benil Santos, empresário de Vinicius de Moraes, Chico Buarque e Paulinho da Viola, fez um acordo com a empresa de transportes Transinter. Naquela primeira oportunidade Vinicius fez 33 shows por faculdades do interior de São Paulo e Rio de Janeiro, enquanto Paulinho fez dez shows e Chico dezoito naquele ano. Tratava-se de um novo

---

[74] "Elis: no visual novo, muito charme", Revista *Música*, 1979, *apud* Osny Arashiro, *op. cit.*, p. 100-107.
[75] "Isto é Tim Maia", *Folha de S.Paulo* (16/3/1998), Folha Ilustrada, p. 5-6.

mercado para os discos da MPB que cada vez mais via seu público se elitizar. Os tropicalistas não quiseram ficar de fora da jogada. O empresário dos baianos, Guilherme Araújo, não aceitou a intermediação de Benil Santos e foi direto a Transinter, que lhe forneceu as passagens aos artistas em troca de promoção da firma (especializada em vender viagens para estudantes). Gil e Macalé tiveram shows marcados para 1972 enquanto Caetano, Bethânia e Gal para o ano seguinte. Justificando o novo itinerário dos artistas, o diretor Nadir Helou da Transinter disse: "Chegamos à conclusão de que o universitário está muito ligado em cultura nova, som novo".[76]

Os Circuitos Universitários foram fundamentais para a manutenção da memória da *resistência* durante os anos de refluxo das esquerdas no campo político. Naquela época os estudantes das faculdades se aproximavam cada vez mais dos artistas da MPB, garantindo-lhes público e aplausos, mas cobravam um posicionamento político claro. Assim, grande parte desses artistas pôde levar a vida tocando para um público restrito, desde que atendendo suas demandas políticas. Elis Regina sabia bem da importância desses fãs quando comparou esse público ao crescimento da TV nos anos 1960:

> A participação dessa emissora [Record] foi fundamental para a música brasileira. No entanto, a estrutura da televisão, no país, dez anos atrás, era absolutamente incipiente. Naquela época, por exemplo não havia os Circuitos Universitários — hoje em dois meses você visita quarenta cidades e canta para mais de 100.000 pessoas. Naquela época, não se podia pensar em fazer um show de dois meses — como o que eu começarei em São Paulo. O pior é que eu não tinha quem cuidasse de minha vida profissional como hoje. Meu empresário, Roberto de Oliveira, o mesmo dos Circuitos Universitários, resolve todos os meus problemas extra-artísticos.
>
> Fundamentalmente quero mostrar meu trabalho para estudantes. O Circuito Universitário é o fato mais importante na história da música popular brasileira dos anos 1970. Você tem chance de se apresentar nos lugares mais distantes para um público jovem, sempre caloroso, atento, interessado, informado. Para o artista brasileiro, hoje, não há melhor fertilizante que o público das faculdades.[77]

---

[76] "Estrada da fama", *Veja* (8/11/1972), p. 95 .
[77] "Quero apenas cantar", *Veja* (1/5/1974), apud Osny Arashiro, op. cit., p. 71-80.

MORANDO NO PATROPI

A gente é um país pobre pacas, com quase 80% de analfabetos, mas é pretensioso. Esse pequeno percentual que vai às universidades é que dita as regras, que dá ordens, dita moda, discrimina.[78]

Mais do que um lucrativo mercado, a MPB encontrou nos *Circuitos* sua identidade. Tom Zé demarcou a importância destes show itinerários para os artistas associados ao gênero, que no caso dele, favoreceu a mudança para o Sudeste:

> *Entrevistador:* Por que você, desde que veio, ficou sempre morando em São Paulo?
> *Tom Zé:* Por tabaroísmo, pelo casamento, porque durante o ostracismo a classe universitária, aqui em São Paulo tão numerosa que pode barganhar uma profissão para alguém que ela eleja, me manteve músico: [o público era de] universidades da capital de São Paulo e do interior.[79]

Entrevistado por *Veja,* o empresário do Circuito Universitário Benil Santos disse que teve a ideia dos shows itinerantes depois de assistir as exibições de Maria Bethânia pela Europa, onde percebeu que o maior interesse pelas exibições vinha das universidades. Em seguida Benil fez uma pesquisa para saber quais artistas o público universitário gostaria de assistir. Os escolhidos foram Vinicius de Moraes, Tom Jobim, Chico Buarque, Baden Powell, Gilberto Gil, Caetano Veloso e Luiz Gonzaga. Os menos votados foram Roberto Carlos (que não teve nenhum voto), Elis Regina e Simonal (com números insignificantes). Naquele ano de 1972 Simonal já estava tachado de dedo-duro. Elis tinha acabado de aparecer na TV Globo regendo um coro de artistas cantando o Hino Nacional em plena festa dos 150 anos da Independência. Roberto Carlos sofria preconceito por ser um cantor das massas.Os universitários não perdoaram.[80]

O diretor Roberto de Oliveira tentou levar os Circuitos Universitários à televisão. Ele se recorda da época em que convenceu Chico Buarque a

---

[78] "Elis: no visual novo, muito charme", Revista *Música*, 1979, apud Osny Arashiro, *op. cit.*, p. 105.
[79] Entrevista de Tom Zé ao site tropicália da UOL.http://tropicália.uol.com.br/site/internas/entr_tom.php.
[80] "O longo circuito" *Veja* 17/05/1972, p. 95.

fazer um especial na TV Bandeirantes, numa linha bem parecida com os shows do artista no Circuito:

> Já entrei na Bandeirantes com a ideia de levar o Chico para lá. Eu era um garoto e fui na sala do João Saad (então presidente da emissora) conversar com ele, na cara-de-pau. Ele foi receptivo e me disse: "Não querem deixar o Chico cantar por aí? Então é aqui que ele vai cantar!" Quando conheci o Chico eu tinha 19 anos e coordenava uma série de shows chamada Circuito Universitário, que levava música brasileira para o interior de São Paulo e Minas. Eram 60, um por dia. Os artistas mais sofisticados não tinham espaços legais para cantar. Neste circuito, era possível tocar em ginásios, para grandes plateias. (...) Os cantores engajados eram perseguidos pela repressão. O Chico havia brigado com a Globo. Ele tinha músicas proibidas e a Polícia Federal viajava atrás da gente, de cidade em cidade. Ele sempre dizia: "Pode deixar que não vou cantar nenhuma proibida." Mas não tinha como segurar o público. As pessoas começavam a cantar, ele acompanhava no violão.[81]

Diferente de Chico, Vinicius, Caetano e Elis, Simonal não tinha a válvula de escape do show em circuitos univeristários durante a década de 1970. Ele nunca poderia cantar para esse público pois sua imagem cristalizou-se como a de "dedo-duro" do regime, o que era o oposto do que os universitários cobravam dos seus ídolos. Fechavam-se os caminhos.

*   *   *

Simonal não contava com o achincalhe que iria sofrer por parte da imprensa "de esquerda", marcando-o para sempre. Menos de duas semanas após a denúncia de sequestro, em 7 de setembro de 1971, os cartunistas do jornal *O Pasquim* desenharam uma mão negra com o dedo indicador em riste e os seguintes dizeres:

> *O Pasquim*, num esforço superior ao dos descobridores de Dana de Teffé, conseguiu também exumar a mão de Wilson Simonal e aqui apresentar — naturalmente em primeira mão — a fotografia de seu magnífico dedo.

---

[81] "O homem que põe a música popular brasileira no DVD", *Jornal do Brasil* (28/1/2007), Caderno B, p. 3 (entrevista de Roberto de Oliveira).

Como todos sabem, o dedo de Simonal é hoje muito mais famoso do que sua voz. A propósito: Simonal foi um cantor brasileiro que fez muito sucesso no país ali pelo final da década de 60.[82]

Como se vê, *O Pasquim* trata Simonal como morto. A acusação de que era "dedo-duro" já existia antes da "denúncia" do jornal, mas seu conhecimento estava restrito àqueles do meio musical. Há de se notar a data na qual a acusação contra Simonal começou a ganhar vulto n'*O Pasquim: 7* de setembro! Acusar o cantor era, obviamente, uma forma de combater o regime autoritário em sua data mais celebrada, a independência do Brasil. A partir daquela data, Simonal ficou marcado de vez com a pecha. Mais de trinta anos depois, em entrevista na década de 1990, o cantor ainda se mostrava abalado com o episódio:

> E eu, que nunca fiz nada, até hoje sou perseguido. Fui atirado aos leões, como um símbolo. Cheguei a ser classificado entre os maiores torturadores do século pelo jornal *Movimento. O Pasquim* fez capa com um dedo enorme sobre o qual estava escrito "Simonal". Eu estava no auge da popularidade, queriam vender jornal.[83]

E se ele não morreu de fato, sua imagem ficou de tal forma cristalizada que passou a ser índice de toda e qualquer traição, o que, na prática, foi a morte para o cantor. Aliás, uma das funções da patrulha é criar marcas políticas que, de forma simplificada, buscam bodes expiatórios sociais. Simonal não foi o único dedo-duro denunciado pelo *Pasquim*. Outro alvo foi o escritor Nelson Rodrigues. Quando Nelson falou que a "maioria dos jornais estava nas mãos das esquerdas", exceto *O Globo* e os jornais da família Mesquita (*Jornal da Tarde de São Paulo* e *Folha de S.Paulo*), onde "os diretores mandam", os redatores do *Pasquim* resolveram acusá-lo de também ser dedo-duro. Desenharam uma mão com o dedo indicador apontado e, na manga da camisa, uma suástica e os dizeres: "Nelson deseja, em suma, que

---

[82] *O Pasquim* (7 a 13/9/1971), nº 114, p. 13.

[83] Sua memória deu importância maior do que o fato realmente teve. Sua mão não foi estampada na capa do *Pasquim*, como sua memória erroneamente recordava, mas nas páginas internas daquela e de outras edições. ©Agência Estado.Aedata Fonte: AE, 6-5-1992.

a polícia prenda jornalistas em massa. É um dedo-duro petrificado, instituição algo desmoralizada depois de quase seis anos de desgastes."[84]

Henfil não perdeu a oportunidade de ironizar. Num cartum, seu personagem, o Tamanduá, foi convocado pelo chefe, o próprio Nelson Rodrigues, para uma estranha missão. Seu patrão sentia "peso na consciência" e
pedia que o animal sugasse seu cérebro e retirasse o que tanto lhe afligia.
Assim, na edição de 9 de novembro de 1971, constata-se que o cérebro de
Nelson Rodrigues era a reencarnação de Judas Iscariotes e Joaquim Silvério
dos Reis.[85]

Punir os dedos-duros era uma das intenções declaradas do *Pasquim*. Em
certa oportunidade, Jaguar desenhou Sig, o rato mascote do jornal, como
uma estátua da liberdade em cuja tábula lia-se o mandamento: "não dedu-
rarás". Dessa forma, Simonal serviu perfeitamente aos propósitos *patrulheiros* do jornal. E se a delação virou o pior crime, Simonal tornou-se,
sistematicamente, símbolo de qualquer tipo de "traição" ou delação.

Em 1971, o Detran carioca iniciou uma campanha para estimular cidadãos comuns a denunciar infrações cometidas por motoristas irresponsá-
veis. As propagandas pediam às pessoas que ligassem para o órgão público
para comunicar as placas dos carros que estacionavam de forma irregular,
avançavam o sinal, buzinavam perto de hospitais e cometiam outras infrações cotidianas. *O Pasquim* não perdeu a chance de ironizar a medida e
Ziraldo desenhou cartuns nos quais a mão negra de Simonal apontava motoristas desrespeitosos.[86]

Numa retrospectiva do ano de 1971, o rei da Pilantragem foi escolhido
entre "os piores do ano" e ganhou um apelido que visava a colocá-lo no seu
"devido" lugar: "Wilson Simancol".[87] Em setembro de 1972, foi enterrado
pela segunda vez pelo personagem Cabôco Mamadô de Henfil.[88] Para além

---

[84] *O Pasquim* (22/1/1970), nº 31, p. 33.

[85] Outro redator do jornal, Sérgio Cabral, já havia criticado o "traidor da independência"
por ser o "primeiro dedo-duro da História do Brasil, que há 178 anos [sic] esculhambou
todo o trabalho de Tiradentes". *O Pasquim* (18/4/1970) nº 43, p. 33.

[86] *O Pasquim* (28/9/1971), nº 117, p. 6. Em outra oportunidade, a mão de Simonal cumpriu
o mesmo propósito, *O Pasquim* (6/3/1973), nº 192.

[87] *O Pasquim*, 28/12/1971.

[88] *O Pasquim*, setembro/1972, nº 108.

MORANDO NO PATROPI

da caricatura, a imagem do cantor foi quase sempre ironizada, mesmo pelos colegas artistas. Em janeiro de 1973, Chacrinha constatava a perseguição: "Simonal não dá mais. Só em festa de casamento, em batizado ou comunhão, onde não existe *couvert* e nenhuma obrigação."[89]

A revista *Veja* noticiou o início do ostracismo do cantor:

> Depois da queda, o começo é sempre mais difícil. Especialmente se, além do fracasso artístico, ocupam o palco ruidosas cenas de bastidores, que impedem o show de continuar. Vivendo há um ano de apresentações no exterior e interior do Brasil, Wilson Simonal, em sua volta ao Rio (Boate Monsieur Pujol) na semana passada, convive com esses fantasmas. Processado como mandante de torturas por um empregado de sua extinta firma, Simonal, no palco, faz o duplo papel de um ídolo em escombros mais o astro que tenta reaparecer, erguendo-se sobre contornos antigos. O resultado é frio, de parte a parte. Ainda que envolto em calça e jaqueta tacheadas e fazendo muitos movimentos durante as músicas, Simonal parece ter afivelado uma máscara de espontaneidade mais larga que seu rosto contraído. Da mesma forma, apesar de numeroso, o público o aplaude quase mecanicamente, como se uma incômoda aura de realidade acompanhasse o artista, até em cena.[90]

A revista lembrou que ainda no final do ano anterior, no dia 8 de novembro de 1971, Simonal tomou uma vaia monstro ao aparecer de surpresa no Teatro Opinião numa noitada de samba. Segundo a revista a aparição só não acabou em agressão porque Nelson Cavaquinho foi ao palco para pacificar.[91]

Em maio de 1973 mais um golpe fatal. Simonal participou do Phono 73, um festival sem competição realizado por sua gravadora, a Philips, que na época tinha como propaganda o slogan "só falta o Roberto", pois a multinacional já tinha todos os astros da MPB. De fato mesmo faltavam ainda mais alguns artistas além de Roberto Carlos: Milton Nascimento estava na Odeon, Tom Zé na Continental e Toquinho e Vinícius na RGE.[92] De qualquer modo os principais nomes da MPB se reuniram naquele even-

---

[89] "Não dá mais" (Jornal do Chacrinha), *A Notícia* (29/1/1973), apud Paulo Cesar de Araújo, op. cit., p. 290.
[90] "Champignon azedo", *Veja* 4/10/1972, p. 76.
[91] "Batuque na cozinha", *Veja* 22/11/1972, p. 78.
[92] Em 1974, a Phillips contratou a dupla Toquinho e Vinicius.

to realizado no Centro de Convenções do Anhembi, na capital paulista. Se dessa vez Simonal não foi vaiado, a indiferença do público foi incisiva, como reportou a *Folha de S.Paulo*:

> A maior esnobada da noite foi sofrida por Wilson Simonal, que apresentado por Jair Rodrigues como o maior showman do Brasil teve o desprazer de ver que o público, durante toda sua participação preferiu ficar olhando para um rapaz de cabelos oxigenados, brincos e roupa cor-de-rosa (Fernando Noz – um travesti argentino). Noz ficou sambando na plateia durante todo o tempo que Simonal e Jair Rodrigues se cansavam de tentar animar o público.[93]

Três anos mais tarde, Rita Lee compôs a canção "Arrombou a festa", uma ironia a "Festa de arromba", sucesso da década anterior de Roberto e Erasmo Carlos. Rita Lee fazia piada com todos os artistas da época, mas com Simonal ela foi mais contundente:

> Ai, ai, meu Deus, o que foi que aconteceu
> Com a música popular brasileira?
> (...)
> Benito lá de Paula com o amigo Charlie Brown
> Revive em nosso tempo o velho e chato Simonal[94]

Não era a primeira vez que Simonal era criticado em música. Diante do sucesso de "País tropical", em 1969, Juca Chaves resolveu desferir seu humor mordaz contra a alegria ingênua da música de Jorge Ben.[95] Juca Chaves criou então a sua "Paris Tropical":[96]

> Alô, Brasil
> Alô, Simonal
> Moro e namoro em Paris Tropical
> Teresa é empregadinha

---

[93] *Folha de S.Paulo* 15/5/1973.
[94] "Arrombou a festa."
[95] *O Pasquim* também já havia caçoado da canção em 1970. Ao lado de cada verso da música uma foto aparecia contradizendo o expresso na letra. *O Pasquim*, nº 90 (21/8/1970), p. 10.
[96] "Paris Tropical" foi gravada por Juca Chaves primeiro no LP *Muito vivo — a sátira de Juca Chaves* (1972) e depois de novo em *Ninguém segura este nariz* (1974).

> Eu sou seu patrão
> Vendi meu fusca e o meu violão
> Tenho um Jaguar, só ouço Bach
> E como estrogonofe no lugar do feijão
> Mas que patropi nada, isso é que é um vidão

Invocado com a crítica, Jorge Ben tomou as dores e compôs "Resposta", revidando o deboche de Juca Chaves. Simonal foi, de novo, o intérprete ideal para o contra-ataque, até porque também tinha sido ironizado pelo menestrel:

> Quem dera que Paris fosse tropical
> Tivesse uma nega Teresa muita alegria e carnaval
> Sou da paz e do amor
> Minha *mentalidade é mediana*
> Mas eu não devo nada a ninguém
> Eu tô na minha
> Por isso eu gosto de andar de trem
> Meu sentimento é puro e sincero
> Feijoada, sol, cachaça, futebol, tudo é belo
> Meu coração é rubro-negro, e também verde-amerelo
> *Eu não sou um orgulhoso, nem tampouco um despeitado*
> *Me desculpa mas é que não gosto de ser subestimado*
> Pois eu sou um amante do meu país
> Eu sei onde é meu lugar, *eu sei onde eu ponho o meu nariz*[97] (grifos meus)

O debate não parou por aí. Juca Chaves deu a tréplica em Jorge Ben e Simonal através da canção *Take me back to Piauí*, amenizando o debate:

> Adeus Paris tropical, adeus Brigite Bardot
> o champanhe me fez mal, caviar já me enjoou
> Simonal que estava certo, na razão do patropi,
> eu também que sou esperto vou viver no Piauí!
> (...)
> Mudo meu ponto de vista, mudando de profissão,
> pois a moda agora é artista
> ser júri em televisão

---

[97] Gravada em 9 de setembro de 1970 e lançada em dezembro do mesmo ano.

tomar banho só de cuia
comer jaca todo mês,
aleluia, aleluia vou morrer na BR-3![98]

Um caso raro na música popular, tamanho bate-boca talvez só encontre rival nas brigas públicas de Herivelto Martins e Dalva de Oliveira.[99] Diferente da discussão amorosa de Dalva e Herivelto, Juca Chaves e a dupla Jorge Ben e Simonal debatiam temas menos frívolos para o público. O que estava em jogo era o olhar sobre o Brasil da ditadura.

Embora pareçam ingênuas, tanto "Resposta" quanto "País tropical" possuem um ponto em comum: ambas fazem defesa do homem comum, de "mentalidade mediana", que pode "não ser um *band leader*/ mas lá em casa [s]eus camaradinhas [o] respeitam". Por "mentalidade mediana" o compositor não queria dizer pouco inteligente, mas um tipo de pensamento hegemônico entre populares. Jorge Ben parece captar muito mais a essência do sujeito simples, a "alma" do brasileiro, do que qualquer outro compositor. O sujeito comum cantado por Simonal estava empolgado com o discurso nacionalista do governo apesar do trem lotado cotidiano; era amante da natureza, das festas e do esporte do país e não levava desaforo para casa. Em "Resposta", Jorge Ben grita para quem quiser ouvir que não é ingênuo e que tem consciência do que se passa no país: "Eu sei onde ponho o meu nariz." Com essas questões em mente, tentei entrevistar o compositor durante os seis anos de pesquisa para este livro. Fui simplesmente barrado por sua assessoria de imprensa. Mesmo tendo sido tão próximo de Simonal, Jorge Ben parece não querer se misturar à memória do cantor da Pilantragem. O silêncio do compositor é, nesse sentido, muito parecido com o de Chico Buarque: ambos se mostram pouco dispostos a problematizar sua imagem e correr o risco de ferir uma memória vista como positiva na sociedade.

---

[98] Canção gravada ao vivo no LP *Ninguém segura este nariz* (1974).

[99] Quando se separaram, no final dos anos 1940, Herivelto e Dalva começaram uma discussão magoada através de canções. Acabaram causando um racha entre os músicos da época, pois uns ficaram ao lado de Herivelto e outros do lado Dalva, e as mágoas de um relacionamento foram expostas ao público durante dois anos. O público saboreou as fofocas amorosas e os rancores de uma longa paixão através de canções gravadas por cada um separadamente. Músicas como "Errei sim", "Que será?" e "Tudo acabado" foram cantadas por Dalva, enquanto Herivelto respondeu com "Vingança", "Palhaço" e "Calúnia".

A partir do momento em que o nome Simonal associou-se à pecha de "dedo-duro" quase todos procuraram evitá-lo. E as músicas de Jorge Ben foram interpretadas enfatizando-se o discurso adesista presente nelas, minorizando-se o fato de que esta era uma postura hegemônica entre os brasileiros de "mentalidade mediana". A trajetória do cantor de sucessos começou a desmoronar, sendo apagada da memória das pessoas. No mesmo ano de 1971 os jornalistas do *Pasquim* fizeram uma de suas costumeiras perguntas capciosas à cantora Wanderléa, indagando-lhe se estava arrependida de ter lançado a dupla Dom & Ravel, famosa pela canção "Eu te amo meu Brasil", hino apologista da ditadura. A cantora não pareceu arrependida, mas foi crítica em relação ao bode expiatório ideal daquela época:

> *Sérgio Cabral:* E o Wilson Simonal? É melhor ou pior que Dom & Ravel?
> *Wanderléa:* Eu acho o Simonal meio parado. Devagar quase parando.[100]

O crítico José Ramos Tinhorão foi taxativo ao ser questionado sobre sua opinião acerca do cantor: "O que tenho a dizer é o que o amigo dele, Armando Falcão, ex-ministro da Justiça, costumava afirmar: nada a declarar."[101]

Pelo que se vê, não pegava nada bem nos idos dos anos 1970 ser íntimo de Simonal. Ivan Lins sofreu uma *patrulha* direta quando cedeu sua música "Se dependesse de mim" para o cantor em 1972. A canção parecia feita por encomenda: "Quero a rosa e não a roseira/ Isso é o que vale pra mim/ Quero o tombo não a rasteira/ Mas não depende de mim".[102]

Ivan foi bombardeado com perguntas capciosas pelo *Pasquim*:

> *Julio Hungria:* Por falar nisso, essa é a música que o Simonal já gravou, ou vai gravar?
> *Ivan Lins:* Já gravou. É o título do novo LP dele.
> *Henfil:* E você deixou?
> *Ivan Lins:* Isso não cabe a mim.

---

[100] *O Pasquim* (26/10/1971), p. 17-19.
[101] "Repercussão", *Folha de S.Paulo* (26/6/2000), Cotidiano, p. C6.
[102] "Se dependesse de mim" (Ivan Lins/Ronaldo Monteiro de Souza): "Quero a rosa e não a roseira/ Isso é o que vale pra mim/ Quero o tombo não a rasteira/ Mas não depende de mim// Quero a paz de cardeais/ Em nossos dias normais/ Quero de você o eterno cais/ Quem dera// Quero a luz nos castiçais/ Em nossas noites normais/ Quero a rosa não a roseira/ Isso é o que vale pra mim".

Mariozinho Rocha: Peraí, cabe. Porque o autor tem uma cláusula no seu contrato com a editora, chamada "direito do autor", que a obra não pode ser deturpada; e o autor tem salvaguarda de não deixar qualquer outro gravar. A editora tem simplesmente uma procuração do autor. Se o autor quiser, ele pode impedir de outra pessoa gravar, se ele achar que vai deturpar a obra ou a imagem dele.

Ivan Lins: Aí entra o meu relacionamento humano. Só isso.

Julio Hungria: Com o Simonal? Qual é o seu relacionamento humano com o Simonal?

Ivan Lins: O meu relacionamento é completamente independente, mas aí passa a ser dependente. Eu gosto de todas as pessoas, e isso pode até ser um mal.

Julio Hungria: Então você acha que é importante dar uma força ao Simonal porque ele está numa situação ruim.

Ivan Lins: Eu acho que o Simonal deve ser tratado muito bem. E acho que a tática que ele usou não foi a mais acertada.

Antes disso, os *patrulhadores* já haviam criticado o letrista de Ivan, Ronaldo Monteiro de Souza, autor de canções como "Madalena" e "Salve, salve", por seu "lirismo alienante". Chegaram a denunciar que Ronaldo apoiava o regime por causa da letra de "O amor é meu país" (1970): "De você fiz o meu país/ Vestindo festa e final feliz/ Eu vim, eu vim/ O amor é o meu país". Era uma canção de amor que via na amada a "terra natal". Foi uma das canções mais festejadas do FIC de 1970, tendo ficado em segundo lugar no júri da emissora e em primeiro no júri popular. Mas a associação amorosa de Ivan à pátria não pegou bem, segundo os olhos do *Pasquim*. Henfil pegou pesado na *patrulha* e começou a chamar Ivan de "burguês", na casa do próprio compositor! Acuado, Ivan perdeu-se nos argumentos:

Henfil: Você nunca fez música por problema de estômago, de fome?

Ivan Lins: Não. Por isso não.

Henfil: Eu chego aqui e encontro você numa casa maravilhosa, quentinha, sem problemas, com uma canjinha maravilhosa que a Lucinha [Lins, mulher de Ivan] fez pra mim, o uísque que o pessoal está bebendo, e diz que terminou o curso [faculdade de química] porque quis. Aí tem um esquema de vida burguês. Sempre morou no Rio, ao mesmo tempo nunca teve maiores pendores para o lado social, o que fez você estudar química. Eu estava olhando para seus livros, e tem *Sexus* de Henry Miller, e em geral são romances best sellers

MORANDO NO PATROPI

do momento. Então, fica mais difícil pra você fazer algo que esteja fora dessa tua realidade. Você não passa nem perto disso, você não vê?

Ivan Lins: Eu passo perto e vejo, tomo conhecimento.

Henfil: E canta "O amor é o meu país"? Você é um cara reacionário?

Ivan Lins: Não. É lógico que não. Eu sou, vamos dizer assim, um rei da corda bamba!

Henfil: Você tem medo de perder esse lugar quentinho, e sair para um negócio um pouquinho menos confortável?

Ivan Lins: Não. Não tenho medo nenhum.

Julio Hungria: Por que você não parte então?

Ivan Lins: Pois é... talvez por falta de experiência.

(...)

Henfil: Você acha que a gente está tentando, também, fazer um outro tipo de censura, te chamando de alienado?

Ivan Lins: ?!?!?!?! (fundiu a cuca).[103]

Curiosamente, em meio ao bombardeio de perguntas autoritárias, Ivan Lins proferiu algo intrigante: "eu sou o rei da corda bamba." A frase desagradou muito os entrevistadores. Para eles, Ivan deveria ter um posicionamento claro, sem vacilações ou opiniões dúbias. No entanto, a cobrança era feita de forma bastante radical. Ivan Lins foi interpretado como se estivesse "do lado inimigo". No entanto, a corda-bamba era um caminho frequentemente utilizado pela sociedade brasileira durante a ditadura. Seguindo este pensamento podemos fazer um paralelo entre o Brasil da ditadura e outras sociedades que também viveram regimes autoritários.

O historiador francês Pierre Laborie estudou o comportamento e a opinião pública dos franceses durante o regime de Vichy (1941-1944), quando a França foi ocupada pelos alemães na Segunda Guerra Mundial.[104] Para ele, o dilema *resistência-cooptação* não dá conta da realidade da sociedade nestes anos. Laborie defende um outro olhar para relações e compromissos entre sociedade e ditadura, enfatizando-se as ambivalências. Impõe-se uma tarefa de compreensão e revisão teórico-metodológica que tente abraçar questões paradoxais, fugindo das respostas diretas e simplistas do mito da

---

[103] "Ivan Lins: o que caiu no golpe do Olympia", *O Pasquim* (31/10/1972), nº 174, p. 10-13.

[104] Pierre Laborie, *Les Français des années troubles. De la guerre d'Espagne à la Liberation*, Paris, Seuil, 2003.

resistência.[105] Para Laborie, a grande maioria das pessoas era, ao mesmo tempo, *resistentes* e *colaboradores*, sem se prender nem a um nem a outro por completo. Aliás, ver *resistentes* e *colaboradores* de forma clara é um trabalho realizado com perfeição pela *memória*, que constrói de forma simplista, passados alguns anos, um signo para os diversos personagens e fatos da época.

Tentando desarticular os sentidos lógicos da memória, Laborie cunhou o conceito de *penser double*, que tenta dar conta das múltiplas possibilidades que estão entre a *resistência* e a *colaboração*. Aliás, mais do que isso, o historiador francês chama a atenção para um conceito que busca abrigar em si tanto a *cooptação* quanto a *resistência*. Não se trata de analisar dois períodos da vida de um indivíduo, sociedade ou instituição, mas de articular as duas questões num mesmo objeto e num mesmo espaço de tempo. Ambiciosamente, o *penser-double* tenta abrigar as nuances, contradições e dubiedades das posições e opções dos indivíduos frente ao regime autoritário. Para ele, grande parte da população se situa no que chamou de *zona cinzenta*. Trata-se de um "lugar social" no qual os indivíduos se portam, ao mesmo tempo, entre as "luzes" da *resistência* e as "trevas" da *colaboração*. Nesse sentido, aponta-se para a noção de que, entre o apoio incondicional ao regime e a entrega pessoal ou organizada à luta armada, houve diversos níveis, múltiplas possibilidades, diferentes tons de conduta.

O conceito de Laborie nos permite melhor entender o próprio Simonal: *resistente* ao apoiar a luta dos negros americanos em "Tributo a Martin Luther King" e colaboracionista ao cantar "Brasil, eu fico" e "Cada um cumpra com o seu dever". As sociedades sob regimes autoritários raramente se mostram totalmente resistentes ou integralmente colaboracionistas. Nesse senti-

---

[105] "Não se trata de estabelecer uma verdade das atitudes coletivas, certamente não identificáveis, para afirmar 'eles pensavam assim' ou 'eles pensavam assado', fazendo referência a um corte uniforme do tempo que não pode, de nenhuma maneira, ser o mesmo para todos, e que não há, portanto, nenhuma realidade. Trata-se somente, e mais modestamente, de apreender as estruturas mentais, as configurações, as capacidades ou as impossibilidades de identificação, as hierarquias de ligação, de consciência ou de interesse, dos choques emocionais ou outros que dão acesso a modelos de racionalidade das representações e que ajudam a decifrar os imaginários, informam sobre as lógicas e os subterrâneos movediços das condutas coletivas." [tradução livre do autor] Pierre Laborie, *Les Français des années troubles. De la guerre d'Espagne à la Liberation*, Paris, Seuil, 2003, p. 14.

MORANDO NO PATROPI 301

do, Ivan Lins e sua "corda bamba" representavam a maior parte da sociedade brasileira, que não era assim tão "esclarecida politicamente" quanto desejava *O Pasquim*. Se pensarmos como Laborie, grande parte da sociedade estava com Simonal e Ivan nesse *penser double*. De fato, era o que acontecia. Entre outros artistas, a postura ambivalente também esteve presente.

Vejamos o caso do publicitário carioca Miguel Gustavo, frequentemente lembrado como o "compositor da ditadura". De fato, Miguel Gustavo cantou o regime diversas vezes.[106] Foi ele o autor da marcha "Pra frente Brasil", que se tornou o hino da vitória na Copa do Mundo de 1970: "Noventa milhões em ação/ Pra frente Brasil, do meu coração/ Todos juntos, vamos, pra frente Brasil/ Salve a seleção".[107] Maravilhado com as atuações do "rei do futebol", compôs "Obrigado, Pelé", gravada por Simonal.

No mesmo ano, compôs outra ode ao país, a marcha "Brasil, eu adoro você!", gravada por Ângela Maria: "Oh! Meu Brasil do progresso/ plantando sucesso/ futuro sem par/ meu Brasil pra frente/ gente contente a desbravar". Apesar de se repetir no lema "pra frente", não faltavam novos temas para Miguel Gustavo. No ano seguinte, ele compôs a "Marcha do Sesquicentenário da Independência", em comemoração aos 150 anos da independência do Brasil, celebrados com grande requinte em 1972. No auge das comemorações, o corpo de D. Pedro I foi transladado de Portugal para o mausoléu do Ipiranga em São Paulo. Antes de ser enterrado definitivamente na capital paulista, o cortejo contendo os restos mortais do imperador vagou por todas as capitais da federação![108] Com mais de setenta horas de vôo só no Brasil, os restos mortais de D. Pedro foram homenageados ao som da música de Miguel Gustavo: "Marco extraordinário/ Sesquicentenário da Independência/ potência de amor e paz/ esse Brasil faz coisas/ Que ninguém imagina que faz...". O exército foi homenageado em outra canção: "Fator de integração e segurança/ soldado é o povo fardado/ é o povo ao seu lado/

---

[106] Todas as referências às canções de Miguel Gustavo foram retiradas do livro de Paulo Cesar de Araújo, exceto "Obrigado, Pelé!". Paulo Cesar de Araújo, op. cit., p. 279-282.
[107] Essa canção foi gravada por Elizeth Cardoso no LP *Elizeth no Bola Preta,* em 1970, pela gravadora Copacabana Records.
[108] Sobre a vinda dos restos mortais de D. Pedro e sua perambulação pelas capitais estaduais, ver *O Globo* (25/4/1972).

na guerra e na paz/ no encontro seguro/ que o Brasil tem com o futuro...".[109]
Antes de morrer de câncer ainda na primeira metade dos anos 1970, ele fez
de "A estrada" uma exaltação à Transamazônica: "O Brasil já está na estra-
da/ na grande jogada da integração/ batalha sem metralha/ na floresta toda
em festa/ sobre a pista da conquista/ o futuro em ação...".

De fato, Miguel Gustavo adulou o regime dos militares. Mas o incrível é que, menos de dez anos antes, ele se colocava ao lado dos que desejavam a democracia. Em 1963 vigorava o parlamentarismo no país, e o
presidente João Goulart estava de mãos atadas. Naquele ano estava marcado o plebiscito que poderia devolver os poderes usurpados do presidente. Era, no entanto, uma eleição estranha. Aqueles que queriam a volta dos poderes presidenciais deveriam votar *não*. Ou seja, *não* à
continuação do parlamentarismo. Como bom publicitário, Miguel Gustavo foi claro e direto ao compor o jingle "Não": "Parlamentarismo, não/
o povo tem razão/ eu vou marcar um xis/ no quadrado ao lado da palavra
não". Por sinal, era a segunda vez em menos de três anos que o publicitário carioca fazia canções pró-Goulart. Em 1960 ele havia composto o
jingle da campanha do então candidato à vice-presidência. A canção foi
interpretada por Elza Soares (a mesma intérprete de "Não"): "Pra vice-
presidente/ Nossa gente vai jangar/ É Jango, é Jango/ É o Jango
Goulart".[110]

Como definir a trajetória de Miguel Gustavo? Aparentemente parece
um caso de simples metamorfose política. Aliás, essa metamorfose em direção ao conservadorismo ditatorial foi feita por vários setores sociais. Se o
trabalhismo de João Goulart e Brizola conseguiu convencer a sociedade de
sua legitimidade em 1960 (ao eleger o vice-presidente), 1961 (na defesa da
posse de Goulart) e 1963 (plebiscito pela volta do presidencialismo), o
mesmo não aconteceu em 1964.[111] Não custa lembrar que a "marcha da

---

[109] "Semana do Exército" (Miguel Gustavo).
[110] Para as músicas pró-Goulart de Miguel Gustavo ver Ruy Castro, *Estrela solitária: um brasileiro chamado Garrincha*, São Paulo, Companhia das Letras, 1995, p. 323.
[111] Para esse raciocínio foi essencial o livro de Jorge Ferreira, *O imaginário trabalhista: getulismo, PTB e cultura política popular (1945-1964)*, Rio de Janeiro, Civilização Brasileira, 2005.

vitória", em comemoração à queda do presidente Goulart, levou mais de um milhão de pessoas às ruas. Como lidar com a contradição chamada Miguel Gustavo? A memória preferiu tachá-lo de adesista e suas músicas pró-democracia são raramente mencionadas. Com letras bastante conservadoras e de fato apologéticas, Miguel Gustavo ficou tachado como o "compositor da ditadura".

Mas como lidar com artistas das esquerdas, inovadores em seus ramos, e que se envolveram nas malhas do sistema, muitas vezes se confundindo com este? Veja-se o caso do autor Dias Gomes. Comunista "de carteirinha", escrevia novelas na Rede Globo. Ao longo de mais de dez anos, Dias Gomes escreveu oito novelas globais de grande sucesso: *Verão vermelho* (1969), *Assim na terra como no céu* (1970-1971), *Bandeira 2* (1971-1972), *O bem-amado* (1973), *O espigão* (1974), *Saramandaia* (1976), *Roque Santeiro* (1975 e 1985) e *Sinal de alerta* (1978-79).[112] Longe de criar um mundo sem conflitos, Dias Gomes levava às telas problemas reais, caros a diversos setores sociais, especialmente os mais pobres. Na maior parte de suas novelas, esses problemas não ficavam relegados a personagens e tramas coadjuvantes. Até histórias socialmente "polêmicas" eram abordadas como temas centrais. Em *Bandeira 2*, narrou a vida de uma família de retirantes e a disputa de bicheiros por pontos de jogo no subúrbio de Ramos; em *O bem-amado* fez sátira política de uma cidade do interior; em *O espigão* problematizou a especulação imobiliária que tomava conta das capitais, especialmente São Paulo; já em *Sinal de alerta* o tema foi a luta ecológica contra a poluição de indústrias locais; em *Roque Santeiro* ironizou a existência de mitos, a necessidade de mantê-los ou não, as disputas sociais, a renda gerada em torno de figuras simbólicas. Em 1975, *Roque Santeiro* foi censurada, antes mesmo de ir ao ar. Como a produção já havia começado a gravar a novela, não houve muito tempo para comoção. Segundo a censura, nada poderia ser transmitido. Tratava-se de um veto integral. Sem tempo hábil para começar uma nova produção, a Globo colocou no ar a reprise resumida de *Selva de pedra* (originalmente apresentada em 1972).

---

[112] *Dicionário da TV Globo, v. 1: programas de dramaturgia & entretenimento*, Rio de Janeiro, Jorge Zahar, 2003.

Três meses depois começou a transmissão de *Pecado capital*, de Janete Clair, outro grande sucesso.[113]

Outros artistas das esquerdas também exibiram sua arte na TV. Por exemplo, Oduvaldo Vianna Filho e Paulo Pontes. Durante a década de 1960 eles foram integrantes do Centro Popular de Cultura (CPC) da União Nacional dos Estudantes (UNE), onde fizeram uma série de peças e obras "esclarecedoras" das mazelas do país. Poucos anos depois tornaram-se famosos como escritores do seriado *A grande família*, da Rede Globo.[114] Em 1973, a partir do segundo ano de exibição da série, Oduvaldo Vianna e Armando Costa assumiram o texto do programa, apresentando uma dose de crítica social e política, feita através de metáforas. Entre os personagens havia os filhos Júnior (Osmar Prado), um estudante contestador, e Tuca (Luiz Armando Queiroz), um hippie meio desligado. As críticas ao regime se tornaram frequentes, e o programa foi censurado algumas vezes, especialmente as falas de Júnior, considerado contestador demais. Paulo Pontes substituiu Vianna Filho, morto em março de 1975. Mas no ano seguinte ele também morreria, vítima de câncer, como o amigo.

Seriam estes autores "falsos comunistas", "falsos *resistentes*", vendidos para o imperialismo e o capital nacional? Ou seriam "*resistentes* verdadeiros", inovadores ocupando espaços na mídia para espalhar a ideia da luta contra o regime?[115]

Pierre Laborie ajuda a compreender que nem lá nem cá ser *resistente* não exclui a possibilidade de ser *colaboracionista*. Em vez de buscar uma resposta rápida para o dilema das sociedades que viveram regimes autoritários, o historiador francês lembra que, mais importante do que buscar

---

[113] Idem, p. 142.

[114] Idem, p. 645.

[115] Este ponto de vista foi inaugurado por Carlos Nelson Coutinho: "As pessoas que tinham forte interesse pela política terminaram levando esse interesse para a área da cultura. Isso teve um lado positivo. Claramente a cultura tem uma dimensão política. Mas, às vezes, também tem um lado negativo, no sentido de que se politizaram excessivamente disputas que na verdade são mais culturais que partidariamente políticas [...] A esquerda era forte na cultura e em mais nada. É uma coisa muito estranha. Os sindicatos reprimidos, a imprensa operária completamente ausente. E onde a esquerda era forte? Na cultura." Apud Marcelo Ridenti, *Em busca do povo brasileiro: artistas da revolução, do CPC à era da TV*, Rio de Janeiro, Record, 2000, p. 55.

uma posição clara dos indivíduos, deve-se trabalhar com as sutilezas das opiniões múltiplas e cambiantes. Mais do que constatar a veracidade de uma posição política (quem é ou não *resistente*), é preciso problematizar a própria noção de "clareza política", que é sempre uma construção *a posteriori*. A memória quase sempre prima por buscar uma linha retilínea, da qual os fatos menos "dignos" são apagados. Mais do que isso, há de se problematizar a postura que busca uma memória sem apagões, sem tropeços, sem arranhões. Nesse sentido, o achincalhe a Ivan Lins pelos jornalistas do *Pasquim* é muito injusto.

Se Ivan se via como "um rei da corda bamba", não se pode puni-lo com base na lógica do "se não está comigo, é meu inimigo". Quando o compositor disse cambalear no fino barbante, pareceu retratar a posição de grande parte da população. Era parte da classe média, que comprava carro do ano e cantava "Apesar de você". Retratava setores populares que apoiavam o Esquadrão da Morte e ouviam Odair José cantar "Pare de tomar a pílula", numa afronta à política de planejamento familiar promovida pelo governo ditatorial.[116]

Ivan era também um pouco Chico Buarque, no que este último tinha de "corda bamba". Chico gravava numa multinacional, a holandesa Philips, empresa que aprofundou seus investimentos no Brasil diante da abertura de capitais promovida pela ditadura. Famoso pelos sambas originais mas com pé na tradição, Chico conseguiu passar a década de 1970 sem nunca ter sido questionado por gravar numa empresa que simbolicamente fazia exatamente a mesma coisa que o regime: unia os valores nacionais ao capital internacional.

A cobrança por um posicionamento político "claro" machucava pois transformava qualquer "rei da corda bamba" num possível "bode" do regime, culpado de todas as agruras e abusos ditatoriais. Mais de trinta anos depois, Ivan ainda mostrava-se chocado com a patrulha cultural. Em depoimento ao jornalista Marcelo Fróes em 1995, relatou o quanto essa cobrança o estremeceu:

---

[116] Para uma análise da obra crítica de Odair José, ver capítulo "Os sons que vêm da cozinha (Odair José e o *apartheid* brasileiro)", in Paulo Cesar de Araújo, op. cit., 2003.

GUSTAVO ALONSO

Minha desalienação rolou quando eu já era artista, na época de "O amor é o meu país". Fiz uma música de amor mas comecei a tomar porrada, só por causa do título. A esquerda me comparava a Dom & Ravel, dizendo que eu fazia música para os militares. Fui defendido por Elis e pelo Aldir Blanc, que disseram que a chamada intelectualidade brasileira estava fazendo uma sacanagem comigo. Apesar disso, a coisa ficou atravessada e eu só fui entender quando as pessoas começaram a me usar na TV Globo em 1971, quando minha imagem foi explorada de todo jeito a partir do programa *Som Livre Exportação*. E eu cantei "Madalena" sem parar durante seis meses, até que pedi um aumento e não me deram. Tive que romper o contrato e sair. O disco até que vendeu, mas foi bom pra que eu aprendesse rápido. Aproveitaram pra me detonar e minha cabeça pirou. Criei um horror à televisão e fui viver só de show. Tomei horror ao país, parei de falar com as pessoas, comecei a crescer a barba e virei bicho, mas só me viciei no álcool. Nada de drogas. Nessa época teve até a famosa entrevista do *Pasquim*, que acabou comigo. Até que alguém me propôs virar terrorista. Balancei e isso me fez parar pra pensar. Vi que estava maluco e fui fazer análise. O cara [o analista] me salvou.[117]

O disco *Modo livre* (1974) foi lançado um ano após a traumatizante entrevista ao *Pasquim*. A capa trazia um Ivan barbado e com olhar distante. Embora não costumasse pôr letra em suas próprias músicas, preferindo as parcerias, Ivan quebrou o jejum com "Chega", bastante adequada ao caos em que vivia. A canção parece ter sido escrita diretamente aos redatores do jornal carioca:

> Chega, você não vê que eu estou sofrendo
> Você não vê que eu já estou sabendo
> Até onde vai seu desejo
> De me ver trancado nesse quarto
> (...)

---

[117] Entrevista realizada com Ivan Lins em 2/5/1995 por Marcelo Fróes e Marcos Petrillo, op. cit., p. 95-98. Paulo Cesar de Araújo chama a atenção para o fato de que Ivan Lins ficou de fora da primeira edição da *Enciclopédia da Música Brasileira* (publicação de 1977 reunindo nomes da nossa música popular, folclórica e erudita). Segundo o autor, Ivan Lins ficou de fora porque o redator-chefe daquela obra, Paulo Sérgio Machado, bateu pé e disse: "Esse cara não entra na enciclopédia." Ele só entrou na edição seguinte, de 1998. Araújo, Paulo Cesar de. *Eu não sou cachorro, não: música popular cafona e ditadura militar*. Rio de Janeiro: Record. 2002, pp. 286-7.

MORANDO NO PATROPI

Preciso estar com as pessoas
Falar coisas ruins e coisas boas
Botar meu coração na mesa
As pessoas têm que gostar de mim como eu sou
E não como você quer que seja

Ivan não foi o único que ficou *magoado* com as *patrulhas*. Alguns artistas tiveram que penar muito para superar seus *rancores*. Foi o caso de Elis Regina. Ela se viu cercada de críticas quando participou das comemorações dos 150 anos da Independência do Brasil em 1972.

Tratava-se de uma grande festividade preparada nos mínimos detalhes pela ditadura, que se utilizou da data redonda para celebrar o "milagre econômico". Elis Regina aparecia na TV, em pleno governo Médici, convocando a população para o Encontro Cívico Nacional, ritual programado para o dia 21 de abril, às 18h30. Conclamava Elis: "Nessa festa todos nós vamos cantar juntos a música de maior sucesso neste país: o nosso hino. Pense na vibração que vai ser você e 90 milhões de brasileiros cantando juntos, à mesma hora, em todos os pontos do país." Ela não estava sozinha. Roberto Carlos, um artista pouco afeito a partidarismos claros, também convidou a população em cadeia televisiva nacional:

> É isso aí, bicho. Vai ter muita música, muita alegria. Porque vai ser a festa de paz e amor e todo brasileiro vai participar cantando a música de maior sucesso do país: "Ouviram do Ipiranga às margens plácidas."[118]

No momento exato programado, no dia 21 de abril de 1972, Elis regeu um coral de artistas — a maioria da TV Globo — cantando o hino nacional.[119]

O que se seguiu a essa apresentação foi um mar de críticas por parte das esquerdas. *O Pasquim* passou a chamá-la de Elis *Regente* e Henfil a enterrou no

---

[118] Fundo Comissão Executiva da Comemoração do Sesquicentenário da Independência. Arquivo Nacional/SDE – Documentos Públicos, código 1J. Pasta 51ᴬ. Recorte de jornal: "Roberto Carlos mensageiro da Independência." Jornal não identificado, 28/3/1972. *Apud* Janaina Cordeiro, *O cinema do Sesquicentenário: os casos de "Independência ou morte" e "Os inconfidentes"* (artigo no prelo).
[119] Paulo Cesar de Araújo, op. cit., 2003, p. 288.

cemitério dos mortos-vivos do Cabôco Mamadô, personagem através do qual o cartunista "assassinava" todos aqueles que cantavam afinados com o regime. Elis ficou extremamente magoada com o episódio e foi aos jornais protestar contra seu "enterro". Não adiantou de nada. Foi enterrada de novo.[120]

Mas Elis Regina não se tornou, ao menos para a memória coletiva, uma artista associada ao regime. Seu marido na época, o compositor Ronaldo Bôscoli, tratou logo de divulgar a versão de que sua mulher fora obrigada a participar sob ameaça de prisão. O produtor da Philips, André Midani, reafirmou essa ideia ao dizer que Elis "já era muito politizada, mas deve ter sido convencida por Marcos [Lázaro, seu empresário] de que era necessário fazer isso para aliviar a pressão do governo, dos militares que se sentiam boicotados pelos grandes artistas".[121] Segundo a jornalista Regina Echeverria, amiga da cantora, a própria Elis insistiu nessa versão.[122] A coação por parte de "membros do regime" seria uma punição à cantora por ter feito críticas à ditadura em uma entrevista ao jornal *Trors-Nederland*, da Holanda, no ano de 1971.

De fato, Elis fora fichada pelo DOPS por ter concedido essa entrevista.[123] Mas daí à ela ter sido coagida a realizar as apresentações parece ser uma construção equivocada. Segundo Midani: "Ela foi lá, cantou, a imprensa e a inteligência caíram matando em cima como uma traidora, coisa que naturalmente ela nunca foi."[124] Para desresponsabilizá-la por seus atos, a memória prefere vitimizar a cantora, colocando-a refém de poderes absolutos, denunciando que não havia *opção*. Ironicamente, o culpado de tudo é aquele "que lida com o dinheiro", o empresário. Curiosamente, o próprio empresário Marcos Lázaro, em entrevista à jornalista Lea Penteado, desmentiu que tivesse pressionado a artista a fazer as apre-

---

[120] No cartum de réplica Henfil desenhou Elis *Regente* pedindo para reencarnar de novo e sair daquele cemitério. Maldosamente o Cabôco Mamadô a reencarna como o cantor francês Maurice Chevalier, em pleno show para Adolf Hitler na Alemanha em 15 de janeiro de 1945. Novamente Henfil vê em Elis, "com tristeza n'alma", o símbolo da traição de uma memória.

[121] Entrevista de André Midani a Tárik de Souza (ago. de 2005). Fonte: encarte do DVD/CD *Phono 73: Canto de um povo*, Universal Music, 2005.

[122] Regina Echeverria, op. cit., p. 106.

[123] A entrevista de Elis Regina ao *Trors-Nederland* em 23/1/1971 está fichada no Arquivo do DOPS do Aperj: Setor S Comunismo, pasta 137, folha 337.

[124] Entrevista de André Midani a Tárik de Souza, op. cit.

MORANDO NO PATROPI

sentações. Ele lembra que consultara Elis e ela lhe dissera que não tinha a menor objeção em fazer a apresentação, já que o coronel responsável pela contratação dos artistas havia topado o polpudo cachê cobrado pela cantora.[125]

Por ter cantado no evento da ditadura Elis ficou "queimada" entre setores das esquerdas que compunham grande parte de seu público. Sem respaldo, a cantora passou a ser vaiada em alguns shows. Em sua apresentação no festival *Phono 73*, um ano após cantar o hino afinada com os militares, ela foi obrigada a esperar as vaias terminarem para cantar "Cabaré", de João Bosco. Além da presença no aniversário da Independência, a *patrulha ideológica* reclamava de suas apresentações no *Programa Flávio Cavalcanti*, de quem era contratada. Procurando recompor sua imagem, a cantora resolveu sair do programa naquele ano de 1973.

Elis não ficou marcada com a pecha de "traidora" porque percebeu a demanda que o público das esquerdas fazia em torno de sua carreira.[126] Nesse sentido, deu uma guinada e cantou afinada com o desejo das *patrulhas*, especialmente a partir do processo de Abertura do final da década de 1970. Quando foi ao ar seu programa na TV Bandeirantes, em 1º de janeiro de 1979, pediu assessoria a Henfil. Segundo o cartunista:

> Ela começou a me chamar muito para ajudar a bolar alguma coisa no show. Bolei uma porção de coisas, mas o Guga [diretor do programa] mandou tirar tudo [na verdade os diretores eram Roberto de Oliveira e Sueli Valente]. Íamos contracenar juntos falando das greves, tínhamos bolado um palanque pra falar de eleições e coisas assim.[127]

A mudança de Elis incomodou Caetano Veloso, que protestou contra o que julgou ser oportunismo da cantora: "Elis Regina, por exemplo, já está pronta para a abertura. Já pôs uma malha importada, muito brilhante, e está fazendo papel de operária. Vi [o show] "Tranversal do Tempo". (...) Achei péssimo, uma porcaria. Ela canta 'Gente', uma música de mi-

---

[125] Lea Penteado, op. cit., p. 156.
[126] Paulo Cesar de Araújo, *Eu não sou cachorro, não: Música popular cafona e ditadura militar*, Rio de Janeiro, Record, 2003, p. 289
[127] Sobre as opiniões de Henfil sobre Elis ver Osny Arashiro, op. cit., p. 194.

nha autoria, rebolando feito um travesti, na frente de um *outdoor* onde está escrito 'Beba Gente'. Não entendi o que isso significa, achei confuso."[128]

A aproximação entre os dois artistas levou Henfil a repensar o "enterro" de Elis. Em 1978 ela cantou a música que ficou conhecida como o hino da volta dos exilados. Citando diretamente Henfil (irmão de Herbert de Souza, o Betinho, ex-guerrilheiro da Ação Popular) na canção "O bêbado e a equilibrista" (João Bosco/Aldir Blanc), Elis fazia as pazes com o cartunista: "que sonha/ com a volta do irmão do Henfil,/ com tanta gente que partiu/ num rabo-de-foguete". Emocionado, Henfil desenhou seus personagens Patativa, Orelhana e Zeferino elogiando a música e o disco de Elis.[129] E declarou mais tarde:

> Eu só me arrependo de ter enterrado duas pessoas — Clarice Lispector e Elis Regina. Tentaram me forçar a desenterrar o Carlos Drummond de Andrade. Não me arrependo. Pra mim, na época, as pessoas famosas eram figurinha de revista, retrato. E eu estava criticando isso. Eu não percebi o peso da minha mão. (...) Se as pessoas não estavam resistindo à pressão, como é que iríamos segurar esse país? Bom, eu era um dos que estavam enfrentando. Então tinha todo o direito de criticar uma pessoa que ia para a televisão se entregar. E, mesmo antes, por que é que vou deixar de gostar de uma pessoa porque ela fraquejou? (...) E ela — eu notava, tinha preocupação marcada ainda pelo episódio do "enterro" — de me provar que ela tinha mudado. Que continuava uma pessoa de confiança ideologicamente. Como se eu fosse o inspetor de quem não é de esquerda, ela ficava querendo provar para mim que seu comportamento continuava de esquerda. Aí me mandava dinheiro: do show que fez no Canecão, inclusive, pra que eu entregasse pros grevistas em São Bernardo. (...) Ela ouvia dizer que tinha um manifesto rolando, me pedia para arranjar pra ela assinar.[130]

Não foram só Elis Regina e Ivan Lins que sofreram com a *patrulha* do *Pasquim*. Danuza Leão também foi um dos alvos. Em meio a ironias, a "patota" do jornal carioca criticou a primeira musa do jornal, no ano de 1971:

---

[128] Entrevista de Caetano Veloso a Marco Antonio de Lacerda, *Jornal da Tarde*, 1978. Apud: Fonseca, Heber. *Caetano, esse cara*. Revan. Rio de Janeiro. 1995, p. 51.
[129] Idem, ibidem, p. 86-87.
[130] Sobre as opiniões de Henfil sobre Elis ver idem, ibidem, p. 194.

Expurgo. Pela presente, a Patota comunica (...) que Danuza Leão acaba de ser suspensa por 2 meses do posto de Musa d'*O Pasquim*. Motivo: está rebolando permanentemente no Programa Flávio Cavalcanti, o que a Patota considera imperdoável. O ato em questão foi apresentado na última reunião udigrudi [underground] da Patota, realizada a portas fechadas num de seus inúmeros aparelhos e a decisão foi tomada com lágrimas pela maioria dos membros (valha o termo) que estima muito a ex-musa e ainda a considera como amiga. Vínhamos fechando os olhos ao comparecimento da Musa no nefando programa na esperança de que a própria se mancasse e se mandasse da estulta companhia. Não tendo ocorrido o esperado, a questão foi posta em votação, tendo Danuza sido suspensa do posto de Musa por nove votos a um. Como diria o Ibrahim [Sued] — absoluta unanimidade.[131]

Através do "expurgo" de Danuza Leão, as portas ficaram abertas para que a nova musa Leila Diniz fosse entronizada. Leila Diniz correspondia mais aos anseios *patrulheiros* do jornal. Além de liberada sexualmente, Leila rompia vários tabus da sociedade. Falava palavrões a torto e a direito. Foi a primeira mulher a ir à praia de biquíni estando grávida, uma prática hoje natural, mas que na época foi vista como uma afronta à família e à maternidade. Casada com o cineasta Ruy Guerra, que tinha livre trânsito nas esquerdas, Leila viu-se sem emprego na televisão depois de sua entrevista ao *Pasquim*, em novembro de 1969. Segundo Paulo Cesar de Araújo, a TV Globo, onde ela atuara no início da carreira, negou-lhe trabalho sob o argumento de que "não tinha papel de puta na próxima novela". Os diretores ficaram espantados com a quantidade de palavrões proferidos durante a entrevista. O cerco foi se fechando até que ela foi obrigada a depor na Polícia Federal e assinar um documento pelo qual se comprometia a não dizer mais palavrão.[132]

Antes de morrer tragicamente num acidente de avião na Índia em 1972, onde fez escala para voltar de um festival de cinema na Austrália, Leila Diniz foi celebrada como a nova Musa do *Pasquim*. Em 1971 ela tinha muito mais a ver com o estilo descontraído e desbocado do jornal, e até hoje é ela, e não outra, que é lembrada como "a" musa do *Pasquim*. Com

---

[131] *O Pasquim* (14-20/9/1971), p. 6.
[132] Sobre Leila Diniz, ver Paulo Cesar de Araújo, op. cit., p. 157.

ou sem o olhar atento das patrulhas, o fato é que vários artistas flertaram com a corda bamba da conivência e da resistência. O historiador Paulo Cesar de Araujo analisou vários casos, entre eles o dos irmãos Marcos e Paulo Sergio Valle. Compositores de canções de crítica social como "Terra de ninguém" e "Viola enluarada", empolgados com a vitória na Copa de 1970, compuseram a enaltecedora "Sou tricampeão": "Hoje/ igual a todo brasileiro/ vou passar o dia inteiro/ entre faixas e bandeiras coloridas..." Ainda na linha da homenagem ao futebol, descambaram para a patriotada em "Flamengo até morrer": "Que sorte eu ter nascido no Brasil/ até o presidente é Flamengo até morrer/ e olha que ele é o presidente do país", enfatizando que Médici também torcia para o time da Gávea.[133]

Zé Kéti, uma tradicional personagem da canção de protesto na década de 1960, fascinou-se pelo regime na década seguinte. Qual seria o verdadeiro Zé Kéti? Quando foi resgatado do limbo artístico por universitários em 1965, o sambista entoou seu antigo samba "Opinião" no musical homônimo comandado por Nara Leão: "Podem me prender, podem me bater/ Podem até deixar-me sem comer/ Que eu não mudo de opinião/ Daqui do morro eu não saio, não...". Pois bem. Em 1972, no aniversário de 150 anos do rompimento político entre Brasil e Portugal, ele compôs "Sua Excelência, a Independência", adulando o discurso patriota dos militares.[134]

Outro caso de adesismo de última hora foi protagonizado pelo sambista João Nogueira, que compôs "Das duzentas pra lá", canção que apoiava Médici no seu intento de expandir de 12 para 200 milhas o limite do mar territorial brasileiro.[135]

Outro que se encantou com o discurso dos militares foi Jair Rodrigues, que cantou "Heróis da liberdade" em 1971, no LP *É isso aí*. Tratava-se de uma regravação de um samba-enredo do Império Serrano de 1969.[136]

---

[133] Paulo Cesar de Araújo, *Eu não sou cachorro, não: música popular cafona e ditadura militar*, Rio de Janeiro, Record, 2003, p. 220.

[134] Idem, *ibidem*.

[135] "Esse mar é meu/ leva seu barco pra lá desse mar/ esse mar é meu/... / E o barquinho vai com nome de caboclinha/ vai puxando a sua rede/ dá vontade de cantar/ tem rede amarela e verde/ do verde azul do mar." Idem, *ibidem*, p. 220-221.

[136] A canção "Heróis da liberdade" (M. Ferreira/ Mano Décio/ Silas de Oliveira) foi gravada no LP *É isso aí*, Philips, 1971.

MORANDO NO PATROPI

Quando serviu de tema para a escola carioca, a canção até poderia ser lida de forma menos patriota. Mas com as comemorações pelos 150 anos da independência se aproximando, o tom da música era por demais enaltecedor: "A independência laureando/ o seu brasão/ Ao longe, soldados e tambores/ Alunos e professores/ Acompanhados de clarim/ cantavam assim/ Já raiou a liberdade..." No LP *Festa para um rei negro*, do ano anterior, Jair já havia gravado "Terra boa", da dupla Dom e Ravel, compositores de marchas apologéticas ao regime, como "Eu te amo meu Brasil" e "Você também é responsável". Curiosamente isso não parece ter respingado em Jair, talvez por sua imagem de fundador do programa *O fino da Bossa* junto com Elis Regina em 1965 ainda estar muito em evidência na época. No entanto Jair foi ainda mais fundo e, sem dar margens para dúvidas, no ano seguinte gravou a canção "Sete de Setembro" (Ozir Pimenta e Antonio Valentim), que serviu de trilha sonora do Encontro Cívico Nacional, que marcou a abertura do Sesquicentenário da Independência.[137]

Vários foram os artistas que "sambaram" na "corda bamba" no Brasil da ditadura: Ivan Lins, Elis Regina, Zé Kéti, João Nogueira, Jair Rodrigues, Chico Buarque, Dias Gomes, Oduvaldo Vianna e Paulo Pontes, Danuza Leão... Mas o caso de "corda bamba" mais impressionante aconteceu com Caetano Veloso, curiosamente um artista que sempre compreendeu a ambiguidade e os paroxismos como características da sociedade brasileira.

Em janeiro de 1971, em pleno exílio londrino, ele conseguiu uma permissão especial para vir à festa de quarenta anos de casamento dos pais. Quando chegou no aeroporto foi coagido por militares por horas a fio numa sala. Temeroso, Caetano provavelmente lembrou-se dos dois meses que ficara preso na virada do ano de 1968-9, quando ele e Gil tiveram os cabelos cortados contra as suas vontades. Mais do que isso, seus familiares desconheciam seus paradeiros. Quando voltou em 1971 tudo isso passava pela sua cabeça. Depois de aparecer num programa de TV, parte do pacto com os militares que queriam passar um ar de normalidade à vinda de

---

[137] A canção foi gravada como a sexta música do Lado B do disco de Jair Rodrigues *Com a corda toda*, Philips, 1972.

Caetano, o compositor lembra-se de voltar a Salvador onde aconteceu algo insólito:

> Nunca esqueço o momento em que, na Bahia, tendo aceitado uma carona do noivo de Cláudia, irmã mais nova de Dedé [mulher de Caetano], percebi, ao sair do carro, o adesivo no vidro traseiro com os dizeres "Brasil, ame-o ou deixe-o". Cheguei a sentir uma dor física no coração. Era o slogan triunfante da ditadura. (...) Eu, que amava o Brasil a ponto de quase não ser capaz de viver longe dele, e que me via obrigado a isso pelo regime que ditara aquele slogan, considerei a amarga ironia de ter circulado pelas ruas de Salvador num carro que grosseiramente o exibia aos passantes. Não briguei com meu concunhado por causa disso. Ainda hoje nos damos bem e ele, que não era pouco mais que uma criança, tem uma visão diferente da política. Mas foi uma horrível tristeza constatar que meus problemas de amor com o Brasil eram mais profundamente complicados do que eu era capaz de admitir. (...) Voltei para Londres apavorado. Julguei que talvez muitos anos se passassem antes de me ser possível voltar para o Brasil de vez.[138]

Parente de um exilado e ao mesmo tempo defensor dos slogans do governo: o concunhado de Caetano é mais um brasileiro "da corda bomba". Tragicamente, não era o único. Veja o caso de Jorge Ben. No início da década ele foi capaz de escrever duas canções aparentemente bastante contraditórias. Em 1970 ele compôs "Brasil, eu fico", a ofensiva canção que mandava os "do contra" irem para "bem longe". Um ano mais tarde ele compôs e cantou com Maria Bethânia um hino pela volta do baiano, a música "Mano Caetano".[139] Jorge estava na mesma "corda bamba" de muitos brasileiros, alguns dos quais próximos demais, como constatou Caetano. Curiosamente, Jorge insistiu no tom nacionalista para a volta do baiano:

> Lá vem o menino de camisolas brancas
> Debaixo de um lindo céu azul
> Verde e amarelo, azul e branco
> Lá vem o mano
> Meu mano Caetano
> (...)

---

138 Veloso, Caetano. *Verdade Tropical*. Companhia das Letras. São Paulo. 1997, p. 455.
139 Gravado no disco de Maria Bethânia, "A tua presença", de 1971.

Ele vem sorrindo
Ele vem cantando
Ele vem feliz
Pois ele vem voltando
Lá vem meu mano Caetano

Longe de representar uma exceção, as múltiplas conjunções da época permitiam às pessoas possuir múltiplas identidades, por mais trágico que isso possa ser. A sociedade tornava-se, assim, protagonista de uma condição ambígua: era ao mesmo tempo algoz e vítima de si mesma.

Jorge Ben e o concunhado de Caetano tornaram o amor do baiano pelo Brasil mais complexo, e com certeza mais sofrido também. Ambos acontecimentos refletem casos paradoxais da época, longe das respostas fáceis e das trajetórias simplistas. E se de fato houve poucos heróicos que mantiveram uma posição retilínea ao longo do tempo, o pesquisador deve problematizar o olhar linear sobre a trajetória desses indivíduos já que o cotidiano, ao contrário das memórias, é sempre cheio de paroxismos e ambivalências e pouco simpático ao óbvio.

Apesar de prática comum na sociedade, a "corda bamba" nunca foi aceita pelas *patrulhas*, à direita e à esquerda.

Ao demonstrar as ações das *patrulhas das esquerdas* não quis dizer, por exemplo, que a relação de Elis Regina com a ditadura fora a mesma de Simonal. Nem que as ambivalências de Jorge Ben são iguais às de Chico Buarque. Não. Apenas demarco que esses protagnistas se inserem na *zona cinzenta* pensada por Pierre Laborie e que, justamente por isso, suas posturas possuem *tons diferenciados*. O que enfatizo é que, embora os artistas tenham sido vistos pelo público como simpáticos ao regime em determinados momentos da sua carreira (e é isso que importa, o público da época os viu assim), isso não os tornou reféns de uma memória negativa. Pelo contrário, isso só aconteceu com Simonal. Enquanto Elis, Chico e Jorge são lembrados quase sempre de forma positiva até os dias de hoje, ele segue como "bode" da ditadura, esquecido.

Sem perceber o "peso da mão", muita gente sofreu com *as patrulhas*. Mas, ao contrário de alguns artistas, Simonal não teve perdão da "patota" do *Pasquim*. Em 2000, o cartunista Jaguar, editor-chefe do jornal, foi claro: "Foi um impulso meu. Ele era tido como dedo-duro. Não fui investigar nem vou fazer pesquisa para livrar a barra dele. Não tenho arrependimento nenhum."[140]

* * *

Simonal não foi pego para "cristo" à toa. Ele de fato cantou a trilha sonora do regime. Em dezembro de 1970, empolgado com as comemorações oficiais pela conquista do tricampeonato mundial de futebol, Simonal gravou duas canções que demarcaram seu posicionamento pró-regime. A primeira, "Brasil, eu fico", era agressiva:

> Este é o meu Brasil
> Cheio de riquezas mil
> Este é o meu Brasil
> Futuro e progresso do ano 2000
> Quem não gostar e for do contra
> Que vá pra...

Lançada no mesmo compacto, a canção "Que cada um cumpra com o seu dever" é uma das raras incursões de Simonal no mundo da composição:

> Seja no trabalho, no governo, na canção
> Cada um cumpra com o seu dever
> Seja brigadeiro, cabo-velho, capitão
> Cada um cumpra com o seu dever
> (...)
> Seja bem casado, desquitado, solteirão
> Cada um cumpra com o seu dever
> Seja muçulmano, macumbeiro ou cristão
> Cada um cumpra com o seu dever
> Seja na cultura, fé no taco, intuição
> Cada um cumpra com o seu dever
> Pé-de-chinelo, classe média, figurão
> Cada um cumpra com o seu dever

---

140 "Não suporto mais esse peso", *Época* (24/4/2000), p. 132-133.

MORANDO NO PATROPI

Ambas as músicas não saíram em LP, apenas num compacto promocional da Shell para o Festival Internacional da Canção de 1970. A capa mostrava um sorridente e marrento Simonal com o dedo apontado para quem olha o disco, como que imitando o famoso cartaz do Tio Sam conclamando os americanos a aderir ao exército. Simonal sofreu *patrulha* quando lançou esse compacto ofensivo. E teve que dar explicações, bem ao seu estilo:

> Aquelas músicas que eu gravei — "Brasil, eu fico" e "Que cada um cumpra com o seu dever" — não são músicas comerciais, são nativistas. Eu sou brasileiro, não tenho vergonha de ser, e fico na maior bronca quando vejo um cara dizendo que pega mal dizer que é brasileiro aí fora. (...) O Brasil durante muito tempo foi desgovernado, a administração foi má, todo o esquema era devagar, não era funcional. (...) Essas músicas foram para denunciar a falta de crédito do pessoal no Brasil. O que eu digo, quando viajo pro exterior, é: "eu, modéstia à parte, sou brasileiro."[141]

A *patrulha* sobre Simonal acabava encobrindo outros artistas, menos associados ao regime à primeira vista. Incrivelmente, os críticos parecem ter fechado os olhos para algumas letras de Jorge Ben, autor de "País tropical" (1969) e "Brasil, eu fico" (1970). O jornalista do *Pasquim* Sérgio Cabral louvava suas letras, demarcando a adequação à memória da *resistência*:

> Jorge Ben já chegou naquele ponto em que um novo LP dele a gente compra sem ouvir. De passagem pela loja dá de cara com um disco novo e leva para casa na certeza de que é bom (...) Aliás, a propósito das letras de Jorge Ben, ouvindo esse disco, acredito que descobri por que ele tem uma cuca saudável: é porque diz tudo que pensa nas letras, sem se importar muito se as palavras são usualmente utilizadas em músicas, sem nada.
> Observem os versos de Jorge Ben e comparem com qualquer outro letrista e verifiquem se há alguém que tem a coragem de escrever o que ele escreve. Nesse disco — vejam só — ele canta uma mulher chamada Palmares.[142]

---

[141] *Correio da Manhã* (4/12/1970), Caderno Anexo, p. 3.

[142] *O Pasquim* (9-15/11/1971), p. 9; Sérgio Cabral não estava sozinho. Jornalistas da revista *Fatos e Fotos* tinham opinião idêntica. Para estes, as letras do compositor têm "conteúdo lírico e crítico" que "vai descobrindo novos e sugestivos caminhos". *Fatos e Fotos* (22/1/1970), nº 468, p. 81.

Apesar de ser o compositor de várias canções de Wilson Simonal, Jorge Ben conseguiu passar ileso pelas *patrulhas*. Sintomaticamente, as novas gerações associam "País tropical" diretamente a Jorge Ben, esquecendo-se que foi Simonal quem transformou a música e colocou o molho do "patropi". O mais incrível é que Jorge consegue apontar em "País tropical" elementos subversivos que ele sequer criou:

> Eu fui chamado [ao DOPS] por causa de "País tropical" porque na época eles pensaram que eu estava mandando alguma mensagem pro pessoal... não os terroristas, eles não eram terroristas... o pessoal que fazia guerrilha no Brasil. Foi porque eu cortei as sílabas: 'Mó no pa-tro-pi...' Eles pensaram que isso eram um código que eu estava mandando. Mas eu estava inventando uma maneira de cantar, né?[143]

Segundo Simonal, a lingua do patropi foi inventada na época que cantava no Beco das Garrafas, em Copacabana, palco bossa-novista.

> Aquilo era uma brincadeira que a gente fazia no Beco das Garrafas quando a gente queria falar algo que não queria que os outros entendessem. Eu botei aquilo de sacanagem, brincadeirinha... e ficou.[144]

Embora Jorge Ben hoje prefira se ver nos braços da resistência, sua gravação de "País tropical" é mais nacionalista do que a de Simonal, se é que isso é possível. Ao final da gravação o compositor grita elogios ao Flamengo e patriotadas ao Brasil, algo que Simonal não fez: "Eu sou Flamengo e tenho uma nega chamada Teresa! E Viva o Flamengo e viva minha nega Teresa do meu Brasil amado idolatrado!"

Mas a imagem de adesista não colou de nenhuma forma em Jorge Ben. Até mesmo o patrulheiro Henfil pegou leve com o compositor. Veja o que aconteceu em 1971. Nesse ano, o cartunista desenhou um cartum para a contracapa do LP *Muita Zorra*, do Trio Mocotó. O trio foi formado na boate paulista Jogral em fins da década de 1960 pelos amigos

---

143 Vídeo "Brasil, Brasil – tropicália Revolution", da BBC. Acessado pelo site: www.youtube.com/watch?v=0h7QCXV8rc

144 Wilson Simonal em depoimento a Paulo César de Araújo em 21/2/1994

MORANDO NO PATROPI

Nereu Gargalo, Fritz Escovão e Joãozinho Parayba. Eles se tornaram a banda de apoio de Jorge Ben após o IV FIC, em 1969, quando apresentaram a canção "Charles Anjo 45". Diante do renovado sucesso do compositor de "País Tropical", o Trio Mocotó lançou três discos solos, além de continuar acompanhando Jorge em discos e shows.[145] Era esse o grupo com o qual Henfil topava contribuir. O mais curioso é que entre as faixas gravadas pelo Trio Mocotó estava "Aleluia, aleluia (e tem mais)", uma versão alongada da canção "Resposta", já gravada por Simonal. O Trio convidou o compositor Jorge Ben para cantar com eles aquela gravação. Pois bem. Ao final da faixa, Jorge diz ao microfone, bem ao seu estilo: "Eu prefiro ser um durão aqui dentro do que um bicão lá fora. Eu falo em nome de Edson Arantes do Nascimento, meu ídolo Simonal, minha nega Teresa e em nome da rapaziada do Trio Mocotó." Como se vê, Simonal, Jorge Ben e Trio Mocotó sempre estiveram muito próximos. O que fez com que Henfil não colocasse restrições ao trabalho de Jorge Ben e seu Trio? Mais uma vez o compositor de "País Tropical" passou batido pelas patrulhas.

Algo que talvez explique Jorge ter passado pelas patrulhas sem grandes arranhões é o fato de que ele foi resgatado tanto popularmente, por Simonal, quanto "intelectualmente" via Tropicalismo, base de apoio de uma nova elite estética no país.[146] Com dois pés bastante ancorados nesses dois pilares sociais e estéticos, os ataques às posturas coniventes e/ou declaradamente pró-regime do compositor foram gradualmente silenciadas e esquecidas diante da onda de aceitação que seu nome impôs.

Cabe demarcar que, como ninguém, Jorge Ben é o cara que teve "suingue" na música brasileira. Mesmo tendo sido apologista do regime, também cantou músicas muito bem-vistas pelos *resistentes*. Se Pelé foi criticado por não ser um ativista político no esporte, como Mohammed Ali, Jorge

---

[145] Discos do Trio Mocotó na década de 1970: *Muita Zorra! ou são coisas que glorificam a sensibilidade atual*, Forma/Philips, 1971; *Trio Mocotó*, RGE, 1973 e *Trio Mocotó*, Movieplay, 1975.

[146] Para um debate acerca da importância do imaginário tropicalista e da contracultura na memória da resistência, ver: Alonso, Gustavo. "O píer da resistência: contracultura, tropicália e memória no Rio de Janeiro". In: Motta, M.; Faria, S.C.; Lobarinhas, Théo. *História do Rio de Janeiro*. (no prelo)

Ben fez uma canção para o herói boxeador dos Panteras Negras: "Cassius Marcelo Clay." Além disso, durante toda a década de 1970 Jorge cantou personagens negros: *Zumbi, Xica da Silva, Menina mulher da pele preta, Ponta de lança africano*.[147] Chegou a lançar dois LPs tematizando a negritude, *Negro é lindo* (1971) e *África Brasil* (1976). A temática negra esteve presente em sua obra, embora com letras sempre um pouco difusas.[148] Esse viés estético, aliado ao eixo *"tradição* e *modernidade"* de suas canções, contribuiu para que Jorge Ben fosse analisado para além das patrulhas. Augusto de Campos louvou o caráter "louco" das composições de Jorge Ben, sem problematizar os paradoxos de sua obra: "Jorge Ben (...) é um poeta do avesso, desses que descobrem a vida das palavras a partir de uma aparente inocência diante das coisas."[149] E, se Sérgio Cabral e o próprio Jorge viram a *resistência* em suas músicas, a cantora Elis Regina preferiu a máxima "diga-me com quem andas e te direi quem és": "Jorge Ben é outro papo. Mas sei lá, eu gosto muito dele. Ele é um camarada muito sensível que convive com gente bem informada."[150]

Jorge Ben sempre foi menos espalhafatoso que Simonal, o que pode explicar o fato de não ter sido alvo tanto quanto seu intérprete favorito. Indagado sobre esse aspecto de Jorge Ben, Caetano Veloso tentou opinar, sem conclusão objetiva:

> O Jorge Ben é curioso, ele tem muita força artística e terminou se sobrepondo a isso, entendeu? Mas em relação ao Jorge eu sabia, antes de eu ir pra Londres, eu via a atitude dele muito nítida na sua identificação com a direi-

---

[147] "Cassius Marcelo Clay" está em *Negro é lindo* (1971); "Menina mulher da pele preta", LP *A tábua de esmeralda* (1972); *África Brasil* (Zumbi), "Ponta de lança africano (Umbabarauma)" e "Xica da Silva" em *África Brasil* (1976).

[148] A canção "Cassius Marcelo Clay" e "Menina mulher da pele preta" são bem típicas da poética "negra" de Jorge. A negra do compositor tem olhos claros: "Essa menina mulher/ Da pele preta/ Dos olhos azuis e sorriso branco". Na homenagem ao boxeador Jorge foge das polêmicas raciais e transforma o boxeador num ídolo pop: "Cassius Marcelo Clay/ herói do século vinte sucessor de Batman/ Sucessor de Batman, Capitão América e Super Man/ Cassius Marcelo Clay o primeiro tem a cadência/ De uma escola de samba/ E o quatro três quatro de um time de futebol/ Salve Narciso Negro/ salve Mohamede Ali/ salve Fighty Brother/ Salve king Clay/ O eterno campeão na realidade um ídolo mundial/ Tem a postura da estátua da liberdade e a altura do Empire State/ ..."

[149] Campos, Augusto de. *Balanço da Bossa e outras bossas*. São Paulo: Perspectiva, 2003, p. 340.

[150] *O Pasquim* (2/10/1969), nº 15.

ta que estava no poder, entendeu? Mas eu acho que o Jorge Ben era mais capaz de fazer uma canção [pró-ditadura] do que cantar uma coisa dessas, sabe? É complicado...[151]

Se Elis Regina achava que Jorge Ben andava "com gente informada", fato é que os tropicalistas abraçaram Jorge desde o início do movimento. E a partir do exílio em 1969, os tropicalistas passaram a ser reconhecidas como pessoas "bem informadas". O curioso é que no meio musical brasileiro (como em qualquer outro meio, aliás) importa muito andar com pessoas "bem informadas".

Às vezes, andar com as pessoas certas conta muito. Veja o caso de Luiz Gonzaga, por exemplo. Ter sido valorizado esteticamente por pessoas "bem informadas" contribuiu para que o conservadorismo político do rei do baião fosse apagado.

Quando o pernambucano Luiz Gonzaga fez sucesso nos anos 1950, o forró e o baião estavam associados a imagem de desordens, brigas de faca e música ruim.[152] Nos anos 1960, diante do auge da bossa-nova e do surgimento da MPB, o artista caiu no ostracismo.

Mas na década seguinte, tudo mudou quando os tropicalistas Caetano e Gil retornaram do exílio elogiando os xotes do "rei do baião".[153] De repente começou-se a falar de Luiz Gonzaga como um dos "pais da música popular brasileira". De desafeto rústico, Gonzaga foi transformado em pai da tradição. E saiu da aposentadoria prematura na Ilha do Governador no Rio de Janeiro para várias excursões pelo país. Agradecido com a geração da MPB que o reabilitou, Luiz Gonzaga gravou o LP *O canto jovem de Luiz Gonzaga*, no qual tocou canções de Gilberto Gil, Edu Lobo e Capinan, Nonato Buzar, Tom Jobim e Vinicius de Moraes, Caetano Veloso, Nelson Motta e Dori Caymmi. Gonzagão se mostrava especialmente agradecido para com os tropicalistas e na faixa "Bicho eu vou voltar" (a única inédita do LP) agradeceu explicitamente ao compositor baiano: "Bicho, com todo

---

[151] Depoimento de Caetano Veloso (compositor), Rio de Janeiro, 18/12/2008; Email enviado ao autor em 22/12/2008.
[152] *Opinião* (10/12/1973), nº 67, p. 19.
[153] "Entrada da fama", *Veja*, 08/11/1972, p. 95.

respeito/ Dá licença eu vou voltar/ (...)/ Caetano muito obrigado/ Por me fazer lembrar/ não a mim mas aquilo que eu fiz".[154]

Diante da retomada do sucesso, Luiz Gonzaga mostrava-se confuso e não sabia explicar ao jornal *O Pasquim* a razão da repentina volta à tona: "Melhor vocês falarem de mim, porque eu mesmo não sei o que sou, não sei por que falam de mim. Eu não entendo nada, eu vou levando. Que é bacana, é, mas deixa o povo falar."[155]

Gonzagão foi então convidado a fazer uma temporada no teatro Tereza Rachel, na zona sul carioca, durante o mês de março de 1972.[156] O show foi gravado justamente no dia em que estava presente o ministro da Justiça Armando Falcão, longamente elogiado pelo "rei do baião":

> Quando eu cheguei no Rio de Janeiro em 1939 eu toquei lá na zona violenta, da pesada, lá no Mangue. (...) Até que certa noite chegou um grupo de cearenses, diziam que eram universitários, sei lá o que é isso! Depois de me agradarem muito, fizeram uma exigência: "olha, caboclo, quando a gente voltar aqui outra vez nós só damos dinheiro a você se tocar um negócio lá daqueles pés-de-serra. Você não é sertanejo, não é da serra do Araripe?" (...) Quando os cearenses voltaram eu disse: "tenho um negócio aqui pra empurrar pra vocês!" E toquei. E eles: "é isso aí, caboclo!" Aí fui convidado para ir pra república deles, lá na Lapa. Eu fui, tava agradando. Aí fui apresentado ao presidente da república, sabe quem era? Armando Falcão. O homem quase foi presidente da república mesmo, rapaz. Bacharel, deputado, líder, ministro, foi tudo isso, faltou pouco para ser presidente da república. E se eu nascesse de novo queria estar aqui mesmo com vocês, contando essa história com a presença do deputado Armando Falcão, que não me deixa mentir.[157]

Era incômoda a apologia que o "rei do baião" fazia a Armando Falcão. Nas palavras de Elio Gaspari, Falcão fora "um conspirador em tempo integral" durante os idos de março de 1964. O curioso é que o mesmo Sérgio

---

[154] "Bicho, eu vou voltar", de Humberto Teixeira: LP *O canto jovem de Luiz Gonzaga*. RCA Victor, 1971.

[155] *Jornal do Brasil* (3/8/1989) apud Carlos Rennó, *Luiz Gonzaga* (Coleção Vozes do Brasil), São Paulo, Martin Claret, 1990, p. 104.

[156] A temporada no Teatro Tereza Rachel durou de 8 a 30 março de 1972. Carlos Rennó, *op. cit.*, p. 133.

[157] *Luiz Gonzaga Ao Vivo — Volta pra curtir*, RCA, 1972, BMG, 2001.

MORANDO NO PATROPI

Cabral, que fechou os olhos para as letras apologéticas de Jorge Ben, preferiu também relevar o discurso de Gonzagão:

> É preciso entender a época, março de 1972. A ditadura militar no auge e Caetano e Gil voltavam de um longo exílio em Londres. A dupla voltou com o carinho do povo brasileiro e desempenhando um papel de liderança não política, mas estética. (...) Quando os dois disseram publicamente que Gonzaga era um dos maiores nomes da nossa música, chegara a hora de apresentá-lo à garotada.
> Curiosamente, Luiz Gonzaga interessava-se por política tanto quanto por física nuclear. Não tinha ideia sequer do papel desempenhado pelos dois únicos partidos políticos existentes, o MDB e a Arena. Isso explica a situação constrangedora que criou logo no início do show, ao falar carinhosamente do seu amigo Armando Falcão, um dos "generais civis" do regime implantado à força. O público formado por jovens da oposição, em sua maioria esmagadora, percebeu felizmente a ingenuidade política do artista e se manteve discreto. Afinal, o velho Gonzaga tinha pleno direito de gostar ou não de política. Bastava a sua obra.[158]

Diferentemente do que pensa Sérgio Cabral, Luiz Gonzaga não era nem um pouco ingênuo em relação a política. Compôs jingles políticos ao longo de toda a sua carreira. Fez músicas para candidatos regionais como Carvalho Pinto, Emílio Carlos, Lucas Nogueira, entre outros. Chegou a compor jingles para dois candidatos que disputavam a mesma cadeira, Adhemar de Barros e Jânio Quadros. Em outra oportunidade, na década de 1950, apoiou Adhemar na dobradinha para o senado junto com Lucas Garcez. Dizia a canção: "Presidente Getúlio, Adhemar senador/ E Lucas Garcez pra governador/ É PTB, é PSP/ Os dois estamos juntos/ Nós vamos vencer".[159]

A famosa canção "Paraíba" foi composta em parceria com Humberto Teixeira para apoiar o paraibano Pereira Lyra, candidato ao senado no ano de 1950. Segundo o próprio Luiz Gonzaga:

> A música "Paraíba" não tem nada a ver com mulher paraibana (...). Quem é macho aí é o estado da Paraíba. Acontece que o então presidente Dutra queria eleger, pela Paraíba de José Américo, seu candidato a senador, que

---

[158] Encarte da edição remasterizada de *Luiz Gonzaga Ao Vivo — Volta pra curtir,* op. cit.
[159] Carlos Rennó, op. cit., p. 41.

era o Pereira Lira. Então, fizemos um jingle para o governo: "Eta pau Pereira/ Que em Princesa já roncou". Emilinha Borba gravou a canção e fez sucesso.[160]

Os adversários ironizaram a canção, sugerindo que a música achincalhava a mulher paraibana nos versos "Paraíba masculina, muié macho sim sinhô".. Chateado, numa das regravações Luiz Gonzaga alterou o final dizendo: "mulher macho... sai pra lá peste".[161]

Mas o velho Lua não se limitou a fazer jingles. Ele chegou até mesmo a pensar em fazer política com as próprias mãos e se candidatou a deputado federal duas vezes. A primeira foi em 1973, pelo MDB, sem sucesso. Em 1980 ele tentou novamente, desta vez pelo PDS, partido oriundo dos apoiadores da Arena![162] No final dos anos 1970 o multipartidarismo foi implantado pelo regime. Parte dos antigos arenistas defensores da ditadura se agregou no conservador PDS. Esse era o partido pelo qual Gonzagão tentou se candidatar em 1980. Mas foi desaconselhado por amigos próximos e pelo próprio filho, como relatou mais tarde:

> Minha candidatura pelo PDS? Prefiro esquecer. Virei patrimônio público. Gente de tudo quanto é espécie me parava na rua e me repreendia. Eles consideravam a minha candidatura um grande pecado. Você precisava ver o Gonzaguinha... Bem, o bom é nem lembrar disso. Eu só recebo censura. A minha candidatura foi protestada.[163]

---

[160] Segundo a jornalista Regina Echeverria, a canção remete ao município de Princesa, no estado da Paraíba: "A expressão 'Paraíba mulher macho, sim senhor' nasceu em 1929, quando a coligação oposicionista formada por políticos do Rio Grande do Sul, Minas Gerais e Paraíba lançou a candidatura de Getúlio Vargas (...) à presidência, com João Pessoa de Queiroz, governador da Paraíba, como vice. A coligação perdeu a eleição para Júlio Prestes, numa situação que levaria o país à Revolução de 1930. A atitude do estado da Paraíba foi assunto em todo o país, considerada 'coisa de macho' (...). O verso 'eta pau pereira' é uma referência ao coronel José Pereira e à revolta da Princesa, rebelião por ele comandada em junho de 1930 contra o governo de João Pessoa. Zé Pereira chegou a proclamar a independência do município de Princesa no decreto número um de seu governo". Echeverria, Regina. *Gonzaguinha e Gonzagão*. São Paulo: Ediouro, 2006, p. 111.
[161] Disco *Asa Branca* (1975), RCA Victor. Carlos Rennó, op. cit., p. 122.
[162] Idem, ibidem, p. 34 e 78.
[163] Idem, ibidem, p. 78.

Como diz Gonzagão, é melhor esquecer. E uma das formas de se esquecer é infantilizando o compositor, transformando-o em ingênuo. O "perdão" para o "pecado" do adesismo constrói-se da seguinte forma: se algum artista apoiou a ditadura foi por ingenuidade, ou seja, ele não tinha "consciência" do que estava fazendo. Dessa forma, o apoio ao regime é constituído de alienados e ingênuos, enquanto a luta pela redemocratização é fruto de pessoas conscientes e de bom raciocínio.

Outro que teve seus "deslizes" abonados foi o cineasta Glauber Rocha. Algumas declarações lhe custaram caro:

> Eu acho que Geisel tem tudo na mão para fazer do Brasil um país forte, justo e livre. Estou certo de que os militares são os legítimos representantes do povo. Chegou a hora de reconhecer sem mistificações, moralismos bobocas, a evidência. (...) Chega de mistificação. Para surpresa geral, li, entendi e acho o general Golbery um gênio — o mais alto da raça ao lado do professor Darcy [Ribeiro].[164]

Golbery era um dos promotores da abertura política e atuava nos bastidores do regime, articulando grupos de militares favoráveis à volta "lenta, gradual e segura" da democracia. Em fevereiro de 1981, Glauber chegou a abraçar o presidente João Figueiredo em Portugal, atraindo a ira das esquerdas. Não era um cumprimento qualquer. Glauber tornara-se fã do presidente militar:

> Geisel é mais importante que De Gaulle, Mao, Kennedy, Lincoln. É o maior estadista contemporâneo. Seus discursos são obras-primas e seu conceito de neocapitalismo e da democracia relativa é uma soma política original no mundo.[165]

Em reportagem da revista *Interview*, o teatrólogo José Celso Martinez criticou a postura adesista do diretor: "Se Glauber não tomar cuidado, vai virar um velho chato."[166] Segundo Martinez, não havia abertura: "Há ape-

---

[164] Entrevista de Glauber à revista *Visão* (11/3/1974), p. 64-74.
[165] *Veja*, 23/11/1977, p. 67.
[166] Sobre a entrevista na revista *Interview*, ver "A grandeza do dragão", *Veja* (2/9/1981), p. 102-106.

nas a liberação de peças e filmes que servem para promover o espetáculo da abertura."[167]

Em agosto daquele ano Glauber morreu, poucos dias após retornar de Portugal. Presente ao velório do diretor, Martinez exaltava a memória do Glauber *resistente* declarando: "Nossa luta não terminou pois nós vamos continuar."[168] Como se vê, em momentos de comoção, um "velho chato" se torna um herói pleno de virtudes. Embora de forma não-intencional, frequentemente se prefere a memória heróica ao adesista e apoiador do regime.

Martinez não estava sozinho ao "perdoar" o *colaboracionismo* de Glauber Rocha. Nelson Motta fez malabarismo para isentar o diretor:

> O Glauber é um profeta. Mas como profeta não tem obrigação de acertar sempre. Antes de todo mundo, falou na [revista] *Visão* que o general Geisel ia fazer a abertura e que o general Golbery era o gênio da raça. (...) A posição dele foi a do primeiro que ousou fazer oposição à oposição.[169]

É incrível como, ao contar suas próprias trajetórias, muitos artistas e seus admiradores preferem isentar-se de ligações políticas com o regime. Geraldo Vandré é um destes mitos. Apesar da pirueta ideológica do artista, que passou de baluarte das esquerdas a compositor da aeronáutica, a jornalista Regina Zappa insiste em vê-lo como vítima do regime. Segundo ela, Vandré teria sido "obrigado a gravar, após penosas negociações, uma declaração renegando sua música e apoiando o regime militar" ao chegar do exílio em 1973. Mas para Zuza Homem de Mello a história é outra. Vandré não fora instrumentalizado pelos militares, mas aderiu de fato ao governo:

---

[167] "Apesar do governo", *Veja* (14/5/1980), p. 64.

[168] O velório aconteceu em 22 de agosto de 1981. "A grandeza do dragão", *Veja* (2/9/1981), p. 102-106.

[169] Heloísa Buarque de Hollanda e Carlos Alberto M. Pereira, *Patrulhas ideológicas marca registrada: arte e engajamento em debate*, São Paulo, Brasiliense, 1980, p. 37. Nelson Motta parodiava a intervenção de Paulo Emílio Salles Gomes no debate: "Glauber é um Profeta alado. Restaria lembrar que Profeta não tem obrigação de acertar, sua função é profetizar. Através de filme, escrita, fala e vida, Glauber tornou-se uma personagem mágica de quem não é fácil ser contemporâneo e conterrâneo. Ele é uma das nossas forças e nós, o Brasil, a sua fragilidade." In Fernão Ramos (org.), *História do cinema brasileiro*, Rio de Janeiro, Art/SEC-SP, 1990, p. 436.

MORANDO NO PATROPI

No início dos anos 1990, houve um jantar no apartamento da atriz e cantora Vanja Orico na avenida Rui Barbosa, no Rio de Janeiro. Vandré foi solicitado a cantar suas novas composições. Não se fez de rogado. Com o violão, cantou uma bonita canção que lembrava o estilo do Movimento Armorial, remetendo à Idade Média, distante da realidade brasileira. Ao ser perguntado pelo título, respondeu: "Fabiana". Por certo dedicada a uma namorada, deduziram. Não, respondeu Vandré: "É uma homenagem à FAB." É a sigla da Força Aérea Brasileira. Vandré nunca mais foi o mesmo.[170]

Alguns artistas não dependem sequer de memorialistas para apagar o seu legado político reacionário. Chacrinha teve sua relação com a ditadura simplificada no livro de memórias lançado por sua mulher e pela jornalista Lucia Rito. As autoras afirmam que "Chacrinha nunca participou de política e que subiu ao palanque para defender as 'Diretas Já' para dar 'razão ao povo'". No entanto, "contrariando-se a si mesmo", Chacrinha resolveu lançar-se candidato a deputado federal, incentivado por Leonel Brizola e amigos. Durante a redemocratização, nos anos 1980, assinou a ficha de filiação partidária do PDT e criou até um slogan para a campanha: "Chacrinha está enchendo a boca do balão/ Dezenove nunca foi vinte/ Chacrinha é candidato a deputado federal pela Constituinte". Mas acabou desistindo.

É curioso que as autoras relembrem o papel de Chacrinha na defesa das Diretas Já e da Constituinte na década de 1980. As biógrafas parecem minimizar um episódio, em 1982, quando o apresentador foi convidado por Paulo Maluf para ser locutor em seus comícios. Chacrinha apresentou 15 shows para o PDS [o partido oriundo das forças da Arena] em troca de um "polpudo cachê". Segundo as próprias biógrafas, esse era um "fato menor":

> Com isso [Chacrinha] ficou conhecendo Maluf e em 1984 a mídia passou a cobrar dele o apoio político em sua campanha para a presidência da República. Mas ele preferia *esquecer* o episódio: "Se soubesse que minha atitude provocaria tanto falatório, teria ficado quieto."[171] (Grifo meu)

---

[170] Zuza Homem de Mello, op. cit., p. 302.
[171] Sobre as relações de Chacrinha com as Diretas Já e Maluf ver Florinda Barbosa e Lucia Rito, op. cit., p. 163-164.

Não era a primeira vez que o apresentador apoiava membros do regime ditatorial. Durante a década de 1960 as Casas da Banha eram um dos principais patrocinadores do seu programa. Em certa ocasião, a loja estava com excesso de bacalhau nos estoques. Para ajudar a aliviar a empresa, Chacrinha criou a célebre frase "vocês querem bacalhau?" e passou a jogar o produto para a plateia, que se esbofeteava pelo peixe. A frase se tornou um dos seus chavões e até o final da carreira ele continuou jogando comida para a plateia. Sua ligação com o patrocinador era tamanha que ele ajudou na campanha de um candidato da Arena que prometia favorecê-lo:

> Além de inventar formas de divulgar o patrocinador, Chacrinha aceitava de bom grado os pedidos do empresário para fazer shows pelos municípios do estado do Rio onde as Casas da Banha abriam suas lojas. Num desses shows, em 1977, ele conseguiu, sob influência de Venâncio Veloso [dono do grupo Casas da Banha], reverter a preferência da cidade e eleger para prefeito [da cidade de Bom Jardim, interior do Rio de Janeiro] o candidato da Arena, Mário Machado Nicolielo, o predileto do dono das Casas da Banha, apesar de Vitorino James, seu concorrente pelo MDB, ser o franco favorito.[172]

* * *

Mesmo não sendo o único a apoiar ou ter relações com o regime ditatorial, Simonal passou para a história como o artista mais perseguido pelas *patrulhas*. Para o historiador Paulo Cesar de Araújo, "pelo menos no campo da música popular, a ação das patrulhas foi tão intensa quanto a das forças de repressão política. Entretanto, esta última cessou com o fim do regime militar; a outra atinge suas vítimas até os dias atuais".[173] E se as esquerdas tinham responsabilidade nesse processo, as direitas também não procuraram isentar o cantor. Além do preconceito contra o negro marrento, "fora de seu lugar", pesou o fato de que as gravadoras multinacionais ganharam muito dinheiro vendendo a imagem da *resistência* da MPB e excluindo o cantor desse imaginário.

---

[172] Idem, ibidem, p. 53-54.
[173] Paulo Cesar de Araújo, op. cit., 2003, p. 292.

MORANDO NO PATROPI

A imagem de "dedo-duro" ganhou fundamento especialmente depois que Simonal mudou de gravadora. Em 1972 ele trocou a Odeon pela Philips, um grande arrependimento do cantor:

> *Folha de S.Paulo:* Por que em 1972 você trocou a Odeon [hoje EMI] pela Philips [atual Universal]?
> *Simonal:* Fui seduzido por um sujeito que veio para acabar. (Silêncio)
> *Folha de S.Paulo:* O André Midani (então diretor na Philips)?
> *Simonal:* (Silêncio) Acabou a qualidade da música, até mesmo do pessoal bom, Gil, Caetano, que eram da Philips. Vê o que eles fazem hoje, por interesses de fora. Quando você começa a competir com o poder econômico de fora, mela. "Mela esse cara", porque atrás de mim vinha gente. O que é bem-feito incomoda lá fora. O que fiz foi abrasileirar as coisas de fora. Vêem que o "filho-da-puta" está se infiltrando ali, dizem "não pode". Vender mais discos no Brasil que os Beatles é fogo. Eu vendia mais que todo mundo, tropeçava e nego batia palma. Fui perseguido por agências de publicidade. Quando fui fazer propaganda da Shell, ganhando grana pesada, comecei a ter problema com a Standard, uma agência de publicidade de origem americana. Abri uma firma própria. Aí se uniram todos, "vamos sacanear esse filho da puta". Se todo mundo começasse a abrir agência, acabava o monopólio que mandava no Brasil. Continuei gravando letras fortes, mas o rádio parou de tocar.[174]

Simonal parece querer demarcar que seu ostracismo não tem a ver somente com a pressão das esquerdas. A mágoa de Simonal era amplificada pela lembrança de que quando se mudara para Philips o rei da Pilantragem aceitara levar menos dinheiro na transação do que se tivesse mudado para outra gravadora. Segundo *Veja* noticiou na época, ele recusou a oferta de 300 mil cruzeiros da RCA em troca de apenas 30 mil da Philips, na esperança de que a poderosa gravadora o ajudasse a mudar sua imagem.[175] Por tudo isso, fica claro que há uma questão econômica que é componente essencial para explicar seu ocaso. Sua reclamação em relação à gravadora procede. Na virada das décadas de 1960-1970, a empresa passou por uma reformulação completa levada a cabo pelo diretor executivo da empresa,

---

[174] "Proscrito, Simonal tenta cantar em SP", entrevista a Pedro Alexandre Sanches, *Folha de S.Paulo*, caderno Folha Ilustrada, 21/5/1999, p. 4-5.
[175] *Veja*, 4/10/1972, p. 76.

André Midani. Vários artistas foram cortados do elenco da gravadora e a Philips tornou-se sinônimo de MPB. De forma que, em meados dos anos 1970, quase todos eles estavam sob as asas da gravadora multinacional: Jair Rodrigues, Caetano Veloso, Elis Regina, Jorge Ben, Jards Macalé, Sérgio Sampaio, Hermeto Pascoal, Erasmo Carlos, Raul Seixas, Os Mutantes, Gilberto Gil, Nara Leão, Toquinho, Vinicius de Moraes, Os Novos Baianos, MPB4, Fagner, Jorge Mautner, Ronnie Von, Wanderléa, Chico Buarque, Gal Costa, Maria Bethânia. Segundo André Midani, o diretor executivo dessa transformação:

> A Philips estava aqui no Brasil havia doze anos e tinha grandes dificuldades de rentabilidade. Os alemães e os holandeses estavam começando a se impacientar. A palavra é horrorosa, mas fui para liquidar um montão de artistas, entre 150. Os importantes estavam lá no meio, a companhia nunca chegava a eles. Fiquei em casa dias ouvindo, separando. De 150 fui para cem, daí para 80, até chegar a uns 50. Foi penoso. Mas a companhia se abriu mais para a juventude brasileira. Me encontrei com a Tropicália, que estava lá, ainda não desenhada, perdida no meio de 150 artistas. As pessoas olhavam o pessoal da Tropicália como se fossem cidadãos de segunda categoria. Nunca fui uma pessoa propriamente criativa, mas sou como um cão de caça. Se há um bichinho lá que é "o" bichinho, eu o identifico mais rapidamente.[176] Então fiz essa primeira peneira. E a segunda coisa foi separar o que posteriormente viria a se chamar de MPB do que seria chamado de música popular, em dois selos. Philips para um [MPB] e Polydor para outros [todos aqueles que não se enquadravam dentro do rótulo MPB]. (...)
> Tendo artistas tão fabulosos e uma dedicação inteira à promoção deles, fez com que os que vendiam 4,5 mil discos passassem a vender 40, 50 mil. E num instante, essa companhia que tinha penado durante quase dez anos, perdendo dinheiro, sem grande participação no mercado, no espaço de dois anos tornou-se muito lucrativa. E ao mesmo tempo com algo da ordem de 18%, 19% do mercado, vindo de 7% ou 8%. A companhia ficou como porta-voz dos artistas que estavam lutando por uma linguagem não somente mais contemporânea, mas que também contestavam a situação política da época, no caso a ditadura.[177]

---

[176] "Eu fui um catalisador da Bossa Nova", entrevista de André Midani a Pedro Alexandre Sanches, *Folha de S.Paulo* (28/12/2001), Folha Ilustrada, p. E5.
[177] Entrevista de André Midani a Tárik de Souza em agosto de 2005. Encarte da caixa *Phono 73: o canto de um povo*, Universal Music, 2005.

MORANDO NO PATROPI

331

No entanto, o fato de a MPB *resistente* se abrigar nos braços da Philips não era bem-visto pelo regime. Foi quando Midani contratou Simonal:

> *Folha de S.Paulo:* Wilson Simonal morreu dizendo que você "veio para acabar". O que houve entre vocês?
> *Midani:* É penoso dizer isso... Tive muitos problemas políticos dentro da companhia, por causa de Chico Buarque sobretudo. Um dia uma pessoa muito importante do governo militar, que não vou nomear, me pediu para contratar Wilson Simonal. Disse: "Se você quiser continuar como está, não pode ter só artistas que sejam contra o regime. Tem que ter alguém a favor, tem que contratar o Simonal." Olhei aquilo com perplexidade, mas tive que contratar.
> *Folha de S.Paulo:* Por motivos artísticos você não o contrataria?
> *Midani:* Não, de jeito nenhum. Não poderia, porque ele era a antítese. Tive que ir artista por artista, entre os mais importantes, explicando que ia ter que contratar o Simonal. Claro, não era um bichinho amado na companhia.[178]

A entrevista acima data de 2001. Sete anos mais tarde, quando publicou sua autobiografia, Midani contou uma história mais longa sobre a contratação do cantor. Ele escreveu que no início dos anos 1970 havia criado um grupo de trabalho na Philips precursor das atuais "empresas de assessoria", bastante heterogêneo na composição dos integrantes. A função deste "grupo de trabalho" era ajudar o chefão Midani a decidir os rumos da empresa. Dentre os escolhidos estavam Dorrit Harazin, José Rubem Fonseca, Artur da Távola, Nelson Motta, Zuenir Ventura, Homero Icaza Sanches, as duas Maria Clara – Pelegrino e Mariani e convidados enventuais, como Nilse da Silveira ou Tarso de Castro. Segundo Midani, o primeiro assunto levado ao grupo foi justamente a contratação de Simonal. No livro, Midani quebrou o silêncio e finalmente disse quem era o sujeito que o pressionara para contratar Simonal. Era Marcos Lázaro que, desde a falência da Simonal Promoções, tornara-se empresário do cantor, além de ser o responsável pelas carreiras de Roberto Carlos e Elis Regina. Conscientemente ou não, Midani esperou a morte de empresário (morto em 2003) para dar nome aos bois:

---

[178] "Eu fui um catalisador da bossa-nova", op. cit.

Marcos Lázaro, poderoso empresário de Roberto Carlos e Elis Regina, tinha sido requisitado pelos militares para comunicar à nossa empresa que seria um gesto muito apreciado contratarmos o Simonal naquele momento difícil de sua carreira. Entendi que, politicamente, seria conveniente contratar Simonal – não só por ser um belo artista, mas também porque a sua contratação daria uma certa paz para o João Carlos [Muller, advogado da Philips], nos seus intermináveis tratos com a censura. Porém, o delicado era anunciar aquela contratação para certos artistas engajados, como Chico Buarque, por exemplo, que poderia simplesmente sair da companhia em sinal de protesto.[179]

O discurso de Midani parece ter alguns pontos críticos. Porque um sujeito experiente como Lázaro, que tinha Simonal como empresariado, precisaria ser pombo-correio dos "militares" para que contratassem seu próprio cantor? Outra questão: Midani diz que teve que ir "de artista em artista" explicando por que ia ter que contratar Simonal. Consultei três destes artistas associados à Philips na época. Aquiles Reis, integrante do MPB-4 e então bastante próximo de Chico Buarque, a quem o grupo acompanhava como grupo de apoio, disse não se lembrar de qualquer consulta.[180] Caetano Veloso disse também não se lembrar da indagação: "Midani parece rearrumar o passado em vários momentos da autobiografia. Fico um tanto cabreiro. Ele nunca me consultou a respeito de contratar Wilson Simonal. Mas em 1971 eu estava em Londres".[181] Nelson Motta, um dos consultores do grupo de trabalho de Midani e produtor do primeiro disco de Simonal na Philips deixou claro que o cantor foi contratado por simples questão comercial:

O Simonal sempre esteve entre os 'sonhos de consumo' da Philips, simplesmente porque talvez só perdesse (ou empatasse) em popularidade com o Roberto Carlos. Simonal foi contratado, depois da queda, mas em nenhum momento o André me consultou, e se consultasse eu daria força, porque todos nós sempre consideramos o Simonal um cantor fabuloso, e um grande

---

179 André Midani, *Música, ídolos e poder: do vinil ao download,* Rio de Janeiro, Nova Fronteira, 2009, p. 134-135.
180 Depoimento de Aquiles Reis em 9/1/2009. Chico Buarque negou-se a dar depoimento para este livro.
181 E-mail de Caetano Veloso recebido pelo autor em 22/12/2008.

MORANDO NO PATROPI

vendedor de discos, que qualquer gravadora ama. Talvez o André tenha me proposto produzir o Simonal, ou eu mesmo me ofereci, é irrelevante. Eu acreditava que ele podia fazer um ótimo disco.[182]

Como se vê, Simonal já não era bem-visto no meio da MPB por causa de suas canções apologéticas na antiga gravadora, a Odeon. A imagem de arrogante, esnobe, mulherengo e *pilantra* também não ajudava muito. A mudança de gravadora fundamentou essa imagem e ele ganhou de vez a alcunha de "dedo-duro". Por ironia da história, direitas e esquerdas se uniam contra um bode expiatório perfeito. E voltariam a se encontrar na construção da memória da *resistência*.

---

[182] E-mail de Nelson Motta recebido pelo autor em 24/12/2008.

Capítulo 10

PILANTRÁLIA
OU UMA BANANA AO TROPICALISMO?

"Não parece haver, entre os moralistas, um ódio à floresta virgem e aos trópicos? E uma necessidade de desacreditar a todo custo o 'homem tropical', seja como doença e degeneração do homem, seja como inferno e automartírio próprio? Mas por quê? Em favor das 'zonas temperadas'? Em favor dos homens temperados? Dos homens 'morais'? Dos medíocres?"[1]

(Friedrich Nietzsche)

"O Caetano merece uma explicação, pela Tropicália, que é um tipo de pilantragem. Eu conheço e gravei músicas do Caetano, sensacionais, fora desta *linha misteriosa* que ele andou fazendo. Na verdade, ele aproveitou o tumulto, a insatisfação geral, a depressão da juventude e optou pelo negócio da *pilantragem*, que parece não ter dado muito certo. Mas eu daria a ele dez como letrista e cinco como músico."

(Wilson Simonal em entrevista ao *Pasquim*, 1969)

Lembro-me bem da primeira vez em que ouvi falar de Caetano Veloso. Correndo os riscos da memória, contarei essa história. Filho da "década perdida", nasci em 1980. Como toda criança, não gostava muito das

---

[1] Friedrich Nietzsche, *Além do bem e do mal: um prelúdio a uma filosofia do futuro*, São Paulo, Companhia das Letras, p. 95-96, aforismo 197.

músicas "de adultos". Gostava do Trem da Alegria, Balão Mágico e das músicas da Xuxa. Lembro-me de que eu tinha o LP *Plunct! Plact! Zum!*, coletânea de músicas infantis cantadas por astros da MPB e artistas famosos. No disco, Raul Seixas cantava "Carimbador maluco" e Jô Soares "Planeta doce". Eu adorava o LP, mas a primeira música do lado B eu odiava. Era a bela "Brincar de viver", cantada por Maria Bethânia: "Quem me chamou/ Quem vai querer voltar pro ninho/ Redescobrir seu lugar." Sempre pedia para pular a faixa, para não estragar minha alegria infantil. Coisa de criança.

Contudo, ainda muito pequeno, duas músicas "de adulto" me tocaram profundamente. No rádio da Brasília branca do meu pai lembro-me de tê-las ouvido algumas vezes. Uma delas foi "Romaria", cantada por Elis Regina. A canção de Renato Teixeira conta a história de um sertanejo cuja vida humilde e errante o leva a rezar a Nossa Senhora de Aparecida. Nasci em Aparecida do Norte (SP), sede espiritual do país, no meio de uma viagem entre São Paulo e Rio de Janeiro. Meus pais viajavam de mudança para Niterói, onde residi minha vida inteira. Pequeno ainda, eles chamavam a atenção para a canção que falava de minha terra natal, que nunca visitei depois de minha breve passagem em 1980. Não sou um romeiro exemplar. Mas a canção me marcou. Me emocionava todas as vezes que a ouvia.

Outra canção de que gostei logo na primeira audição foi "London, London", de Caetano Veloso. Não era ainda nascido quando ele a lançou em 1971. Mas, por volta de 1986, o grupo RPM a regravou num show ao vivo, com um bonito arranjo de piano. Eu tinha somente cinco ou seis anos, mas me lembro de ficar muito tocado, achando que se tratava de um grupo estrangeiro. Por ser uma canção de Caetano, minha mãe também gostava da versão e a ouvimos várias vezes no rádio da Brasília. Ela tocava diversas vezes em várias emissoras. Era o auge do grupo de Paulo Ricardo, que dali a pouco se esfacelaria.

Recordo que me espantei muito quando minha mãe disse que o grupo que ouvíamos era nacional. Mais admirado ainda fiquei ao saber que o compositor daquela música era um brasileiro. Nem sei se o nome de Caetano Veloso foi mencionado, acho que não. Mas fiquei muito impressiona-

PILANTRÁLIA

do, na minha ingenuidade infantil, com a habilidade de se compor em inglês. Aquilo era, para mim, espetacular. E foi como "espetacular" que conheci um tropicalista pela primeira vez.

Comecei meus estudos sobre música popular muito interessado no Tropicalismo, proposta estética inovadora do final dos anos 1960 que teve como líderes no campo musical Caetano Veloso, Gilberto Gil, Tom Zé, Os Mutantes, Rogério Duprat, entre outros. Espantava-me o poder agregador, a precocidade de ideias tão inovadoras, a sintonia com o que de melhor havia no pensamento internacional. Pensei até em fazer um livro sobre o movimento. Mas o que poderia dizer de novo sobre um tema já tão pesquisado e debatido? Não queria repetir tudo que já havia sido dito, mas não conseguia pensar nada de diferente. E eu ainda corria o sério risco de fazer um trabalho apologético, transformando o Tropicalismo em peça de museu, no mau sentido, o que sempre foi contestado pelos mesmos.

Ao mesmo tempo, sentia que ser tropicalista era ir além do próprio movimento. Era quebrar barreiras, preconceitos, noções preestabelecidas, como os próprios fizeram. Todos os tropicalistas haviam sido muito influenciados por João Gilberto, e mesmo assim direcionaram a verve criativa para uma zona (em ambos os sentidos — lugar e confusão) distante da Bossa Nova. Paradoxalmente, ao romper barreiras, sentiam-se respeitando ainda mais o mestre, que também buscou fugir da arte preconcebida ao criar a batida inovadora e um novo gênero musical.

Logo, não foi sem espanto que deparei com Wilson Simonal e sua Pilantragem. O novo som tinha uma proposta muito parecida, em vários aspectos, com aquelas novas ideias trazidas pelos tropicalistas um pouco mais tarde. Ambos buscavam a modernização da música, aceitavam e deglutiam as inovações estrangeiras junto com a tradição, tinham uma preocupação com a cultura de massa, ironizavam os conservadores estéticos.

Era muita semelhança! Como aquilo poderia ter acontecido sem que eu nunca tivesse me dado conta da importância daquele homem e a aparentemente ingênua Pilantragem? Se o Tropicalismo foi uma tentativa de alargar a MPB em direção a uma postura esteticamente mais libertária, sem preconceitos de qualquer ordem, Simonal parece ter sido seu calcanhar de aquiles. Aliás, por que o Tropicalismo sempre advogou o monopólio da modernização estética, negando espaço a outras aberturas que não passassem por seu crivo? Antes de conhecer Simonal, para mim, tudo parecia caber na boca antropofágica tropical, de Vicente Celestino ao rock britânico. Ao entrar em contato com a Pilantragem, comecei a me perguntar qual o tamanho da boca tropicalista.

Durante aqueles anos, música e política andavam muito próximas. Discutir estética era também exercer política. Não foi por acaso, então, que Caetano Veloso escolheu Chacrinha e Roberto Carlos como símbolos do seu movimento, de forma a contestar os "puristas" da música popular. O primeiro pelo tom escrachado, conduta desbocada e popularesca; o segundo por ser um nome da música de massa, influenciado pelo rock pós-Beatles. Ambos, Chacrinha e Roberto Carlos, eram vistos com repúdio pela classe média universitária, que forjou a MPB no seu início. Assim, para Caetano, assumi-los como influências servia para bater de frente com o núcleo duro da MPB.

Logo que deparei com Wilson Simonal, me perguntei por que ele não foi apropriado pelos tropicalistas e usado como fonte de inspiração, como haviam sido Chacrinha e Roberto. Mais do que ambos, Simonal era os dois juntos! Além de um cantor que incorporava o som estrangeiro e a cultura de massa, era um fanfarrão, um debochado, como o Velho Guerreiro. Por que ele não foi valorizado pela Tropicália? Uma pergunta ficou no ar.

Gradualmente, comecei a perceber que não era o único que via semelhanças entre os dois movimentos culturais. Já na época, para o bem e o mal, críticos, público e os próprios artistas, às vezes, se confundiam. Quando se criticava a tropicália, não era incomum colocar a Pilantragem no mesmo saco, desmerecendo-a. E se fosse o caso de elogiar um dos movimentos, o outro acabava também referendado. O próprio Carlos Imperial viu na alegria tropicalista uma continuação de seu projeto estético: "Tropicalismo é uma Pilantragem inventada pelo tremendo pilantra Guilherme Araújo, empresário de Veloso e Gil e outros adoráveis pilantras. Tropicalismo é banana para os descontentes."[2]

---

[2] *Intervalo* (1968), ano VI, nº 289.

Imperial via no início do Tropicalismo uma forma de deboche ao saber "intelectualizado". De fato, sua interpretação não estava de todo errada. Assim como a Pilantragem, a Tropicália valorizava a ironia aos códigos convencionais das esquerdas. A diferença é que no estilo de Simonal e Imperial esse deboche era menos elaborado liricamente. E na tropicália havia uma preocupação maior de também ironizar os códigos das direitas. Mas como isso ainda não estava claro, a confusão continuou.

Em 1970, espantado com a popularidade de Simonal, o cineasta Domingos de Oliveira fez um filme com o cantor, muito parecido com os vários que Roberto Carlos já fizera no início da carreira.[3] O filme tinha roteiro simples e muita música. Oliveira também viu a Tropicália como um tipo de Pilantragem: "[O filme] *É Simonal*, como não podia deixar de ser, é Tropicalismo puro, onde a riqueza das cores põe em relevo o rapaz simpático da fitinha de índio amarrada na testa. Claro que *É Simonal* tem música da melhor qualidade do Som Três e de Erlon Chaves."[4]

Os críticos também confundiram os dois movimentos. Chico de Assis,[5] jornalista do *Ultima Hora* de São Paulo, ferrenho inimigo dos baianos, foi taxativo: "Tropicalismo beira a Pilantragem (...) Gil com seus gritos não agride a sensibilidade ou os valores, agride fisicamente o ouvido."[6]

Até os Beatles ajudaram na confusão. Como se sabe, os Beatles usaram e abusaram de artifícios mercadológicos e promocionais. Ao longo da carreira, atuaram em quatro filmes: *A Hard Day's Night* (de 1964, no Brasil conhecido como *Os reis do iê-iê-iê*), *Help!* (no Brasil, *Socorro!*) (1965), *Magical Mystery Tour* (1967) e *Let It Be* (1970). A ligação dos Beatles com a telona não parou por aí. Em 1968, lançaram outro filme, só que desta vez um desenho animado: *Yellow Submarine* (No Brasil, *Submarino amarelo*) levava John, Paul, George e Ringo para a terra colorida de Pepperland.

---

[3] Roberto Carlos e sua trupe da Jovem Guarda realizaram três filmes, no início da carreira: *Roberto Carlos em ritmo de aventura* (1967); *Roberto Carlos e o diamante cor-de-rosa* (1968) e *Roberto Carlos a 300 quilômetros por hora* (1971).
[4] *O Globo* (19/7/1970).
[5] O jornalista Chico de Assis era tão odiado pelos tropicalistas, e vice-versa, que foi citado no famoso discurso de Caetano ao ser vaiado durante a apresentação da canção "É proibido proibir", no III Festival Internacional da Canção, na TV Globo, em 1968.
[6] "O tropicalismo é nosso, viu", *Realidade* (dez. 1968).

Num cenário psicodélico, os Beatles são requisitados pelo Capitão Fred, do tal submarino amarelo, para libertar Pepperland do vilão Blue Meanies, que havia trazido tristeza ao lugar.

Envolvidos na máquina promocional do filme, os quatro rapazes de Liverpool lançaram um LP com a trilha sonora, metade composta por Paul, John e George e o resto por George Martin, seu produtor musical. Mais tarde, também foi lançado um colorido livro que narrava as desventuras dos músicos por Pepperland.

O livro *The Yellow Submarine* chegou ao Brasil no mesmo ano do filme e foi traduzido por Nelson Motta e José Carlos de Oliveira em 1968. O curioso é que em *Submarino amarelo* os tradutores alteraram nomes de personagens e lugares, sem se importar muito com o original inglês. Assim, Pepperland tornou-se Pilantrália! E o vilão da história mudou de nome: de Blue Meanies virou o Superbacana! No auge do Tropicalismo, em 1968, Motta e Oliveira colocaram o nome de uma canção de Caetano Veloso no vilão malvado da "Pilantrália", mistura de Pilantragem e Tropicália.[7]

Como se vê, não havia uma barreira clara entre os dois movimentos.

Para aumentar a confusão, Carlos Imperial lançou em 1968 um LP chamado exatamente de Pilantrália, junto com a Turma da Pesada. No ano seguinte, na contracapa do LP Turma da Pilantragem vol 2, de 1969, o produtor do disco Armando Pittigliani embaralhou mais as cartas ao proclamar que Nonato Buzar era o "cérebro eletrônico" da Pilantragem, numa clara referência à música Tropicalista. Consultado sobre essa confusão que havia na época, Caetano Veloso manifestou-se refutando a ideia de que houvesse grande diferença entre os tropicalistas e a Pilantragem:

> Não havia barreira entre nós e Simonal e Imperial. E nós reconhecíamos isso. Eu fui amigo de Simonal em São Paulo. Isso era aceito naturalmen-

---

7 O livro *Submarino amarelo*, lançado pela editora Expressão e Cultura, em 1968, não foi encontrado em nenhum lugar, nem na Biblioteca Nacional, no Rio de Janeiro. Encontrei apenas uma resenha na revista *Realidade*, na qual os editores recomendam a tradução de Nelson Motta e José Carlos de Oliveira, louvando-a como "muito criativa", *Realidade* (abr. 1969), p. 20.

PILANTRÁLIA

te por mim, por Gil. A gente gostava dele, como artista a gente admirava aquilo. Agora, evidentemente, o projeto da gente tinha uma coisa mais ambiciosa e a gente não se identificava com as limitações da Pilantragem. Mas admirávamos, gostávamos e achávamos que estava incluído na abertura, na aceitação das coisas. Nos gostávamos de Simonal, eu gostei sempre. (...) Eu nunca liguei o Simonal artista a uma definição política por um lado ou por outro. Ele era um artista que gostava de se dar bem, que tem aquele tipo de vaidade do cara que fez sucesso, enriqueceu. Mas ele curtia, parecia curtir de uma maneira alegre. Não tinha outras pretensões.[8]

O fato de Caetano ter chamado a canção marco do Tropicalismo de "Alegria, alegria" também não foi acaso. Em seu livro *Verdade Tropical*, Caetano conta como se inspirou naquele bordão pop da época:

> Essa consciência da alegria assim situada me levou a eleger como título (sem contudo incluir na canção) o bordão "alegria, alegria!", que o animador de TV Chacrinha emprestara do bom cantor de samba-jazz em via de aderir a uma comercialização vulgar (mas nem por isso menos deliciosa), Wilson Simonal.[9]

Caetano não se apropriou do bordão para si, ao contrário do que podem pensar alguns, mas amplificou o poder daquelas palavras, dando status de produto cultural refinado. Mas por que a música ganhou um título que não é cantado em nenhuma estrofe? A canção de Caetano é repleta de visões fragmentárias de um caminhante urbano. Os anos 1960 são jogados na cara do ouvinte: "Espaçonaves, guerrilhas/ Em Cardinales bonitas", "Em dentes pernas bandeiras/ Bomba e Brigitte Bardot". O deboche das esquerdas está presente: "O sol nas bancas de revista/ Me enche de alegria e preguiça/ Quem lê tanta notícia?/ Eu vou/ (...)/ Por entre fotos e nomes/ Sem livros e sem fuzil/ Sem fome sem telefone/ No coração do Brasil". *O Sol*,[10] que enche o narrador de alegria (e preguiça), foi um jornal de curta duração, mas

---

[8] Depoimento de Caetano Veloso, Rio de Janeiro, 18/12/2008.
[9] Caetano Veloso, *Verdade Tropical*, op. cit., p. 166.
[10] *O Sol* circulou entre 12 de setembro de 1967 e janeiro de 1968. Carlos Calado, *Tropicália: a história de uma revolução musical*, São Paulo, Editora 34, 1997, p. 142.

342   GUSTAVO ALONSO

popular entre os estudantes universitários das esquerdas.[11] Mais adiante, a cultura de massa é mais um fragmento da vida cotidiana, tanto quanto o grito progressista ("Eu vou"): "Eu tomo uma coca-cola/ Ela pensa em casamento/ Uma canção me consola/ Eu vou/ (...)/ Ela nem sabe até pensei/ Em cantar na televisão/ O sol é tão bonito/ Eu vou". Caetano ironizava os discursos pré-fabricados e mostrava uma realidade fragmentária, recortada, em estado bruto.[12] Caetano apropriou-se do bordão "alegria, alegria", pois, utilizado na TV, este virou símbolo da cultura de massa. Mais além, expressava a visão positiva da realidade, tão cara aos tropicalistas na luta contra a

---

[11] O imaginário da *resistência* preferiu ver essa citação como um engajamento automático. Em 2006, foi lançado o filme *O sol: sem lenço nem documento*, de Tetê Moraes e Martha Alencar, no qual são contadas muitas histórias da curta vida (entre 1967-1968) daquele diário, louvado como um bastião da *resistência* à ditadura. Antigos articulistas, redatores e contribuintes foram entrevistados e reunidos novamente. Entretanto, ao contar uma história heroica, o filme não problematiza o período.

Caetano Veloso comparece com seu testemunho. Os diretores do filme não compreenderam que, já na época, Caetano não enxergava o jornal tal qual eles o viam e ainda o veem. Para além de uma arma da *resistência*, Caetano o via como algo a ser problematizado, por isso ele é dúbio quanto a *O Sol*, que o enche de alegria e preguiça. Ignorando esta compreensão, as diretoras se apropriaram de parte da canção para dar título ao filme. Não contentes com tal desatenção, insistiram em saber se Caetano tinha ou não conhecimento do jornal quando compôs a canção, pois o sol é retratado em diversas passagens: "O sol se reparte em crimes// (...) o Sol nas bancas de revista/ .../ o sol é tão bonito". Caetano mais uma vez preferiu a ironia, falando que ainda não conhecia o jornal quando compôs a letra. Assim a composição continuava aberta a interpretações múltiplas, melhor do que associada a uma visão simplista da *resistência* desejada pelos diretores.

Em seu livro autobiográfico *Verdade tropical* (de 1997), Caetano deixa clara a insatisfação com os limites da memória da *resistência*:

> Os brasileiros jamais se acostumaram com o título, referindo-se a ela [à canção "Alegria, alegria"] na maioria das vezes não pelo primeiro verso, nem pelo último, nem mesmo pelo quase-refrão "Eu vou", mas pelo pregnante "Sem lenço, sem documento", que surge duas vezes e em posições assimétricas, na longa letra.
>
> Não creio que isso se deva simplesmente ao fato de a expressão "alegria, alegria" não constar da letra da música. É mais provável que a fenda de ironia que separa a canção de seu título tenha dissociado drasticamente uma do outro na mente do ouvinte comum. De todo modo, "sem lenço, sem documento" corresponde à ideia do jovem desgarrado que, mais do que a canção queria criticar, homenagear ou simplesmente apresentar, a plateia estava disposta a encontrar na canção.

Caetano Veloso, *op. cit.*, p. 167.

[12] Seu processo de composição é bem diferente do de Geraldo Vandré em "Para não dizer que não falei das flores", que mostra toda uma realidade lógica e massacrante para convocar à luta: "Vem vamos embora/ Que esperar não é saber/ Quem sabe faz a hora/ Não espera acontecer".

PILANTRÁLIA

hegemonia da canção de protesto na MPB. Esta última construía uma realidade estruturalmente perversa para defender mudanças. Em oposição à submissão da arte à política, a "alegria" era uma forma de ver o mundo em fragmentos, como um quebra-cabeça ainda a ser montado.

Assim como a Pilantragem, a Tropicália também ironizou os sambistas "da caixinha de fósforo", num ataque frontal aos pilares da nascente MPB. Aos puristas do samba "de raiz", Caetano Veloso compôs a "A voz do morto", deboche da autoelogiativa e triunfal "A voz do morro", de Zé Kéti, original de 1956: "Eu sou o samba/ A voz do morro sou eu mesmo, sim, senhor/ Quero mostrar ao mundo que tenho valor/ Eu sou o rei dos terreiros/ Eu sou o samba/ Sou natural aqui do Rio de Janeiro/ Sou eu quem levo alegria/ Para milhões de corações brasileiros." Mais ultrajante ainda, Caetano cedeu a canção para a tradicional sambista Aracy de Almeida, que a gravou nos idos de 1968:[13]

> Estamos aqui no tablado
> Feito de ouro e prata
> De filó, de náilon
> Eles querem salvar as glórias
> Nacionais, as glórias nacionais
> Coitados
> Ninguém me salva, ninguém me engana
> Eu sou alegre, eu sou contente, eu sou cigana
> Eu sou terrível, eu sou o samba
> A voz do morto, o cais do porto, despede um torto, a vez do louco, a paz do mundo
> Na glória
> Eu canto pro mundo que roda
> Eu e o Paulinho da Viola
> Viva o Paulinho da Viola!

Durante a pesquisa encontrei algumas pessoas comentarem que Simonal seria um negro "recalcado" por atacar o samba. Isso, aliado ao seu comporta-

---

[13] No mesmo ano de 1968, a música foi gravada no compacto duplo *Caetano Veloso e os Mutantes ao vivo*, pela Philips. Ao final, Caetano dedica a gravação à sambista ao gritar de forma bem tropicalista: "That's a rockroll portrait of Aracy de Almeida." Para uma análise interessante do samba de Caetano ver "A voz do morto", *in* Pedro Alexandre Sanches, *Tropicalismo: decadência bonita do samba*, São Paulo, Boitempo, 2000.

mento esnobe e soberbo, é visto através da lógica do recalque, ou seja, Simonal teria uma "falha de caráter" proveniente, segundo esses críticos, de problemas e deficiências na infância. É curioso constatar o quanto é problemático para algumas pessoas compreenderem que um negro não tem necessariamente que fazer apologia de tal gênero musical. Ora, caso isso fosse verdade, tal "recalque" também deveria ser aplicado a Caetano. Mas é claro que as coisas não podem ser resolvidas de forma tão simplória. O ataque ao samba era uma estratégia dos modernizadores musicais diante dos puristas da MPB. Assim como Simonal, Caetano digladiava-se contra essa postura estética. Irônico, ousou até "macular" a boca de Aracy de Almeida ao misturar samba e Jovem Guarda num mesmo verso: "Eu sou terrível, eu sou o samba." Longe de ser "recalque" ou "falha de caráter", o ataque ao samba era uma proposta estética legítima de setores modernizadores da música popular. A crítica "psicologizante" só serve para demarcar novamente uma identidade estética conservadora da MPB.

Para espanto maior, Caetano relatou recentemente que a canção foi composta a pedido de Aracy, que, longe de ter se sentido "usada", inspirou a canção ao relatar seu desconforto em ser veiculada como bastião da tradição pela mídia e fãs:

> "A voz do morto" é um samba que me foi encomendado por Aracy de Almeida, que era chamada de "o samba em pessoa", justamente. Ela me disse: "Esses filhos da puta querem salvar as glórias nacionais! Glórias nacionais aqui ó, no cú! Glória nacional é o caralho!" Foi o que ela me pediu: "eu quero que você faça um samba dizendo isso!" Muito engraçada, muito agressiva, muito malandra. E depois disse: "eu já estou cansada de ser a voz desse morto!", se referindo ao Noel Rosa. O morto é o Noel Rosa, a pedido da Aracy de Almeida![14]

A identificação modernizadora entre os movimentos e as semelhanças críticas em relação ao samba não param por aí. É curioso perceber que as analogias entre Pilantragem e Tropicalismo continuam em evidência mesmo nos dias de hoje. Em 2009, durante o lançamento do CD de inéditas *Zii e Zie*, um disco em que mistura *indie* rock e samba, Caetano Veloso mostrou afinidades estéticas com Marcos Moran, pilantra amicíssimo de Simonal:

---

[14] Fala de Caetano Veloso retirado do documentário *Samba Riachão* (2001), de Jorge Alfredo.

Bravo!: Por que você decidiu mudar o nome do disco de Transamba para *Zii e Zie*?

Caetano: O título nunca foi Transamba. Lancei a palavra como uma sugestão de definição do que estávamos fazendo. Descobri depois que havia o disco de Marcos Moran e Samba Som Sete chamado Transamba. Achei legal. Mas sempre pensei em pôr um título em italiano, possivelmente com uma expressão em que um som se repetisse em duas palavras.[15]

Seja como for, "transambas" ficou sendo o subtítulo do 42º disco de Caetano.

Embora intelectualmente mais "refinado", o tropicalismo tinha propostas muito parecidas com as da *Pilantragem*. Caetano foi pródigo no contato com as outras artes, especialmente o teatro, o cinema, as artes plásticas e a poesia.[16] Não se pode cobrar tal refinamento do movimento de Simonal até porque fazia parte deste a crítica ao "aprimoramento intelectual". Isso, contudo, não deveria impedir a Pilantragem de ser reconhecida como movimento estético da década de 1960. A Jovem Guarda nunca teve uma cabeça que pensasse o movimento com um discurso estruturado. Apesar de não ser elaborado intelectualmente (até porque a espontaneidade sempre foi uma de suas bandeiras), o iê-iê-iê foi reconhecido como movimento de ruptura na música popular. Não se pode negar que a Jovem Guarda foi, de fato, um movimento cultural, aliás um movimento de massa.

O Tropicalismo e a Pilantragem eram movimentos que buscavam uma saída para a música popular, colocando-a em uma nova relação com o público e o mercado. Com tantas semelhanças, era natural que Simonal fosse visto como um tropicalista. Contudo, quando foi chamado a colaborar, não aceitou: "Quando bolaram a Tropicália, ele [Caetano Veloso] me convidou para participar e eu não quis. Era fora do meu espírito."[17]

---

[15] Fonte "Chega de verdade", *Revista Bravo!*, abril de 2009; http://bravonline.abril.com.br/conteudo/musica/entrevista-caetano-veloso-432692.shtml

[16] Veloso sempre afirmou que foi muito influenciado pelo cinema de Glauber Rocha, especialmente, *Terra em transe*. Nas artes cênicas, ele encontrou um parceiro tropicalista em José Celso Martinez Correa e no Teatro Oficina. A canção "Tropicália" teve o título apropriado de uma obra do artista plástico Hélio Oiticica. Por sua vez, a poesia concreta, encabeçada pelos irmãos Campos, tornou-se uma das molas da poética do cantor.

[17] "Proscrito, Simonal tenta cantar em SP" op. cit.

Curiosamente, ele via na Tropicália algo que não condizia com ele, "fora do seu espírito". Por quê? Com tantas semelhanças, qual seria o motivo para tal repúdio?

> Caetano Veloso teve duas fases: a romântica e a Tropicália. Na segunda ele fez várias coisas boas mas entraram vários bicões na jogada. Um dia cheguei pra ele e falei, lá em São Paulo: "Você está fazendo coisas compromissadas com a inteligência, é preciso coisa que o povo entenda senão vai atingir apenas meia dúzia de pessoas."[18]

Os tropicalistas, de fato, buscaram problematizar a música universitária da MPB, mas eram, eles próprios, oriundos das faculdades do país. Gil era formado em administração, Caetano cursou filosofia na Bahia e Tom Zé frequentou a Faculdade de Música de Salvador. Para além de serem universitários de fato, eles viviam entre estes, compartilhando ideias, críticas e projetos. Mesmo aqueles que não cursaram os bancos universitários, como Gal, Bethânia, Nara Leão e Os Mutantes, eram adeptos daquela formação crítica e política. Diferentemente de Simonal, que muitas vezes era acusado de cantar "besteiras", as canções tropicalistas não eram para principiantes. A poética inovadora, as variadas referências, o discurso alegórico e a crítica aos cânones da MPB demandavam do ouvinte certo conhecimento. Ao mesmo tempo que almejava a cultura de massa, o Tropicalismo propunha uma resposta refinada demais para o homem comum. Chacrinha percebeu esse "dilema" tropical:

> O Tropicalismo de Caetano, se não se comunica com a massa, é porque não é autêntico. Eu não. O povo me aceita porque sou o único autêntico. Há mais de 20 anos. Desde 1946. Desde o rádio. Veja esta fotografia, eu ainda usava bigode mas já me vestia do jeito que me visto hoje. Olhe aqui eu fantasiado de índio. De noiva. O que acontece é que, antes, a imprensa me chamava de débil mental, de maluco, de grosso. Dizia que meu programa não valia nada. Me chamaram de alienado. Atenção, seu Machado, eu disse a-li-e-na-do! E agora? Agora a imprensa intelectualizada é obrigada a me aceitar, a reconhecer o meu valor. Aliás, acho que a palavra tropicalista vai desaparecer, mas, mesmo depois do Caetano partir para outra, quando não se falar mais no assunto, eu continuarei tropicalista. Sempre fui. Há mais de 20 anos.[19]

---

18 "Simonal: o importante é se fazer entender", *Jornal do Brasil* (28/2/1970), Caderno B, p. 5.
19 "O tropicalismo é nosso" e "Acontece que ele é baiano", *Realidade* (dez. 1968).

PILANTRÁLIA

Assim como a Pilantragem, o Tropicalismo também teve vários inimigos, especialmente entre os puristas da MPB. Mas a diferença entre os dois projetos estéticos é que seus líderes tiveram um destino bastante diferente na história da música popular. Enquanto Caetano e Gil tornaram-se destacados nomes da cultura do país (o segundo foi até ministro da Cultura por seis anos, de 2002 a 2008), Simonal sofreu o ostracismo da memória nacional.

Quando as trajetórias começaram a se diferenciar, a ponto de se tornarem, hoje, totalmente dissociáveis? E por que Simonal não pôde ser incorporado pelo Tropicalismo, independentemente de sua opinião, assim como o foi Chacrinha?

Os tropicalistas, especialmente Caetano Veloso e Gilberto Gil, só foram, de fato, incorporados à MPB depois de terem sido exilados em 1969. A partir de então os opositores perceberam que as canções dos baianos eram tão ou mais políticas do que eles podiam supor. O exílio ressignificou a obra tropicalista, mostrando aos puristas da MPB que eles haviam sido mal interpretados. Isso não aconteceu com Simonal.

A Tropicália foi um movimento iconoclasta, que almejava a música sem rótulos ou fronteiras. Sua vontade era fundir as diversas vertentes da canção popular, da música "brega" à de protesto, numa festa estética. De fato, os artistas baianos problematizaram diversas questões do seu tempo, como lembrou o historiador Marcos Napolitano:

> Caetano incorporava o mau gosto na forma de alegoria para criticar o comportamento da classe média consumidora de cultura; problematizava a condição do intelectual engajado diluindo as narrativas épicas e teleológicas da esquerda, e fragmentava os discursos e os símbolos do nacional popular, situando-os numa nova perspectiva.[20]

No entanto, Simonal "dedo-duro" ainda é um mito intocado pelos iconoclastas tropicalistas. Nunca interessou a estes repensar a imagem do cantor, pois isso seria afirmar que havia outra proposta estética modernizadora no cenário nacional com uma linha bem parecida. Aliás, a questão da modernização era parte do dilema artístico da década de 1960. No campo

---

[20] Marcos Napolitano, *op. cit.*, p. 275.

musical, Jovem Guarda, Pilantragem, Tropicalismo e MPB foram movimentos que surgiram no intuito de modernizar a música nacional. Dois deles, Tropicalismo e Pilantragem, eram agregadores, não se fechavam em si mesmos, só que apenas um é relembrado, hoje, como tal. Defendo que a Pilantragem foi uma concorrente do tropicalismo na questão da modernização "antropofágica", como queriam Caetano e Gil. Visto como concorrente, Simonal foi apagado da história da modernização da música nacional. E o Tropicalismo aparece na memória como o único movimento de fato agregador dos anos 1960.

Isso não quer dizer que a Tropicália não tenha valor. Trata-se de lidar com os limites do discurso antropofágico. O historiador Marcos Napolitano tem razão quando defende que se construiu um *mito* em torno do tropicalismo: o de que foi um movimento de ruptura, renovado e renovador, uma "vanguarda heroica". Os defensores da posição "heroica" baseiam-se no texto seminal de Augusto de Campos, escrito no calor dos debates de 1968:

> Em síntese, o artista dinamita o código e dinamita o sistema. Caetano, Gil e Os Mutantes tiveram a inteligência e a coragem de lançar mais esse desafio e de romper, deliberadamente, com a própria estrutura de festival, dentro do qual os compositores tudo fazem para agradar o público, buscando na subserviência ao código de convenções do ouvinte a indulgência e a aprovação para as suas músicas "festivalescas".[21]

Os próprios tropicalistas se viam como tal. Quando foi vaiado durante a apresentação da canção "É proibido proibir", no III Festival Internacional da Canção, na TV Globo, em 1968, Caetano foi claro:

> Mas é isso que é a juventude que diz que quer tomar o poder? (...) Eu hoje vim dizer aqui que quem teve a coragem de assumir a *estrutura* do festival, não com o medo que o [crítico] sr. Chico de Assis pediu, mas com a coragem, quem teve essa coragem foi Gilberto Gil e fui eu! (...) Se vocês forem em política como são em estética, estamos feitos![22]

---

[21] Augusto de Campos, *Balanço da bossa e outras bossas*, São Paulo, Perspectiva, 2003, p. 266.
[22] Carlos Calado, op. cit., p. 221-223.

PILANTRÁLIA

Dez anos mais tarde, Celso Favaretto realizou um inventário do movimento no livro *Tropicália: alegoria, alegria*, no qual referendava as opiniões primeiras de Augusto de Campos:

> Pode-se dizer que o tropicalismo realizou no Brasil a autonomia da canção, estabelecendo-a como um objeto enfim reconhecível como verdadeiramente artístico. (...) Reinterpretar Lupicínio Rodrigues, Ary Barroso, Orlando Silva, Lucho Gatica, Beatles, Roberto Carlos, Paul Anka; utilizar-se de colagens, livres associações, procedimentos pop eletrônicos, cinematográficos e de encenação; misturá-los fazendo perder a identidade, tudo fazia parte de uma experiência radical da geração de 1960 (...). O objetivo era fazer a crítica dos gêneros, estilos e, mais radicalmente, do próprio veículo e da pequena burguesia que vivia o mito da arte (...) [mantendo-se] fiéis à linha evolutiva, reinventando e tematizando criticamente a canção.[23]

Mais recentemente, o livro de um antigo aliado do Tropicalismo continuou legitimando o corte cultural promovido pelo movimento. No capítulo "A ruptura tropicalista", Luiz Carlos Maciel referenda o poder revolucionário de Caetano e amigos: "A revolução proposta pelos jovens tropicalistas era muito mais abrangente, porque buscava um questionamento existencial, além das considerações econômicas, sociais e políticas: visava ao ser todo em face da vida e do mundo."[24]

Essa visão foi referendada, recentemente, pelo poeta e compositor Antonio Cicero:

> Um reparo precisa ser feito à afirmação de que o Tropicalismo, como a Bossa Nova, utilizou a informação da modernidade musical na recriação, na renovação, no dar-um-passo-à-frente da música popular brasileira: é que não era apenas a informação da modernidade *musical* que ele trazia para a MPB, mas a informação da modernidade simplesmente: a informação da modernidade musical, poética, cinematográfica, arquitetônica, pictórica, plástica, filosófica etc. Nesse contexto, a informação da modernidade deve ser entendida como a desfolclorização e desprovincianização da música popular, isto é, como a sua inserção no mundo histórico em que se

---

[23] Celso Favaretto, *Tropicália: alegoria, alegria*, São Paulo, Kairós, 1979.
[24] Luiz Carlos Maciel, *Geração em transe: memórias do tempo do tropicalismo*, Rio de Janeiro, Nova Fronteira, 1996, p. 200.

desdobram as artes universais: nada menos do que a proclamação da sua maioridade.[25]

O crítico musical Maurício Kubrusly reafirmou o poder revolucionário dos baianos:

> ...Gil capitaneou o LP-manifesto tropicalista, *Tropicália ou Panis et circensis*. E aí também as petulâncias do músico Gilberto Gil assustaram os mais bem-comportados, sobretudo por causa da grande dose de humor incluída em cada faixa. Tudo se tornou tão fértil que até hoje ainda estão aparecendo as consequências desse movimento e desse disco, pois ambos libertaram a música brasileira de um pacote de preconceitos.[26]

Essas opiniões favoráveis, algumas das quais apologéticas, não dão conta da seguinte questão: se o Tropicalismo pretendia antropofagizar as mais improváveis vertentes musicais, quem também acabou canibalizado foi o próprio Tropicalismo. O *mito* criado em torno do movimento, quase sempre à revelia de seus integrantes, frequentemente superestima seu poderio renovador. Embora iconoclasta, o movimento não logrou "implodir" a MPB, e esta continuou rótulo de um produto musical através do qual os tropicalistas (também) são vendidos. Como diz o historiador Marcos Napolitano, o enigma do Tropicalismo musical reside na decifração dessa situação ambígua:

> Os tropicalistas tiveram o mérito de objetivar, em forma de obras musicais e poéticas pioneiras, esses valores estéticos diferenciados, até então difusos no panorama cultural brasileiro. Os rumos que a MPB seguiu nas décadas posteriores confirmaram essa atitude, não como dessacralizadora, mas como instituinte de um novo estatuto e de nova inserção social da canção.[27]

O tropicalismo encerrou uma fase de institucionalização da MPB, através de uma estratégia paradoxal: negando (em seu sentido restrito), contribuiu

---

[25] Antonio Cicero, "O tropicalismo e a MPB", in Paulo Sérgio Duarte e Santuza Cambraia Naves (org.), *Do samba-canção à tropicália*, Rio de Janeiro, Relume Dumará/Faperj, 2003, p. 213.

[26] Maurício Kubrusly, "Rompendo as amarras do convencional", texto escrito em 1982 para a coleção História da Música Popular Brasileira. Cada artista ganhou um disco com coletânea de sucessos, lançados pela Editora Abril.

[27] Marcos Napolitano, op. cit., p. 275.

para ampliar e consolidar novo estatuto assumido pela sigla, dentro da hierarquia cultural como um todo.[28]

No entanto, em vez de ver o Tropicalismo como uma memória incorporada, vários autores louvaram o caráter "revolucionário" do movimento, apenas referendando e legitimando-o. Para efeito de proposta estética e projeto cultural, creio que nada de melhor ainda foi inventado, e, nesse sentido, também celebro o Tropicalismo. Contudo, não é isso que está em jogo aqui. Para o historiador, mais do que celebrar uma proposta artística aberta a novas fusões, faz-se necessário entender como este movimento foi incorporado socialmente. Continuo concordando com Napolitano:

> Isto não quer dizer simplesmente que o Tropicalismo tenha sido "cooptado" pelo mercado, levando consigo o conjunto da MPB ulterior. Antes de mais nada, traduziu uma opção de importantes setores do meio musical (e intelectual) de esquerda na formulação de um produto cultural renovado, que já se encontrava dentro de uma estratégia de afirmação no mercado de bens culturais.[29]

Os discursos que buscaram defender o Tropicalismo, louvando-o e legitimando-o, criaram o que o autor classifica de "mito da ruptura", ou seja, a ideia de que o movimento abalou as "estruturas festivalescas" e o público. Se ele de fato realizou tal proeza, isso não quer dizer que o público não tenha também referendado o movimento. Apesar do choque inicial, a canção "Alegria, alegria" foi muito aplaudida quando apresentada num festival de 1967, como lembra o historiador Paulo Cesar de Araújo:

> Vejam-se os casos, por exemplo, de "Alegria, alegria" e "Domingo no parque" no festival da Record de 1967. Ambas entraram para a mitologia dos festivais como um momento de confronto com as preferências da plateia estudantil e de esquerda. Entretanto, não houve grandes vaias nem para Caetano Veloso nem para Gilberto Gil naquele festival. Ao contrário, ambos foram aplaudidos nas suas apresentações. No dia da final, Caetano Veloso foi recebido com aplausos, flores e sob uma gritaria generalizada de "já ganhou!".[30]

---

[28] Idem, ibidem, p. 240.
[29] Idem, ibidem, p. 239.
[30] Paulo Cesar de Araújo, op. cit., p. 202.

Se "Alegria, alegria" foi ovacionada, em 1968 Caetano sofreu uma vaia-monstro durante a apresentação de "É proibido proibir". No entanto, ao contrário do que prega a mitologia da "ruptura tropical", naquela apresentação tudo transcorria bem até a entrada do hippie americano John Dandurand. Tratava-se de uma figura de dois metros de altura que, devido a uma doença, não tinha sequer um pelo no corpo. Pois bem, o tal hippie (que parecia uma lombriga dançando, segundo o próprio Caetano) pegou o microfone e começou a emitir grunhidos ininteligíveis, num *happening* combinado com o cantor. Como se vê, as vaias da plateia se deveram mais à atitude provocativa de Caetano do que à música amplificada pelas guitarras dos Mutantes.[31]

Se Caetano foi vaiado, em compensação, o tropicalista Tom Zé ganhou o festival da Record com "São São Paulo, meu amor". Gal Costa ficou em quarto, com "Divino maravilhoso", de Gil e Caetano, que teve recepção triunfal, grande parte da plateia pedindo a vitória. Naquele mesmo ano, Os Mutantes foram muito aplaudidos ao defender "Caminhante noturno" no FIC da Globo. O maestro Rogério Duprat ganhou o prêmio de melhor arranjador pela canção, prêmio que já havia ganhado no ano anterior com "Domingo no parque". As guitarras "trazidas" pelos tropicalistas ao festival também já não eram tão malvistas assim. No festival da Record, das 18 músicas apresentadas na primeira eliminatória, pelo menos dez traziam guitarras elétricas nos arranjos.[32] No ano seguinte, 1969, o choque com as "loucuras" tropicalistas foi ainda mais tênue. Jards Macalé ainda causou algum espanto com a letra de "Gotham City", que segundo o próprio não queria dizer nada: "Só que nós achamos o Super-Homem melhor do que Batman e Robin. Partimos para essa experiência apoiados no trabalho de Caetano e Gil, procurando a libertação dos padrões surrados, a libertação do fácil." E se Macalé conseguiu inovar, também conseguiu o apoio do júri: "Acho que o júri conseguiu entender alguma coisa. Isso me deixa confuso, porque minha música não era pra ser entendida por ninguém, só por mim e meu parceiro. Se alguém mais 'morar' no assunto, vou ficar frustrado."[33]

---

[31] Idem, ibidem, p. 202.
[32] Idem, ibidem, p. 194.
[33] "Estou realizado na vida". *Intervalo*. Ano VII, nº 32, p. 6.

Os Mutantes também ficaram frustrados naquele festival, como exprimiu Sergio Dias: "Vocês viram. Trazemos fantasias absurdas, bem ridículas, atacamos outra música no fim e o pessoal ainda aplaude. A gente faz a maior anarquia e eles nem se revoltam. Isso prova o que a gente sempre diz: os chamados caras sérios não distinguem mais o deboche da arte."[34] Consciente da incorporação do mito da ruptura tropicalista, o historiador Paulo César de Araújo procurou melhor entender o movimento:

> Esses fatos levam a algumas revisões historiográficas necessárias: nem as vaias eram direcionadas preferencialmente contra as "loucuras" tropicalistas, nem as "estruturas de festival" rejeitaram o movimento. Esses dois mitos, porém, acabaram fazendo parte da mística posterior criada em torno do movimento, com parte de sua estratégia de afirmação como "vanguarda heroica".[35]

O "mito da ruptura" não deve ser entendido como uma falácia. Não se trata aqui de buscar a veracidade ou não de um fato, mas de constatar sua representatividade. Nesse sentido, é interessante perceber que o Tropicalismo foi interpretado por seus apoiadores (e mais tarde por grande parte da bibliografia) como um movimento inovador a romper barreiras. Isso é o que importa. Por que se reproduziu o "mito da ruptura"? O que tornou a ideia tão atraente a grande parte dos autores?

O Tropicalismo é complexo: sua ambivalência requer uma análise mais fina. O "mito da ruptura" é apenas um lado da moeda. O *mito* está acompanhado do discurso da "linha evolutiva" da música popular, da qual os tropicalistas gostam de se ver como fruto. A primeira vez que tal termo surgiu foi em 1966, numa despretensiosa fala de Caetano, durante um debate sobre música popular, registrado na *Revista Civilização Brasileira*:

> Só a retomada da *linha evolutiva* pode nos dar uma organicidade para selecionar e ter um julgamento de criação. Dizer que samba só se faz com frigideira, tamborim e um violão sem sétimas e nonas não resolve o problema.

---

[34] "A gente agride, eles gostam. Como é que pode?" *Intervalo*. Ano VII, nº 32, p. 7.
[35] Idem, *ibidem*, p. 274.

Paulinho da Viola me falou, há alguns dias, da sua necessidade de incluir contrabaixo e bateria em seus discos. Tenho certeza de que, se puder levar essa necessidade ao fato, ele terá contrabaixo e terá samba, assim como João Gilberto tem contrabaixo, violino, trompa, sétimas, nonas e tem samba. Aliás, João Gilberto, para mim, é exatamente o momento em que isto aconteceu: a informação da modernidade musical utilizada na recriação, na renovação, no *dar-um-passo-à-frente* da música popular brasileira. Creio mesmo que a retomada da tradição da música brasileira deverá ser feita na medida em que João Gilberto fez. Apesar de artistas como Edu Lobo, Chico Buarque, Gilberto Gil, Maria Bethânia, Maria da Graça (que pouca gente conhece) [futura Gal Costa] sugerirem esta retomada, em nenhum deles ela chega a ser inteira, integral.[36] (Grifos meus)

Embora despretensioso quando foi proferido, o discurso da "linha evolutiva" tornou-se uma das molas mestras do movimento. Defendia-se a ideia de um movimento agregador que, assim como a Bossa Nova, fundisse as tradições e as novidades estrangeiras. Dois anos depois de o termo surgir na boca de Caetano, tornara-se senso comum entre os tropicalistas. Gilberto Gil incorporou-o a seu discurso:

A *linha evolutiva* devia ser retomada exatamente naquele sentido de João Gilberto, na tentativa de incorporar tudo o que fosse surgindo como informação nova dentro da música popular brasileira, sem essa preocupação do internacional, do estrangeiro, do alienígena. Quanto à ideia de uma música moderna popular brasileira, ela tem mais ou menos o mesmo sentido. É a ideia da participação fecunda da cultura musical internacional na música popular brasileira. De se colocar a MPB numa proposta de discussão ao nível de uma coisa brasileira sem aquela característica de ingenuidade nazista, de querer aquela coisa pura, brasileira num sentido mais folclórico, fechado, uma coisa que só existisse para a sensibilidade brasileira. E partindo dessas duas premissas, eu acho que agora, de uns seis meses pra cá, com esses novos resultados conseguidos principalmente pelo Caetano, essa *linha evolutiva* de João e a consecução dessa música popular moderna entraram em processo.[37] (Grifos meus)

---

36 *Apud* Antonio Cicero, *op. cit.*, p. 201.
37 Entrevista realizada por Augusto de Campos e Torquato Neto em 6/4/1968. Augusto de Campos, op. cit., p. 189.

PILANTRÁLIA

O poeta Augusto de Campos também referendava Caetano, perceben-
do a vigência da linha evolutiva mesmo durante o exílio dos líderes do
tropicalismo em Londres. Em 1971 ele disse:

> Parece-me que estamos ainda muito próximos da retomada que Caetano e
> Gil fizeram da *linha evolutiva* de João Gilberto para se ter perspectiva críti-
> ca para uma nova retomada. De resto, embora ausentes, eles continuam vi-
> vos e atuantes, e a sua presença exemplar continua a ser estímulo e desafio
> no caminho dos mais novos.[38] (Grifo meu)

O ensaísta Guilherme Wisnick explica o fio condutor que existiria entre os pais da Bossa Nova e seus filhos *tropicais*, legitimando mais uma vez
a "linha evolutiva": "a oposição do Tropicalismo à Bossa Nova não representa uma negação real desta, mas, ao contrário, a tentativa de ser o mais
fiel possível à sua essência revolucionária, violenta".[39]

Wisnick simplesmente avaliza um discurso do próprio Caetano. Em
1968 o baiano queria revolucionar o legado da Bossa acabando com o marasmo que a aprisionava:

> Me envolvi em toda essa paixão que nasceu com a Bossa Nova. (...) Quando
> cheguei ao Rio eu compartilhava de uma posição que se resguardara. Aos
> poucos fui compreendendo que tudo aquilo que gerou a Bossa Nova termi-
> nou por ser uma coisa resguardada, por não ser mais uma coragem. (...) Mas
> é claro que João Gilberto é outra coisa. Acho os discos de João um negócio
> sensacional até hoje, incluindo mil coisas que a gente tem de lutar ainda
> agora para que as pessoas aceitem sem medo. (...) E quando no Rio eu co-
> mecei a me enfastiar com o resguardo em seriedade da Bossa Nova, o medo,
> a impotência, tendo tornado a Bossa Nova justamente o contrário do que
> ela era, as coisas menos sérias começaram a me atrair.[40]

Se na década de 1960 havia um marasmo em relação ao legado da
Bossa Nova, hoje parece haver semelhante canseira analítica em relação
ao Tropicalismo. Se é verdade que todos os "mitos" ("da ruptura" e da

---

[38] Idem, ibidem, p. 300.
[39] Guilherme Wisnick, *Caetano Veloso*, São Paulo, Publifolha, 2005, p. 55.
[40] "Conversa com Caetano Veloso", in Augusto Campos, idem, ibidem, p. 202.

"linha evolutiva") não são falácias, também é verdade que há quase um consenso em torno do movimento, que legitima suas versões e reproduz seus pontos de vista. Em alguns casos, os textos tornam-se quase panfletos de divulgação de um movimento que, paradoxalmente, problematizou os panfletos na década de 1960. O próprio Caetano Veloso demonstrou certa impaciência com a banalização do termo "linha evolutiva", que consagrou uma explicação por vezes simplista do movimento: "Faz muitos anos que eu não gosto desse negócio de linha evolutiva, faz muitos e muitos anos. Em Londres eu já detestava. Eu não gosto muito desse negócio não. Eu falei aquilo, tá legal, aquilo naquela entrevista, na altura era bom, o que eu mais queria, na verdade, era me referir a João Gilberto."[41]

Por outro lado, os críticos tradicionais do Tropicalismo parecem não dar conta da especificidade do movimento. Suas versões insistem em apontar deficiências do movimento, o que, no entanto, não explica sua aceitação e hegemonia na cultura nacional. Dentre estes críticos, Roberto Schwarz o vê como um projeto conservador, que reforça uma visão ideológica dos "dois Brasis" irreconciliáveis ao fazer o inventário de um país absurdo e contraditório. Para Schwarz, o Tropicalismo reafirmou a visão passiva e conformista da "classe média", justamente o público que procurava agredir.[42] Seguindo esta mesma linha de pensamento, Heloísa Buarque de Hollanda sugere que o Tropicalismo é a expressão de uma crise, que se limita a fixar uma imagem atemporal do Brasil, absurdo nas alegorias, desmobilizador nas contradições e ambíguo na exacerbação do moderno e arcaico.[43]

Seguindo uma trilha parecida, Pedro Alexandre Sanches também analisou o tropicalismo em suas "deficiências". Para ele, o Tropicalismo é uma das pontas da arte pós-moderna que, em sua "hiperinformação" e excesso de dados, transforma os homens em seres "medievais", incapazes de articu-

---

[41] Entrevista a Gilberto Vasconcelos, *Folha de S.Paulo*, 15/06/1980. Apud: Fonseca, Heber. Caetano, esse cara. Revan. Rio de Janeiro. 1993, p. 29.
[42] Roberto Schwarz, "Cultura e política: 1964-1969", in Roberto Schwarz, *O pai de família e outros estudos*, Rio de Janeiro, Paz e Terra, 1978.
[43] Especialmente o capítulo "O susto tropicalista na virada da década", in Heloísa Buarque de Hollanda, op. cit.

PILANTRÁLIA

357

lar pensamentos lógicos, comunicação racional ou constituição de saberes. Nesse sentido, para Sanches, o tropicalismo nos joga num eterno presente, sem possibilidade de linearidade e continuidade entre passado, presente e futuro.[44]

É difícil concordar com os principais críticos do movimento, pois estes insistem em ver deficiências desmobilizadoras, desagregadoras, destruidoras. Além disso, esses pesquisadores sempre vêem o Tropicalismo como parte de algo, um fragmento de um todo maior, seja "da sociedade", da arte "pós-moderna" ou das "classes sociais". Dessa forma, a Tropicália não é analisada "em si", mas no que ela tem de correspondência com a sociedade. Eles preferem ver o movimento como espelho de nossas deficiências sociais e artísticas, diagnóstico de uma sociedade em crise. Será que é preciso o Tropicalismo para se comprovar tal decadência? A Tropicália resume-se a isso: aval de um diagnóstico? Ao contrário, penso que o movimento é instrumentalizado por estes teóricos, referendando uma visão já construída de nossas deficiências. Em seus discursos, o Tropicalismo (e a própria arte) torna-se passivo, pois vira refém das questões sociais.

Mas a arte nunca é passiva e, numa análise estética, o interessante é perceber a música revolucionar a si mesma. O único compromisso da arte é com a própria arte, da música com a música, o que não é pouca coisa. Isso não quer dizer que não se possa fazer uma leitura social da arte. Afinal, eu mesmo a faço. A arte não se dá fora da sociedade. Contudo o oposto também é verdade: a sociedade não se dá fora da arte. Indo mais além, em vez

---

[44] "É um processo que já por muito se estende, e, no Brasil, os tropicalistas estiveram entre os primeiros veículos dessa nova forma de energia. (...)

Tão celebrado e tão prorrogado, em moto-contínuo, o Tropicalismo faz-se — talvez se faça a própria pós-modernidade — de constante reparação histórica, de constante readequação às obrigatoriedades do presente perpétuo. Não por acaso, seu líder maior revisa quase continuamente os conceitos tropicalistas, ao ponto de registrar em livro o que chama de 'verdade tropical'. (...)

Nem há muito que satanizar Caetano por nada disso — é seu projeto de autodefesa, de edulcorar efeitos nefastos causados e irrevogáveis. Novamente, ele era vetor, não vírus de causa, e o projeto de autodefesa oscila entre a fragilidade, a dificuldade de se deslocar de um centro que não é mesmo seu (nem de ninguém) e a pura e simples humanidade — a fragilidade, novamente." Pedro Alexandre Sanches, op. cit., p. 25-26.

de ser determinada pelo "social" ou pelo contexto, a arte é um dos construtores destes. Nesse sentido, numa leitura "social" da arte, seria mais interessante ver o que o Tropicalismo trouxe de inovador ao conservadorismo, à arte "pós-moderna" ou à "desmobilização", mais do que ser mero espelho destes fatos sociais.

A questão aqui proposta não é negar o poder antropofágico, as inovações críticas e os questionamentos da Tropicália, mas perceber qual o tamanho de sua boca e em que medida os atores e concorrentes foram deglutidos ou escarrados pela memória daqueles que viveram o movimento.

Como demonstrado, o Tropicalismo balança no pêndulo paradoxal da "ruptura" e da "linha evolutiva". Aparentemente, isso não é uma contradição, já que ele nunca se propôs ser seta de nada. A intenção sempre foi mais movimentar do que ser um movimento. Não à toa, esse pêndulo permanece até hoje referendado por grande parte dos analistas do movimento. Como a ruptura já foi incorporada, hoje se enfatiza a "linha evolutiva". José Miguel Wisnik abordou essa questão na obra do compositor baiano: "na canção de Gilberto Gil o contemporâneo não conserva, mas *conversa* com a tradição viva. O 'samurai futurista' corta o nó da ciência e da arte".[45]

No disco *Tropicália 2*, de 1993, 25 anos depois do original *Panis et circensis*, de 1968, Caetano e Gil continuam vendo pontes entre as diversas vertentes da música popular e sua trajetória. O texto da capa interna do CD louva os vários artífices da música popular brasileira e coloca os baianos como a "descendência" criativa da "linha evolutiva":

> (...) Roberto Silva é uma sombra da ponte que leva de Orlando Silva e Ciro Monteiro a João Gilberto — uma *linha evolutiva* não presente na consciência dos outros grandes da época, que só viam o lado americano da modernização: os Alfs e Alves e Farneys, os Cariocas (...)
> Caetano ensaiou com João que ensaiou com Caymmi que, segundo o próprio, já nasceu ensaiado." (Grifo meu)

Ao mesmo tempo em que se proclamava uma "ruptura", o movimento construiu uma "linha evolutiva". Curiosamente, o Tropicalismo é a tradi-

---

45 José Miguel Wisnik, "O dom da ilusão", in Carlos Rennó, op. cit., p. 18.

ção da/na revolução. E a revolução da/na tradição. É mais um ciclo dessa força chamada "música popular".[46] Entretanto, mesmo advogando-se recriador da tradição (e a tradição da criação), o Tropicalismo não ousou evitar o ostracismo de Simonal. Aliás, o poeta Augusto Augusto de Campos, num texto de 1966, foi taxativo ao excluir o cantor de qualquer salvação através da Tropicália, simplificando sua trajetória:

> Os cantores como Wilson Simonal, Leny Andrade, Peri Ribeiro, Wilson Miranda enveredam mais para o campo de um virtuosismo vocal exacerbado, imitativo da improvisação instrumental do *jazz* e dos *be-bops* americanos, artificioso, ultrassofisticado, pleno de afetações e maneirismos que fazem das músicas mais simples verdadeiros labirintos melódicos. Simonal, sem dúvida alguma o mais bem-dotado e seguro dessa tendência, poderia interpretar da mesma maneira "Mangangá da barriga amarela" ou "Cigarrinho aceso na mão", pois tanto a música como o sentido do texto são para ele secundários. As peripécias rouxinolescas, os jogos de cena teatrais, o *charme* pessoal, o estrelismo, as pretensões a *showman*, enfim, passaram a ser os aspectos preponderantes dessa tendência".[47]

O Tropicalismo, além de pretender ser uma "linha evolutiva", foi também linear na "ruptura" com concorrentes da modernização da música popular. Os modernizadores que aceitaram as bênçãos foram bem aceitos e incorporados. Os que não se prestaram à deglutição tropicalista, foram escarrados. O historiador Paulo Cesar de Araújo lembra:

> Quem enfrentou a barra da rejeição contra a guitarra e outros símbolos pop foram os cabeludos da Jovem Guarda, não os tropicalistas. Quando estes decidiram incorporar elementos do universo pop em sua música, o público e o mercado já estavam devidamente conquistados para as guitarras elétricas. Mas criou-se o *mito da ruptura* [e eu adicionaria o *mito da linha evolutiva*], quando na verdade os tropicalistas deram continuidade ao que já vi-

---

[46] Mesmo aqueles que veem criticamente o legado tropicalista adotam esse discurso "linear". A jornalista Ana Maria Bahiana escreveu um artigo no final dos anos 1970 sob o título de "A 'linha evolutiva' prossegue — a música dos universitários". Ana Maria Bahiana, "A 'linha evolutiva' prossegue — a música dos universitários", in *Anos 70: música popular*, Rio de Janeiro, Europa, 1979.
[47] Augusto de Campos, *op. cit.*, p. 119.

nham fazendo Roberto Carlos, Erasmo Carlos e, mais especificamente no campo da MPB, Jorge Ben e Wilson Simonal.[48]

A diferença é que tanto Jorge Ben, na MPB, quanto Roberto e Erasmo, na Jovem Guarda, aceitaram ser incorporados. Caetano sempre privilegiou Jorge Ben, logo antropofagizado pelo movimento.

> Essa identificação da Pilantragem com o Tropicalismo nunca nos pareceu errado. Era isso mesmo! Mas tem uma coisa que faz com que a gente não quisesse ressaltar isso: a gente já ressaltava o Jorge Ben, que tinha esses elementos antes do Simonal, que compôs grande parte do repertório dele e sempre com uma pegada mais radical, mais profunda e abrangente. Jorge Ben pra mim era o cara pois já tinha uma solução formal para essas questões. E o Simonal era diferente do Jorge Ben pois o Jorge tinha ficado muito desprezado pela turma do Fino da Bossa, digamos assim, [ignorado por] aquela turma da segunda fase da Bossa Nova no Rio. E o Roberto Carlos abrigou-o e ele começou a cantar no Jovem Guarda. Já o Simonal estava a meio caminho de uma atitude Jorge Ben tropicalista e do Fino da Bossa. O som dele ainda era muito samba-jazz, a Pilantragem tem um aspecto de samba-jazz e ficava limitado a isso. [49]

No auge das confusões em torno de Simonal, Caetano estava em Londres. Em entrevista o compositor relatou que também tentara deglutir de forma bastante tropicalista os acontecimentos que envolveram Simonal, mas desanimou depois de criticado amigavelmente por Glauber Rocha:

> Quando eu estava em Londres comecei a fazer uma música que tinha uma letra bem tropicalista, meio ambígua, sobre a situação no Brasil em que eu dizia assim: 'Simonão, Simona?/ sim ou não Simonal?' Eu tinha um rascunho da canção que já tinha um esboço de melodia e eu mostrei pro Glauber Rocha, que estava hospedado em minha casa. Eu cantarolei um pedacinho, e o Glauber falou: 'não, isso eu não gostei não!' Aí eu desanimei. Mas não me pareceu que ele falou por causa do Simonal não! Ele não gostou do lance da música... Mas o Glauber também era esquerda e naquela altura ele

---

[48] Paulo Cesar de Araújo, *op. cit.*, p. 202.
[49] Entrevista de Caetano Veloso ao autor, 18/12/2008.

ainda não estava naquela linha que veio a ser chocante porque defendeu o Geisel e tal. [50]

Apesar da tentativa, Simonal continuou intocado pelos tropicalistas. No entanto, Caetano não vê especificidade na queda do cantor e acha que ele teria condição de voltar a ser reconhecido, caso não tivesse perdido a voz:

> Nos anos 1980 eu estava em Natal, fazendo uma excursão. Alguém me falou que o Simonal queria me ver mas estava com receio de eu não querer recebê-lo. Eu disse: 'claro que sim, eu quero ver o Simonal!' Então fomos a um restaurante, aí eu percebi que ele estava bebendo, que não estava bem. Estava com uma aparência não muito ruim, com aquele mesmo jeito, malandro... A gente foi bebendo e a conversa ficou um pouco diluída. Mas eu tenho muito orgulho de ter tido esse contato pessoal com ele na fase que ele estava em desgraça, e com muita atenção, muito carinho. Depois Simonal voltou pro Sudeste e tentou cantar de novo, mas ele perdeu muito a capacidade vocal. Eu fiquei arrasado com isso, entende? Havia um lugar para ele. Eu tenho certeza de que se ele tivesse voz, o negócio profissional poderia ser retomado. Aquilo [a alcunha de dedo-duro] não era um impedimento, eu tenho absoluta certeza. Eu por exemplo tomaria iniciativa, se houvesse resistência. [51]

O Tropicalismo foi um movimento aglutinador, não se pode negar. Mas aquele outro modernizador foi abandonado. E se Caetano diz que "tomaria iniciativa" de defendê-lo se houvesse resistência, fato é que sempre houve muita resistência a Simonal. Mas o silêncio tropicalista é um pouco mais específico que o silêncio cotidiano sobre o cantor. Penso que Simonal foi deixado de lado pelos tropicalistas pois essa foi a forma inconsciente através da qual eles se legitimaram como movimento artístico inovador. Penso que, diferente dos outros silêncios em relação ao cantor (que o veem como adesista), o silêncio tropicalista coloca Simonal como mais um dos modernizadores da década de 1960 subjugados pela força do imaginário da Tropicália.

---

[50] Idem.
[51] Idem.

Justamente por ser um movimento aglutinador, o Tropicalismo não pôde negar nada e ninguém, correndo o risco de romper o "mito da linha evolutiva" tão cara aos próprios líderes quanto aos seus autores. Sem poder negar, o Tropicalismo silenciou-se, calando-se frente ao fenômeno chamado Wilson Simonal. Mais uma vez, o silêncio e a indiferença chegavam ao seu cadáver insepulto.

Cabe demarcar que Simonal não foi o único que foi sugado pela força silenciosa da autolegitimação tropicalista como vanguarda estética inovadora. Todo o debate que acontecia nos anos 1960 em relação à música popular tinha por pressuposto a necessidade de modernização.

Longe de desejar uma volta "às raízes" pura e simplesmente, aqueles setores hoje frequentemente vistos como "engessados" dentro do campo da MPB, também queriam dar "um passo a frente". Os núcleos "duros" da MPB não negavam a necessidade de avanço, apenas discordavam que a mudança devesse passar pelo uso de guitarras elétricas, incorporação das influências estrangeiras e de uma poética fragmentada e ambígua.

Os núcleos que se colocaram contra o Tropicalismo durante os idos de 1968 não tinham muitas semelhanças entre si. Algumas dessas lideranças estéticas exprimem bem isso. Enquanto Vandré simplificava suas canções e tornava-as mais palatáveis e consumíveis como música de "protesto", *Marselhesas* da próxima revolução, compositores como Edu Lobo apostavam que o estudo formal da cultura popular era a única saída para a MPB conseguir combater os modismos estrangeiros e os congêneres nacionais. Por sua vez, Sérgio Ricardo se empolgava com a música de cunho político e apostava na arte engajada, associando suas canções a peças de teatro igualmente reivindicatórias. Não se tratava, então, de reacionarismo estético, como explicitou o compositor em 1972:

> Não se trata de recusar o instrumento internacional da evolução porque, se assim fosse, estaria eu a defender o tambor puro dos tupiniquim, me recusando até ao candomblé que nos foi dado pelos africanos. Trata-se de utilizar este instrumento na interpretação da nossa realidade, e não estar aí repetindo ou sendo o porta-voz de realidades exteriores.[52]

---

[52] Sérgio Ricardo, Coluna Disco de Bolso. *O Pasquim*, 2/2/1972.

Sérgio Ricardo continuou vendo, anos depois do auge da Tropicália, a música nacional sendo "ameaçada". Embora essa posição permaneça ingênua frente a problemática baiana o que se quer enfatizar aqui é que a opção antitropicalista não era necessariamente uma opção retrógrada, quase reacionária, contrária à mudanças estéticas, como frequentemente é vista. Na verdade, os debates dos anos 1960 geraram uma série de apostas em modernizações estéticas.

Chico Buarque, que foi ironizado por Tom Zé como "avô musical" dos tropicalistas, não era descrente da necessidade de modernização lírica e musical da música nacional. Ele escreveu na época do lançamento de seu primeiro disco um texto com tom muito parecido com as ideias que seu amigo Edu Lobo divulgava na época:

> O samba chega a gente por caminhos longos e estranhos, sem maiores explicações. A música talvez já estivesse nos balões de junho, no canto da lavadeira, no futebol de rua... É preciso confessar que à experiência com a música 'Morte e vida Severina', devo muito do que aí está. Aquele trabalho garantiu-me que melodia e letra devem e podem formar um só corpo. (...) Por outro lado, a experiência em partes musicais (sem letra) para teatro e cinema, provou-me a importância do estudo e da pesquisa musical, nunca como ostentação e afastamento do 'popular', mas sim como contribuição ao mesmo.[53]

Mesmo aqueles que eram vistos como "tradicionais" pelos tropicalistas também tinham como meta criar novos paradigmas para a música. No calor da luta, quando o Tropicalismo se impôs como vanguarda modernizadora, seus "concorrentes" se uniram contra este. O que não quer dizer que os antitropicalistas fossem de alguma forma coerentes entre si. Tal ato foi muito mais gerado pelo medo da hegemonia baiana do que por afinidades estéticas. A sua união contra a Tropicália foi, no entanto, o seu próprio fracasso, pois condensou simplificadamente todo um imenso naipe de modernidades alternativas em um único grupo, diminuindo suas diferenças e apagando seus diversos projetos modernizadores estéticos. E,

---

[53] LP *Chico Buarque de Hollanda*, RGE, 1966.

para aqueles que não foram antropofagizados ou dinamitados pela Tropicália, restou o silêncio.[54]

* * *

Apesar do silêncio tropicalista acerca de Simonal por longos anos, é preciso fazer justiça. Diante das similaridades dos dois movimentos, Caetano e Gil nunca se opuseram à Pilantragem ou mesmo a Simonal. Mesmo quando Simonal foi acusado de dedo-duro, os tropicalistas nunca chegaram a associá-lo diretamente à pecha. Segundo Caetano isso se deveu a uma inspiração:

> Tem uma pessoa que demonstrou uma reação com muita indignação e vivacidade em relação ao que fizeram com Simonal ao conversar comigo e com outros artistas: foi Vinicius de Moraes, bem cedo [ainda no início dos anos 1970]. Ele dizia: 'como? Por quê? Mas que besteira... o Simonal, um sujeito talentoso, um pretinho brasileiro que conseguiu subir na vida! Como é que pode agora cair essa carga em cima dele!' Isso é uma coisa que eu não conheço registro! Eu estou lhe dizendo porque adorei isso. Porque foi muito cedo e eu me identifiquei cem por cento com isso. [55]

---

[54] Não deixa de ser significativo que um dos filhos de Simonal o músico Max de Castro, defenda outra "linha evolutiva":
Max de Castro: Usando uma frase polêmica, os "tropicalistas" queriam retomar a linha evolutiva da MPB do ponto em que João Gilberto deixou. Eu diria que temos de retomá-la de onde Jorge Ben deixou. A música que ele fez nos anos 60 era sofisticada sem ter necessidade de se autoafirmar na sofisticação. Imagino Jorge Ben hoje, com a eletrônica...
Repórter: Estaria então interrompida essa tradição?
Max de Castro: Sim, de um tempo para cá... Jorge correu a maratona e chegou a algum lugar, mas nada do que ele fez motivou um passo à frente. Espero isso dos novos.
Talvez seja um pouco exagerado dizer que nada do que Jorge Ben fez tenha motivado "um passo à frente". Toda uma geração de cantores e compositores se formaram inspirados no "Bidu". Nomes como Trio Mocotó, Paulo Diniz, Maria Alcina, Edil Pacheco, Abílio Manoel, Marku Ribas, Luís Vagner, Bebeto, Carlos Dafé, e Itamar Assumpção, Seu Jorge, Simoninha e o próprio Max de Castro foram muito influenciados por Jorge Ben. Chegou-se até a cunhar o termo "samba-rock" para rotular esse grupo de artistas que fizeram sucesso principalmente na década de 1970. Mas o que Max de Castro parece querer dizer, para além da defesa de uma nova modernização musical, é que a "linha evolutiva" propagandeada pelos tropicalistas pouco serviu a seu pai.
Fonte: "Max de Castro apresenta o samba raro", *Folha de S.Paulo* (26/2/2000); *Folha Ilustrada*, p. 5-9. Jorge Ben retribui o elogio: "o Max [de Castro] é o cara. Ele é o que a gente queria ser nos anos 1960 mas não tinha conhecimento, não tinha tecnologia..." Entrevista a Amaury Jr. no "Programa Amaury JR." da Rede TV (28/1/2005).
[55] Entrevista de Caetano Veloso ao autor, 18/12/2008.

PILANTRÁLIA

Nos anos 1990, em pleno ostracismo do cantor, Gil e Caetano saíram em sua defesa quando indagados por um jornal do Paraná:

> *Caetano:* "É meu amigo. Não tenho nada a contar sobre ele. Sempre me tratou bem e sempre o tratei bem".
> *Gil:* "Eu nunca tive elementos suficientes para decifrar o fim dessa teia. (...) De qualquer maneira, eu era amigo dele, sou amigo dele. Pena que no final ficou o dito pelo não dito. (...) Na verdade, nós [Gil e Caetano] fomos vítimas de um lado, e o Simonal por outro. (...) Não me lembro de qualquer episódio complicado ou embaraçoso com ele. Para mim, é uma surpresa saber que ele foi acusado de ter nos delatado. Me lembro, sim, do Randal Juliano".[56]

De forma breve, embora corajosa, os tropicalistas demarcavam que não compartilhavam da memória condenatória sobre o cantor. Se eles não viam em Simonal um delator não foi por falta de vontade de apontar o dedo. Como sinaliza Gil, os tropicalistas nunca deixaram de acusar o apresentador Randal Juliano como seu verdadeiro carrasco.

Em 1968 os tropicalistas faziam um show numa boate do Rio de Janeiro quando foram surpreendidos com as acusações de Juliano, como escreveu Zuenir Ventura, vinte anos após os acontecimentos:

> Uma semana depois, sem Caetano e Gil, o III FIC escolheria o vencedor brasileiro que iria concorrer com os estrangeiros. Paralelamente ao evento, realizava-se na boate Sucata, de Ricardo Amaral, o que Caetano chamava de 'festival marginal ao festival que se seguia': um espetáculo tropicalista. Como parte dos elementos visuais de cena, destacava-se a bandeira de Hélio Oiticica: 'Seja marginal, seja herói'. O show, a bandeira de Hélio, alguns acordes que Os Mutantes dedilhavam ao violão e que os censores confundiam com o Hino Nacional, tudo isso, mas principalmente a campanha de delação *de um certo Randal Juliano*, que todo dia pedia pelo rádio e TV a prisão de Caetano, levara à proibição do show por um juiz, a ridículas acareações entre Amaral e Caetano e à prisão do compositor, logo depois do AI-5.[57]

Quatro anos após a publicação do livro de Zuenir, Caetano esclareceu melhor os fatos no programa *Jô Soares Onze e Meia* e na *Folha de S.Paulo*:

---

[56] "Caetano e Gil elogiam e até defendem o cantor". *Folha de Londrina*, 21/5/1992, p. 5.
[57] Ventura, Zuenir. *1968: o ano que não terminou*. Nova Fronteira. Rio de Janeiro. 1988, p. 205.

Dentro da prisão, eu fiquei sabendo que um radialista chamado Randal Juliano teria feito uma denúncia assinada. Segundo os militares nos disseram, eu e o Gil tínhamos cantado o Hino Nacional na boate Sucata com letra obscena e rasgado a bandeira brasileira.[58]

Um juiz viu o show, achou que desrespeitávamos a bandeira e achou por bem fechar a boate. Mas aquilo era uma obra de artista plástico, uma obra, aliás, que está correndo o mundo. (...) Acho que deve ter sido um boato que levou Randal Juliano a chamar a atenção das autoridades. O resultado é que ficamos presos durante mais de um mês. (...) Quando voltei do exílio, já estávamos sob o governo Médici, e a notícia já estava velha e ninguém se importou mais com ela.[59]

Gilberto Gil confirma a versão de Caetano:

Essa informação corria no quartel e entre os oficiais que falaram comigo na prisão. (...) Era uma denúncia falsa, baseada em fatos que não ocorreram. Randal foi, no mínimo, leviano. Eu cheguei a trabalhar com ele em diversas ocasiões e nunca pensei que fosse capaz de algo assim.[60]

Ainda na prisão Caetano percebeu que as acusações de Randal Juliano, embora o tivessem levado à cadeia, não era o que os mantinha encarcerados. Mesmo provando aos oficiais do quartel que os boatos eram falsos, ele não conseguiu sair da prisão, o que revelou o interesse do regime em puni-lo não por um ato específico, mas por sua própria existência contestatória.[61]

No mesmo ano de 1992 Randal Juliano deu a sua versão dos fatos, fazendo um mea-culpa:

Eu fiz um comentário sobre o episódio no programa jornalístico 'Guerra é guerra' da TV Record. Li uma nota de um jornal, cujo nome não lembro, que afirmava que Gil e Veloso haviam feito uma baderna numa boate, parodiando o Hino Nacional. Depois, fiz um comentário para esculhambar com eles porque, segundo a notícia, os caras haviam desrespeitado o símbolo

---

[58] Entrevista de Caetano no programa *Jô Soares Onze e Meia*, do SBT, 14/4/1992. *Apud.* Fonseca, Heber. *Caetano, esse cara*. Revan. Rio de Janeiro. 1993, p. 53.

[59] Depoimento de Caetano Veloso a Luís Antônio Giron para o jornal *Folha de S.Paulo*, de 16/4/1992. Apud: Fonseca, *op. cit.*, p. 53-4.

[60] Idem.

[61] Veloso, Caetano. *Verdade tropical*. Companhia das Letras. São Paulo. 1997, p. 398.

nacional. (...) Foi um ato exagerado de patriotismo e não pensei que fosse dar a repercussão que deu. Fiquei puto com o Zuenir, porque ele escreveu que 'um tal Randal Juliano' havia feito a denúncia e eu na época era bastante conhecido.[62]

O discurso Juliano é interessante pois suaviza uma denúncia que ele fez com frequência na época, e não apenas uma vez em um programa, como deixou claro Zuenir Ventura: "Ele não falou uma vez só. Esse cara fez campanha no rádio e na TV".[63] Ao mesmo tempo a irritação do apresentador com Zuenir também é procedente, já que ele estava longe de ser um desconhecido nos anos 1960. O que aconteceu com Juliano foi que a memória de sua personagem foi se apagando como de todos aqueles que apoiaram o regime. Na memória coletiva os adesistas não merecem registros e se transformam em quase desconhecidos.

Aproveitando o surgimento de mais um bode, o *Jornal do Brasil* publicou uma matéria com um título devastador: "Mais um dedo-duro entra na História." Diante do limbo que isso representaria a sua memória Juliano reagiu, dando declarações contraditórias:

> Não tenho por que pedir desculpas (...) Se soubesse que iria causar tanto mal a Caetano e Gil, juro por Deus, não teria feito este comentário. Eu desobedeceria até às ordens da produção, se fosse preciso. Estou arrasado. Eu não sou um dedo-duro e não vou me suicidar.[64]

Como Juliano deixa claro, assumir-se dedo-duro é, em tempos de auge da memória da resistência, suicidar-se instantaneamente.

---

[62] Depoimento de Randal Juliano a Luís Antônio Giron para o jornal *Folha de S.Paulo*, de 16/4/1992. Apud: Fonseca, *op. cit.*, p. 53-4.

[63] Depoimento de Zuenir Ventura a Luís Antônio Giron para o jornal *Folha de S.Paulo*, de 17/4/1992. Apud: Fonseca, *op.cit.*, p. 53-4.

[64] Depoimento de Randal Juliano a Márcia Cezimbra para o Caderno B do *Jornal do Brasil*, de 16/4/1992. Apud: Fonseca, *op. cit.*, p. 53-4.

Capítulo 11[1]

O VELÓRIO DA MEMÓRIA

"O crime estúpido, o criminoso só,
Substantivo, comum,
O fruto espúrio reluz
A subsombra desumana dos linchadores.

A mais triste nação
Na época mais podre
Compõe-se de possíveis
Grupos de linchadores"
O cu do mundo

(Caetano Veloso)

O velório prosseguia normalmente, apesar da multidão aglomerada na porta da Capela Real Grandeza no cemitério São João Batista, em Botafogo, no Rio de Janeiro. O corpo jazia ao fundo da capela e estava coberto com as bandeiras do Flamengo e da escola de samba Unidos do Salgueiro. Durante a madrugada amigos se revezaram diante do caixão. Estiveram presentes, para dar o último adeus ao músico, Roberto Carlos, Sivuca, Erasmo Carlos, Ronnie Von, Cidinha Campos, Sargentelli, José Messias, Agnaldo Timóteo, Bibi Ferreira e Peri Ribeiro. Pela manhã, apareceram Billy Blanco,

---

[1] Pesquisar sobre o ostracismo de Simonal é bastante complicado devido à dificuldade de se encontrar fontes. Só pude escrever este capítulo graças à confiança de sua segunda esposa, Sandra Cerqueira, que me cedeu o arquivo pessoal do cantor contendo reportagens e matérias que o próprio juntou durante pelo menos vinte anos. Agradeço imensamente a Sandra por proporcionar a experiência única para um historiador de entrar em contato com fontes coletadas pelo próprio objeto de estudo.

Marcos Lazaro, Carlos Machado, Cafuringa, Leni de Andrade, José Fernandes, entre outros. O concorrido enterro era prova de que, embora tivesse sofrido com o repúdio moral no auge do sucesso, ele ainda merecia respeito do povo e do meio artístico.

Apesar da grande quantidade de famosos, não houve sinal de confusão. Apenas duas senhoras em meio às pessoas que se comprimiam na sala onde estava o caixão reclamavam que suas bolsas haviam sido roubadas.

Foi quando sirenes de polícia foram ouvidas. Quatro carros, sendo três camionetas e um Opala, pararam perto da capela e os policiais saíram dos veículos escoltando um homem. A quantidade de policiais e viaturas era compatível com a fama da surpreendente visita, mas irreal se levarmos em conta a impossibilidade de o prisioneiro fugir, tamanha a comoção que sentiu ao ver o amigo morto. O morto era Erlon Chaves, e o velório acontecia no dia 15 de novembro de 1974, um dia após a morte do maestro. O amigo ilustre era Wilson Simonal de Castro, um presidiário de Água Santa, no Rio de Janeiro. Quando recebeu a notícia da morte do parceiro, já estava encarcerado, e não aguentou a crise emocional. Foi então removido para uma sala à parte, recebendo assistência médica especial. Não era um preso qualquer, tinha algumas regalias especiais. Os médicos lhe ministraram um sedativo e ele adormeceu.

No dia seguinte foi escoltado ao velório. Ao ver o rosto do cantor famoso se aproximando, as pessoas se aglomeraram, não deixando-o passar. A multidão se dividiu: uma parte começou a vaiar fortemente e outra a aplaudir. Afastando-as aos empurrões, os policiais levaram-no à capela. Primeiro, ele deu os pêsames à viúva e às irmãs do amigo. Quando se dirigia ao defunto, a multidão se apertou ainda mais, pressionando o cordão de isolamento que a separava da cena. Ouviu-se então o barulho das vidraças que guarneciam o interior do local sendo quebradas pelas pessoas, curiosas para ver qual seria sua reação.

O cantor havia sido encarcerado justamente no dia anterior, quando o juiz Menna Barreto leu a sentença condenando-o pelo crime de extorsão e tortura de seu contador. A notícia abalou Erlon Chaves. Morador do Flamengo, foi à loja de discos do amigo Artur Bernstein, na rua Senador Vergueiro, 45, loja 5. Por volta das 19 horas pediu à manicure do salão que

O VELÓRIO DA MEMÓRIA

funcionava ao lado para lhe fazer as unhas e começou a bater papo com os amigos sobre a prisão de Simonal. Segundo Artur Bernstein, Erlon só teve tempo de dizer: "Ele não merecia isso, era um bom rapaz." Quando ia responder, Erlon subitamente apresentou sinais de asfixia. Infarto fatal.

Durante o velório, muito emocionado, Simonal dirigiu-se à janela à procura de ar, esbarrando nos cinegrafistas, repórteres e fotógrafos ansiosos por uma declaração. Não aguentou a pressão e, comovido, chorou copiosamente nos braços do detetive Natal e do apresentador Flávio Cavalcanti que tentavam consolá-lo. Amparado, sentou-se. Alguns minutos depois, sem qualquer palavra aos repórteres, levantou-se e seguiu para o Opala da Delegacia de Vigilância do Centro, sem esperar pelo sepultamento. Novamente, aplaudido e vaiado pelo povo. O jornalista de O *Globo* notou que vestia a mesma roupa do dia anterior, quando se apresentou ao juiz da 23ª Vara Criminal do Rio de Janeiro. Antes de ir embora pediu ao irmão Roberto Simonal que levasse à carceragem de Água Santa duas caixas de discos e uma vitrola portátil.[2]

* * *

O veredicto legal do regime contra Simonal não foi visto como algo questionável por seus opositores. Nunca se colocou em jogo a seguinte questão: por que a ditadura o abandonou? A condenação da ditadura foi apoiada pelas esquerdas, mídia e sociedade e só serviu como mais uma prova de que Simonal era culpado. A cobertura da mídia é bastante evidente nesse sentido. A imprensa denunciou os confortos que o cantor tinha na prisão: "Embora possa transitar livremente pelas dependências da carceragem de Água Santa, Wilson Simonal de Castro não tem permissão para sair do prédio ou receber visitas, exceto de seu advogado. Ontem ele foi visto muitas vezes pela janela do primeiro andar, uma delas tomando cafezinho."[3]

---

[2] As informações sobre o velório são baseadas nas reportagens: "Maestro Erlon Chaves morre de enfarte na loja de discos." O *Globo*, 15/11/1974, p. 10; "Polícia ainda não tem pistas dos cúmplices de Simonal", O *Globo*, 15/11/1974, p. 10; "Bandeiras do Flamengo e do Salgueiro no adeus a Erlon", O *Globo*, 16/11/1974, p. 8.
[3] "Polícia ainda não tem pistas dos cúmplices de Simonal", O *Globo*, 15/11/1974, p. 10.

Como todo preso conhecido no Brasil, Simonal transformou-se num privilegiado do sistema carcerário, com benesses e direitos únicos. Ao esmiuçar seu cotidiano, a imprensa viu-o como símbolo daquele sistema viciado:

> Cuidados especiais parecem já estar reservados a Simonal. Ouviu a sentença sem algemas, com roupas esportivas e veio num Opala da polícia com as janelas abertas. Geralmente, os presos cumprem este trâmite legal transportados num camburão fechado, algemados e com o uniforme de presidiário. Na Água Santa, dorme na sala do fiscal de plantão e alimenta-se bem. Café, leite, pão, manteiga, queijo e suco pela manhã, e um arroz com camarões no almoço, preparado especialmente pelo detetive Aluísio. No mesmo dia, os outros 630 detentos tiveram café preto e pão seco pela manhã, arroz, feijão, um pedaço de carne e batatas no almoço.[4]

> "[No dia seguinte] seu programa foi o mesmo: acordou, tomou café com os policiais e pouco depois pediu que um deles comprasse os jornais do dia. Ao meio-dia almoçou bife com fritas na cantina (os outros presos comeram feijão, arroz, macarrão e carne moída) e tomou mate gelado."[5]

Vinte anos mais tarde, Simonal falou sobre a prisão:

> Eu não fiquei com presos comuns. Eles sabem com quem se metem. Fui bem tratado, ninguém me molestou. Na primeira noite eu senti ódio. Ódio contra o sistema, devido à fragilidade da justiça. Eu fui testemunha de como a justiça tem falhas.[6]

Depois da prisão a mídia passou a tratá-lo de forma mais cruel. Para além de questões específicas, fato é que o tom da imprensa tornou-se debochado em relação à sua condição de exilado da memória. Fazendo eco ao senso comum, os jornalistas começaram a tratá-lo com certa indiferença, sempre num tom acusatório, irônico.

Não deixa de ser paradoxal que o tom das reportagens contra o cantor seja bem parecido com o do próprio Simonal no auge da Pilantragem: um

---

4 "Sem pilantragem", *Veja*, 20/11/1974.
5 "Polícia ainda não tem pistas dos cúmplices de Simonal", *O Globo*, 15/11/1974, p. 10.
6 Wilson Simonal (intérprete), depoimento a Paulo Cesar de Araújo em 21/2/1994.

O VELÓRIO DA MEMÓRIA

certo sarcasmo cínico e soberbo, despreocupado com as consequências. Ao noticiar a prisão, a revista *Veja* fez uma matéria intitulada "Sem pilantragem". Curiosamente, nada mais pilantra do que o tom assumido pela revista. *Veja* reportou que Simonal ouviu o juiz ler a sentença "num tom seco e sem champignon". Fazendo referência à pena em colônia agrícola, a revista foi cruel: "balanço, agora, só o da enxada". Aliás o sarcasmo de *Veja* já vinha se repetindo. Dois anos antes, em 1972, divulgara o declínio da carreira de Simonal com a manchete "Champignon azedo".[7]

O tom das reportagens retrata bem como o cantor passou a ser visto: bode-expiatório de tudo aquilo que estava errado no Brasil. Daí a ironia, punitiva e cruel, com ares de vingança tardia. Quando o achincalhe não mirava a ironia, vaias simbolizavam o repúdio. No enterro de Erlon isso ficou claro. Era de se esperar que houvesse um silêncio respeitoso frente a Simonal, uma vez que as pessoas que lá estavam gostavam do maestro e, a princípio, também de seu mentor. No entanto, as vaias demonstraram que não viam mais ligação da trajetória de um com o outro. O cantor se tornava, gradualmente, um ícone da traição.

Simonal ficou preso por uma semana em Água Santa. Saiu beneficiado pela Lei 5.941 (de 22 de novembro de 1973), segundo a qual todo réu primário e de bons antecedentes poderia aguardar a apelação em liberdade. Foram recolhidos também os mandados de prisão dos policiais Sérgio Andrade Guedes e Hugo Corrêa Matos, condenados junto com Simonal, que estavam foragidos.[8] A apelação foi julgada em 14 de setembro de 1976. Foi-lhe concedido o benefício de suspensão condicional da pena privativa de liberdade por dois anos. Extinto o prazo, ele conseguiu nova liminar para não ir para trás das grades. Assim, de benefícios em benefícios, Simonal conseguiu manter-se em liberdade, até que em 10 de abril de 1981 obteve finalmente a extinção da pena.[9]

---

[7] "Champignon azedo". *Veja*, 4/10/1972, p. 76.

[8] "Habeas deixa Simonal solto até o recurso ser julgado", *O Globo*, 22/11/1974.

[9] Os documentos que dão conta das penas e benefícios legais de Simonal foram consultados num dossiê organizado pela viúva do cantor, Sandra Cerqueira.

Se é verdade que Simonal viveu um longo período de ostracismo até sua morte, é importante ver que esse ostracismo mudou ao longo do tempo. O auge do repúdio ao cantor aconteceu durante as décadas de 1970 e 1980, especialmente esta última. Na década de 1990 as coisas tenderam a melhorar, abrindo margens para a gradual reabilitação após sua morte, processo ainda incompleto. Mas voltemos aos críticos anos 1970.

Entre 1971 e 1972, no auge dos problemas judiciais, Simonal optou por uma temporada fora do país.[10] Apesar das críticas contundentes e costumeiras a seu caráter, continuou fazendo shows. Em alguns foi vaiado, é verdade. Mas não parou de fazê-los, embora nunca tenha voltado a atingir popularidade comparável com a dos anos anteriores. Até o final dos anos 1970 aparecia em programas de televisão como o de Flávio Cavalcanti, na TV Tupi, e o de Chacrinha, mas cada vez de maneira mais esparsa. Os discos não tinham repercussão alguma. Nelson Motta foi produtor do LP "Se dependesse de mim", de 1972, e relata o paradoxo de um artista muito conhecido mas desconectado do público: "Não me lembro de nada quando o LP saiu, acho que porque não aconteceu nada, as rádios não tocaram, os jornais não falaram nem bem nem mal, nada. Passou batido. Acho que depois do fracasso a Philips desistiu dele, não sei. Acho que fez mais um disco."[11] Embora Motta não se lembre bem, Simonal veiculou dois protestos claros contra sua condição nesse LP. O primeiro foi a música "Se dependesse de mim", de Ivan Lins e Ronaldo Monteiro de Souza, que também deu nome ao disco. O segundo foi a gravação do antigo hit de Roberto e Erasmo Carlos, "Mexerico da Candinha".[12] A "Candinha", na leitura de Simonal, era a imprensa e o meio artístico que o ignoravam: "A Candinha quer fazer da minha vida um inferno/ Já está falando do modelo do meu terno/... / Mas a Candinha agora já está falando até demais/ Porém ela no fundo sabe que eu sou um bom rapaz/ E sabe bem que esta onda é uma coisa natural/ E eu digo que viver assim é que é legal/ Sei que um dia a Candinha vai comigo concordar/ Mas sei que ainda vai falar." Para deixar

---

10 "Champignon azedo". *Veja*, 4/10/1972, p. 76.
11 Nelson Motta em e-mail enviado ao autor, em 24/12/2008.
12 Paulo Cesar de Araújo, *Eu não sou cachorro, não: música popular cafona e ditadura militar,* Rio de Janeiro, Record, 2003, p. 290.

O VELÓRIO DA MEMÓRIA

mais claro sua intenção, o cantor mudou parte da letra e cantou: "A Candinha está grilada vejam só com o Simonal!"[13]

Consciente de que seu auge já havia passado, Simonal fez um balanço bastante sincero da carreira num programa de rádio de 1973:

> *Entrevistador:* Maracanãzinho foi pra você o auge da sua carreira como showman? O que isso significou pra você?
>
> *Simonal:* Parece até paradoxal o que eu vou dizer. O Maracanãzinho foi muito bom em termos internacionais. Porque na ocasião aquilo passou direto e isso me deu muito prestígio internacional. Não cartaz, mas prestígio. Hoje se eu quisesse trabalhar exclusivamente fora do Brasil já dava por conta desse Maracanãzinho.
>
> *Entrevistador:* O Maracanãzinho te prejudicou aqui no Brasil?
>
> *Simonal:* É... bom... eu não tinha intenção de atingir o auge com seis ou sete anos de carreira. E de repente o Maracanãzinho ficou simbolizado como clímax de uma carreira. O que eu poderia fazer depois do Maracanãzinho?
>
> *Entrevistador:* Pois é. Então prejudicou mesmo, né?
>
> *Simonal:* Quer dizer, ele prejudicou artisticamente. Não profissionalmente, mas artisticamente. Porque depois do Maracanãzinho não dá pra fazer show em teatro. (...) Até hoje o sujeito me contrata e acha que tem que ter um ginásio, tenho que fazer o pessoal cantar, sabe? Então me limitou um pouco artisticamente. Limitou um pouco a minha criação, quer dizer, ao invés de compor alguma coisa, eu tenho que fazer aquelas coisas que o pessoal quer que eu faça.
>
> *Entrevistador:* Então o Maracanãzinho foi uma faca de dois gumes?
>
> *Simonal:* Ele é uma faca de dois gumes pra todo mundo, né?
>
> *Entrevistador:* O que você sentiu com aquelas trinta mil pessoas sendo regidas por você?
>
> *Simonal:* A primeira vez com Sergio Mendes eu me assustei porque não esperava. Levei um susto! Porque foi realmente um negócio estranho, né? Lá no Festival Internacional da Canção, claro, eu já sabia. Agora eu me assustei em termos de emoção, porque em termos de saber que o pessoal ia cantar eu já sabia. Eu já tinha tido um Maracanãzinho antes em Caxias de Sul num campo de futebol... mais de trinta mil pessoas. Pelo interior de São Paulo também. Quer dizer, eu já sabia que aquilo era uma coisa que funcionava.
> (...)

---

[13] Agradeço a Thais Siqueira, cujo texto me chamou atenção para esta fala de Simonal. Thais Siqueira, "Relatório final do projeto 'O festival de 1970 e os anos de formação da *black music* brasileira (1970-1974)'". USP, Departamento de História.

Entrevistador: Você tinha consciência da imagem que você tinha naquela época para o público? Que você era um cara querido, maravilhoso, que era o auge...
Simonal: Tinha.
Entrevistador: E você acha que essa imagem ainda permanece ou você...
Simonal: Eu nunca fui um sujeito unânime em termos de gosto. Eu sempre fui muito combatido. Eu me lembro da ocasião do Maracanãzinho... a primeira coisa desagradável que houve foi dizerem que eu teria derrubado o Sergio Mendes. Para mim não houve isso! Ali foi um erro de produção porque na realidade a produção sabia que eu ia fazer aquilo e era pra calçar o Sergio Mendes. Quer dizer, a ideia era deixar pro Sergio Mendes entrar com tudo "na banha". Acontece que o público agiu de uma maneira um pouco áspera com ele.
Entrevistador: Você acha que esse público está agindo com você agora de maneira áspera?
Simonal: ... (silêncio por cinco segundos)... não, não..."[14]

Apesar da aspereza do público, Simonal continuou produzindo discos. Em 1973, gravou *Olhaí, balândro... É bufo no birrolho grinza!*, seu segundo LP pela Philips. Apesar dos sambas e canções black, novidade da época, o disco foi um fracasso. Nesse mesmo ano, cantou no Phono 73, um festival patrocinado pela Philips, sem conseguir nenhum sucesso. Depois do fracasso diante do público de esquerda, Simonal deixou a gravadora e voltou a Odeon. No ano seguinte lançou *Dimensão 75*, disco que, apesar de bem gravado, não animou os empresários da gravadora a renovar seu contrato. Cabe notar que nesses dois LPs, *Dimensão 75* e *Olhaí, balândro...*, Simonal tentou gravar sambas de compositores novos, voltando ao gênero que tanto criticara na época da Pilantragem. Ele percebeu que o samba voltava a entrar na moda na primeira metade da década de 1970, quando novos compositores e cantores surgiram no cenário nacional conseguindo muito sucesso, entre eles Benito di Paula, Wando, Luiz Ayrão e Clara Nunes:

---

14 Wilson Simonal, programa da rádio *Jornal do Brasil,* do Rio de Janeiro, cedido por Paulo Cesar de Araújo. Original de 16/1/1973.

O VELÓRIO DA MEMÓRIA

Se alguma coisa deixou de ser foi a Pilantragem, que já 'mixou'. A jogada agora é outra. Samba, só samba, nenhuma música estrangeira. Repertório é de agora, junto com alguma coisa antiga.[15]

Mesmo tentando entrar na onda do samba, parece que as críticas que fizera na década de 1960 haviam sido muito fortes, razão pela qual seus discos nem chegaram a ser percebidos pelo grande público. Tudo parecia combinado para dar errado, a começar pelo complicado título do LP de 1973 pela Philips: *Olhaí, balandro... é bufo no birrolho grinza*. Não colou. Já se vê um artista desconectado do grande público.

Então mudou-se para a RCA, onde gravou mais três LPs. Ainda remoendo rancores, o LP *Ninguém proíbe o amor*, de 1975, continha vários petardos conscientemente escolhidos. As canções parecem ter sido escolhidas a dedo para amplificar sua dor. Na primeira, "Escola em luto", a metáfora da escola de samba serve ao próprio Simonal: "Diz a ela/ Porque eu tive que ficar/ E que esse ano eu não vou poder cantar.../ Se tiver vontade cante um samba meu/ Lute pela vida pelo amor de Deus." A segunda canção "Coisa de louco" é quase autobiográfica: "Todo cuidado é pouco/ Viver é coisa de louco/ É questão de decidir ou desistir/ É questão de refletir ou não pensar/ É questão de vir à tona ou naufragar/ Na noite, no dia, nas águas da vida em qualquer bar." Em "Bons Tempos", Simonal tenta superar a mágoa: "Canta/ Que o povo te chama/ Primeiro te aclama/ Te pisa depois/ Não importa/ Canta/ Que o circo é preciso."[16]

Para fechar o disco, Simonal surpreende e canta aquele que, já na época, era o mito da *resistência*: Chico Buarque. A canção "Cordão", que na voz de Chico era uma crítica à censura do regime, na de Simonal tornou-se um grito contra o silêncio acerca de si próprio: "Ninguém vai me acorrentar/ Enquanto eu puder cantar/ Enquanto eu poder sorrir/ Ninguém vai me ver sofrer/ Enquanto eu puder cantar/ Alguém vai ter que me ouvir/ Enquanto eu puder cantar/ Enquanto eu puder seguir..."

---

[15] "Ser novo é entrar vestido de cowboy", *O Globo*, 30/9/1972, p. 6.
[16] "Escola em luto" (Ando/ J. Veloso); "Coisa de louco" (Zapatta/Carvalho); "Bons Tempos" (Nazareno/Marcelo Duran).

Para além do rancor, *Ninguém proíbe o amor* é um ótimo disco, com Simonal em grande estilo, boas canções, guitarras e metais precisos.

O disco de 1977 obteve relativo sucesso devido à música que também deu título ao LP. "A vida é só pra cantar" conseguiu fazer Simonal furar o crescente bloqueio contra seu nome, rendendo-lhe até algumas aparições na TV. Exceção no ostracismo, cantou no Globo de Ouro, programa de hits da TV carioca, pela primeira e única vez depois da queda.[17]

Fora do Brasil Simonal continuava com certa popularidade. Por isso resolveu aproveitar a Copa de 1978 na Argentina para tentar fazer a carreira decolar de novo. Lançou o compacto duplo chamado *Argentina 1978 – Vamos vencer*. Nem o Brasil ganhou a Copa nem Simonal conseguiu reaparecer no cenário musical. Em 1979 foi presidente de um festival da canção realizado em Portugal e transmitido para todo o país pela RTP, a televisão portuguesa. Mantendo o mesmo estilo da década anterior, Simonal cantou sucessos como "Sá Marina" e "País tropical", além de tocar trompete e convidar o público para cantar com ele, da mesma forma que fizera dez anos antes no Maracanãzinho. No entanto, a voz já dava sinais de desgaste. Os anos de bebida cobravam-lhe a conta.

Não se pode dizer que Simonal não tenha feito forças para sair do ostracismo. Depois de tentar emplacar a carreira de sambista, ele voltou a tentar ser um cantor de Bossa Nova através do disco *Se todo mundo cantasse seria tão fácil viver*, de 1979, gravado pela RCA. O disco continha clássicos da bossa, como "Ana Luiza" e "Lígia", de Tom Jobim, "Você", de Menescal e Bôscoli, "Marcha da quarta-feira de cinzas", de Carlos Lyra e Vinicius de Moraes, entre outras. Novamente apropriando-se de um tema de Chico Buarque (dessa vez no título do LP), fazia seu protesto contra sua condição. Não adiantou nada: não houve repercussão alguma. Parece que Simonal teve que pagar um preço alto pela metamorfose da Pilantragem, quando se distanciou da bossa. O público não deu respaldo ao cantor.

Nos anos 1980 tudo tendeu a piorar e o repúdio a aumentar, uma vez que as lembranças de seu sucesso estavam cada vez mais distantes. A voz

---

[17] "Simonal não quer ser anistiado", por Ruy Castro. *Folha de S.Paulo*, 13/6/1985.

O VELÓRIO DA MEMÓRIA

foi ganhando um certo som anasalado e a bebida tornou-se companheira mais frequente. Os grandes shows nas capitais rarearam por completo e Simonal tornou-se cantor de boates do interior e pequenos bares e restaurantes no Sudeste. Mais do que isso, tornou-se um regravador de suas próprias canções, pois não conseguia emplacar nenhum novo sucesso.

Com a Abertura da década de 1980, tornou-se sombra de si mesmo. Se na década anterior ele ainda conseguiu raros sucessos, com o auge da redemocratização e da campanha pelas Diretas Já ele foi sendo paulatinamente apagado. Virou um mito às avessas, nome indesejável. A expulsão de Simonal do panteão da MPB serviu para dar o laço final nesse produto, transformado em identidade coletiva. Se, como defendeu Paulo César de Araújo, a MPB foi inventada para combater Roberto Carlos e sua Jovem Guarda,[18] através do ostracismo de Simonal a MPB ganhou a identidade de *resistente* à ditadura.

Abandonado até por aqueles que eram seus amigos, seu nome passou a significar qualquer tipo de delação, como ficou provado num show realizado em Itaperuna, interior do Estado do Rio de Janeiro, em setembro de 1982. Esta é uma história que se não fosse trágica, seria cômica. Cheguei a esse episódio ao descobrir que Simonal havia sido espancado após fazer um show em um comício do PDS no interior do Estado. Ao correr atrás da matéria, pensei encontrar o óbvio: Simonal teria sido violentado por grupos de oposição que, naquele momento da redemocratização, encurralavam os herdeiros da ditadura encalacrados no PDS, partido daqueles que apoiavam o governo do militar João Figueiredo.[19] Pois minha surpresa foi enorme quando encontrei a reportagem de *O Dia*, de 30 de setembro, que vale ser reproduzida na íntegra:

---

[18] Essa é uma das teses centrais do livro: Paulo Cesar Araújo, *Roberto Carlos em detalhes*, São Paulo, Planeta do Brasil, 2006.

[19] Em exemplares do mesmo jornal percebi que o MDB, partido de uma grande coligação de oposição, estava muito popular. O candidato ao governo do Estado do Rio de Janeiro pelo MDB era Miro Teixeira, que possuía grande apoio em conjuntos habitacionais do subúrbio, prometendo casas aos mais pobres. O êxtase da luta contra a ditadura parecia tão grande que até o jogador Zico declarou seu apoio a Miro Teixeira e demais candidatos do MDB. *O Dia* de 27/9/1982 dá conta dos ânimos bastante favoráveis ao MDB no Estado do Rio de Janeiro.

> **Simonal quase linchado foi salvo pela polícia**
>
> Estava sendo programado um comício político no bairro de Vinhosa, na localidade de Cheque Jorge, onde um candidato a deputado do PDS promoveria sua candidatura e também a de um amigo, a prefeito. Depois dos discursos, vários artistas alegrariam as pessoas presentes e, assim, entre outros, como *persona grata* que é do PDS, o cantor Wilson Simonal.
>
> Ontem, na data programada para a festa, a praça reunia algumas dezenas de pessoas, e o candidato, usando da palavra, começou a atacar um deputado do próprio partido com quem se inimizara. No auge da retaliação pessoal, xingamento para lá, xingamento para cá, chegou ao local um barulhento trio elétrico cujo objetivo era, em realidade, tumultuar ainda mais o comício. Estabeleceu-se uma verdadeira confusão entre os presentes, que desandaram para a violência. Os poucos artistas que se encontravam próximo ao palanque, aguardando a vez de atuar, mantinham-se apenas a observar os acontecimentos. Até que Simonal resolveu tomar a defesa do dono do comício, passando a xingar o outro candidato e a desdenhar de seus seguidores. Logo o fazendeiro José Elias Xinoco, que apoia uma das candidaturas, começou a discutir com o cantor, mandando que ele calasse a boca, dizendo que ali "não era lugar de dedo-duro, nem mesmo dedo-duro do PDS"! Artista e fazendeiro começaram a trocar desaforos e esse acertou um violento soco em Simonal, que caiu redondo ao chão. Foi então chutado não só pelo fazendeiro como por outras pessoas indignadas com sua intromissão. O conflito estourou com a participação de várias pessoas. Simonal, que não conseguia se levantar, apanhou muito e só não foi linchado graças à chegada de três patrulhas da 121ª DP.
>
> Levado para a Casa de Saúde Santa Terezinha, o cantor apresentava inúmeras escoriações e contusões por todo o corpo e teve de receber dez pontos no rosto, tal a gravidade dos ferimentos em consequência dos socos e pontapés. Horas depois, com a permissão dos médicos, Simonal foi transportado para a fazenda do dono da Casa de Saúde, onde permanecerá até que tenha condições de regressar ao Rio. Simonal perdeu muito sangue e o pior poderia ter acontecido se as autoridades policiais não tivessem chegado a tempo.[20]

Seus problemas não se restringiam às questões políticas. O casamento, já desgastado por anos de bebida e desentendimentos, fez Simonal se afastar dos filhos e da mulher. Passava longos períodos em Natal, no Rio Grande do Norte, na casa de seu amigo e empresário João Santana, que agenciava shows pelo Nordeste.

---

[20] "Simonal surrado no show". *O Dia*, 30/9/1982, p. 1 e 9.

O VELÓRIO DA MEMÓRIA

381

No entanto, mesmo longe do eixo Rio-São Paulo, continuou a encontrar dificuldades para se firmar, tamanha a campanha grosseira contra a sua memória. O *Jornal da Bahia*, de Salvador, pegou pesado ao comentar alguns shows realizados no hotel Maksoud Plaza, em São Paulo, entre 5 e 8 de junho de 1985. O título da matéria já dizia tudo:

Deus nos livre de Simonal
Quem aqui faz, aqui paga. O ditado se aplica muito bem ao cantante Wilson Simonal, que notabilizou-se por dedurar colegas e por coincidência ganhou muito dinheiro e prestígio no tempo da ditadura Médici. Pois bem, o dito Simonal foi convidado para um show no sofisticado hotel Maksoud Plaza de São Paulo. Além de casa vazia toda noite, o hotel tem sido duramente criticado por ter baixado o nível de seus contratados. O meloso Simonal tem muito o que pagar ainda.[21]

O jornal baiano reproduzia a *Folha de S.Paulo*, que criticou o show com antecedência:

O hotel Maksoud Plaza, muito respeitado pelo excelente gosto na escolha dos cantores que se apresentam no seu 150 Night Club, começa a ser violentamente criticado por ter escolhido Wilson Simonal para se apresentar lá.[22]
De lascar – Já começam a ser sentidos os efeitos da saída de César Castanho da boate do Maksoud Plaza. Assim que Toquinho terminar sua bem-sucedida temporada na casa, o cantor Wilson Simonal, aquele que fez muito sucesso nos tempos do governo Garrastazu Médici, lá se apresenta em breve temporada.[23]

Quando voltou a fazer shows no Rio de Janeiro, Simonal também recebeu críticas bem agressivas, já parte do seu cotidiano:

Wilson Simonal pode, enfim, voltar a apresentar-se no Rio. A direção do Sol & Mar estuda a possibilidade de fazer no Bateau Mouche, a boate anexa ao restaurante, uma temporada de trinta dias com Simonal. (...) Se bem que

---

[21] "Deus nos livre de Simonal". *Jornal da Bahia*. Salvador, 31/5/1985.
[22] "Críticas". *Folha de S.Paulo*. 30/5/1985.
[23] "De lascar". *Folha de S.Paulo*. 29/5/1985.

alguns artistas deviam cantar no barco do mesmo nome. Para poderem ser jogados no mar.[24]

No exterior as coisas também não eram mais fáceis. Simonal aproveitou a Copa de 1986 e resolveu voltar ao México, país novamente sede do mundial, para tentar alavancar a carreira. Esperava que os mexicanos se lembrassem do seu sucesso, mas isso não aconteceu. Segundo Edson Bastos, amigo da época de Dry Boys convidado para ir como contrabaixista: "Foi um erro de avaliação violento. Ele estava péssimo de voz, estava rouco. Ele explicara que havia ido ao médico e que este lhe dissera que aquele problema era de fundo emocional." Testemunha da personalidade intempestiva de Simonal, Edson se desentendeu com ele durante a temporada mexicana devido aos "exageros alcoólicos" e a "soberba do cantor", que se impacientava com os músicos por causa das boates vazias. Desde então, Edson e Simonal não mais se falaram.[25]

No auge do ostracismo alguns artistas tentaram se aproximar de Simonal, mas ele, constantemente em depressão e afetado pelo alcoolismo, reagia contra. Defensivo, achava que era melhor para os próprios colegas se afastarem, para não pegarem a mácula.[26]

Em meio aos ventos da nova Constituição, alguns sugeriram que pedisse anistia. Afinal, a lei contemplara tanto ex-guerrilheiros da luta armada como aos torturadores do regime. Mesmo se fosse um agente do regime, por que Simonal não poderia ser anistiado? Ele respondia com veemência: "Não fiz nada para ser anistiado."[27] "Não quero anistia porque não sou culpado. Quero justiça, direito de sobreviver. Sou um cidadão brasileiro e tenho o direito de trabalhar."[28]

Nos anos 1990 houve uma clara mudança da postura da imprensa em relação a Simonal. Essa mudança em muito se deve à própria decisão do

---

[24] "Com champignon", arquivo pessoal do cantor cedido por Sandra Cerqueira. Sem data precisa. Provavelmente metade dos anos 1980.
[25] Depoimento de Edson Bastos, Rio de Janeiro, 10/11/2008.
[26] Wilson Simonal, depoimento a Paulo Cesar de Araújo em 21/2/1994.
[27] "Simonal não quer ser anistiado", por Ruy Castro. *Folha de S.Paulo*, 13/6/1985.
[28] "Wilson Simonal diz que é boicotado e quer reparação". *O Estado de S.Paulo*. 29/6/1995.

cantor de passar a história "a limpo". Mas o que fez Simonal tornar-se ativo na reconstrução de sua imagem?

O estalo inicial foi o descaso dado a seu nome no livro *Chega de saudade*, de Ruy Castro, sobre a Bossa Nova. Reduzindo o papel do cantor na história da bossa-nova, Ruy Castro deu o tom do papel do cantor nessa década:

> Em 1971, ele regeu – com um dedo só – 15 mil pessoas no Maracanãzinho ao som de uma xaroposa apropriação de Imperial, "Meu limão, meu limoeiro". Poucos meses depois, encalacrou-se numa obscura história que o envolvia como informante dos órgãos do governo Médici no meio artístico, e isto destruiu sua carreira. Para usar o jargão que ele criou nos seus dias de glória, Simonal *deixou cair* e *se machucou*. Mas não pode ser expulso da história da Bossa Nova.[29]

O cantor irritou-se muito com a pequena citação e o pouco caso de Ruy Castro com sua obra. Resolveu escrever ao diretor da Secretaria de Assuntos Estratégicos (SAE) da presidência da República pedindo um *habeas data*. Citando o escritor, Simonal escreveu em 19 de abril de 1991: "Tenho legítimo interesse em obter, junto à SAE (...) uma declaração oficial no sentido de que jamais fui efetivo, colaborador ou informante de qualquer órgão de segurança, seja durante o governo Médici, seja desde 1964 até a presente data, em qualquer parte do território nacional ou no exterior."[30] Depois de alguns trâmites burocráticos, o diretor adjunto da SAE, Sebastião Nunes Senra, enviou-lhe, em 28 de agosto de 1991, um documento garantindo sua inocência: "Informo que não foram encontradas, na documentação deixada pelo extinto Serviço Nacional de Informações, anotações que o apontem como servidor ou como prestador de serviços àquele Órgão."[31]

Era o começo da tentativa de se autodefender das acusações. Apesar da referência de Ruy Castro ter indignado o cantor, ela [a referência] já denotava um outro tom, que seria seguido por grande parte da imprensa a partir de então. Se durante os anos 1970/80 o cantor fora o traidor sem perdão,

---

[29] Ruy Castro, *Chega de saudade: a história e as histórias da bossa-nova*, São Paulo, Companhia das Letras, 1990, p. 363.

[30] Carta de Wilson Simonal ao responsável da Secretaria de Assuntos Estratégicos (SAE) da presidência da República. Documento obtido através da viúva do cantor.

[31] Carta de resposta do diretor adjunto da Secretaria de Assuntos Estratégicos (SAE) da presidência da República. Documento obtido através da viúva do cantor.

na década de 1990 palavras como "boatos", "obscura história", "caso nebuloso"[32], "engano"[33], "injustiçado", "suspeita"[34] e "carreira prejudicada"[35] começaram a aparecer quando se falava em Simonal. Longe do tom rancoroso das décadas anteriores, a imprensa começou a medir as ofensas, sempre balanceadas pelo reconhecimento do virtuosismo vocal, pelas proezas na condução do público e pelo sucesso do passado.

Simonal insistia que a luta pela reabilitação de sua imagem não era uma luta rancorosa: "Eu perdoei a todos os que me mataram, enquanto artista, e que me desmoralizaram enquanto ser humano."[36] Mas de fato, nem tanto. Em várias entrevistas ao longo da década de 1990 continuou atacando a dupla João Carlos Magaldi e Carlito Maia, que então fazia parte do grande escalão da Rede Globo: "Foram eles que armaram toda aquela história de eu ser informante do SNI, disseminando o boato entre os colegas da grande imprensa, a tal ponto que eu jamais tive uma chance verdadeira de me defender na mídia."[37]

Quando lutava pela inocência, entrou em coma pela primeira vez. Comprometido por uma crise hepática gravíssima, agravada pelos problemas emocionais e crescente ingestão de álcool, ele ficou em coma durante quarenta dias em 1992:

> Eu tive uma hepatite agudíssima, tipo B, aquela que mata. Foi terrível. Entrei em coma. Tive três recaídas. Quando emagreci para 28 quilos, pensei até que estivesse com Aids. Pensei que tivesse morrido. Quando voltei do coma pela primeira vez, não sabia onde estava. Comecei a ouvir a voz de uns espanhóis, que deviam estar internados no Hospital das Clínicas ou que eram residentes, não sei. E pensava: "Morri e estou no México. Que coisa estranha..." Quase enlouqueci. Mas graças a Deus não terei que fazer o transplante. O que será

---

[32] Termo usado pelo jornalista Pedro Alexandre Sanches: "A história toda ruiu sob episódios ainda hoje nebulosos". "Proscrito, Simonal tenta cantar em SP". *Folha de S.Paulo*. Folha Ilustrada. 21/5/1999, p. 5.

[33] Termo usado em: "Wilson Simonal de Castro". *IstoÉ Gente*. 3/7/2000, p. 75.

[34] "Suspeita" e "injustiçado" são termos que aparecem em: "O polêmico Wilson Simonal". *Amiga*. 4/7/2000, p.10.

[35] Termo usado por *O Globo*: "sua carreira foi prejudicada pela acusação de que seria informante...". *O Globo*, 18/6/1992.

[36] "Movimento negro faz festa para anistiar Simonal". *Correio Braziliense*, 22/11/1993.

[37] "Movimento negro faz festa para anistiar Simonal". *Correio Braziliense*, 22/11/1993.

O VELÓRIO DA MEMÓRIA

preciso, no futuro, vai ser tirar um pedaço do fígado e jogar fora. Vamos dar um xô naquele pedaço que está xô. Porque o fígado tem a capacidade de se reconstruir. E aí eu fico zero-quilômetro novamente.[38]

Alguns amigos solidarizam-se com Simonal. Sob a batuta do companheiro João Santana, de Natal, foi organizado no Espaço Cultural da cidade um show em sua homenagem. Aceitaram o convite nomes como Moacyr Franco, Agnaldo Timóteo, Jorge Benjor, Jerry Adriani, Sidney Magal, Gilliard, entre outros. Um público superior a dez mil pessoas esteve presente. Depois de se reabilitar, Simonal voltou a fazer shows.[39] Num pequeno concerto num boliche de São Paulo, conheceu aquela que seria sua segunda mulher, Sandra Cerqueira. Passaram a morar juntos no bairro paulista de Moema. Sandra tornou-se sua empresária.

Com a declaração do governo federal em mãos, atestando sua inocência, e a aparência em frangalhos devido à crise hepática, Simonal passou a ser identificado mais facilmente como uma vítima. Claro que não foi do dia para noite, mas aos poucos essa imagem se fortalecia. Mas do quê e de quem Simonal teria sido vítima? Primeiro, segundo as reportagens, da depressão que o levou ao alcoolismo. Esse era um ponto sempre demarcado pelos jornalistas. Além disso, as matérias da época passaram a identificá-lo como mais uma vítima dos boatos da época da ditadura, amplificado pelo poder das grandes mídias. O jornal *Correio Braziliense* fundamentou esta visão:

> Wilson Simonal é um exemplo vivo do que a mídia é capaz de fazer por um artista – ou contra ele. Um dia, a mídia o abraçou e fez dele um fenômeno musical. Em outro, o chutou e fez dele um pária federal. Riscou o nome dele do seu caderno, e hoje, passados vinte anos e duas gerações, os jovens redescobrem Jorge Benjor mas jamais Simonal. A mídia matou o mito Simonal com um boato (...). Em surdina, a mídia massificou o antimito Simonal. Nada oficial, nada assumido às claras, mas cruel: depois de tantos anos, desde a anistia, Simonal é hoje o último dos não-anistiados.[40]

---

[38] "Nunca fui dedo-duro". Revista *Manchete*. 10/7/1993.

[39] "O artista que venceu a luta contra a morte". *Tribuna (RN)*. 06/03/1993, Segundo Caderno, p. 1.

[40] "Movimento Negro faz festa para anistiar Simonal". *Correio Braziliense*. 22/11/1993, Caderno 2, p. 6.

Transformá-lo em vítima foi a forma encontrada pela sociedade para reincorporá-lo ao panteão da MPB. Para isso nada melhor do que despersonificar as instituições, transformando "a mídia" num ser impessoal e todo-poderoso, apagando o papel da própria sociedade no processo.

Outra forma de vitimizá-lo foi vê-lo como alvo de racismo. Em 1993, o Instituto Nacional Afro-Brasileiro o homenageou em Brasília, na Semana Nacional da Consciência Negra, com o aval do Ministério da Cultura (MinC), através da Fundação Cultural Palmares.[41] O movimento negro finalmente conseguiu ganhar o cantor, que, decadente, incorporou o discurso do racismo para explicar seu próprio ocaso.

Seguindo a linha da vitimização, em 1993, pela primeira vez, um livro inocentou o cantor. *Um instante, maestro*, biografia do apresentador Flávio Cavalcanti escrita pela jornalista Léa Penteado, transformou Simonal na vítima de uma "sórdida campanha de difamação e boicote", motivada pelo "macarthismo da esquerda festiva".[42] Era o começo da reabilitação.

Como vítima, ele pôde começar a ser escutado na lógica da resistência. Sem muitos perceberem, *Sá Marina* foi tocada integralmente em rede nacional durante a exibição de *Anos Rebeldes*, de 1992.

Em 1994 Simonal teve uma grata surpresa. O empresário Lula Tiribás, dono de uma loja de CDs na Barra da Tijuca, Rio de Janeiro, fez contato na intenção de remasterizar e lançar em CD uma coletânea de seus sucessos. O disco compacto ainda era uma novidade e Simonal um dos primeiros a ter alguns sucessos remasterizados. Sob o título de *Wilson Simonal – A bossa e o balanço*, a digitalização foi feita num estúdio da Barra da Tijuca e supervisionada pelo cantor. A distribuição ficou por conta da Warner.[43] Empolgado, declarou na época: "Aprendi que a vida funciona em ciclos. Agora chegou o momento da minha volta."[44]

---

[41] "Movimento Negro faz festa para anistiar Simonal". *Correio Braziliense*. 22/11/1993, Caderno 2, p. 6.

[42] Penteado, Léa. *Um instante, maestro! A história do apresentador que fez história na TV*. Record. Rio de Janeiro. 1993, p. 130 e 133.

[43] Depoimento de Lula Tiribás, Rio de Janeiro, 16/1/2009

[44] "Ressurreição". *O Dia*. 23/8/1994.

O VELÓRIO DA MEMÓRIA

A intenção do empresário era colocar Simonal de volta no ouvido da garotada, assim como Tim Maia havia ressurgido com "Não quero dinheiro", antiga canção que tornou-se sucesso entre os jovens depois de ter sido remasterizada. O empresário Lula Tiribás chegou a dizer que "nem Tim Maia tem tanto ritmo quanto Simonal". Ronaldo Bôscoli, responsável pelo texto do CD, também foi enfático: "Quando ouvirem este trabalho, os jovens vão descobri-lo com certeza."[45] Entre os sucessos reeditados estavam "Nem vem que não tem", "País tropical", "Meu limão, meu limoeiro", "Mustang cor de sangue", "Sá Marina", entre outros.

A partir dessa época Simonal começou a obter um certo reconhecimento, embora bastante pequeno. Nas primeiras semanas de 1995 apareceu no programa de Hebe Camargo, onde protestou veementemente contra sua condição de exilado da memória.[46] Ficou aparente sua condição debilitada. Essa imagem, no entanto, era até melhor para a reabilitação do que a do jovem "prepotente" e "marrento". Ainda no início de 1995 o colunista Mario Prata, de O Estado de S.Paulo, escreveu uma crônica defendendo-o:

> Num momento que o Brasil oferece exemplo de democracia e dignidade interna e externamente, é hora de se anistiar o Simonal. Que ele volte com sua voz gostosa e seu jeito de malandro aos palcos do Brasil. Deixemos que ele entre novamente em nossas casas, pela porta da frente. Ou pela gaveta de um CD. (...) Vamos anistiar o homem enquanto ele está vivo. Ele e nós.[47]

Mario Prata era um dos primeiros colunistas a pedir a reabilitação com todas as letras. Simonal percebia a gradual mudança de sua imagem:

> *Entrevistador:* Se você é mesmo inocente, como jura, não acredita que um dia vão lhe oferecer um julgamento mais justo?
> *Simonal:* Acredito, sim. E a verdade já está começando a aparecer.[48]

---

[45] "Ressurreição". *O Dia.* 23/8/1994.
[46] Mario Prata relata tê-lo visto no programa na coluna "Esquecemos de anistiar o Wilson Simonal". *O Estado de S.Paulo.* 18/1/1993. p. D3. Parte da aparição pôde ser conferida através do documentário "Ninguém sabe o duro que dei" (2008), de Calvito Leal, Micael Langer e Cláudio Manoel.
[47] "Esquecemos de anistiar o Wilson Simonal". *O Estado de S.Paulo.* 18/1/1993. p. D3.
[48] "Nunca fui dedo-duro". Revista *Manchete.* 10/7/1993.

Apesar da inicial aceitação do cantor, esse movimento era ainda muito tênue e cheio de refugos e reveses. O CD com sucessos remasterizados, que tinha tudo para recolocá-lo no auge, não alcançou o objetivo. Pior que isso, Simonal ainda sofria com o repúdio em alguns meios. Um exemplo disso aconteceu quando gravou uma faixa no CD *Casa da Bossa*, em 1997. A proposta do trabalho era uma dupla de artistas cantarem juntos um clássico do gênero. A Simonal coube a canção "Lobo Bobo" (de Carlos Lyra e Ronaldo Bôscoli) ao lado de Sandra de Sá. Os problemas oriundos dessa gravação abalaram o cantor:

> Fui gravar o "Casa da Bossa", ia cantar com uma cantora baiana. Ela não quis. Aí gravei com Sandra de Sá. Exatamente na hora, o som pifou. Coincidência? Aí teve um show, a Sandra não foi mais. Cantei sozinho. No programa da Hebe Camargo a Sandra não foi, tive que dublar a minha parte e cantar a dela. Não sei se são elas, desconfio que não. São ordens de não sei quem. O cantor tem que obedecer.[49]

O quadro piorou muito na segunda metade da década de 1990. O alcoolismo inviabilizava qualquer recuperação completa. Era preciso um transplante de fígado. Em 1999 ele saiu da casa da mulher, embora continuasse ligado a ela. Foi morar num pequeno apartamento perto do centro da cidade de São Paulo.

Nessa época os filhos Max de Castro e Wilson Simoninha desenvolviam ao lado dos músicos Luciana Mello, Daniel Carlomagno, Jairzinho Oliveira e Pedro Mariano o projeto "Artistas Reunidos", com apresentações em casas noturnas paulistas. Empolgado com a carreira dos filhos, certa noite Simonal foi assisti-los. No entanto achou por bem ver o show às escondidas, como se fosse um desconhecido. Saiu antes que as luzes fossem acesas. Temia que sua imagem os prejudicasse. Além disso, estava sem falar com os filhos havia alguns anos.[50]

O ano de 2000 foi marcado pelas internações já sem muita esperança para os familiares. Segundo a esposa Sandra Cerqueira, o golpe final no cantor foi

---

[49] "Proscrito, Simonal tenta cantar em SP". *Folha de S.Paulo*. Folha Ilustrada. 21/5/1999, p. 5.
[50] "Ainda no banco, dos réus". *Contigo!*, 2/5/2000, p. 61.

O VELÓRIO DA MEMÓRIA

a publicação de uma piada no jornal O Globo, em 26 de março. A coluna era dos comediantes Hubert e Marcelo Madureira, do grupo Casseta e Planeta, publicada todo domingo no Segundo Caderno desde 1989. Uma parte da coluna é reservada à "figuraça da semana". O texto sobre algum personagem em evidência, normalmente de políticos ou artistas, aparece com uma foto trocada. Em 26 de março, a foto de Simonal com fita na cabeça no auge da carreira e segurando o microfone servia para ridicularizar o filho do ex-prefeito de São Paulo, Celso Pitta, o acusador Victor Pitta. Simonal era usado para chamar o filho de Pitta de dedo-duro, já que Victor denunciara o pai por corrupção. Segundo Sandra, a coluna foi a gota d'água para o cantor. A partir daí, a saúde do cantor não mais se restabeleceu. Há de se notar a condição fragilizada de Simonal, incapaz de relevar uma brincadeira feita semanalmente pelos colunistas há quase vinte anos sem maiores consequências. Para além da condição já deteriorada, aquela piada representava justamente a volta a um tom de reportagem que Simonal achava que já estava superado. No hospital, um dos últimos pedidos à mulher foi de exemplares da Constituição Federal e do Código Civil, para melhor se defender das acusações.[51]

Após a sua morte, o processo de reabilitação começou a caminhar a passos mais largos. De forma gradual, Simonal passou a aparecer em listas de "melhores da música". Esse é um processo que estava começando, mas já demonstrava sinais bastante claros. Por exemplo: em 2003, a revista MTV, dedicada ao público juvenil, elegeu os "100 melhores discos do Brasil".[52] Nenhum dos mais de vinte LPs do cantor foi lembrado. Por outro lado, músicos pouco conhecidos do grande público como Markú Ribas e os então novatos Los Hermanos, foram louvados. Dois anos depois, em 2005, a mesma revista elegeu os "50 imortais da música brasileira". Se dependesse do júri da revista, Simonal continuaria bem enterrado, enquanto Mano Brown (do grupo Racionais MCs) e Max Cavalera (ironicamente, ex-Sepultura) se tornariam "imortais" da música nacional.[53]

Se em 2003 Simonal não aparecia nem entre os 100 maiores músicos do Brasil, a onda de reabilitação atingiu maior vulto cinco anos mais tarde. Em

---

[51] Depoimento de Sandra Cerqueira (viúva de Simonal), São Paulo, 9/1/2009.
[52] Revista MTV (jan. 2003), p. 30-41.
[53] Revista MTV (jul. 2005), p. 42-51.

outubro de 2008, foi cotado como o 38º de uma lista dos cem maiores músicos do Brasil, escolhidos pela Revista *Rolling Stone*. Sintomaticamente, Simonal está entre Nelson Cavaquinho (39º) e Erasmo Carlos (37º), representantes da tradição e da modernidade na música popular. O cantor encontrou seu lugar exato na reabilitação redentora sem que a condição de exilado em seu próprio país tenha sido realmente problematizada.

A que se deve essa *redescoberta* da obra de Simonal após sua morte? Em parte isso é fruto das ações dos filhos do cantor, Wilson Simoninha e Max de Castro. Simoninha regravou "Tributo a Martin Luther King" no disco *SambalandClub*, de 2002. No dia 19 de junho de 2004, homenageou o pai no *Programa do Ratinho*, no SBT, onde cantou a música do pai e enfatizou a luta do próprio. O apresentador discursou sobre a vitimização de Simonal, lembrando que a mídia foi interesseira, racista e injusta. Em 2004, os irmãos lançaram uma caixa contendo os LPs e compactos lançados por Simonal na gravadora Odeon, de 1961 a 1971, remasterizados e digitalizados. No mesmo ano foi lançado o CD *Rewind – Simonal Remix*, produzido também pelos filhos e contando com versões remixadas realizadas por DJs brasileiros consagrados, como Patife, Ramilson Maia, Mad Zoo, o grupo Bossa Cuca Nova, entre outros. Bastante envolvidos na reabilitação do cantor, Max e Simoninha vêm se dedicando a vários eventos em homenagem ao pai.

O tímido ressurgimento não se deve apenas aos dois. Em 1999, Ivete Sangalo regravou o sucesso "Sá Marina" no seu primeiro disco solo. Em 2002, muitos cinemas do país tocaram a canção "Não vem que não tem", parte da trilha sonora de *Cidade de deus*. Paradoxalmente, um dos responsáveis pela trilha do filme foi Antônio Pinto, filho de Ziraldo! Se o pai havia ajudado na perseguição ao cantor, o filho contribuiu para a sua reabilitação.[54]

Nos meses antecedentes à Copa do Mundo de 2006, a fabricante de artigos esportivos Nike lançou um comercial de televisão no qual a gravação de "Nem vem que não tem" servia como música de fundo para os dribles de Ronaldinho Gaúcho, garoto propaganda da marca. No mesmo

---

[54] Dois dos diretores do documentário *Simonal – Ninguém sabe o duro que eu dei*, Calvito Leal e Micael Langer, dizem que ouviram Simonal pela primeira vez na trilha sonora de *Cidade de Deus*.

O VELÓRIO DA MEMÓRIA

391

ano, estilistas lançaram no Rio Moda Hype uma coleção de roupas inspirada no cantor.[55]

A bibliografia sobre música popular pós anos 2000 também rompeu o silêncio. Embora não problematizem a fundo a especificidade do ostracismo de Simonal, vários autores voltaram a falar sobre o "rei da pilantragem", quase sempre num tom conciliatório, quando não reabilitador.[56] O primeiro a escrever foi o crítico e produtor Nelson Motta em *Noites tropicais*, de 2000, publicado pouco antes da morte do cantor. Simpático à sua trajetória, o livro catalisou a tendência de reabilitação do cantor, sem maiores problematizações sobre o significado de seu ostracismo. Enfatiza aspectos pessoais de Simonal, como a "ingenuidade" e a "arrogância", como responsáveis por sua queda:

> Simonal tinha adversários poderosos nos negócios, a antipatia de boa parte da imprensa e da esquerda, que o consideravam um instrumento da ditadura, um símbolo do Brasil do ufanismo militar. Nesse tempo de guerra, só ser acusado de dedo-duro, mesmo sem provas, já era o suficiente para destruir qualquer reputação. (...) Simonal era uma estrela, uma figura pública, não exatamente o perfil de alguém que fosse espionar – para depois entregar – seus colegas (...). Não entendia nada de política nem de conspiração, entendia de Pilantragem, louras, carrões. E tinha péssimas amizades. E pior: quanto mais sucesso fazia mais arrogante se tornava, mais vaidoso, mais autosuficiente. (...) Simonal era negro, o primeiro negro brasileiro a chegar lá, no ponto mais alto do show business, a vender milhões de discos, a cantar para milhões.[57]

Dois anos após a publicação do livro de Nelson Motta, foi lançado *Eu não sou cachorro não*, de Paulo Cesar de Araújo, um dos primeiros a contar com alguns detalhes o episódio do contador. Analisando brevemente sua trajetó-

---

[55] "Novos estilistas desfilam e falam de Simonal, casa e 'rock carioca'". http://estilo.uol.com. br/moda/fashionrio/ultnot/ult2976u170.jhtm. Acessado em 11/6/2006, às 19h33.

[56] Apesar da produção bibliográfica avançar em direção à "reabilitação" do cantor, nos jornais ainda havia, na virada do século, profissionais preocupados em mostrar a culpa de Simonal. Um exemplo é o texto de Mario Magalhães publicado no caderno Folha Ilustrada do jornal *Folha de S.Paulo* em 26 de junho de 2000, exatamente um dia após a morte do cantor. Mario Magalhães, "Juiz apontou cantor como informante" e "Mulher vê inveja e racismo", Folha Ilustrada, *Folha de S.Paulo*, 26/6/2000.

[57] Nelson Motta, *Noites Tropicais: solos, improvisos e memórias musicais*, Rio de Janeiro, Objetiva, 2000, p. 212-3.

ria, o texto de Paulo Cesar conclui que Simonal foi uma vítima das *patrulhas ideológicas*. Em 2003, o crítico musical Zuza Homem de Mello publicou *A era dos festivais*, no qual Simonal aparece de forma esporádica. Para Homem de Mello, o sucesso exagerado e repentino fez com que Simonal "perdesse o pé da terra" e se tornasse uma pessoa "arrogante", o que teria atraído a antipatia de muitos. Contudo, o crítico destaca seus méritos: "Era mais que apenas um cantor, era um músico nato, fenomenal."[58] Nenhum dos três livros, no entanto, tinha Simonal como tema central, mas o fato de romperem o silêncio acerca do cantor denota uma mudança de tom após sua morte.

Isso levou algumas pessoas a refletirem sobre o que aconteceu. Em 2003, foi lançado o livro de memórias de Aquiles Reis, um dos integrantes do MPB-4. Num longo e autocrítico capítulo intitulado "Confesso que errei", Aquiles tenta refletir melhor sobre o que aconteceu com o cantor, sem cair no simplismo de achar que Simonal era um santo:

> Wilson Simonal nunca foi um dedo-duro, mas não se incomodava nem um pouco de ter agentes civis e policiais militares entre os que faziam parte de seu círculo de amizades. (...) Apesar de saber que a barra era pesadíssima, que todos andávamos "falando de lado e olhando pro chão" por medo dos "homi", me indigna perceber que eu não tive forças ou vontade para tentar buscar — ainda que eu reconheça e reafirme o quão difícil seria isso — conhecer a verdade sobre a acusação que surgiu em forma de um boato reforçado pelo comportamento quase pusilânime de Wilson Simonal. (...) Nenhuma discordância quanto ao gosto musical ou mesmo quanto a divergências políticas e ideológicas com Simonal (...) podem justificar minha omissão. (...) Mas nunca é tarde para admitir culpa. Ao contrário, ela é mais necessária tardia e ainda mais saudável, por faxinar velhas convicções, sinônimas dos mais deslavados prejulgamentos.[59]

A partir desses quatro autores, o silêncio em torno do cantor foi rompido na bibliografia sobre música popular. Hoje, raríssimos são os escritores que ainda conseguem desconhecer o sucesso de Simonal ao escrever sobre música na década de 1960. Faltava ser reconhecido, novamente, pelas gravadoras.

---

[58] "Família quer resgate musical de Simonal". *Folha de S.Paulo*. 22/5/2000. Folha Ilustrada, p. 5.
[59] Trechos do capítulo "Confesso que errei", *in* Aquiles Rique, Reis. *O gogó do Aquiles*, Editora Girafa, São Paulo, 2004.

O VELÓRIO DA MEMÓRIA

393

O mercado fonográfico respondeu rapidamente. Com o aval da bibliografia, uma série de coletâneas começou a ser lançada. Após sua morte, pelo menos doze discos foram produzidos, entre coletâneas e remasterizações. Em 2006 foi lançada, em CD, a coletânea *Simonal canta Tom e Chico*.[60] Ao interpretar dois mitos da MPB, parece cada vez mais curto o caminho para a reabilitação do cantor. Simonal voltava a ser ouvido. Até na história da Bossa Nova ele voltou a ganhar destaque. O escritor Ruy Castro, cujo livro *Chega de saudade* havia diminuído a trajetória do cantor, resolveu reintegrá-lo ao movimento carioca. Organizador de uma coletânea comemorativa dos cinquenta anos da Bossa Nova, o autor escolheu vinte nomes para terem os sucessos relançados individualmente pelo jornal *Folha de S.Paulo* entre agosto e dezembro de 2008. Castro escreveu os textos dos encartes e, através de seu aval, Simonal ganhou espaço ao lado de Nara Leão, Roberto Menescal e Tom Jobim, que também ganharam CDs. O texto celebrador, no entanto, pouco problematizou o fato de que o próprio Ruy Castro havia contribuído para o exílio do cantor:

> Wilson Simonal foi um dos maiores fenômenos da história da música popular brasileira. Ele era musical, era popular e era brasileiro. Tudo isso ao cubo ou ainda mais. Sua carreira foi inacreditável: levou dez anos para construir-se do zero ao apogeu — um apogeu que praticamente nenhum outro cantor brasileiro experimentou — e, de estalo, em menos de um ano, desabou e deixou de existir. Ou continuou existindo, mas numa espécie de zona fantasma, como a dos condenados do planeta Krypton: uma realidade paralela, ectoplasmática, em que ele podia ver tudo que acontecia ao seu redor, mas era invisível aos olhos dos outros, sem poder interferir em nada e sem esperança de redenção.

E do conhecimento de seus discos começaram a surgir teses acadêmicas sobre ele.[61]

---

[60] CD *Simonal canta Tom e Chico*, EMI, 2006. Para as coletâneas de Simonal, ver seção a Discografia no final do livro.

[61] Além deste próprio livro, outro trabalho acadêmico sobre Simonal é o de uma mestranda do Paraná: Hartwig, Adriane Mallmann Eede. *A pérola negra regressa ao ventre da ostra: Wilson Simonal e as suas relações com a indústria cultural (1963-1971)*. [dissertação de mestrado].Marechal Cândido Rondon. UNIOESTE, 2008.

A reabilitação atingiria níveis ainda maiores com o lançamento do documentário *Ninguém sabe o duro que dei* de Calvito Leal, Micael Langer e Cláudio Manoel, este último integrante do grupo Casseta e Planeta.[62] Bem recebido por crítica e público no lançamento em 2009, o longa é um misto de biografia e reportagem sobre Wilson Simonal. Contando com a participação dos filhos do cantor, o documentário é colorido, ágil, capaz de mostrar o auge e a queda do cantor com grande quantidade e qualidade de imagens. Ao contrário de grande parte dos documentários, não possui narrador e a trajetória de Simonal é contada pelos vários artistas conhecidos da época, além de alguns críticos. Entre eles estão Nelson Motta, Chico Anysio, Miéle, Pelé, Ziraldo, Jaguar, Ricardo Cravo Albin, Paulo Moura, Sérgio Cabral, Sabá, Barbara Heliodora, Castrinho, José Bonifácio 'Boni' de Oliveira, Artur da Távola e Toni Tornado. Ágil, dinâmico, contundente, o documentário é feliz na empreitada de "resgatar" uma figura que se tornou desconhecida para o grande público. Através dos testemunhos e imagens os diretores foram pródigos em dimensionar o sucesso e, especialmente, o declínio de Simonal. No entanto, algumas lacunas permanecem incógnitas. O longa parece tratar seu personagem principal como alguém do século XIX, com o qual quase nenhum dos filmados teria a ver. Nelson Motta diz que ele se tornou "um leproso, um pária", lamentando seu exílio. Logo depois de mostrarem cenas do cantor visivelmente alcoolizado nos anos 1990, os diretores dão voz a Pelé, que tenta dimensionar a decadência do *showman*: "Não teve um movimento a favor, não teve ninguém na classe [artística] que saiu e falou 'não, poxa, não é isso!'."

Nem o próprio Pelé fez isso. Aliás, nem Nelson Motta, nem Arthur da Távola, nem Ricardo Cravo Albin, críticos muitíssimos influentes desde o final dos anos 1960. Nada foi feito por mais de trinta anos diante da "lepra" de Simonal. Talvez este seja o principal problema estrutural do longa. Sem narrador, o filme trata de um problema da memória através das pró-

---

[62] O filme estava finalizado desde o início de 2008, quando foi, inicialmente, divulgado em alguns festivais de cinema, como o "É tudo verdade" do Rio Janeiro e São Paulo, na primeira metade de 2008, e no Festival de Cinema Brasileiro de Paris, na França, em 27 de maio, onde o assisti. O lançamento comercial no Brasil aconteceu em 15 de maio de 2009.

prias memórias sem problematizá-las. Na intenção de acabar com o silêncio em torno do cantor, os diretores colocam os mesmos personagens que nada fizeram durante décadas de ostracismo se lamentando pelo silêncio acerca de Simonal e "esquecendo" que eles próprios contribuíram para mantê-lo. O filme não consegue explicar por que o cantor foi "banido" e, mais do que isso, por que está sendo reabilitado pela via mais hipócrita. Militantes, os diretores fundamentam o "resgate" de Simonal transformando-o em vítima de uma época e tornando seus algozes em álibis, reconfortando a todos, sociedade "enganada" pela massa de "boatos" que hoje não consegue compreender.

E quem sai mais reabilitado são os mesmos que aparecem no filme reconhecendo seus erros e, assim, mantendo seu status no *showbizz* nacional, agora "aceitando" a entrada de Simonal no seu panteão. Ao analisar as memórias do presente sem problematizar o próprio "arrependimento" daqueles que narram a história, o filme limita-se a ser um artífice da reabilitação. Não à toa, desde o título esse tom é sugerido.

Quando idealizou o filme, Cláudio Manoel já o pensou sob o referencial da reabilitação. Ele teve o "estalo" de fazer o longa, como ele mesmo disse, depois de ler o livro de Nelson Motta, *Noites tropicais*, em 2002.[63] A conclusão do filme aponta para a "sistemática" boataria da época, que, apoiada pela turma da *patrulha ideológica*, teria destruído Simonal. Nesse sentido, *O Pasquim* fica tachado como um dos responsáveis pela queda. Em entrevistas de divulgação do documentário, o próprio Cláudio Manoel já opinou nessa direção: "Jaguar, Ziraldo e Henfil representavam uma elite de inteligência. Não vou aqui demonizá-los, mas que eles estavam *cegos* e *contaminados* pela *burrice ideológica* da época estavam."[64] [grifo meu]

Indagado por jornalistas Jaguar ironizou "a culpa" atribuída a ele e ao *Pasquim:* "Imagina se eu ia ter orgulho de destruir a carreira do Simonal. Eu não ia usar esse meus 'super-poderes' para derrubá-lo, eu iria escolher

---

[63] "Um filme pela reabilitação de Simonal". *Globo on line.* http://oglobo.globo.com/cinema/591550.htm; Ver também o vídeo "Papo Casseta com o diretor Claudio Manoel". Acessado no sítio Youtube. Original do Blog dos Cassetas.
[64] "Um filme pela reabilitação de Simonal". *Globo on line.* http://oglobo.globo.com/cinema/591550.htm .

objetivos mais nobres, até porque ele pra mim era um cantor medíocre, eu não tenho nada com isso."[65]

O mesmo Jaguar, na única vez que foi menos reativo nas respostas, foi preciso ao dimensionar as forças de seu jornal: "Vai dizer agora que *O Pasquim* foi responsável pela tragédia do Simonal?! Esculhambamos Delfim Netto, Jader Barbalho e Roberto Campos e eles continuam aí. Então a esculhambação só funcionou com o Simonal?"[66] Criam-se novos bodes expiatórios para reabilitar os antigos. A questão fundamental é, justamente, a que não se faz: por que se precisou na época de um bode expiatório? Por que hoje se recorre mais uma vez a esse artifício?

Se durante a ditadura Simonal foi o bode, agora, na reabilitação, o bode mudou de lado e *O Pasquim* começa a ficar tachado de intransigente, autoritário, "cego" e "burro". E a sociedade continua se posicionando de forma justa, procurando o culpado "da próxima esquina", isentando-se de suas posições, que mudam e, ao mesmo tempo, se reafirmam.

O documentário de Cláudio Manoel contribui para fundamentar uma reconstrução que a sociedade vem fazendo há algum tempo. Lastreados por obras que o legitimam e inocentam, Simonal parece ser o próximo "maldito" a ser incorporado definitivamente à história da MPB.

Ao punir os verdadeiros bodes da última semana, a sociedade está fazendo a sua política do cotidiano, condenando uns e absolvendo outros. E como a política formal dialoga constantemente com as pressões públicas, não seria espanto se as instituições respondessem às vontades cada vez mais evidentes da sociedade.

A incorporação institucional do cantor aconteceu no dia 16 de novembro de 2008, quando foi homenageado pela 6ª Edição do Troféu Raça Negra promovido pela ONG Afrobras e pela faculdade Zumbi dos Palmares, em São Paulo. A edição de 2008, apresentada pelos atores Paulo Betti e Sharon Menezes, premiou vários negros e brancos ilustres da sociedade, entre eles artistas (Milton Gonçalves, Sandra de Sá, Netinho de Paula, Fa-

---

[65] "A resposta de Jaguar". *Diário de Natal.* 25/11/2007. "Wilson Simonal: passando a história a limpo". *Tribuna do Norte.* Caderno Viver, 7/6/2008.

[66] "Um filme pela reabilitação de Simonal". *Globo on line.* http://oglobo.globo.com/cinema/591550.htm

bricio de Oliveira), esportistas (Maurren Maggi, Daiane dos Santos), diretores de revistas, agências norte-americanas, secretários estaduais, acadêmicos, o prefeito de São Paulo (Gilberto Kassab) e também embaixadores e ministros. Até banqueiros dos quatro bancos mais ricos do país (Unibanco, Itaú, Santander e Bradesco) foram homenageados. A homenagem póstuma a Wilson Simonal contou com canjas de artistas contemporâneos que cantaram seu repertório, entre eles Pedro Mariano ("Sá Marina"), Paula Lima ("Não vem que não tem"), Rappin' Hood ("Tributo a Martin Luther King"), Alcione ("Carango"), Simoninha ("A vida é só pra cantar"), Max de Castro ("País tropical") e Sandra de Sá ("Balanço Zona Sul").

Para completar a entronização do cantor na MPB faltava um livro que o reabilitasse. No segundo semestre de 2009, foi lançado *Nem vem que não tem: A vida e o veneno de Wilson Simonal*, biografia detalhada do jornalista Ricardo Alexandre. Sem buscar grandes polêmicas, especialmente em relação ao *status quo* da MPB, a biografia é pródiga em causos pessoais e detalhes da carreira. Alexandre compra a tese de que Simonal teria sido vítima de sua própria ingenuidade política e que teria sofrido "preconceito" racial.

Bem escrito e pesquisado, fruto de longo período de pesquisa acerca do biografado e proximidade com os familiares, o livro possui, no entanto, alguns pontos problemáticos. Ao propor uma biografia tradicional, o autor parece não dar conta dos problemas que estão além das disputas pelas verdades individuais. A caneta da biografia tende a sobrecarregar os indivíduos por uma construção que está além de suas próprias possibilidades.

E para "absolver" Simonal, o autor procura mostrar a "verdadeira verdade" dos fatos. O único crime teria sido o civil, não o político. Junto com o cantor, a sociedade é inocentada. Todos saem abençoados e redimidos para finalmente voltar a se reencontrar com "o maior cantor do Brasil".

Mas nem todos são absolvidos. O alvo de Ricardo Alexandre é o que ele chama vagamente de "inteligência ipanemense", grupos de esquerda da Zona Sul carioca que espinafravam o regime e patrulhavam aqueles que julgavam colaboradores da ditadura. O alvo é novamente *O Pasquim*. Ao se achar um novo bode, Simonal pode novamente entrar para a história louvável da MPB. Esquece-se que a tal "ipanemia" também ajudou a criar a MPB, alvo tão almejado por aqueles que querem colocar Simonal de volta neste pedestal.

Aplaudido pela mídia, que se congratulou com a redescoberta do novo mito da MPB, o livro ganhou o Prêmio Jabuti de 2010 na categoria biografia. Simonal era definitivamente incorporado à bibliografia musical quase sem atritos.

Quase. Diante do sucesso dos produtos acerca de Simonal, especialmente o documentário, reapareceu em cena o jornalista Mario Magalhães, ex-ombudsman da *Folha de S.Paulo*, que numa reportagem de capa do *Caderno Mais!* de domingo, dia 21 de junho de 2009, escreveu com grande destaque a reportagem intitulada "O Informante".[67] Tratava-se de um texto reescrito por Magalhães, cujos primeiros ataques a Simonal remontam a 2000, quando, diante da morte do artista, procurou provar a verdadeira culpa de Simonal.[68] Ofendido, Cláudio Manoel, um dos diretores do documentário, respondeu a Mario Magalhães num longo texto crítico intitulado "O deformante".[69] No entanto, acusações, réplicas e tréplicas não dão conta do essencial. Novamente voltamos à personalização do debate e à busca por bodes à direita ou à esquerda.

Embora uma parte do público ainda não tenha dado o seu "veredicto", Simonal parece ter sido formalmente absolvido pela sociedade e a ela incorporado, seja por instituições, seja por críticos e artistas da MPB ou pelo movimento negro e alguns setores sociais. No entanto, sua imagem continuou não problematizada e pouco se discutiu sobre o que seu ostracismo representou na música popular e na sociedade durante a ditadura. A MPB ganha mais um herói sem se colocar no centro dos debates ou questionar suas próprias origens.

---

[67] "O informante". *Caderno Mais !*, *Folha de S.Paulo*, 21/6/2009.

[68] Não apenas em 2000 Magalhães escreveu sobre Simonal. Em 2008, o jornalista investiu no "desmascaramento" da "verdadeira verdade" dos fatos. O segundo texto também foi publicado no jornal paulista: *Folha de S.Paulo*, 30/3/2008; "Juiz apontou cantor como informante", *Folha de S.Paulo*, 26/6/2000.

[69] "O deformante". *Folha de S.Paulo*, 23/6/2009.

Considerações finais:
S'IMBORA

> "Pode ser que a garotada de hoje
> não saiba quem é Wilson Simonal.
> Eu mesmo não vi Villa-Lobos reger.
> Mas ele continua a ser o Villa-Lobos."[1]
>
> (Wilson Simonal, 1994)

Simonal morreu distantes dos filhos. Em junho de 2000, fazia dez anos que não conversava com os filhos. Simoninha distanciou-se do pai ao perceber que ele parecia não querer ajuda, se afundando cada vez mais na bebida. A separação de Teresa foi para o filho a gota d'água de uma relação familiar complicada, especialmente difícil quando se lida com um alcoólatra[2].

Distante dos filhos, só restava a Simonal a nova mulher e a filha Patrícia, irmã do meio de Max e Simoninha, que continuou próxima ao pai. Elas lutaram com garra pela recuperação da imagem do cantor e buscaram pareceres legais que "confirmavam" que o cantor não tivera ligações com o regime.[3]

---

[1] Rádio Jovem Pan, 1994. Apud encarte da caixa *Wilson Simonal na Odeon (1961-1971)*, EMI, 2004.

[2] Depoimento de Wilson Simoninha realizada em 2/6/2005, em São Paulo.

[3] *Jornal do Brasil* (26/6/2000), Caderno B, p. 2. "A advogada Sandra Manzini Cerqueira, mulher de Simonal e agente artística do cantor, obteve em janeiro de 1999 [sic! é 1991] documentos da Secretaria de Assuntos Estratégicos da Presidência da República, do Centro de Inteligência do Exército e da Secretaria de Direitos Humanos do Ministério da Justiça confirmando a não existência de registros de Wilson Simonal em fileiras das instituições. Sandra dá como exemplo o fato de ninguém ter dito ter sido prejudicado por Simonal.

No entanto, quando morreu, em 2000, Simonal já não morava mais com Sandra fazia um ano, embora continuasse ligado a ela. Passou a morar num pequeno apartamento perto do centro de São Paulo. No fim da vida, ainda recebeu a ajuda de amigos, entre eles a apresentadora Hebe Camargo, que pagou várias contas de hospital. Nos momentos finais, visitaram-no no leito o jornalista Mario Prata e amigos próximos, como Jair Rodrigues.

O velório simples, com poucos presentes, apenas confirmou uma memória já consolidada no imaginário coletivo. Como bode expiatório de uma época, Simonal já estava morto desde 1971. E se a falta de repercussão de sua norte demonstra o quanto a sociedade contribuiu para a mácula, outras mortes serviram para dar lastro à identidade *resistente* coletiva.

Dezoito anos antes da morte do cantor falecera Elis Regina, em 19 de janeiro de 1982. Ela também seria enterrada no Cemitério do Morumbi. Especula-se que o número de presentes no velório, no Teatro Bandeirantes, e no enterro tenha chegado a 60 mil pessoas. Vários artistas apareceram para dar o último adeus, entre eles Jair Rodrigues, Lenie Dale, Rita Lee, Oswaldinho, Belchior, Bob Lester, Renato Borghi, Ângela Maria, Hebe Camargo, Nuno Leal Maia, Fafá de Belém, Ronaldo Bôscoli, Cesar Camargo Mariano, Benito di Paula, Dudu França, jornalistas e críticos como Marília Gabriela, Valter Silva e Silvio Lancellotti. Até o presidente do Partido dos Trabalhadores (PT), Luiz Inácio Lula da Silva, e o presidente do Sindicato dos Metalúrgicos de São Bernardo e Diadema, Jair Menegueli, estiveram presentes. Lula declarou na época: "Ela tinha posições políticas coerentes (...), a artista tinha posições definidas e não tinha medo de manifestá-las."[4]

Jornais cobriram a morte da cantora, repórteres suaram para contar sua trajetória. A notícia foi capa da revista *Veja*, sob o título de "A morte de Elis Regina: a tragédia da cocaína".[5] O sociólogo e futuro presidente Fernando Henrique Cardoso dedicou uma coluna inteira em sua homenagem no jor-

---

[4] "A dolorosa despedida de Elis", *Folha de S.Paulo*, 21/1/1982, *apud* Osny Arashiro, *op. cit.*, p. 174-179. Embora admirasse Elis Regina, Lula tinha restrições com outros artistas. Em entrevista à revista *Playboy* em julho de 1979 Lula disse que não "perdia tempo ouvindo Caetano e Gil". E que Roberto Carlos e Pelé "deveriam se posicionar politicamente diante dos grandes problemas nacionais".

[5] *Veja* (27/1/1982).

nal *Folha de S.Paulo*, no qual (quase sempre) escrevia sobre política.[6] E as louvações não ficaram só nos jornais.

Em 7 de fevereiro de 1982, houve mais um tributo monumental. O estádio do Morumbi, em São Paulo, recebeu cerca de 100 mil pessoas para assistir ao show Canta Brasil. No final do concerto, todos os artistas subiram no palco e cantaram, junto com o enorme público, a canção "O bêbado e a equilibrista" (João Bosco/Aldir Blanc). Atrás do palco erguia-se um enorme painel com o rosto de Elis. Entre os artistas presentes, Simone, Fagner, Toquinho, Chico Buarque, Milton Nascimento, Baby Consuelo, Pepeu Gomes, Gonzaguinha, Elba Ramalho, Paulinho da Viola, Djavan, Nara Leão, Clara Nunes e João Bosco. Elis *resistente*.[7]

E o mito continuou sendo ovacionado. No mês seguinte, a prefeitura de São Paulo criou o "Mês Musical Elis Regina", com diversas atrações em teatros da cidade. Em maio, o prefeito de São Bernardo do Campo inaugurou o Teatro Elis Regina, no bairro de Assunção. Na missa de um ano da morte da cantora, a Catedral da Sé, na capital paulista, ficou lotada com a presença de cinco mil pessoas. Em janeiro de 1984, o prefeito de São Paulo, Mário Covas, e o secretário de Cultura, Gianfrancesco Guarnieri, inauguraram a praça Elis Regina, no Butantã.[8] Menos de três anos após a morte, apareceu a primeira biografia de peso, escrita pela amiga Regina Echeverria.

Por várias vezes durante a pesquisa para este livro deparei-me com o seguinte discurso proferido por pessoas comuns com quem compartilhava o tema de trabalho: "Ah, artistas são assim mesmo! Eles vêm e vão! Hoje ele pode ser muito famoso e amanhã não ser ninguém!" É verdade, muitos artistas "vêm e vão". Foi o que aconteceu com Tom Zé. Na metade dos anos 1980, o compositor tropicalista estava mal de saúde, quebrado financeiramente e com a popularidade em baixa. Com sete discos gravados, o baiano não encontrava espaço para trabalhar. Quando a situação apertou, chegou a planejar a volta para Irará, interior da Bahia, onde trabalharia no posto de gasolina de um parente. Foi quando o músico inglês David Byrne,

---

[6] "Elis Regina" (por Fernando Henrique Cardoso), *Folha de S.Paulo* (21/1/1982), apud Osny Arashiro, op. cit., p. 141-142.
[7] Regina Echeverria, op. cit., p. 306.
[8] Idem, ibidem, p. 308-309.

integrante do grupo Talking Heads, veio ao Brasil e *descobriu* o LP *Estudando o samba* (1976) num sebo carioca. Ao ouvir o disco, Byrne ficou boquiaberto e tornou-se o principal divulgador do baiano no exterior: "Não sabia nem quem David era, a minha esposa é que conhecia ele", recorda-se Tom Zé. Byrne o contratou para o seu selo, Luaka Bop, e Tom Zé voltou à tona no cenário nacional, fazendo discos e shows.[9]

Se é verdade que algumas carreiras artísticas são cíclicas, o mesmo não se pode dizer da trajetória de Simonal. O seu caso vai além: Simonal tornou-se um exilado da memória porque *traiu* a memória da *resistência*. Nenhum outro artista foi engolido pela pecha como ele, embora haja outros que também ficaram conhecidos pela alcunha de "dedo-duro".[10]

Para os objetivos deste trabalho, pouco importa saber se Simonal foi ou não "dedo-duro". Ser ou não ser *resistente*, esta versão tropical do dilema shakespeariano, é pouco relevante aqui. Mais importante é mapear a representatividade da memória "heroica" da *resistência*. Para uma biografia do cantor talvez fosse interessante buscar, até onde for possível, "a verdadeira verdade" dos fatos. Talvez. No entanto, enfatizar a questão existencial da ditadura (ser ou não ser) é continuar utilizando o tabuleiro da *resistência*, para além do qual quero jogar.

O súbito declínio da carreira do cantor "que todo mundo queria ser" prova que, para efeitos sociais, os boatos são mais importantes do que os "fatos". A representatividade dos rumores é atestada ao se constatar que grande parte das pessoas já ouviu falar do cantor "dedo-duro", mas quase ninguém sabe apontar como surgiram as acusações.

---

9 Para as informações sobre Tom Zé, ver "Entrevistão: Tom Zé", Revista *MTV* (jul. 2005).

10 O radialista da Rádio Nacional, César de Alencar, é acusado até hoje de ter contribuído com os golpistas de 1964 e de ter feito uma "limpa" nos estúdios da Rádio, denunciando os possíveis "comunistas". Entre os acusados por Alencar estava o compositor/ator Mário Lago. Outro acusado de "dedo-duro" é o apresentador de rádio e TV Randal Juliano. Em suas memórias, Caetano Veloso acusa Juliano de ser "um demagogo de estilo fascista que cortejava a ditadura agredindo os artistas". Juliano teria denunciado que Caetano Veloso ironizou o hino nacional. Além disso, Juliano teria divulgado que Caetano fazia apologia ao crime ao expor em seus shows na boate Sucata (na segunda metade de 1968) a obra de Hélio Oiticica que homenageava o bandido Cara de Cavalo. Tratava-se de uma bandeira com os dizeres: "Seja marginal, seja herói." Além de Alencar e Juliano, Flávio Cavalcanti também é, até os dias de hoje, frequentemente acusado de "dedo-duro". A jornalista Lea Penteado defendeu o apresentador das acusações. Lea Penteado, op. cit.; Caetano Veloso, op. cit., p. 396.

S'IMBORA

A maior parte da juventude ainda o ignora. Todas as vezes em que conversava com pessoas da minha geração, tinha dificuldades de dimensionar para meu interlocutor o tamanho de seu sucesso. Comparações nunca me pareciam precisas. Até que, em 2006, encontrei uma comunidade sobre o cantor no Orkut, com mais ou menos dois mil integrantes.[11] O tom geral das opiniões era extremamente favorável ao cantor. Os integrantes da pequena comunidade eram, majoritariamente, jovens que o conheceram através das músicas compartilhadas pela internet. Todos, sem exceção, repudiavam os boatos "falaciosos" sobre o cantor. O racismo também era visto como causa do ostracismo. De modo geral, o tom irritava pelo consenso criado (às avessas) em torno do artista. Até que, um dia, um membro resolveu fazer uma comparação para dar uma ideia melhor do que foi a desgraça de Simonal. Ele comparou-o a Michael Jackson. Apesar dos problemas de toda comparação, achei-a maravilhosa.[12] Assim como Simonal, Michael Jackson foi extremamente popular, influenciou pessoas, fundou uma nova música pop. Assim como Simonal, Jackson era um negro que aparentemente "renegou a raça". E, como se tudo isso não bastasse, ambos foram censurados pela sociedade. Jackson, por pedofilia, Simonal por delação. Foi o que bastou para que o clima cordial da comunidade fosse implodido. O tom mudou e as pessoas tornaram-se agressivas, ofendidas com aquela comparação. Chegaram a dizer que Michael era "mercadológico" e Simonal fazia "boa música". Provaram tintim por tintim que os boatos sobre Simonal eram falsos, e que os sobre Michael eram verdadeiros. Apesar das tentativas, quem lançou o comentário não conseguiu convencer seus pares. Ficou a impressão de que Simonal só pode ser valorizado como cantor se for "inocente".[13]

A partir daquele dia, comecei a pensar em outras comparações. Talvez a melhor seja mesmo em relação ao jogador Gerson. Mas, durante a Copa de 2006, fiquei com a impressão de que outro "bode" surgia. No jogo das

---

11 Comunidade criada por Kléssius Leão: http://www.orkut.com/Community. aspx?cmm=66520. Essa é a maior comunidade dedicada ao cantor. Há outras cinco, e nenhuma delas o acusa de "dedo-duro". Parece que a pecha faz mais sentido para aqueles que vivenciaram o período e menos para a nova geração. Acessado em 12/6/2007.

12 Agradeço a Denílson Monteiro pela comparação primorosa: http://www.orkut.com/CommMsgs.aspx?cmm=66520&tid=9987028

13 Michael Jackson morreu em 25 de junho de 2009, exatamente no mesmo dia que Simonal nove anos antes.

quartas de final, o Brasil enfrentou a França. Enquanto os brasileiros esperavam uma revanche da final da Copa de 1998, a seleção perdeu o jogo. O gol que selou a vitória aconteceu no segundo tempo, quando Zidane, o craque da partida, bateu uma falta que colocou o atacante Thierry Henry na cara de Dida. As análises pós-jogo bateram na tecla de que houve falha de marcação. De fato, o lateral Roberto Carlos, que deveria estar marcando Henry, arrumava a meia enquanto a bola viajava em direção ao atacante. Depois da derrota, Roberto Carlos, com seu jeito "esnobe" e "banqueiro", disse que não queria mais saber da seleção, como se a idade já não o colocasse fora da próxima Copa. Roberto, apesar de ter falhado, jogou a Copa tão mal quanto qualquer outro jogador da seleção milionária. Ronaldo "Fenômeno" jogou a Copa muito acima do peso. Ronaldinho "Gaúcho" não mostrou por que era o craque do Barcelona. O técnico Parreira também não fez nada para evitar o fiasco que se descortinava a cada partida, parecendo gêmeo do apático Zagallo no banco. E, assim, Roberto Carlos tornou-se o bode de uma seleção que "não tinha amor à camisa" e gostava mais de arrumar o meião. Durante a partida, é claro. O importante é que, para além das ironias, cabe enfatizar que o caso de Gerson, do jogador Roberto Carlos e de Simonal têm em comum o vacilo que não pode ser perdoado.

Para além das comparações, que são problemáticas, a trajetória de Simonal foi especialmente desgraçada. Conseguiu unir esquerdas e direitas num silêncio que chega até a ser paradoxal à primeira vista. E se a ditadura foi demonizada, Simonal foi um dos seus "carrascos". Ao transformar Simonal num "bode", a sociedade pôde se ver como *libertária*. Criou-se o mito da *resistência* e quase todos se tornaram bravos lutadores contra o regime, dos hipócritas de direita aos guerrilheiros revolucionários, passando pelos *indiferentes*. Para além de algo pontual, o imaginário da *resistência* fundou uma forma de pensar a ditadura e a sociedade. Simonal tornou-se o lastro da memória antiditadura.

Nas eleições de 1994, 2002 e 2010, três *resistentes* chegaram à presidência. As vitórias de Fernando Henrique, Lula e Dilma simbolizam o novo jogo político brasileiro, que demanda um histórico de luta pelas liberdades democráticas. A ascensão destes políticos também pode ser vista como fruto de uma memória da *resistência*.

Como mostrei, a MPB surgiu no contexto do crescimento da oposição à ditadura. Ela foi uma das forças forjadoras do conceito de *resistência*. Essa memória, criada no calor dos debates dos anos 1960/1970, expandiu-se pela década seguinte. O rock nacional dos anos 1980 continuou a luta contra a ditadura sob outras matrizes estéticas. Titãs, Plebe Rude, Ira, Capital Inicial, Legião Urbana, Ultraje a Rigor, RPM, Cazuza: todos eles fizeram canções "de protesto" de sucesso que dariam inveja à geração anterior.[14] Nesse sentido, o Rock Brasil deve muito ao imaginário da *resistência* criado pela MPB.

Se esse imaginário teceu uma ideia de nação, o pensamento encontrou seus limites logo após a primeira eleição direta para presidente. Hoje, a MPB já não tem o peso decisivo de tempos atrás. Novos gêneros musicais estouraram na década de 1990, como o axé, a música sertaneja e o funk. Esses novos estilos musicais deslocaram parte do público de classe média da MPB e não colocaram em questão a memória da *resistência*. Essa talvez seja uma das razões que possibilite, nos dias de hoje, que se volte a falar de Simonal sem rancores, muitas vezes relevando-se

---

[14] O grupo paulista Titãs compôs clássicos como "Homem primata", "Família", "Bichos escrotos", "Porrada", "Comida". É de se notar também os títulos e conteúdos críticos dos seus LPs: *Televisão* (1985), *Cabeça dinossauro* (1986), *Jesus não tem dentes no país dos banguelas* (1987); a Plebe Rude compôs "Johnny vai à guerra" e seus discos denotam a memória da *resistência*, especialmente *Nunca fomos tão brasileiros* (1987) e *Enquanto a trégua não vem* (2000). O grupo Ira compôs "Dias de luta". E os títulos de seus LPs denotavam críticas sociais: *Mudança de comportamento* (1985), *Clandestino* (1990). O grupo brasiliense Capital Inicial também fez canções de protesto como "Independência", "Música urbana" e "Psicopata". Já o Legião Urbana, talvez o mais popular deles, lançou "Geração coca-cola", "Índios", "Tempo perdido" e "Que país é esse?". A ironia sempre esteve no escárnio do Ultraje a Rigor, especialmente em "Nós vamos invadir sua praia", "Rebelde sem causa" e "Inútil". O RPM não ficou de fora do protesto em "Rádio pirata". Cazuza, um rebelde inato, foi preciso em "Ideologia" e "Burguesia", e também e "Brasil". Discordo da visão de que o movimento conhecido como Rock Brasil tenha sido totalmente inovador no cenário brasileiro. Penso que, apesar dos discursos em contrário, o movimento deve muito à Jovem Guarda e especialmente à Tropicália. A ideia de que o Rock Brasil foi inovador na luta contra a ditadura só serve para legitimar e renovar o conceito da *resistência*, do qual muitos pesquisadores têm dificuldade de se desligar quando se trata de questões estéticas. Para uma visão oposta à minha, ver: Samantha Viz Quadrat, "El Brock y la memoria de los años de plomo en el Brasil democrático", in Elizabeth Jelin e Ana Longoni (orgs.), *Escrituras, imágenes y escenarios ante la represión*, Buenos Aires, Siglo XXI, 2005, p. 93-120; Arthur Dapieve, *BRock: o rock brasileiro dos anos 80*, Rio de Janeiro, Editora 34, 1995.

a disputa política e artística da época, outras vezes tentando vê-lo como mais uma figura do álbum da MPB, cada vez mais carente de "novidades". No entanto, a ideia de se "resgatar" Wilson Simonal do limbo da história é perigosa, pois, além de constuir um "museu de grandes novidades", forja um passado sem disputas ao impor uma versão simplista de trajetória. A criação de uma harmonia sem lastro capaz de "resgatar" o cantor é igualmente perniciosa. Atualmente, quando se procura rediscutir a Anistia, inocentar Simonal só serviria para reativar o espírito conciliatório de 1978. Por outro lado, é problemática a tentação de se buscar um culpado individual, correndo-se o risco de encontrar "bodes" a cada esquina.

Na década de 1990, quando opositores da ditadura tornaram-se presidentes, a memória da *resistência* consolidou-se como *mito*, num processo que vinha sendo realizado desde a luta pela Anistia, em 1979. Mais do que isso, ao arvorar-se *resistente*, a MPB instaurou um projeto estético-político excludente, a despeito das forças agregadoras como a Tropicália. Nesse processo, criou um significado tanto para a música popular quanto para a brasilidade. Forjou uma maneira de pensar a nação. Ao estudar a carreira de Wilson Simonal, busquei outro significado da brasilidade, mais amplo, menos *patrulheiro*, mais atento às nuances, sutilezas, ambiguidades e aos paradoxos. Busquei repensar o significado do termo "música popular" e refletir o que é ser "popular" num país em que as opiniões estéticas dificultam o fim da desigualdade social, já que estes mesmos preceitos musicais nasceram contrapondo "povo" e "elite". Visto com certo nojo em sua prática mais cotidiana, a audição musical, o "povo" continua refém dos escritores intelectuais. Seria bom se o resguardo estético não servisse de álibi para a manutenção de tais preconceitos, que fundamentam o apreço íntimo pela desigualdade muito comum no Brasil, infelizmente. Interessante seria se a liberdade estética não fosse condenada em nome da reverência ao tradicionalismo musical. É justamente para além de onde gostaria de navegar.

Anexos

Entrevista de Wilson Simonal ao *Pasquim*
O Pasquim (jul. 1969), nº 4

SIMONAL: "NÃO SOU RACISTA"
(SIMONAL CONTA TUDO)

Sérgio Cabral: O domínio do público é uma coisa instintiva em você. É claro que há toda uma técnica, mas, enfim, é fabricado ou espontâneo?

Simonal: Na verdade, eu não magnetizo ninguém. O público é que se magnetiza por si mesmo.

Jaguar: Impressionante é que tudo que você faz no palco dá sorte. Quando o Armando Marques desmunheca, milhares de pessoas gritam "bicha, bicha". Quando você desmunheca, milhares de pessoas aplaudem você histericamente. Qual é o segredo?

Simonal: É porque nunca constou, nunca se comentou e nunca se duvidou da minha característica de homem macho. Por isso que eles não me chamam de bicha.

Jaguar: Maysa disse que a pilantragem não existe. Compra essa, Simonal.

Simonal: Não, a pilantragem existe. E, inclusive, a pilantragem primordial da Maysa é quando ela picha as pessoas que são realmente muito famosas. É uma maneira de fazer pilantragem. Pilantragem é, por exemplo, este jornal de vocês. É um jornal pilantra, que usa a pilantragem inteligente. Quando uma revista famosa coloca o retrato do artista mais famoso na capa, é para vender revista, entende? Então, eu uso as coisas que aprendi com toda a minha experiência de cantor, de crooner, no sentido de pilantragem musical. E eu não me envergonho de dizer, porque eu disse realmente que é pilantragem e acredito que o público goste da minha pilantragem. O segredo do sucesso da minha pilantragem é que ela não é pretensiosa.

Tarso de Castro: E esse grupo da pilantragem que tem aí, você acha que já morreu ou o que aconteceu com eles?

Simonal: Na verdade eu não tenho acompanhado. Mas, de qualquer maneira, eu quero dizer que agradeço a eles a promoção que eles me fizeram.

Sérgio Cabral: Eu me lembro que houve uma época em que só você falava em pilantragem. Depois surgiu este grupo da pilantragem e o Nonato Buzar, meu amigo, que passou a ser o rei da pilantragem em disputa com o Carlos Imperial. Então um seria o rei da pilantragem, outro o imperador. E você seria o que nesse caso?

Simonal: Eu seria apenas o Todo Onipotente da pilantragem.

Sérgio Cabral: Onde você estava há dez anos atrás?

Simonal: Em 1959 eu estava no Exército. Era cabo datilógrafo.

Sérgio Cabral: Como foi que você iniciou sua vida profissional, quando foi crooner de Salles e tal?

Simonal: Foi. Eu iniciei profissionalmente como crooner da boate Drink.

Sérgio Cabral: Quem foi que te encaminhou, houve algum padrinho, alguma pessoa nessa história?

Simonal: Houve. Quem praticamente forçou a maior barra comigo, inclusive me levou para fazer testes nas companhias gravadoras, foi o Carlos Imperial. Maluco, chegou ao cúmulo de um dia dar uma festa na casa dele e dizer: "Vou apresentar pra vocês o maior cantor do Brasil." Então foi todo mundo lá na casa do Imperial para ver quem era, e era eu. Adivinha se foi aquele mal parado, quiseram bater nele e tudo.

Tarso de Castro: E hoje você acha que é o maior cantor do Brasil?

Simonal: O melhor, não, mas eu sou um dos melhores.

Tarso de Castro: Quais são os outros?

Simonal: Os outros, atuantes, eu diria... vocês vão morrer de rir, o Altemar Dutra. É que eu tenho um conceito muito diferente: eu não julgo o bom cantor pelo repertório que ele canta, mas sim pelo que ele pode fazer com a voz. Então, Altemar Dutra, Agnaldo Timóteo, Cauby Peixoto, Agostinho dos Santos, Lúcio Alves... puxa, tem tanta gente, deixa eu ver...

Tarso de Castro: O que você acha do Jair Rodrigues?

Simonal: Acho um ótimo sambista. Não é cantor, ele é sambista. Cantor não canta samba; ou se é sambista, ou se é cantor.

Sérgio Cabral: Você me dá a ideia de que a influência que você teve inicialmente de cantores brasileiros foi de Lúcio Alves e Dick Farney. Confirma isto ou não?

Simonal: Realmente, eu me esqueci inclusive de citar o nome de Dick Farney, que eu reputo como um dos grandes cantores brasileiros. Embora eu não saiba explicar o porquê da minha tendência pelo gosto moderno, me lembro que diziam que eu era influenciado e eu passei a observar. E o Lúcio Alves na fase Bossa Nova foi um sujeito muito importante. Foi ele que me apresentou a Menescal, Elizeth Cardoso, Silvinha Telles. Eu acredito que de uma forma inconsciente eles devem ter influído na minha forma de cantar.

Sérgio Cabral: O Jaguar está dizendo que não tem a menor ideia do que faria se vinte mil pessoas urrassem seu nome no Maracanãzinho. Possivelmente ficaria estourando de máscara. Você, depois daquela consagração, não perdeu para sempre a sua pureza?

Simonal: Não, porque na verdade eu sempre fui, não digo puro, mas em relação à minha profissão eu sempre fui direito. Eu nunca me rodeei de frescuras e pode parecer até um pouco engraçado, cabotino, mas eu não me envergonho de dizer que eu sabia que o público ia cantar comigo. Eu não fui lá desprevenido, eu sabia. Já estou acostumado ao público me aplaudir e empolgar-se com a minha pilantragem. Mas o que aconteceu no Maracanãzinho foi que o público não se empolgou, o público se emocionou.

Tarso de Castro: Você acha que este esquema de pilantragem que você aplica hoje tem uma duração longa?

Simonal: Este esquema, eu pensei honestamente, já estava ultrapassado. Há muito tempo que eu não fazia isto. Porque o artista brasileiro tem o defeito de se renovar, porque as coisas no Brasil acontecem muito rapidamente, então nós nos renovamos praticamente de seis em seis meses. Entretanto, a experiência tem me ensinado que esta renovação tem que ser um pouco demorada. Eu acredito que um dia a pilantragem vai passar, mas tem que aparecer uma coisa melhor em termos de comunicação popular.

Tarso de Castro: Você foi ao Maracanãzinho para "jantar" o Sergio Mendes?

Simonal: Não. Eu sabia que ia ser aplaudido, mas não sabia que ia acontecer aquilo, eu realmente não esperava. Eu esperava ser aplaudido e sabia, pelo que estava esquematizado, que eu ia fazer a escada para o Sergio Mendes, ia deixar o público num tal ponto de desinibição e alegria que, quando o Sergio Mendes chegasse então, aconteceria a grande consagração a favor dele. Eu explico, não sei se estou certo, mas gostaria de explicar o porquê daquele fenômeno: o brasi-

ANEXOS

leiro é muito bairrista e sentimental, ao mesmo tempo que indiscipli-
nado, sabe? Então, a soma destas coisas reflete o seguinte: eu não
soube em tempo algum de nenhum artista brasileiro que fizesse sucesso no exterior e que voltasse ao Brasil e fosse consagrado em termos populares. Ele é consagrado em pequenos recintos. É o caso de
Elis Regina, por exemplo, que fez sucesso no Olympia e quando voltou ao Brasil não aconteceu nada. O próprio Roberto Carlos, no
auge da sua carreira, ganhou o festival de San Remo. Forçaram aquela barra e tal, mas não aconteceu nada, porque quando o público
descobriu que ele estava cantando em italiano, ficou meio chateado.
Eu acredito que aquele negócio do Maracanãzinho foi que o carioca
quis me mostrar o seguinte: é que eu estou afastado do Rio, praticamente, há uns três anos. Eu venho aqui, faço um mês de teatro e
volto pra São Paulo. O meu programa de televisão era gravado em
São Paulo. O sucesso que eu fazia no Brasil era reflexo do que eu
fazia em São Paulo. Entretanto, todas as vezes que eu vinha ao Rio de
Janeiro o carioca me aplaudia. Mas na verdade eu estava morando
em São Paulo. Como foi divulgada a intenção do Sergio Mendes de
me levar para os Estados Unidos, eu acredito que naquele momento
o público queria dizer: "Olha, deixa de frescura, sem essa de ir para
os Estados Unidos, fica um pouco mais aqui no Rio, se o problema é
bater palmas, nós também sabemos bater, nós também sabemos
aplaudir." Sabe, eu acho que o público quis mostrar um pouco do
carinho que ele sentia, querendo me mostrar uma coisa que eu não
estava sabendo que tinha.

Tarso de Castro: Quer dizer que com isto fica afastada a hipótese de
você sair daqui, pelo menos em breve?

Simonal: Não, não é que eu não saia. O que foi divulgado é que eu
iria para os Estados Unidos definitivamente, faturar em dólares, morar em Beverly Hills, porque o sujeito já fica imaginando isto. Todo
mundo pensa que se eu for para lá, em seis meses vai acontecer o que
eu sou no Brasil, mas eu não sou louco de ir assim. Eu posso ir, arris-

car um disco, se colar colou, se não colar, tchau, até logo. Tanto que o Sergio Mendes quis me contratar por três anos e eu não concordei. Eu disse que faria um disco e que se fizesse sucesso lá, eu daria opção para o próximo LP de gravar na etiqueta dele. Porque afinal de contas eles iam investir um capital na minha promoção, mas não que eu fosse definitivamente para os Estados Unidos, eu não conheço a filosofia do povo americano, não sei do que eles gostam.

Sérgio Cabral: Você esteve na Itália e eu me lembro que a imprensa italiana elogiou você, até como um novo rei da Bossa Nova, novo João Gilberto. Você naquela época não teve intenção de ir para a Europa?

Simonal: Se eu fosse naquela época, ia me machucar, porque eu não tinha a experiência que eu tenho agora. E o que houve foi que o sujeito escreveu... sabe o que é, eu não me engano, quando o sujeito me elogia ou quando me picha, eu observo por que ele está me elogiando ou me pichando. Este sujeito que realmente me elogiou, ocupando uma página inteira daquela revista que é famosa lá, a *OGGI*, ele era cantor, Paolo Cupinei, era na verdade... como é o nome dele artístico, esteve aqui no Brasil... é, acho que é Gino Paolo. Então, como era cantor sentiu as minhas dificuldades de comunicação com o povo italiano e na medida em que ele viu que eu consegui aquilo, ficou empolgado, mas porque ele era também artista. Todo sujeito, todo crítico que tem uma certa tendência artística, entende o negócio por um outro aspecto, outro lado. Então, eu acredito que foi meio nessa que ele deu esta força, ficou meio empolgado.

Pinheiro Guimarães: Se você fosse para os Estados Unidos, entraria para que turma?

Simonal: Eu acho que quem faz um gênero de pilantragem parecido com a que eu faço é exatamente o Herp Albert, o Chris Montez, Trini Lopes, estão mais ou menos dentro desse espírito. Mas lá é diferente, lá funciona muito o negócio de sub, quer dizer, nos Estados Unidos sempre existiu um buraco para o cantor ou artista latino.

Não é de hoje que temos aí Xavier Cugat e milhões de artistas, agora mesmo o José Feliciano. Então, no Sul dos Estados Unidos, por exemplo, com muita penetração da rapaziada do sub, eles dão aquela colher, deixam um cara meio sub fazer sucesso, mas é um sucesso muito passageiro. Eu acredito que se eu for para lá agora, e gravar um disco na AM Records, que é a fábrica das novidades, eu posso até fazer sucesso, mas por dois anos e depois não faço nunca mais.

Sérgio Cabral: Eu me lembro que no início, o pessoal da chamada crítica te esnobava e tal e você fazia sucesso e não dava bola para eles, até que passou a ser reconhecido por todos eles. Te importava esta crítica?

Simonal: Me importava, eu apenas não me deixava influenciar pelo que a crítica dizia, porque dentro do ponto de vista deles, naquela ocasião, eu acredito até que eles estivessem certos. Agora, não era o que eu estava tentando, porque o meu problema, acho que o grande problema da música brasileira foi o problema da comunicação. A música brasileira só se comunica com o povo no carnaval. Fora dele a música brasileira praticamente não existe. O povo brasileiro esnoba a música brasileira. Era preciso, então, fazer um tipo de música que se comunicasse e depois, nós sempre fomos muito influenciados harmonicamente por outras coisas. O artista americano sempre foi considerado. Se alguém quiser comparar o Silvio Caldas, que é o nosso papa aqui, com o Sinatra, todo mundo vai dizer que o Sinatra é melhor. Este tipo de condicionamento sempre atrapalhou a divulgação da música brasileira. E o que acontecia é que os críticos ficavam um pouco irritados com este condicionamento e eram, às vezes, até ásperos na maneira de se expressar. Quando você, que escreve sobre música, diz que o disco dos Beatles é ruim, o cara que está lendo a sua crítica e tem o disco em casa está sendo chamado de burro, por tabela. Então acontece que ele passa a não dar importância ao que você escreve, pensa: "Esse cara é um chato, um bolha."

Pinheiro Guimarães: E o que você acha que tem de mais bacana: beleza, bossa, voz, ideia?

Simonal: Eu tenho muito charme.

Sérgio Cabral: O que você acha do Sergio Mendes?

Simonal: Para mim ele é um pilantra. Para vocês verem até que ponto vai a pilantragem do Sergio Mendes, é que como ele sabia da dificuldade da música brasileira fazer sucesso no exterior porque o tipo de samba tradicional não faz sucesso pela dificuldade de execução, porque o americano é prático e o que acontece é que música é escrita, então você escreve as notas, a divisão. Agora, no samba, há muito tempo desde que iniciada a música no Brasil, você escreve de um jeito e toca de outro. Mas isso funciona para brasileiro, que sabe o que é samba, que está acostumado a tocar desde criança. O músico estrangeiro não sabe, então ele toca o que está escrito e não dá certo, e ele não entende como que os caras lá no Brasil e aqui tocam, e não dá certo. Simplesmente porque é tão difícil escrever samba, qualquer maestro diz isto que se convencionou escrever daquela maneira antiga, que ainda hoje se usa. Se você ouvir uma gravação de samba em qualquer estúdio é comum o maestro dizer: "Olha aqui, na letra *h* é aquela, morou? Balançar... aqui na letra *f* vai naquela e tal." Então quando vai a partitura para o músico estrangeiro tocar, não tem "é esta, é aquela", eles não têm o negócio de jeitinho, tocam o que está escrito e fica aquele samba parecido com rumba. E que, na realidade, está escrito, um samba parecido com rumba.

Sérgio Cabral: Eu me lembro quando o Ary Barroso foi convidado para ir aos Estados Unidos, ele queria levar um baterista e um contrabaixo brasileiro e não foi aceito por isto.

Simonal: Exatamente. Então, o negócio do Sergio Mendes ele fez um tipo de música moderna e com ritmo sofisticado, este ritmo que vocês da crítica chamam de alienado, o que realmente facilitou o americano a entender. Agora, a grande pilantragem dele foi a seguinte: a música brasileira era curiosa. Mas se cantar em português uma música o americano acha engraçado, duas já começou a encher. Na tercei-

ANEXOS

ra ele pede um uísque, pergunta a cotação da Bolsa, já fica um papo diferente. O Sergio Mendes, então, cantava uns pedaços em inglês e misturava o português. Mas é muito mais fácil para o americano que quer cantar em português cantar com sotaque do que sem sotaque. E o que ele fez? Botou duas americanas no conjunto que cantavam em português com sotaque, o que facilitou o problema do americano que resolve cantar junto.

Sérgio Cabral: Eu digo os nomes e você dá notas de um a dez. Vamos começar com Chico Buarque.

Simonal: Eu daria dez em letra e quatro em música. Acho a maioria das músicas do Chico muito ruins.

Sérgio Cabral: Caetano Veloso.

Simonal: O Caetano merece uma explicação, pela tropicália, que é um tipo de pilantragem. Eu conheço e gravei músicas do Caetano, sensacionais, fora desta linha misteriosa que ele andou fazendo. Na verdade, ele aproveitou o tumulto, a insatisfação geral, a depressão da juventude e optou pelo negócio da pilantragem, que parece não ter dado muito certo. Mas eu daria a ele 10 como letrista e cinco como músico.

Sérgio Cabral: E Gilberto Gil?

Simonal: Dez como letrista e 9 como musicista.

Sérgio Cabral: Roberto Carlos?

Simonal: Já faz outro gênero, uma música com maior poder de comunicação. É o que nós, da música moderna, chamamos de música quadrada. Para ele eu tenho que abrir um parêntese: pelo meu gosto musical eu daria três para ele, como compositor. Mas se estabelecermos o problema da comunicação, que também é válido, e o Roberto Carlos é o compositor brasileiro que mais fez músicas comunicativas, eu nunca vi um sujeito fazer música água-com-açúcar de tanto poder comunicativo. Então, como compositor, eu daria três, mas pelo poder de comunicação ele é *hors-concours*.

Sérgio Cabral: E Noel Rosa?

Simonal: Eu conheço muita coisa ruim dele. Eu acredito que, na sua época, ele foi um Chico Buarque, eu não sei, mas ele poderia até ser considerado um Caetano Veloso na época, porque ele fez umas músicas realmente muito diferentes das músicas que se faziam naquele tempo. Como eu não conheço a maioria das coisas do Noel Rosa, eu não dou nota.

Sérgio Cabral: Ary Barroso?

Simonal: Compositor razoável. Foi muito idolatrado mas ele não chegava a ser sensacional.

Sérgio Cabral: Dorival Caymmi?

Simonal: Esse é quente. Eu daria dez em música e dez em letra. Ele tem umas músicas cafoninhas, comerciais, mas ele é sensacional. Faz bem música, tem bom gosto harmônico, tem melodia bonita e faz verdadeiras poesias. Eu daria vinte.

Jaguar: Você conhece o Nelson Cavaquinho? Que tal?

Simonal: Conheço, é sensacional. Como músico, pelo simples. Isto dele tocar o instrumento cavaquinho, que é pobre harmonicamente, faz com que ele mesmo muitas vezes estrague suas melodias. O Nelson Cavaquinho é um compositor em potencial, ele sente uma música, mas não dá para fazer o que quer fazer, porque se o Nelson Cavaquinho fosse Nelson *Pianinho*, seria sensacional. Como letrista, dentro daquela simplicidade, eu daria 15.

Jaguar: Qual o melhor compositor do Brasil?

Simonal: Não existe o melhor. Existe tanta gente boa. Tem um compositor, por exemplo, que eu nunca gravei música dele, chama-se Hermínio Bello de Carvalho; nunca gravei porque eu estou numa outra linha, mas é o tipo do compositor sensacional. E eu nunca gravei, porque não gravo disco para receber elogio, eu gravo disco para vender. Uso a minha arte no sentido comercial. O dia em que eu ficar

ANEXOS

rico, muito rico, aí sim eu vou me dar ao luxo de fazer disco artístico, mas por enquanto ainda não. E assim como Hermínio, existe muita gente boa. O Billy Blanco, o Ataulfo Alves, tanta gente bacana que não existe o melhor.

Sérgio: E a melhor cantora brasileira?

Simonal: A maior também não existe. Existem grandes cantoras. Eu faço questão de dizer que existem grandes cantores brasileiros, porque uma das piores línguas que existem para cantar é a língua portuguesa, porque não é sonora, é uma língua dura, uma língua feia. E a grande maioria dos compositores brasileiros faz músicas que dificultam a interpretação. E para a mulher ainda é mais difícil cantar na língua portuguesa do que para o homem. Então, quando encontramos uma Elizeth Cardoso, quando ouvimos uma Elis Regina, uma Claudette Soares, uma Maysa, é um negócio que a gente tem que tirar o chapéu, o que elas fazem com a voz, cantando em português, que é dificílimo... Cantar em inglês é fácil, italiano é mole. Você vê todo calouro, em geral, canta música americana ou italiana, porque é mais fácil. Cantar em português já é mais difícil. Nós temos realmente grandes cantoras. Elza Soares é uma cantora excelente...

Sérgio Cabral: Você gosta da Gal Costa?

Simonal: Ela não é uma grande cantora. A Gal Costa é uma figura, funciona mais como uma peça de um movimento, como cantora ainda é muito imatura. Eu acredito que não poderá ser uma grande cantora. Mas eu falei em Elizeth Cardoso e se falasse que a Gal Costa é uma grande cantora, eu seria um cafajeste.

Sérgio Cabral: E Nara Leão?

Simonal: A Nara canta mal. E dizer que alguém canta mal não desmerece o valor. Nara canta mal como todas as menininhas grã-fininhas da Zona Sul e da Zona Norte que se identificam com Nara. O grande segredo de Nara é que ela sempre escolhe bem o repertório. Deve ser a cantora brasileira que melhor escolhe repertório. Acho que nem a Elizeth, com a prática que tem, escolhe tão bem quanto

Nara. Ela só vai na mosca. Porque é fogo fazer sucesso cantando mal do jeito que Nara canta, o segredo dela está no repertório, isso sem falar no seu charme, no seu joelho que é sensacional etc.

Tarso de Castro: Você gosta de Nara Leão, é amigo dela?

Simonal: Sou muito amigo dela, mas nem por isso vou dizer que ela canta bem. Ela sabe que canta mal, tanto é que ela está estudando canto até hoje, e se continuar cantando deve continuar estudando.

Tarso de Castro: Você falou agora nas menininhas da alta sociedade. O que você acha desse pessoal?

Simonal: Eu acho engraçado. Tem certo tipo de frescura que eu acho bacana. A Teresa Souza Campos, por exemplo, é uma figura, uma mulher que sempre foi idolatrada. Eu a conheci quando eu era crooner do Drink, depois eu fui para o Top Club, então a Teresa foi a grande mulher invejada, eu acho bacana... E hoje ela é uma senhora e consegue manter aquela elegância. Tem gente até que diz que o gênero de beleza dela está ultrapassado; eu não acho, acho que ela está sensacional, porque ela é uma senhora, não é mais uma menina. Entretanto, é uma senhora com todo aquele charme, toda aquela exuberância, dá pra gente paquerar tranquilo, é uma boneca.

Tarso de Castro: Quem é que você escolhe como gênio: Garrincha ou Pelé?

Simonal: O Pelé, porque...

Pinheiro Guimarães: Você é racista?

Simonal: Não, eu não sou racista, minha mulher é loura, sou vidrado em loura, em olho verde, olho azul, e não é necessidade de afirmação, eu acho engraçado, é realmente sensacional... Aliás eu gosto muito de mulher bonita, minha mulher também sabe disso e inclusive me prestigia. Quando eu paquero mulher feia ela diz que o meu gosto está mudando e ainda me gora. Mas o Pelé foi mais inteligente, porque gênio é em todos os sentidos...

ANEXOS

Jaguar: Como é que você encara o preconceito racial no Brasil?

Simonal: Acho meio frescura, mas no duro ele existe. E, antigamente, quando eu andava empolgado com a esquerda festiva, não me envergonho de dizer que já estive meio nessa, sabe como é: a gente vai estudando, fica com banca de inteligente e pensando que é o tal, achando que muita coisa estava errada, que tinha que mudar muita coisa...

Tarso de Castro: Hoje você não acha mais que tenha muita coisa errada?

Simonal: Eu acho que ainda tem, só que eu não entendo o porquê que as coisas estão erradas e quando eu vou discutir não agrido mais as pessoas, eu procuro propor o meu ponto de vista... E então, por que existe racismo? Eu me lembro que quando estava no colégio, eu estudava que a raça negra era inferior, que o branco era mais bonito, era superior etc. Era no livro *Meu tesouro*. Muita gente estudou neste livro e eu, como moleque crioulinho, li isto lá. Quando eu canto o charme e a beleza negros, não é que eu seja racista, é apenas para provar para a maioria destes crioulinhos idiotas, que em vez de estudarem ficam aí se marginalizando, que enquanto existirem esses conceitos e o condicionamento do povo em relação à beleza branca e sua superioridade, este negócio vai existir, vai demorar um pouco para mudar. Mas para mudar não é com poder negro, pantera negra e outras frescuras, muda é com educação e o negro mostrando que tem capacidade de se impor. O negro tem que estudar, tem que se virar. Antigamente eu me lembro que só porque eu cantava de paletó e gravata, tropical inglês, arriscando um charme, eu era antipático. Hoje, entretanto, todo mundo acha que eu sou charmoso, é porque se acostumaram. E qualquer crioulo que forçar a barra, que provar que sabe fazer as coisas direito, ter uma vida honesta sem prejudicar ninguém, até o belga louro de olho cor-de-rosa vai achar aquele crioulo sensacional. Vê se alguém fala mal do Pelé, ou do Jair Rodrigues. O negro tem que se impor. Vai encontrar certas dificuldades, mas tem que levar a sério, estudar, se especializar, para poder aparecer.

Tarso de Castro: A imagem pública que se tem de você é a do cara que está tranquilo e que tem mordomo que acorda você às duas da tarde, com caviar etc. Qual é a sua rotina diária real?

Simonal: Eu não me daria nunca com esta jogada de mordomo porque eu não fui acostumado a isto. Caviar eu acho engraçado, mas o que eu gosto mesmo é de tutu com feijão, ovo mexido, bife na manteiga etc. Claro que quando eu vou numa festa frescura, black-tie, strogonoff e tal, a gente prestigia... Hoje eu só bebo uísque escocês porque eu aprendi que é melhor do que o nacional, não dá dor de cabeça, o fígado não se transforma em patê com tanta rapidez, então a gente homenageia sob os auspícios da Escócia. Mas tem certas frescuras que eu não fui muito acostumado, então não dou importância. Claro que eu posso ter conforto. Se minha mãe pode ter empregada, se minha mulher não precisa ir para o fogão e para o tanque de lavar roupa, eu pago uma empregada por problema de comodidade e não porque queira botar banca. E quando faço isto, estou ajudando uma pessoa pobre a ganhar dinheiro. O maior sarro que eu tiro do meu sucesso é que eu sei que tem um número muito grande de gente que trabalha comigo que está ganhando dinheiro. É o garçom da boate, é o bilheteiro, é o cara que vende meu disco, é o proprietário da boate. Aliás, o proprietário da boate não digo, porque este já está bem, está tranquilo, é dono da metade da Lagoa [Rodrigo de Freitas, no Rio de Janeiro], está homenageando a mulher de Ipanema e adjacências... Na verdade, depois que eu comecei a fazer sucesso o meu empresário, por exemplo, mudou o padrão de vida, já comprou a sua casinha, tem a sua caranga conversível americana. O malandro do secretário estava a pé e já tem seu fusquinha e tal, já está todo mundo *montadinho*, usando uma roupinha melhor, com algum no banco, já estão até pagando imposto de renda.

Tarso de Castro: E a sua rotina mesmo, qual é?

Simonal: Eu sou muito preguiçoso e não é de agora. Tive problemas no colégio e no Exército por causa disso. Já na época eu não gostava de levantar cedo, queria dormir até tarde e agora que eu estou mais ou menos na base da colher de sopa, eu gosto de levantar lá pelo meio-dia, uma hora da tarde. Como uma vez por dia, sei lá, não tenho muita rotina. Só me modifico um pouco quando tenho que trabalhar, ensaios, viagens etc. Fora disto, passeio, vou ao cinema, brinco com meus filhos, vou à casa de minha mãe, bato papo com os meus amigos...

Sérgio Cabral: Quantos filhos você tem?

Simonal: Embora eu seja casado há seis anos, só tenho dois, porque tenho em casa um projetor de filmes e um aparelho de televisão que nós usamos, entende...

Pinheiro Guimarães: Você usa muita gíria, estes termos que de certa maneira mascaram os sentimentos. Você acha que esta nova maneira de falar funciona em termos de não perder a personalidade da coisa?

Simonal: Funciona. Eu sempre fui a favor da gíria porque acho que ela tem um grande poder de comunicação, ela desinibe e se existisse uma gíria internacional eu acho que nem haveria guerra que é um negócio mal parado, acho burrice. E em contrassenso no mundo de hoje em que o americano está mandando homem para a Lua. E estão mandando mesmo, porque a gente vê na televisão. Não é filme, os malandros estão lá mesmo. Os russos a gente não sabe se já estão lá... O negócio é que a gíria facilitaria os entendimentos e as conversações. Hoje a propaganda é toda calcada em cima de bolações e quantas vezes até os textos são em gírias populares. Agora a guerra é outro papo na base do... é outra jogada.

Sérgio Cabral: Problema comercial, você acha?

Simonal: É que está todo mundo a fim de levantar algum... As grandes potências ainda estão naquela de inveja, do que o fulano tem e eu não tenho, em vez de fazerem um intercâmbio de valores, ficam nesta bobagem...

Tarso de Castro: Mas esta bobagem alimentou a indústria alemã, por exemplo, e fez a Segunda Guerra Mundial e o nazismo, não foi?

Simonal: Pois é. E foi um prejuízo para o mundo todo. A Alemanha ainda hoje está dividida, metade do lado de cá, metade do lado de lá. É um povo oprimido, povo triste, uma chatice. Eu estive na Alemanha e a alegria que lá existe é de falso bêbado... E como o turismo lá está muito desenvolvido, eles são tão cretinos que promoveram até aquele Muro, então as pessoas vão lá para ver se foge ou se morre alguém, vejam a morbidez humana como é...

Tarso de Castro: E o que você achou do Muro?

Simonal: Frescura, precisava aquele muro? É que as leis deles são tão cascatas que tem o negócio do Muro, deve estar ruim de um lado e de outro, então o pessoal está se mandando. Vai por mim que por trás daquele Muro o pessoal está levando uma grana. No fim do mês tem um acerto de contas, é promoção.

Jaguar: Você que é um cara pra frente, já fumou maconha?

Simonal: Fumei uma vez para ver como é que era. Mas eu não gosto nem de cigarro. O que eu acho é que em toda universidade os alunos deviam fumar maconha, para acabar com a frescura e com o mito. Porque fazem muita onda, não é nada disto que a turma está falando, há muito folclore, horrível, tem gosto de mato [fim da linha ilegível]. Eu fumei uma vez e não senti nada porque não sei nem fumar cigarro comum, devo ter fumado mal.

Tarso de Castro: O que você acha dos festivais de música?

Simonal: Festival é uma grande cascata que existe. [O resto do texto está ilegível.]

Pinheiro Guimarães: E de onde vem o nome Wilson Simonal?

Simonal: Meu nome é Wilson Simonal de Castro.

Pinheiro Guimarães: E de onde vem Simonal?

Simonal: Isso é um mistério, isto é, de onde vem o Simonal eu sei. Em todos os lugares a que chego procuro logo Simonal na lista telefônica, mas até agora não encontrei nenhum. É um nome judeu. Mas, quando nasci, o médico que atendeu minha mãe chamava-se Simonard. Judeu francês, sabe? Minha mãe teve uma gestação muito complicada. Era muito trabalhadeira, uma cozinheira de mão cheia. Ia para a cozinha e ficava íntima do pessoal do hospital e o médico disse a ela: "Quando nascer, quero que a criança tenha meu sobrenome." Então ela decidiu que eu me chamaria Roberto Simonard de Castro. Mas meu pai, mineiro, achou Roberto nome de velho e mudou para Wilson. Na hora de registrar em cartório, com aquele sotaque mineiro, acabou saindo Simonal.

Sérgio Cabral: Quanto você cobra por show em clube?

Simonal: Nove milhões de cruzeiros velhos.

Jaguar: Qual a marca de seu carro?

Simonal: Uma "mercedezinha", mas isso todo mundo tem.

Sérgio Cabral: Onde você nasceu?

Simonal: Nasci na avenida Presidente Vargas, mas fui criado no Leblon, numa favelinha que tinha ali. Era uma favela bacaninha, tinha só 17 barracos, com TV, água encanada e tudo.

Declaração de Wilson Simonal (24/8/1971)
Fonte: APERJ; Fundo DOPS 153; Folha 106
Estado da Guanabara
Secretaria de Segurança Pública
Departamento de Ordem Política e Social
Divisão de Operações
Serviço de Buscas
Seção de Buscas Ostensivas
* * * Termo de Declarações * * *

Termo de declarações que presta Wilson Simonal de Castro

Às quinze do dia vinte e quatro do mês de agosto de mil novecentos e setenta e um, aqui compareceu Wilson Simonal de Castro, brasileiro, casado, natural do Estado da Guanabara, nascido em 28 de fevereiro de 1935, tendo como profissão Artista (cantor), residente a rua Visconde de Pirajá nº 592 apto. de cobertura, Ipanema, que na presença do chefe da Seção de Buscas Ostensivas, do funcionário Hugo Corrêa de Mattos e de mim, que datilografo o presente fez as seguintes declarações:

Que o declarante desde o dia 20 de agosto do corrente vem recebendo no seu escritório e em sua residência telefonemas anônimos os quais sempre ameaçando de sequestro a sua pessoa e seus familiares se não fosse feita uma certa injunção com um possível grupo subversivo que, digo, em nome do anônimo falava; que o declarante evitou por todos os meios e modos atender ao telefone bem como manter diálogo com o anônimo; que o declarante porém, nos últimos três dias, visto ter permanecido no Rio, atendeu por duas vezes o anônimo o qual em todas as suas comunicações telefônicas foi taxativo quanto as suas ameaças dizendo: "Se você não arrumar o dinheiro que a nossa organização deseja além do sequestro de sua pessoa ou de uma pessoa da família, nós faremos divulgar elementos em nosso poder quanto a uma possível fraude em suas declarações de imposto

ANEXOS

de renda e no pagamento do INPS"; que o declarante não vinha dando importância aos telefonemas por pensar tratar-se de alguma brincadeira, porém o tom ameaçador com que era feita esta nova ameaça e semelhança de voz do anônimo com a do seu ex-empregado RAPHAEL VIVIANI o levaram aqui comparecer para pedir auxílio; que o declarante aqui comparece visto a confiança que deposita nos policiais aqui lotados e visto aqui cooperar com informações que levaram esta Seção a desbaratar por diversas vezes movimentos subterrâneos subversivos no meio artístico; que o declarante quando da Revolução de Março de 1964 aqui esteve oferecendo seus préstimos ao inspetor José Pereira de Vasconcellos; que o declarante de certa feita ou melhor quando apresentava o seu show "De Cabral a Simonal" no Teatro Toneleros foi ameaçado de serem colocadas bombas naquela casa de espetáculos; que o declarante nesta época solicitou a proteção do DOPS para sua casa de espetáculo, o que foi feito e nada se registrando de anormal; que o declarante acha provável partir tais ameaças de RAPHAEL VIVIANI ou de WALBERTO CAMARGO MARIANO e de JORGE MARTINS, os dois primeiros afastados de seu escritório por incapacidade profissional e adulteração de documento e o terceiro seu ex-motorista particular também afastado e que presta serviços ao senhor JOÃO CARLOS MAGALDI, o qual é dono de uma firma de promoções juntamente com o Sr. RUY PINHEIRO BRIZOLLA FILHO, também afastado do escritório do declarante; que o declarante acha que tais ameaças são feitas visto ele ser o elemento de divulgação do programa democrata do Governo da República; que o declarante esclarece que está pronto a colaborar com esta Seção no intuito de serem apurados totalmente os fatos apresentados; que o declarante solicita às autoridades que apurem o fato, que procurem fazê-lo da melhor maneira possível quanto às pessoas aqui citadas pois trata-se de mera hipótese e ao mesmo tempo coloca todos os meios disponíveis à disposição desta Seção inclusive seu carro e seu motorista, por saber das dificuldades de meios de transportes que vêm atravessando o Departamento de Ordem Política e Social; que o declarante esclarece que motivado por essa sequência de telefonemas ameaçadores sua esposa por diversas vezes foi socorrida por seu médico assistente, é de intranquilidade o ambiente em sua residência e seu escritório. Nada mais disse ou lhe foi perguntado, o que manda a autoridade que se encerre o presente Eu Manoel Ribeiro de Almeida (assinado) o datilografei em, Guanabara, 24 de agosto de 1971.

Wilson Simonal de Castro (assinado) O DECLARANTE

Mario Borges (assinado) Chefe S.B.O

Hugo Corrêa Mattos (assinado)

ANEXOS

Declaração de Raphael Viviani sob coerção
Fonte: Arquivo Público de Estado do Rio de Janeiro: Fundo DOPS;
pasta 153; folha 102 (documento cópia de um manuscrito)
Raphael Viviani
Filho de Antonio Viviani e Thereza Strifezzi Viviani
Nascido em São Paulo, em 16/11/1940, casado.
Residente à rua Barata Ribeiro 739/-504

Declaro que comecei a trabalhar no escritório do cantor Wilson Simonal em 24 de setembro de 1970, convidado pelo senhor RUY PINHEIRO BRIZOLLA FILHO residente à rua Barão de Jaguaripe 74/301 (GB) para exercer as funções de chefe de escritório com salário de CR$ 2.000,00.

Eu fazia o controle de entrada e saída de dinheiro do escritório e até o mês de fevereiro/71 agia honestamente; daí em diante devido o [sic] aumento do movimento, a firma desorganizou-se e eu encontrei mais facilidade para praticar desfalques que eram semanais em média de CR$ 400 a 500,00.

O senhor Ruy Pinheiro Brizolla Filho era gerente do cantor Wilson Simonal e fazia pagamento da firma com seus próprios cheques para posterior acerto e eu seguia as instruções que ele me dava, muitos eram sem comprovantes.

Esse dinheiro que eu tomei eu gastei em noitadas com bebidas e mulheres e em companhia de WALBERTO CAMARGO MARIANO que também era funcionário do escritório.

O método que eu usava para desviar o dinheiro era o seguinte: o que era retirado do banco para pagamento em dinheiro ficava em meu poder e eu sempre retirava a mais e não marcava como retirada minha.

Rio de Janeiro (GB), 25 de agosto de 1971

Raphael Viviani (assinado)

Depoimento de Raphael Viviani segundo o DOPS
Fonte: APERJ; Fundo DOPS; pasta 153; folha 104
Estado da Guanabara
Secretaria de Segurança Pública
Divisão de Operações
Serviço de Buscas
Seção de Buscas Ostensivas
* * * Termo de Declarações * * *
em 25/08/71

TERMO DE DECLARAÇÕES QUE PRESTA RAPHAEL VIVIANI

Aos 25 dias do mês de agosto de 1971 nesta cidade do Rio de Janeiro, Estado da Guanabara, perante o chefe da Seção de Buscas Ostensivas do Serviço de Buscas da Divisão de Operações do Departamento de Ordem Política e Social — Sr. MARIO BORGES, do agente Hugo Corrêa de Mattos e de mim que o datilografo, compareceu o nacional RAPHAEL VIVIANI, filho de Antonio Viviani e de Thereza S. Viviani, casado, natural São Paulo, nascido em 16 de novembro de 1940, tendo como profissão escriturário, atualmente desempregado tem como carteira de identidade S.S.P./SP nº 3.858.313, que inquirido disse: que o declarante, perguntado ao mesmo qual o grau de instrução foi respondido pelo declarante possuir o comercial básico, concluído na Escola Técnica de Comércio D. Pedro II; que o declarante disse nunca ter participado de movimentos estudantis ou seja passeatas, conferências ou palestra de caráter político nacional; que o declarante disse nunca ter comentado nem terem sido comentados com o mesmo qualquer assunto de política partidária pois não entende de política; que o declarante em meados de 1956 foi trabalhar no Banco de Minas Gerais S/A, no Estado de SP quando passou a estudar no período noturno tendo começado no citado banco como arquivista e depois passando a galgar postos de confiança imediato [sic] até chegar a procurador daquela filial; que o declarante disse que no período que trabalhou no

ANEXOS

citado banco ser associado do Sindicato dos Bancários de SP, passando a frequentar as assembleias daquele sindicato quando das lutas por aumentos salariais, que o declarante nunca usou da palavra nas ditas reuniões e nunca foi convidado a participar de chapas para a direção daquele sindicato; que o declarante disse nunca ter participado de greves nem piquetes grevistas, que normalmente se mantinha em sua residência aguardando o desfecho dos fatos; que o declarante em meados de 1967 após o acordo com seus patrões demitiu-se do citado acima; que o declarante passou a exercer a profissão de vendedor autônomo, vendendo livros para a firma digo uma distribuidora que o mesmo não lembra o nome durante o período de sete meses aproximadamente; que o declarante após foi trabalhar em ramo de imóveis na Sociedade Imobiliária Dourado, como corretor, trabalhando até o fim de 1967; que o declarante em janeiro de 1968 voltou a trabalhar em outro banco ou seja Banco de Crédito Nacional em São Paulo na função de inspetor; que o declarante ali funcionou até julho do mesmo ano; que o declarante após se demitir do banco voltou a trabalhar como vendedor autônomo para a firma CONSERVAS DEL RIO, durante o prazo de 3 meses; que o declarante após ter se demitido da firma acima citada passou a trabalhar na firma TACOLAK, permanecendo pelo espaço de um mês aproximadamente; que o declarante posteriormente passou a trabalhar em uma distribuidora de bebidas em SP, não lembrando no presente momento o nome da firma; que o declarante trabalhou nesta firma até o ano de 1969; que o declarante no ano de 1970 passou a trabalhar no Banco Auxiliar de SP, também no Estado de SP trabalhando no citado banco até os meados de agosto; que o declarante após trabalhou numa corretora de valores de nome REAVAL também no Estado de SP (...); que o declarante após ter saído de SP trabalhando em todas as firmas citadas acima e tendo carta de apresentação de todas; que o declarante em 24 de setembro do mesmo ano foi convidado pelo Sr. Ruy Pinheiro Brizolla Filho a quem o declarante veio a conhecer por intermédio de um gerente do Banco seu amigo SEBASTIÃO GHIDETTI, na época gerente do banco de MG em SP Ag. Avenida

Paulista; que o declarante disse que após entrar em entendimento com o Sr. Ruy foi contratado para trabalhar no escritório do artista WILSON SIMONAL, na função de chefe do escritório com salário mensal NCR$ 2.000,00 digo dois mil cruzeiros; que o declarante desde esta data passou a saber a residência do Sr. Ruy que era Rua Barão de Jaguaripe nº 74 apto. 301 GB; que o declarante disse que até meado de fevereiro de 1971 tinha a incumbência de controlar a entrada e saída do dinheiro da firma e que até esta data agia honestamente, que com o aumento do movimento da firma o mesmo perdeu o controle do movimento de dinheiro e que encontrou facilidades em apropriar-se de dinheiro indevidamente da firma; que o declarante cometia desfalques semanais na quantia de NCR$ 400,00 a NCR$ 500,00 aproximadamente; que o declarante com o produto do desfalque mantinha coitadas em farras de bebidas e mulheres em companhia de VALBERTO CAMARGO MARIANO, que também era funcionário da mesma firma; que o declarante usa a forma de apropriar-se das importâncias através de emissão de cheques assinados pelo senhor SIMONAL, cheques estes ao portador; que o declarante dizia a seu patrão era para fazer pagamentos diversos, pois que só apresentava o total dos pagamentos efetuados; quando então acrescentava as importâncias que pretendia; que o declarante disse que havia uma conta digo uma autorização no banco para movimentar a conta da firma juntamente com a sua conta particular quando houvesse deficiência de fundos da firma ou de Ruy. Nada mais disse ou lhe foi perguntado pela autoria no que eu Manoel R. Almeida (assinado) encerro o presente que vai devidamente assinado pelo declarante o qual declara que não foi coagido e disse isto por vontade sua.

Raphael Viviani <u>Assinatura</u> o declarante

Mario Borges <u>Assinatura </u>Chefe do S.B.O.

Hugo Corrêa de Mattos <u>Assinatura</u>

ANEXOS

Carta confidencial do inspetor Mario Borges aos seus superiores
Fonte: Arquivo Público do Estado do Rio de Janeiro (APERJ);
Fundo DOPS 153; p. 108-112
Estado da Guanabara
Secretaria de Segurança Pública
Departamento de Ordem Política e Social
Divisão de Operações
Serviço de Buscas
CONFIDENCIAL
Seção de Buscas Ostensivas
Informação SOB s/nº 1971
Do: Chefe da Seção de Buscas Ostensivas
Ao: Senhor Chefe do Serviço de Buscas
Assunto: Tentativa de sequestro e extorsão mediante violência na pessoa
[sic] do cantor WILSON SIMONAL
GAB Nº 1549
------ 30/08/1971
DOPS _____   Ass.

Sr. Chefe,

Aqui compareceu no dia 24 p.p. o Sr. Wilson Simonal de Castro que solicitou auxílio desta Seção para apuração de fatos graves e de interesse da segurança nacional, visto que nos últimos documentos subversivos apreendidos, as Organizações planejaram e planejam o sequestro de elementos ligados ao governo e contrários às doutrinas comunistas, sejam eles: Militares, Intelectuais, Artistas, Policiais, Banqueiros, Industriais, Comerciantes e etc.

Como sabe V. Sª, o cantor Wilson Simonal é elemento ligado não só ao DOPS, como a outros Órgãos de Informação, sendo atualmente o elemento de ligação entre o Governo, as autoridades e as Forças Armadas com o povo participando de atos públicos e festividades fazendo o seu verso e prosa a comunicação que há tanto tempo faltava.

Em 1968, quando encenava no Teatro Toneleros, na rua do mesmo nome em Copacabana, o espetáculo "De Cabral a Simonal", foi o mesmo alvo de ameaças de ter o referido Teatro atacado por petardos explosivos, tendo nessa época recorrido ao Serviço de Buscas, que por intermédio da Seção de Buscas Ostensivas passou a vistoriar diariamente aquela casa de espetáculos e ali manter agentes em observação durante aproximadamente três meses.

Agora, senhor Chefe, volta o cantor Wilson Simonal, a ser alvo de ameaças telefônicas por parte de elementos que se dizem subversivos, que o intimidam e colocam em risco não só sua vida, como também a de seus familiares, estando inclusive a sua esposa aos cuidados do médico da família. Quando aqui esteve prestou o Sr. Wilson Simonal de Castro declarações que já são de vosso conhecimento e as quais anexo ao presente. Determinei ao funcionário HUGO CORRÊA DE MATTOS e ao colaborador SERGIO ANDRADE GUEDES, que sindicassem entre as pessoas apresentadas como suspeitas pelo Sr. Wilson Simonal, qual teria mais possibilidade de estar fazendo a chantagem exposta no depoimento digo, declarações do referido senhor e que após o apurado fosse a referida pessoa convidada a prestar esclarecimentos que se faziam mister nesta Seção e na minha presença. Visto estarem as viaturas desta Seção empenhadas em Operações "Para-Pedro" e ao oferecimento do Sr. Simonal em ceder seu auto particular com respectivo motorista, para as investigações processarem-se com mais rapidez, aquiesci, em ser feito o serviço no auto do Sr. Simonal.

Após as diligências e coletas de informações, chegaram os funcionários à conclusão que o Sr. Raphael Viviani, ex-empregado do cantor Wilson Simonal, mandado embora por suspeita de desvio de dinheiro e apropriação indébita na firma do Sr. Simonal, e incompetência profissional, pois intitulava-se contador não o sendo, fazendo assim uso indevido de cargo e profissão, residindo em apartamento de qual é fiador o Sr. Simonal e do qual encontra-se em atraso de pagamento de aluguel há dois meses, tinha todos os indícios de ser a pessoa a quem procurávamos, por oriundo do Estado de SP, há aproximadamente um ano do Rio de Janeiro, pouco se sabia a seu respeito politicamente ou criminalmente. Dirigiram-se então à rua Barata Ribeiro nº 739 apto. 504 e ali quando entraram no edifício no hall de entrada, foram pelo porteiro solicitados a dizerem onde iriam, o que de pronto foi feito após terem se identificado ao mesmo como elementos do DOPS, sendo solicitado na hora ao mesmo que os acompanhasse pois precisavam falar com o Sr. Raphael Viviani. Juntamente com o porteiro, foram ao apartamento e ali após tocarem a campainha sonora, foram recebidos por uma senhora que mais tarde vieram saber ser a esposa do senhor Viviani, a quem se identificaram como sendo do DOPS e terem necessidade de falar ao seu marido. Logo após a porta foi aberta e apareceu a pessoa do Sr. Raphael Viviani que informado que, digo, da necessidade de prestar esclarecimentos no DOPS/OB, aquiesceu solicitando que fossem naquele momento aguardá-lo porquanto iria trocar de roupa, tendo na ocasião aberto a porta e oferecido a residência aos funcionários que ali estavam, dizendo inclusive, para espanto dos mesmos, que já aguardava "aquilo". Veio então o referido senhor, em companhia dos funcionários, a esta Seção, onde aguardou na sala de permanente do Serviço de Buscas o prosseguimento das diligências para o total esclarecimento do fato. Enquanto aqui esteve na condição de convidado para esclarecimento de fato que envolvia interesse de órgão de segurança, teve sempre sua liberdade de locomoção garantida, indo por diversas vezes ao banheiro e à cantina deste Departamento, onde inclusive fez refeição e tendo aceito dos funcionários uma ou duas cocadas que no corredor eram vendidas. Apesar de ter dialogado por diversas e em locais diversos e a sós com o Chefe da Seção (cantina e corredor) e ter este lhe perguntado se queria ir embora, o mesmo negou-se dizendo que só sairia daqui depois de tudo esclarecido a seu respeito, não fazendo ainda referências a qualquer violência que tivesse sido víti-ma. Nas diligências foi convidado o Sr. Ruy Pinheiro Brizolla Fi-lho, pois senhor Raphael Viviani dizia ser o mesmo responsável pela vinda deles de SP, e que o mesmo ex-gerente do Sr. Wilson Simonal poderia estar implicado nos telefonemas, a esta Seção comparecer, tendo o mesmo aqui comparecido e após ter presta-do os esclarecimentos necessários se retirado tendo na ocasião feito contato telefônico com sua família, esclarecendo que o as-sunto que o trouxera até aqui e ao Sr. Viviani já estava esclarecido não havendo nada de subversivo ou motivo de alarme por parte de familiares e amigos, tendo ainda respondido na presença do chefe desta Seção, ao seu interlocutor na chamada telefônica, que não havia "necessidade de ser dada queixa no Distrito de sequestros, pois estavam no DOPS, entre gente conhecida e amiga". Este telefonema foi efetuado cerca das 15 horas, tendo após retirado-se o Sr. Ruy Pinheiro Brizolla Filho. Dada a existência de indícios veementes de um possível "desfalque" no escritório do Sr. Wilson Simonal, e de não ser da alçada desta Seção o fato solicitou esta Chefia, o comparecimento aqui do Sr. Wilson Simonal a quem relatou o que se passava, tendo o Sr. Ruy Pinheiro afirmado que qualquer fato relacionado com o possível desfalque era de sua inteira responsabilidade assumindo o compromisso de se enten-der com o cantor na companhia de quem saiu, pois a ele cabia a responsabilidade da contratação do Sr. Raphael Viviani, como contador, apesar de saber não o ser na verdade. Logo depois tam-bém, após ter prestado esclarecimento em minha presença por li-vre e espontânea vontade, pois, segundo suas palavras "assim pro-cedendo estava dando forma as coisas", retirou-se o Sr. Raphael Viviani informando que tomava o rumo de sua residência.

Ora, Sr. Chefe, aí estão os fatos como se passaram e como são também do conhecimento de V. Sª, porém elementos escusos infiltrados na imprensa e no meio artístico armaram a cena a seu feitio e iniciaram com conivência de outrens [sic] uma sequência de inverdades e ataques à dignidade que sempre existiram e existirão, ao Órgão ao qual pertencemos.

A quem desejam atingir? Ao DOPS? A Wilson Simonal? Sim ao DOPS na sua estrutura por intermédio de elementos infiltrados na imprensa e simpatizantes dos movimentos que tanto combatemos; a Wilson Simonal, visto ser o mesmo no meio artístico homem independente e livre de qualquer vinculação às esquerdas, havendo ainda a possibilidade de elementos corruptos que vicejam na nossa imprensa tentarem contra o mesmo as armadilhas da nefasta e jamais esquecida "IMPRENSA MARROM", devendo tal fato render grossas "propinas" a título "cala-a-boca", com o fito de cessarem as difamações e "escracho" e acusações infundadas. Aqui ficam as verdades e como sabe V. Sª, jamais foi qualquer funcionário desta Seção contratado por quem que seja para servir de revanche ou amedrontar quem quer seja. É o que cabia informar.

Atenciosamente

Rio de Janeiro, 28 de agosto de 1971

Mario Borges (assinado)

Chefe da SBO

Anexo:
Termo de Declarações de Wilson Simonal de Castro
Expediente D. O. nº 3875 de 27/08/71 — MEM 153/71 — DO/DOPS

Sentença Final
APERJ; Fundo: Alvará; folhas 42-32[1]
Poder Judiciário
Justiça do Estado da Guanabara
Cidade do Rio de Janeiro
Processo nº 3540
Visto, etc...

Wilson Simonal de Castro, Luiz Ilogti, Mario Borges, Hugo Corrêa de Mattos e Sérgio Andrade Guedes, qualificados às fls. 15, 20, 42, 44 e 69, foram denunciados como incursos nas penas dos artigos 158, § 1º e 159 do Código Penal porque, no dia 24 de agosto de 1961 [sic, 1971], sequestraram Raphael Viviani de sua residência na rua Barata Ribeiro 739, apartamento 504, levando-o primeiramente para o escritório comercial do primeiro réu, na avenida Princesa Isabel nº 150, sala 404, e posteriormente, para o DOPS, onde foi a vítima espancada e obrigada a escrever confissão de desfalque na firma do primeiro réu.

Do inquérito constam, além das declarações de fls. 5/17 e 36/47, o documento de fls. 81, e o auto de exame de corpo de delito de fls. 35/verso. Folhas de antecedentes criminais às fls. 183/188. Relatório da autoridade policial às fls. 61/62.

Em juízo, os réus foram interrogados às fls. 112/116 e 125/126 e apresentaram as suas alegações preliminares às fls. 120/121, 119 e 127. No sumário de culpa, foram ouvidas as testemunhas de fls. 139/144 e 220/223. Em prova de defesa foram ouvidas as testemu-

---

[1] A numeração estabelecida pela APERJ é aquela com a qual o próprio regime trabalhava. Assim, a ordem decrescente da numeração das folhas foi algo estabelecido pelos próprios arquivistas do regime. Quando analisei a sentença final arquivada, percebi uma descontinuidade na numeração, uma vez que depois da folha 36, aparecia a folha 34, e logo depois a 35. Parece-me que tal engano foi dos próprios arquivistas, já que as frases não fariam sentido se a sentença fosse lida pela numeração correta. Procurei digitar a sentença da forma mais fiel possível, ignorando alguns erros de português irrelevantes.

nhas de fls. 139/144 e 220/223. Em prova de defesa, foram ouvidas as testemunhas de fls. 230/235, 247/250, 273, 284 e /293. Alegações finais do M.P., da assistência de acusação e dos réus, respectivamente às fls. 309/311, 313/318 e 320/370, dos autos do segundo volume.

Tudo visto e examinado.

É óbvio que o cúmulo material concernente aos delitos previstos nos arts. 158 e 159 da nossa lei penal substantiva pleiteado pelo douto representante do Ministério Público, não se torna *data venia*, admissível diante da suscitação do conflito aparente de normas caracterizado pela consunção.

Resta, pois, analisar, diante das provas coligidas, a procedência da imputação relativamente a cada um de seus crimes em foco.

Assim, não reconheço configurada a infração do artigo 159 do Código Penal. A extorsão mediante sequestro enfeixa, como um dos elementos do tipo, a obtenção de vantagem como condição ou preço do resgado [sic]. Vale dizer, a devolução da liberdade do sujeito passivo está na razão direta da consecução do lucro pretendido e, por outro lado, exclui, de maneira evidente, qualquer espécie de ação legitimada.

Ora, *in casu*, há considerar, inicialmente, que não estava em jogo própria ou necessariamente a liberação da vítima, pois é ela mesma quem assevera em suas declarações às fls. 221 que "diante das sevícias infligidas, o declarante resolveu concordar com a pretensão daquelas pessoas e passou a noite escrevendo a pseudoconfissão de furto" [sic].

Logo, foi a violência exercida contra <u>FOLHA 41</u> o ofendido que o levou a escrever o documento de fls. 81, e não a promessa de liberdade que inexistiu como condição expressa, ainda que pudesse estar ínsita no espírito da vítima ou na ação praticada pelos agressores dentro de uma dependência policial. Mas, é aí que ingressa o outro fato atípico em relação ao crime de extorsão mediante sequestro.

Na verdade, a ordem de mandar buscar a vítima a fim de inquiri-la sobre fatos que a tornavam suspeita de atividades subversivas estava revestida de toda legitimidade. O terceiro acusado limitou-se a cumprir determinação superior conforme esclareceu o chefe do Serviço de Buscas do DOPS, quando disse, às fls. 234/verso, que "o depoente encarregou o senhor Mario Borges de se inteirar do relatado pelo primeiro réu e providenciar a respeito, e que o coronel Gastão, diretor do DOPS, sabia, na ocasião da diligência, que o depoente encarregara o senhor Mario Borges de proceder". Isto, nota-se, depois de a testemunha de fls. 234, tenente-coronel, relações públicas do Primeiro Exército, ter feito "encaminhar o primeiro réu ao DOPS, para as providências cabíveis", em face de os telefonemas que recebia poderem concernir à subversão. Não que o fato de ter sido a vítima levada para uma repartição policial, por agentes da lei, desnature o delito do art. 159 do Código Penal, uma vez que se a detenção não for lícita, ou a dependência, é perfeitamente possível a configuração do crime. Mas, na hipótese, a suspicácia que as informações do primeiro acusado levaram aos funcionários encarregados de resguardar a tranquilidade social, autorizava-os a convidar o ofendido para prestar os esclarecimentos pertinentes.

A situação dos policiais, em cumprindo ordens superiores, estava, assim, revestida das formalidades necessárias ao seu exercitamento [sic], não tendo havido, destarte, o sequestro de que trata a peça vestibular acusatória.

Todavia, flagrante apresenta-se o crime de extorsão definido no art. 138 da nossa lei Penal.

A materialidade resultou comprovada pelo auto de exame de fls. 35/verso, procedido no dia 26 de agosto de 1971, e, portanto, dois dias após a agressão de que se queixa a vítima, e logo no dia seguinte à sua saída do DOPS. Ademais, as lesões constatadas pelos peritos têm íntima relação com os ferimentos e a forma de infligi-los relatados pelo ofendido.

ANEXOS

Dizer que teriam sido provocados pela própria vítima, numa autofla-
gelação, com objetivos mistificadores, não encontra, *data venia*,
qualquer respaldo dentro dos autos. O ônus dessa prova <u>FOLHA 40</u>,
é claro, cabia às doutas defesas, e não se pode, com uma simples negativa, abstrair o corpo de delito trazido concretamente à cognição
do juízo.

De modo que resta examinar a autoria e a culpabilidade dos réus.

Assim como provado ficou a legitimidade do terceiro acusado no que
diz respeito à diligência da qual o encaminhamento da vítima ao
DOPS, da mesma forma, não há no ventre do processo qualquer
elemento probatório que o incrimine quanto à extorsão. As suas declarações prestadas em juízo, no interrogatório de fls. 125/126, foram inteiramente confirmadas, não só em relação à procedência da
ordem legal que recebera, conforme disseram o chefe do Serviço de
Buscas e o militar responsável pelas relações públicas do Primeiro
Exército, segundo se viu, como também no que concerne à sua participação no evento e ao seu procedimento no interior do Departamento de Ordem Política e Social.

Com efeito, é o próprio Raphael Viviani quem, às fls. 221, diz que
"Mario Borges não exerceu qualquer pressão contra o declarante e
não estava presente quando das sevícias que lhe foram infligidas; que
a sua atuação se limitou a indagar do declarante se confirmava os
termos daquela declaração, fazendo algumas perguntas sobre o caso".
E completou às fls. 222, que "o inspetor Mario Borges perguntou ao
declarante antes que este deixasse as dependências do DOPS se ele
teria alguma declaração a fazer em complementação, ou queixa a
apresentar". Apenas, poder-se-ia fazer restrições ao fato de não ter
dado conhecimento à autoridade competente do documento-confis-
são feito pela vítima. Entretanto, a sua explicação de que o primeiro
denunciado dissera que consultaria o advogado sobre o pretender
apurar o desfalque foi confirmada por aquele às fls. 115/verso, *in*

fine, sendo certo, outrossim, que o artigo 40 do Código Processo Penal não se aplica às autoridades policiais.

Destarte, à ação do terceiro denunciado nenhum reparo é possível fazer, pois agiu consoante os ditames da lei e as exigências da sua função.

O mesmo, contudo, não se pode afirmar relativamente ao primeiro, quarto e quinto réus.

Que Wilson Simonal de Castro era colaborador das Forças Armadas e informante do DOPS, é fato confirmado quer pela sua própria testemunha de defesa, à fls. 284, quer pelo terceiro acusado, às fls. 125.

Que recebeu telefonemas ameaçadores de pessoas que supunha ligadas às ações subversivas também é matéria pacífica, pois são inúmeros os depoimentos nesse sentido.

<u>Folha 39</u>

Entretanto, nenhum desses fatos pode, de algum modo, justificar a sua ação e a ação delituosa dos réus Hugo Corrêa de Mattos e Sérgio Andrade Guedes.

Foram exatamente a sua condição de colaborador com a ação repressiva dos órgãos de segurança e as ameaças que dizia estar sofrendo por parte de extremistas que de um lado tornaram legítima a ação do acusado Mario Borges — porque, pelos precedentes, tinha motivos para acreditar na sua versão — e, de outro, ao contrário, caracterizaram o crime praticado pelo primeiro e pelos dois últimos réus. É que se aproveitando do fácil trânsito e conhecimento no DOPS, o réu Wilson Simonal de Castro, mancomunado com os acusados Hugo Corrêa de Mattos e Sérgio Andrade Guedes, utilizou-se de uma ordem legal para cometer um ilícito penal. Daí o não terem cometido o crime de sequestro para fins de extorsão, porém praticado esta após conduzirem legitimamente a vítima de sua casa para a polícia. É preciso distinguir os que auxiliam o governo ou agem em seu nome, como funcionários no combate à corrupção e à subversão e cuja atuação deve ser normativa, dos que, servidores públicos ou não, valem-se das instituições dos órgãos ou instrumentos de repressão do Estado para a satisfação de seus interesses pessoais comprometendo a própria ação de saneamento político-social.

Por isso a diligência foi feita no seu próprio automóvel, dirigido pelo seu motorista e revestida das formalidades indispensáveis, isto é, a identificação dos dois últimos acusados com policiais diante do porteiro do prédio da vítima, saindo com esta "caminhando normalmente sem qualquer violência", conforme frisado no depoimento de fls. 140/verso. Interessava, naturalmente, dar à diligência toda a aparência legal e, na verdade, até esse momento ela era realmente regular, porque ainda não desvirtuada pela ação posterior dos mesmos. E é aí, nesse ato apenas extrinsicamente legítimo, porém intrinsicamente ilegal, desde que executado com outro escopo que não o determinado pelo terceiro réu — que já se pode identificar o primeiro sinal de delito.

De fato, apesar da negativa dos três acusados em foco, e bem assim da do segundo réu, a passagem pelo escritório do primeiro restou constatada.

A testemunha de fls. 143, porteiro do Edifício Oswaldo Cruz, na avenida Princesa Isabel, em que pese não ter apontado os dois últimos denunciados como as pessoas que estiveram com a vítima "certa noite" naquele prédio "pois não teve diálogo com os dois desconhecidos, e permitiu a entrada dos mesmos sem exigir identificação porque estavam acompanhados de Viviani, que era empregado do primeiro réu" — confirmou expressamente todo o relato da vítima.

<u>Folha 38</u>

Realmente, afirmou que "depois de 24h, o carro de propriedade do primeiro réu, dirigido pelo motorista Luiz Ilogti, estacionou em frente à portaria do prédio; que desceram três homens do veículo, dois desconhecidos do depoente e mais Raphael Viviani; que o carro do primeiro acusado ficou estacionado, enquanto o segundo réu estava dentro do mesmo, à direção do veículo; que calcula que as pessoas que entraram com o senhor Viviani ficaram no prédio cerca de vinte minutos; que depois desceram para a rua o primeiro acusado juntamente com Raphael e os dois desconhecidos".

Ora, em nenhum momento de suas declarações ou mesmo em qualquer ponto de sua defesa, o primeiro acusado fez menção a ter alguma vez recebido a vítima em companhia de dois homens enquanto o seu motorista aguardava embaixo, no carro, durante cerca de vinte minutos, e de após, ter descido e saído com os mesmos. Logo, esse fato não era comum, pois, inclusive, se o fosse, a referida testemunha não teria guardado tantos detalhes, e haveria de ter referido genericamente, como fez, quando disse, às fls. 144 que "às vezes Raphael Viviani costumava entrar em companhia de pessoas também desconhecidas do depoente e também saía com as mesmas". Não, porém, com as minúcias da descrição sobre aquela "certa noite", em companhia de apenas dois homens desconhecidos, com o motorista esperando embaixo, e a saída, depois em companhia do primeiro réu, justamente após às 24h, ou seja, no horário coincidentemente indicado pela vítima, sua esposa e empregada do seu prédio, ao dizerem que os policiais (Hugo e Sergio) estiveram na sua residência conduzindo o ofendido "por volta de meia-noite" (fls. 220/verso e 222/verso), e entrando na portaria do edifício "cerca das 23h40" (fls. 140). É muita coincidência...

Essa passagem pelo escritório do primeiro réu, contra a vontade da vítima e sem qualquer justificativa, ainda que negada pelos acusados, mas cujos indícios lastreados na relação de causalidade, e as presunções alicerçadas no princípio da identidade, segundo Malatesta, estão a indicar ter-se efetivado — bastaria para configurar o crime de extorsão que, de acordo com a redação de nosso código, filiado nes-

ANEXOS

se particular, ao direito alemão, é delito formal, inexigindo pois lesão patrimonial para sua consumação.

No entanto, apenas *ad argumentandum* se se pudesse aceitar a versão dos réus, de que foram diretamente do prédio da residência da vítima para o DOPS, ainda assim e até por isso mesmo o crime resultaria mais configurado.

Naquela repartição oficial é que foi extorquida do ofendido a declaração de fls. 81, onde se confessou responsável por Folha 37 desfalque na firma do primeiro denunciado. Não importa que o chefe do Serviço de Buscas ou que o terceiro réu não tivessem presenciado as sevícias, pois em nenhum momento o ofendido disse que estavam presentes, sendo certo que nem mesmo a comparação destas, que foi feita pelo auto de exame de fls. 35/verso, teria influência do ilícito. A só coação de levar o ofendido para o DOPS e exigir-lhe confissão de fato sem relação com a atividade normal do órgão, mas visando exclusivamente ao interesse do acusado Wilson Simonal, já caracterizaria a violência de que fala o *caput* do artigo 158 do Código Penal.

De seu turno, a afirmação de que a vítima escreveu sobre o desfalque espontaneamente não pode prosperar. Inadmissível que alguém levado à polícia e recebendo "uma folha de papel para que escrevesse o que achasse a respeito da acusação de subversivo" conforme disse o próprio quarto acusado às fls. 113/verso, e, portanto, para escrever sobre o fato específico e determinado, passasse a confessar outro crime do qual ninguém havia cogitado, máximo quando se sabe que, sequer pode ser encarada essa confissão como subterfúgio, pois é também outro acusado quem, às fls. 126, declara que "inclusive, à primeira visita julgou o declarante que a vítima tivesse confessado o desfalque na firma para fugir às indagações sobre a parte subversiva, como é comum entre subversivos; que, porém, posteriormente, como já afirmou, nada ficou apurado sobre subversão contra a vítima.

A circunstância de o terceiro réu ter ouvido da vítima que "havia confessado o desfalque constrangido por ter praticado o ato contra uma pessoa que tinha sido sua amiga, isto é, o primeiro acusado, que lhe dera, inclusive, um apartamento", nada prova.

Em primeiro lugar, é óbvio que tal assertiva da vítima não podia merecer crédito, pois, se efetivamente era essa a sua disposição, por tudo que se conhece de psicologia, ainda que tivesse praticado o delito, não era aquele o momento em que ela faria a confissão pois o seu interesse imediato e, até por instinto de conservação, estava dirigido no sentido de defender-se da imputação de subversivos.

Em segundo lugar, a própria vítima, em contestando as declarações do terceiro acusado, justificou-se dizendo às fls. 221, que "Mario Borges leu a declaração escrita pelo declarante que, temendo novas represálias confirmou o que escrevera", o que é mais consentâneo com o seu estado de espírito na ocasião.

Nenhuma dúvida subsiste, assim, sobre a violência exercida contra a vítima, obrigando-a a confessar um desfalque na firma do primeiro réu, do qual era empregado.

<u>Folha 36</u>

Vejamos, agora, os argumentos das ilustradas defesas dos réus, a respeito da não caracterização da extorsão por tratar-se de confissão de um crime.

Ora, para efeito de delito em questão, cumpre diferenças entre obtenção violenta de confissão de crime (lato sensu) contra o extorsionário, e o mesmo *modus faciendi* empregado por este para a obtenção de confissão de crime (*strictu sensu*) que, a um tempo lhe dá condições legais de procedibilidade e constitui instrumento suscetível de lhe proporcionar indevida vantagem econômica. Na primeira hipótese o delito é o exercício arbitrário das próprias razões, na segunda extorsão.

ANEXOS

Na espécie, ainda que o ato eventualmente praticado pela vítima configure ilícito penal, a admissão de sua autoria dava ao acusado indevida vantagem econômica porque, apesar de poder utilizá-la regularmente contra o ofendido, mediante o pedido de abertura do competente inquérito, outorgava-lhe condições de acionar a vítima para fins menos lícitos, pois, em não havendo referência ao montante do desfalque, ficava o réu beneficiado com uma espécie de cláusula potestativa pura — eis que a fixação do *quantum* da cobrança e do ressarcimento dependia, então, do seu exclusivo arbítrio. Demais, a data da expedição da notificação trabalhista, às fls. 67, mostra que antecedeu de um dia o fato narrado na denúncia e, destarte, presume-se que dela tivesse conhecimento o primeiro acusado. Dizer que não a recebeu nesse dia ou que a ignorava não basta. A ele competia a prova efetiva e não por meio de depoimento de ilustre advogado militante na Justiça do Trabalho, mas informou apenas em tese sobre os prazos dos atos ali praticados no dia a dia forense. Outrossim das pessoas que relacionou em seu depoimento, mas o terceiro réu no seu interrogatório de fls. 125/verso, desmentiu essa assertiva, afirmando que "o declarante encarregou-os (Hugo e Sergio) de diligências a respeito de trazer à presença do declarante o ex-empregado de Simonal, que foi referido expressamente por ele; que à falta de viaturas, Wilson Simonal, que estava presente ofereceu o próprio carro com seu motorista ponderando que, incluso, seria mais aconselhável, pois não sabendo ainda se tratava do empregado e autor <u>Folha 34</u> dos telefonemas, seria melhor que o carro parasse à porta dele, e não uma viatura da polícia; que cerca das 19h daquele dia o declarante teve de sair e foi à Vila Militar executar um trabalho sobre assunto de subversão e só retornou ao DOPS às 12h do dia seguinte; que ao chegar ao DOPS ao depoente foi apresentado o referido empregado de Simonal".

Portanto, duas ilações é possível tirar: a) que o primeiro réu, ao reverso do que afirmou, sabia perfeitamente que o seu carro particular, dirigido pelo seu motorista, iria buscar exatamente a vítima, e não qualquer outra pessoa a quem se tivesse referido nas suas declarações; b) que o terceiro acusado permaneceu toda a noite fora do DOPS, e quando regressou, às 12h do dia seguinte, foi que esteve com a vítima, e, destarte, o que se conclui é que esta ficou durante todo esse tempo em poder dos dois últimos réus, ocasião em que recebeu as sevícias.

A circunstância do vigia do seu edifício não notar os ferimentos do ofendido é compreensível, eis que as lesões descritas no auto de exame de fls. 35/verso, localizavam-se precipuamente [sic] no dorso, coxa e perna, partes que se encontravam cobertas pela vestimenta da vítima, sendo certo que essa testemunha sequer "teve alguma conversa com ele" (fls. 140/verso).

No que se refere à diligência referida, ainda, nas alegações finais dos três últimos acusados cujo pedido fora indeferido pelo desfecho de fls. 305/verso, *data venia*, nenhuma relevância tem.

Conforme ficou explicitado na mencionada decisão interlocutória, o ato que alude à ilustre defesa é procedimental e não interfere na convicção do julgador. Para que não pairem dúvidas a respeito, este juízo considera a diligência requerida no prazo do Artigo 499 do Código Processo Penal (fls. 323, *in fine*), assim também como dá por válida a tomada das declarações de Raphael Viviani perante o Dr. Delegado Aloisio Cesar. Vale dizer, o juízo entende por provado o que a defesa pretendia lograr através do depoimento da aludida autoridade. Mas isso em nada modifica a torrencial prova coligida dentro dos autos.

É despiciendo [sic] que o ofendido na Delegacia de Vigilância Sul tenha afirmado ao Dr. Delegado não sofrera nenhuma ameaça ou violência, por que depois essas declarações ele próprio as desmentiu, não só às fls. 107/verso, dizendo que se achava temeroso como mais tarde, no seu depoimento em juízo, às fls. 220 a 222, onde ratificou toda a acusação.

ANEXOS

De modo que o fato de ter negado a coação é de ressaltar que, em favor da presunção de conhecimento, há também a assertiva da vítima, às fls. 220/verso, não contestada dentro dos autos, de que "ingressou com a ação trabalhista por sugestão do contador da firma", o que permite supor que, no escritório, soubessem da sua iniciativa.

Todavia, isso tudo é frontalizado como homenagem ao brilho e ao esforço dos ilustres patronos dos acusados, uma vez que não há dentro do processo qualquer prova, por mais tênue que seja, capaz de convencer tenha a vítima cometido o desfalque malsinado e, por conseguinte o crime aludido pelas doutas defesas.

Onde a documentação concernente ou perícia contábil autorizadora do reconhecimento desse desvio?

E, se na realidade tal ocorrera, por que não providenciou a apuração com a abertura do respectivo inquérito?

A explicação de que na Delegacia de Defraudações <u>Folha 35</u> "ficou resolvido que não valia a pena porque principalmente o declarante ficou com medo de que fizessem alguma coisa contra sua família diante das ameaças que sofrera" (fls. 115/verso) não pode ser aceita, pois quando soube do documento, conforme sua própria versão, é evidente que tomou conhecimento do que concluíra o terceiro denunciado, ou seja, de que "nada ficou apurado sobre subversão contra vítima" (fls. 126).

Logo, se nenhum liame restara constatado entre a vítima e as atividades subversivas e, se o primeiro réu atribuía as ameaças à ação de elementos subversivos, é óbvio que não havia razão para temer que a abertura de inquérito contra o ofendido para a apuração exclusivamente do desfalque que confessara pudesse fazer recrudescer as mencionadas ameaças.

Assim, o que remanesce íntegro no seio dos autos é que o primeiro acusado não logrou comprovar em nenhuma fase processual, ato que, juntamente com os quarto e quinto réus, obrigou a vítima a confessar.

Aliás, dentro da análise e exame atentos do processo percebeu-se nítidas contradições do primeiro réu.

Por exemplo: enquanto diz que "na verdade, nunca o declarante imaginara que Raphael tivesse cometido desfalque na firma" (fls. 115/verso), a sua própria testemunha de defesa de fls. 293 afirma expressamente que "por determinação do primeiro acusado o depoente fez um recibo de quitação para que a vítima assinasse, algum tempo antes do fato narrado na denúncia; que esse recibo de quitação feito pelo depoente e foi em consequência de Raphael Viviani ter destruído diversos documentos da firma, tais como extratos bancários, recibos, vales e contas internas da firma", e complementa o seu depoimento às fls. 293/verso, dizendo que "não ficou apurando se Viviani devia alguma importância à firma".

Quer dizer: o réu, evidentemente, desconfiava da vítima tanto que pediu ao contador para fazer um recibo de quitação que aquela recusou assinar. Entretanto, não conseguiu constatar nenhum débito da mesma. Daí, o caminho da extorsão escolhido.

Por outro lado, asseverou taxativamente, às fls. 115/verso, que "quando mandou o seu motorista com o seu carro ignorava especificamente a quem o DOPS iria procurar presença da autoridade em apreço não abala os demais elementos probatórios, pois tanto a vítima quanto a sua esposa, a dizerem <u>Folha 33</u> que as assinaturas de fls. 189 eram autênticas e que as declarações foram espontâneas, estavam afirmando que não foi o ofendido obrigado a assinar ou a falar, mas não que tais declarações fossem verdadeiras. Por isso, em todo o corpo de seus depoimentos frisara sempre a violência de que foi vítima Raphael Viviani, confirmando outrossim, como autores da mesma os primeiro, quarto e quinto denunciados, o que de resto já fora feito pelo ofendido nos autos de reconhecimento de fls. 68 e 85.

ANEXOS

Quanto à participação do segundo réu os autos não revelam, em nenhum instante, de sua parte, o elemento subjetivo necessário à caracterização do delito.

É certo que conduziu no carro do primeiro acusado os dois últimos, tanto no edifício onde residia a vítima, como ao escritório da avenida Princesa Isabel e de lá ao DOPS. Mas, não é menos verdadeiro que sempre permaneceu à direção do veículo conforme salientou o próprio ofendido, e jamais praticou alguma violência contra este.

Se faltou com a verdade ao dizer que não estivera à porta do prédio onde se localizava a firma do primeiro denunciado, é compreensível pela subordinação empregatícia que o liga àquele, relação de emprego esta que justificava o seu comportamento no sentido de dirigir o automóvel para onde o seu empregador determinasse. É possível que tivesse conhecimento do que se passava entre réus extorsionários e a vítima, porém falta o lastro de prova indispensável para que se possa ultrapassar o terreno das conjunturas.

Isto posto,

Atendendo às diretrizes dos artigos 42 e 43 do Código Penal;

Atendendo a tudo mais que dos autos consta;

Julgo procedente em parte a denúncia para absolver os acusados LUIZ ILOGTI e MARIO BORGES, e fixar a pena base dos réus WILSON SIMONAL DE CASTRO, HUGO CORRÊA DE MATTOS e SERGIO ANDRADA GUEDES, como incursos nas penas do artigo 158 do Código Penal em 4 (quatro) anos de reclusão e multa de CR$ 15,00.

Com fulcro no § Primeiro do mesmo dispositivo legal aumentando-a um terço.

Assim, condeno os mencionados réus como incursos nas penas do artigo 158, § Primeiro do Código Penal, as penas definitivas de 5 (cinco) anos e quatro meses de reclusão e multa de CR$ 15,00.

Com base no artigo 93, nº II, letra "a" do mesmo diploma legal aplico-lhes a medida de segurança de internação em colônia agrícola pelo prazo de 1 (um) ano.

Custas pelos acusados condenados, a quem condeno também ao pagamento da taxa judiciária de 0,20 UFEG.

Folha 32

Lançados os nomes dos réus WILSON SIMONAL DE CASTRO, HUGO CORRÊA DE MATTOS e SERGIO ANDRADA GUEDES no rol dos culpados, expeçam-se contra eles os competentes mandados de prisão.

P.R.I.

Rio de Janeiro, 11 de novembro de 1974

_____[Assinado]_____

João de Deus Lacerda Menna Barreto

Juiz de Direito

ANEXOS   451

Declaração de Erlon Chaves
Fonte: APERJ; Fundo: T. Declarações; pasta 9; folha 148.
Estado da Guanabara
Secretaria de Segurança Pública
Superintendência da Polícia Judiciária   I.P.
064/71
Delegacia de Ordem Política e Social
Data — 26 de outubro de 1971

Nome e cargo da autoridade — Dr. Eduardo Rodrigues — Comissário
Nome do escrivão — Alcyon Mattos dos Reis
Termo de declarações X — Depoimento ___ que presta
Qualidade — Informante
Nome: ERLON VIEIRA CHAVES
Filiação Pai: José Benedito Chaves
Mãe: Irene Ana Vieira Chaves
Nacionalidade: Brasileiro Naturalidade — SP Capital
Idade: 37 anos (9/12/1933) Cor — parda Sexo — Masculino
Profissão: maestro   Estado civil: desquitado
Local de trabalho — TV Tupi — Canal 6
Residência: Rua Lauro Muller 96, apto. 1405 Telefone: não tem
Documento de ID: apresentou cartão de SP nº 1888599
Lê — sim   escreve — sim
Costumes —
Compromisso legal —

Inquirido, disse: que o declarante se recorda que aproximadamente uma semana após a realização do Festival da Canção na GB, estando na TV Tupi procedendo a um ensaio de sua apresentação no programa Flávio Cavalcanti, cerca das dezesseis horas, dois agentes policiais o convidaram a que os acompanhasse a fim de complementar assinatura em suas declarações prestadas no SOPS [sic DOPS] dias antes; que os agentes se identificaram, exibindo ao declarante seus respectivos documentos funcionais e lhe acrescentaram que tinham ordem de conduzi-lo por bem ou por mal; que o declarante ascedeu [sic] a determinação dos agentes e embarcou [sic] num auto da marca OPALA, de cor amarelo de chapa particular, colocado no banco traseiro entre dois agentes que rumaram com destino ao centro da cidade e quando atingiram a Praça Onze, os agentes lhe declararam que precisavam encapuzá-lo, até mesmo para sua garantia; que a seguir já encapuzado o declarante estacionara junto a um posto onde foi abastecido; que prosseguiram com rumo desconhecido de vez que não podia ver o trajeto, lembrado apenas que deve ter demorado cerca de uma hora ou um pouco mais até um local que pareceu ao declarante tratar-se possivelmente de uma dependência militar pois ouviu, digo, pois notou que o carro estacionara num pátio; tendo que subir uma escada em caracol ainda encapuzado foi conduzido pelos agentes até uma cela retangular, onde lhe tiraram o capuz e ali o deixaram; que a cela estava recém-pintada inclusive em suas grades e possuía apenas num dos cantos um buraco para urinar; que se recorda que sua prisão ocorreu num dia de domingo e que permaneceu na citada cela todo o restante do dia de domingo, o dia de segunda-feira e o dia de terça-feira quando foi solto altas horas da noite, juntamente com o advogado GEORGE TAVARES; que o declarante esclarece que foi colocado encapuzado juntamente com uma pessoa também encapuzada e que o declarante identificou como sendo o doutor George Tavares porque este assim mesmo se identificara dentro de um veículo que identificou como sendo um Ford Corcel. Tendo sido conduzidos para um local que o declarante ignora, sabendo apenas informar que foi liberado em Vila Isabel; que o declarante recebeu ordem ao desembarcar do veículo e ali tirou o capuz que ficasse [sic] olhando para a rua numa rua [sic] em aclive recebendo ordens de não olhar o rumo tomado pelo veículo; que o declarante a seguir se dirigiu a um bar das proximidades a fim de telefonar, ocasião em que se

ANEXOS

453

certificou de que se encontrava no bairro de Vila Isabel; que o declarante informa que o Dr. George Tavares foi liberado antes dele, em local que não sabe identificar de vez que se encontrava encapuzado; que o declarante durante os 3 dias de sua prisão na referida cela dali não foi retirado para ser interrogado por qualquer pessoa; que durante o período em que esteve preso não observou que os demais presos que viu e veio a saber [sic] os advogados HELENO CLÁUDIO FRAGOSO, AUGUSTO SUSSEHIND DE MORAIS RÊGO e GEORGE TAVARES, seus vizinhos de cela tenham sido dali retirados para serem interrogados; que o declarante não sofreu durante os dias que esteve preso qualquer violência; que durante os dias de sua prisão sempre se postava à frente da cela uma pessoa portando uma metralhadora; que o declarante não sabe que fato atribuir sua prisão esclarecendo ainda que seu advogado, Dr. Benedito Abicair, andou pesquisando junto às dependências policiais deste Estado a fim de saber o motivo da prisão do declarante nada obtendo; que o declarante sabe informar que um dos carcereiros foi o cidadão que atende pelo nome de "ROJÃO" que descreve como sendo de cor preta, de compleição robusta aparentemente uns quarenta e poucos anos, estatura mediana e que o declarante informa ainda que "ROJÃO" foi vítima de subversivos há cerca de quatro meses não sabendo informar o local e que em consequência de um acidente numa ação contra os subversivos "ROJÃO" apresenta uma cicatriz na fronte; que o declarante se recorda ter ouvido algumas vezes os advogados supramencionados conversarem de uma cela para outra entre si, recordando-se mesmo de ter ouvido comentários deles a respeito de suas prisões, alegando que elas decorriam do fato de serem advogados de subversivos e estarem pleiteando habeas corpus para os mesmos; que o declarante faz questão de mencionar que foi otimamente tratado pelo policial "ROJÃO" , que arrumou colchão e cobertor para o declarante e seus companheiros de prisão. Nada mais. Nada mais havendo, mandou a autoridade encerrar o presente que, lido e achado conforme, assinou como declarante. Eu, Alcyon Mattos dos Reis (assinado), escrivão de polícia, o datilografei.

(assinatura parece de Eduardo Rodrigues)

Autoridade

Erlon Chaves (assinado)

Declarante

BIBLIOGRAFIA

ALBIN, Ricardo Cravo. *O livro de ouro da MPB*. São Paulo: Ediouro, 2003.

ALEXANDRE, Ricardo. *Nem vem que não tem: A vida e o veneno de Wilson Simonal*. São Paulo: Globo, 2009.

ALMEIDA, M.H.T.; WEIS, L. "Carro-zero e pau-de-arara: O cotidiano da oposição da classe média ao regime militar". In NOVAIS, F. (org. da coleção); SCHWARTZ, L. (org. do volume). *História da vida privada no Brasil: contrastes da intimidade contemporânea* — vol. 4. São Paulo: Companhia das Letras, 1998.

ALONSO, Gustavo. "O píer da resistência: contracultura, Tropicália e memória no Rio de Janeiro". In Motta, M.; Faria, S. C.; Lobarinhas, Théo. *História do Rio de Janeiro*, no prelo.

ARASHIRO, Osny (org.). *Elis por ela mesma*. São Paulo: Martin Claret, 1995.

ARAÚJO, Paulo César de. *Eu não sou cachorro, não: música popular cafona e ditadura*
militar. Rio de Janeiro: Record, 2003.

_____. *Roberto Carlos em detalhes*. São Paulo: Planeta do Brasil, 2006.

ARAÚJO, Joel Zito. "Identidade racial e estereótipos sobre o negro na TV brasileira". In GUIMARÃES, Antônio Sérgio A.; HUNTLEY, Lynn (orgs.). *Tirando a máscara: ensaios sobre o racismo no Brasil*. São Paulo: Paz e Terra, 2000.

BACCHINI, Luca. *Francisco-Francesco. Chico Buarque de Hollanda e l'Italia*. Roma: Università
di Roma Tre, 2006.

_____. *Vendesi Sovversivo: L'esilio di Chico Buarque sulla stampa italiana* (2006). Enviado pelo autor por e-mail.

BAHIANA, Ana Maria. "A 'linha evolutiva' prossegue: a música dos universitários". In *Anos 70: música popular*. Rio de Janeiro: Europa, 1979.

BARBOSA, Florinda e RITO, Lucia. *Quem não se comunica se trumbica: biografia de Abelardo Chacrinha Barbosa*. São Paulo: Globo, 1996.

BARBOSA, Lívia. *O jeitinho brasileiro: a arte de ser mais igual que os outros*. Rio de Janeiro: Campus, 1992.

BARUCH, Marc Olivier. *Le regime de Vichy*. Paris: La Decouverte, 1996.

_____. *Une poignée des miserables: L'épuration de la société française après la Seconde Guerre Mondial*. Paris: Fayard, 2003.

BERGER, Peter. *Pespectivas sociológicas*. São Paulo: Círculo do Livro, 1976.

BORBA, Marco Aurélio. *Cabo Anselmo: a luta armada ferida por dentro*. 2 ed. São Paulo: Global, 1984.

BOURDIEU, Pierre. *O poder simbólico*. São Paulo: Bertrand Brasil, 2000.

BÔSCOLI, Ronaldo. *Eles e eu: memórias de Ronaldo Bôscoli*. Rio de Janeiro: Nova Fronteira, 1994.

BRITTO, Paulo Henriques. "A temática noturna no rock pós-tropicalista". In DUARTE, Paulo Sérgio; NAVES, Santuza Cambraia. *Do samba-canção à tropicália*.Rio de Janeiro: Relume Dumará, 2003.

CALADO, Carlos. *Tropicália: a história de uma revolução musical*. São Paulo: Editora 34, 1997.

CAMPOS, Augusto. *Balanço da bossa e outras bossas*. São Paulo: Perspectiva, 2003.

CASSAL, Alex Barros. "Lamarca e Iara". *Cadernos AEL: Tempo de ditadura — do golpe de 1964 aos anos 1970*. Unicamp, v.8, n. 14/15, 2001.

CASTRO, Ruy. *Chega de saudade: a história e as histórias da Bossa Nova*. São Paulo: Companhia das Letras, 1990.

_____. *Estrela solitária: um brasileiro chamado Garrincha*. São Paulo: Companhia das Letras, 1995.

CICERO, Antonio. "O tropicalismo e a MPB". In DUARTE, Paulo Sérgio; NAVES, Santuza Cambraia (orgs.). Rio de Janeiro: Relume Dumará, 2003.

CHITÃOZINHO e XORORÓ. *Nascemos para cantar*. São Paulo: Artemeios, 2005.

DAMATTA, Roberto. *Carnavais, malandros e heróis*. Rio de Janeiro: Zahar, 1979.

_____. *O que faz o brasil, Brasil?* Rio de Janeiro: Rocco, 1984.

DAPIEVE, Arthur. *BRock: o rock brasileiro dos anos 80*. São Paulo: Editora 34, 1995.

BIBLIOGRAFIA

D'ARAÚJO, Maria Celina; CASTRO, Celso; ARY DILLON, Gláucio (orgs.). *Os anos de chumbo: a memória militar sobre a repressão.* Rio de Janeiro: Relume Dumará, 1994.

D'ARAÚJO, Maria Celina; CASTRO, Celso (orgs.). *Ernesto Geisel.* Rio de Janeiro: FGV, 1997.

DOUZOU, Laurent. *La résistance française: une histoire périlleuse.* Paris: Seuil, 2005.

DREIFUSS, René Armand. *1964 — a conquista do Estado: Estado, ação política e golpe de classe.* 5 ed. Petrópolis: Vozes, 1987.

DUÓ, Eduardo. *Cazuza* (coleção Vozes do Brasil). São Paulo: Martin Claret, 1990.

ECHEVERRIA, Regina. *Furacão Elis.* São Paulo: Globo, 1994.

_____. *Gonzaguinha e Gonzagão.* São Paulo: Ediouro, 2006.

ESSINGER, Silvio. *Batidão: uma história do funk.* São Paulo: Record, 2005.

FAOUR, Rodrigo. *Bastidores: Cauby Peixoto — 50 anos da voz e do mito.* Rio de Janeiro: Record, 2001.

FAVARETTO, Celso. *Tropicália: alegoria, alegria.* São Paulo: Kairós, 1979.

FENERICK, J. A. *Noel Rosa, o samba e a criação da música popular brasileira. Revista História Hoje,* v.12, p. 1-25, 2007.

FERREIRA, Gustavo Alves Alonso. "A modernidade e o discurso: inovação estética e legitimação da tropicália". In Reis, Daniel Aarão; Rolland, Denis. *Modernidades Alternativas.* Rio de Janeiro: FGV, 2008.

_____. *L'institutionnalisation d'un discours de modernité alternative nationaliste: innovation esthétique et légitimation du Tropicalisme.* Reis, Daniel Aarão; Rolland, Denis. Modernités alternatives. Paris: L'Harmattan, 2009.

_____. *Quando a versão é mais interessante do que o fato: a 'construção' do mito Chico Buarque.* In Reis, Daniel Aarão; Rolland, Denis. *Intelectuais e modernidades.* Rio de Janeiro: FGV, 2010.

FERREIRA, Jorge. "A estratégia do confronto: a Frente de Mobilização Popular. Brasil, do ensaio ao golpe (1954-1964)". *Revista Brasileira de História/ ANPUH,* São Paulo, vol. 24, nº 37, jan.-jun., 2004.

FICO, Carlos. *Reinventando o otimismo: ditadura, propaganda e imaginário social no Brasil.* Rio de Janeiro: FGV, 1997.

_____. "'Prezada Censura': cartas ao regime militar". *Topoi 5.* Rio de Janeiro: 7Letras, 2002.

_____. "A pluralidade das censuras e das propagandas da ditadura". In *1964-2004 – 40 anos do golpe: Ditadura militar e resistência no Brasil*. Rio de Janeiro: Faperj/7Letras, 2004.

FRÓES, Marcelo; PETRILLO, Marcos (orgs.). *Entrevistas: International Magazine*. Rio de Janeiro: Gryphus, 1997.

FIUZA, Alexandre. *Entre um samba e um fado: a censura e a repressão aos músicos no Brasil e em Portugal nas décadas de 1960 e 1970*. Tese (Doutorado) – Faculdade de Ciências e Letras de Assis, Unesp, São Paulo, 2006.

FRY, Peter. *A persistência da raça*. Rio de Janeiro: Civilização Brasileira, 2005.

GALVÃO, Luiz. *Anos 70: novos e baianos*. São Paulo: Editora 34, 1997.

GASPARI, Elio. *A ditadura envergonhada*. São Paulo: Companhia das Letras, 2002.

_____. *A ditadura escancarada*. São Paulo: Companhia das Letras, 2002(b).

GUIMARÃES, Antonio Sérgio Alfredo; HUNTLEY, Lynn. *Tirando a máscara*: ensaios sobre o racismo no Brasil. Rio de Janeiro: Paz e Terra, 2000.

GUARANY, Reinaldo. *A fuga*. São Paulo: Brasiliense, 1984.

GRINBERG, Lucia. *Partido político ou bode expiatório: um estudo sobre a Aliança Renovadora Nacional (ARENA)*. Tese (Doutorado) – UFF, Niterói, 2004.

HARTWIG, Adriane Mallmann Eede. A pérola negra regressa ao ventre da ostra: *Wilson Simonal e as suas relações com a indústria cultural (1963-1971)*. Dissertação (Mestrado) – Unioeste, Marechal Cândido Rondon, 2008.

HERZ, Daniel. *A história secreta da Rede Globo*. Porto Alegre: Tchê, s/d.

HOLLANDA, Chico Buarque de. *A banda*. Rio de Janeiro: Paulo Azevedo Ltda, 1966.

HOLLANDA, Heloísa Buarque de. *Impressões da viagem: CPC, vanguarda e desbunde 1960-70*. Rio de Janeiro: Aeroplano, 2004.

HOLLANDA, Heloísa Buarque de; PEREIRA, Carlos Alberto M., *Patrulhas ideológicas marca registrada: arte e engajamento em debate*. São Paulo: Brasiliense, 1980.

KAHN, Leo. *Nuremberg: epílogo da tragédia*. Rio de Janeiro: Renes, 1973.

KEHL, Maria Rita. *Chico Buarque* (coleção Folha Explica). São Paulo: Publifolha, 2002.

KUSHNIR, Beatriz. *Cães de guarda: jornalistas e censores, do AI-5 à Constituição de 1988*. São Paulo: Boitempo, 2004.

LABORIE, Pierre. *Les Français des années troubles. De la guerre d'Espagne à la Liberation*. Paris: Seuil, 2003.

BIBLIOGRAFIA

_____. *L'opinion française sous Vichy. Les Français et la crise d' identité nationale,* 1936-1944. Paris: Seuil, 2001.

LISBOA, Luiz Carlos. *Luiz Carlos Mièle* (coleção Gente). Rio de Janeiro: Ed. Rio/ Universidade Estácio de Sá, 2002.

MACIEL, Luiz Carlos. *Geração em transe: memórias do tempo do tropicalismo.* Nova Fronteira: Rio de Janeiro, 1996.

MÁXIMO, João. *João Saldanha* (coleção Perfis do Rio). Rio de Janeiro: Relume Dumará, 1996.

MELLO, Zuza Homem de. *A era dos festivais: uma parábola.* São Paulo: Editora 34, 2003.

_____. *João Gilberto* (coleção Folha Explica). São Paulo: Publifolha, 2001.

MICELI, Sergio. *A noite da madrinha.* São Paulo: Perspectiva, 1972.

MIDANI, André. *Música, ídolos e poder: do vinil ao download.* Rio de Janeiro: Nova Fronteira, 2009.

MIÈLE, Luiz Carlos. *Poeira de estrelas.* Rio de Janeiro: Ediouro, 2004

MILLÔR. *Millôr no Pasquim.* São Paulo: Círculo do Livro, 1977.

MOLICA, Fernando. *Dez reportagens que abalaram a ditadura.* Rio de Janeiro: Record, 2005.

MONTEIRO, Denilson. *Dez! Nota dez!: Eu sou Carlos Imperial.* São Paulo: Matrix, 2008.

MOTTA, Nelson. *Noites tropicais: solos, improvisos e memórias musicais.* Rio de Janeiro: Objetiva, 2000.

MUGGIATI, Roberto. "Ao som da discoteca o sonho dançou". *Revista Manchete*: Para entender os anos 70 (edição especial). Rio de Janeiro: Bloch Editores, 29/12/1979.

NETO, Lira. *Maysa – só numa multidão de amores.* Rio de Janeiro: Globo, 2007.

NAPOLITANO, Marcos. *Seguindo a canção: engajamento político e indústria cultural na MPB (1959-1969).* São Paulo: Annablume/Fapesp, 2001.

NAVES, Santuza Cambraia; DUARTE, Paulo (orgs.). *Do samba-canção à tropicália.* Rio de Janeiro: Relume Dumará, 2003.

NIETZSCHE, Friedrich. *Além do bem e do mal: um prelúdio a uma filosofia do futuro.* São Paulo: Companhia das Letras, 2000.

NOVAES, José. *Nelson Cavaquinho: luto e melancolia.* Rio de Janeiro: Intertexto, 2003.

PAZ, Carlos Eugênio. *Viagem à luta armada.* Rio de Janeiro: Civilização Brasileira, 1996.

PENTEADO, Lea. *Um instante maestro! A história de um apresentador que fez história na TV.* Rio de Janeiro: Record, 1993.

PERRONE, Charles A. *Letras e letras da MPB.* Rio de Janeiro: Elo, 1988.

PORTELLI, Alessandro. "O massacre de Civitella Val di Chiana (Toscana, 29 de junho de 1944): mito e política, luto e senso comum". In FERREIRA, M; AMADO, J. (orgs.). *Usos e abusos da história oral.* Rio de Janeiro: FGV, 1995.

PRADO, João Rodolfo. *TV: quem vê quem.* Guanabara: Eldorado, 1973.

PRESOT, Aline Alves. *As marchas da família com Deus pela liberdade.* Dissertação (Mestrado em História Social) – UFRJ, Rio de Janeiro, 2004.

QUADRAT, Samantha Viz. *A repressão sem fronteiras: perseguição política e colaboração entre as ditaduras do Cone Sul.* Tese (Doutorado) – UFF, Niterói, 2005.

_____. "El Brock y la memoria de los años de plomo en el Brasil democrático". In JELIN, Elizabeth; LONGONI, Ana (orgs.). *Escrituras, imágenes y escenarios ante la represión.* Buenos Aires: Siglo XXI, 2005.

RAMOS, Fernão (org.). *História do cinema brasileiro.* Rio de Janeiro/ São Paulo: Art/SEC, 1990.

REIS, Aquiles Rique. *O gogó do Aquiles.* São Paulo: Editora Girafa, 2004.

REIS FILHO, Daniel Aarão. *A revolução faltou ao encontro. Os comunistas no Brasil.* São Paulo: Brasiliense/CNPq, 1990.

_____. *Ditadura militar, esquerdas e sociedade.* Rio de Janeiro: Jorge Zahar, 2000.

_____. "Ditadura e sociedade: as reconstruções da memória". In REIS FILHO, Daniel Aarão; RIDENTI, Marcelo; MOTTA, Rodrigo Patto. *O golpe e a ditadura militar 40 anos depois (1964-2004).* São Paulo: Edusc, 2004.

REIS FILHO, Daniel Aarão; MORAES, Pedro. *68: a paixão de uma utopia.* Rio de Janeiro: FGV, 1998.

RENNÓ, Carlos. *Luiz Gonzaga* (coleção Vozes do Brasil). São Paulo: Martin Claret, 1990.

_____. *Gilberto Gil: todas as letras.* São Paulo: Companhia das Letras, 2003.

RICARDO, Sérgio. *Quem quebrou meu violão.* São Paulo: Record, 1991.

RIDENTI, Marcelo. *Em busca do povo brasileiro: artistas da revolução, do CPC à era da TV.* Rio de Janeiro: Record, 2000.

RIDENTI, Marcelo; MOTTA, Rodrigo Patto Sá. *O golpe e a ditadura militar — 40 anos depois (1964-2004).* Bauru: Edusc, 2004.

BIBLIOGRAFIA

ROLLEMBERG, Denise. *As relações entre sociedade e ditadura: a OAB e a ABI, no Brasil de 1964 a 1974*. Projeto de pós-doutorado apresentado ao Acordo Capes-Cofecub e à Unicamp, segundo semestre 2006.

_____. *O apoio de Cuba à luta armada no Brasil. O treinamento guerrilheiro*. Rio de Janeiro: Mauad, 2001.

_____. *Exílio. Entre raízes e radares*. Rio de Janeiro: Record, 1999.

_____. "Esquerdas revolucionárias e luta armada". In FERREIRA, Jorge; DELGADO, Lucilia de Almeida Neves. *O Brasil republicano. O tempo da ditadura — regime militar e movimentos sociais em fins do século XX*. Livro 4. Rio de Janeiro: Civilização Brasileira, 2003.

SANCHES, Pedro Alexandre. *Tropicalismo: decadência bonita do samba*. São Paulo: Boitempo, 2000.

SCHWARZ, Roberto. *O pai de família e outros estudos*. Rio de Janeiro: Paz e Terra, 1978.

SCOVILLE, Eduardo Henrique Martins Lopes de. *Na barriga da baleia: a Rede Globo de televisão e a musica popular brasileira na primeira metade da década de 1970*. Tese (Doutorado em História) – UFPR, Paraná, 2008.

SIRINELLI, Jean-François. "Effets d'âge et phénomènes de génération dans le milieu intellectuel français". *Les Cahiers de l'Institut d'Histoire du Temps Present*, "Générations intellectuelles", n. 6, nov. 1987.

SIRKIS, Alfredo. *Os carbonários: memórias da guerrilha perdida*. São Paulo: Global, 1980.

SODRÉ, Muniz. Samba, o dono do corpo. Rio de Janeiro: Codecri, 1979.

SOUZA, Percival de. *Eu, cabo Anselmo*. Rio de Janeiro: Globo, 1998.

_____. *Autópsia do medo: vida e morte do delegado Sérgio Paranhos Fleury*. São Paulo: Globo, 2000.

STARLING, Heloisa. "Coração americano. Panfletos e canções do Clube da Esquina". In Reis Filho, Daniel Aarão; Ridenti, Marcelo; Patto, Rodrigo (orgs.). *O golpe e a ditadura: 40 anos depois*. Bauru: Edusc, 2004.

VELOSO, Caetano. *Verdade tropical*. São Paulo: Companhia das Letras, 1997.

_____. *Tropical Truth: a Story of Music and Revolution in Brazil*. Nova York: Da Capo Press, 2003.

_____. *O mundo não é chato*. São Paulo: Companhia das Letras, 2005.

VENTURA, Zuenir. *1968: o ano que não terminou*. Rio de Janeiro: Nova Fronteira, 1988.

VIANA, Letícia. *Bezerra da Silva: produto do morro: trajetória e obra de um sambista que não é santo*. Rio de Janeiro: Jorge Zahar, 1998.

_____. *O mistério do samba* (coleção Antropologia Social). Rio de Janeiro: Editora UFRJ/Jorge Zahar, 1995.

VICENTE, Eduardo. "Segmentação e consumo: a produção fonográfica brasileira – 1965-1999". *Revista Art Cultura*, Uberlândia, v. 10, n. 16; p. 105, jan-jun., 2008.

VILLAÇA, Mariana Martins. *Polifonia Tropical: Experimentalismo e engajamento na música popular (Brasil e Cuba, 1967-1972)*. São Paulo: Humanitas/FFLCH/ USP, 2004.

WERNECK, Humberto. "Gol de letras". *Chico Buarque: letra e música*. São Paulo: Companhia das Letras, 1998.

WISNICK, Guilherme. *Caetano Veloso*. São Paulo: Publifolha, 2005.

_____. *1964-2004: 40 anos do golpe: ditadura militar e resistência no Brasil*. Rio de Janeiro: 7Letras, 2004.

XAVIER, Beto. *Futebol no país da música*. São Paulo: Panda Books, 2009.

ZAPPA, Regina. *Chico Buarque* (coleção Perfis do Rio). Rio de Janeiro: Relume Dumará, 1999.

Submarino amarelo. Trad. Nelson Motta e José Carlos de Oliveira. Rio de Janeiro: Expressão e Cultura, 1968.

LIVROS DE REFERÊNCIA

ALZER, Luiz André; CLAUDINO, Mariana. *Almanaque anos 80*. Rio de Janeiro: Ediouro, 2004.

BAHIANA, Ana Maria. *Almanaque anos 70*. Rio de Janeiro: Ediouro, 2006.

Dicionário da TV Globo, vol. 1: programas de dramaturgia & entretenimento. Rio de Janeiro: Jorge Zahar, 2003.

HOLANDA, Aurélio Buarque de. *Novo dicionário da língua portuguesa*. 2 ed. Rio de Janeiro: Nova Fronteira, 1986.

Para entender os anos 70. Rio de Janeiro: Bloch Editores, s/d.

VAINFAS, Ronaldo. *Dicionário de Brasil Colonial*. Rio de Janeiro: Objetiva, 2000.

O som do Pasquim: Grandes entrevistas com os astros da música popular brasileira. 2 ed. Rio de Janeiro: Codecri, 1976.

OUTRAS REFERÊNCIAS

JORNAIS

A Notícia
Correio da Manhã
Correio Braziliense
Diário de Natal
Diário de notícias
Folha de S.Paulo
Jornal da Bahia
Jornal da Tarde
Jornal do Brasil
Jornal do Comércio de Pernambuco
O Dia
O Estado de S.Paulo
O Globo
Opinião
O Pasquim
Repórter
Ultima Hora
Tribuna
Tribuna do Norte

REVISTAS

A Crítica
Amiga
Contigo!
Época
Fatos & Fotos
Intervalo
IstoÉ
Manchete
Playboy
Realidade
Revista MTV
Veja
Visão

FILMOGRAFIA

Ação entre amigos (1998), de Beto Brant.
A dona da história (2004), de Daniel Filho.
A taça do mundo é nossa (2003), de Lula Buarque de Hollanda.
Batismo de sangue (2007), de Hevelcio Ratton.
Cabra cega (2004), de Toni Venturi.
É Simonal (1970), de Domingos de Oliveira.
Lamarca (1994), de Sérgio Rezende.
Ninguém sabe o duro que dei (2009), de Claudio Manoel, Micael Langer e Calvito Leal.
O ano em que meus pais saíram de férias (2006), de Cao Hamburger.
O bom burguês (1979), de Oswaldo Caldeira.
O que é isso, companheiro? (1997), de Bruno Barreto.
O Sol: sem lenço nem documento (2006), de Tetê Moraes e Martha Alencar.
Pra frente, Brasil (1982), de Roberto Farias.
Quase dois irmãos (2004), de Lucia Murat.
Roberto Carlos em ritmo de aventura (1967), de Roberto Farias.
Roberto Carlos e o diamante cor-de-rosa (1968), de Roberto Farias.
Roberto Carlos a 300 quilômetros por hora (1971), de Roberto Farias.

Sonhos e desejos (2006), de Marcelo Santiago.

Vlado: 30 anos depois (2005), de João Batista de Andrade.

Zuzu Angel (2006), de Sergio Rezende.

DISCOGRAFIA – WILSON SIMONAL

Década de 1960 (até a Copa de 1970)	*Wilson Simonal tem "algo mais"*. Odeon, 1964. *A nova dimensão do samba*. Odeon, 1964. *Wilson Simonal*. Odeon, 1965. *S'imbora*. Odeon, 1965. *Vou deixar cair...* Odeon, 1966. *Alegria, alegria*. Odeon, 1967. *Alegria, alegria – vol. 2 ou Quem não tem swing morre com a boca cheia de formiga*. Odeon, 1967. *Show em Si... monal*. Odeon, 1967. *Alegria, alegria – vol. 3 ou Cada um tem o disco que merece*. Odeon, 1968. *Alegria, alegria – vol. 4 ou Homenagem à graça, à beleza, ao charme e ao veneno da mulher brasileira*. Odeon, 1969. *Wilson Simonal – México 70*. Odeon, 1970.
Década de 1970	*Simonal*. Odeon, 1970. *Jóia, Jóia*. Odeon, 1971. *Se dependesse de mim*. CBD/Philips, 1972. *"Olhaí, balândro... é bufo no birrolho grinza!"*. Phonogram/Philips, 1973. *Dimensão 75*. Odeon, 1974. *Ninguém proíbe o amor*. RCA Victor, 1975. *A vida é só pra cantar*. RCA Victor, 1977. *Se todo mundo cantasse seria bem mais fácil viver*. RCA Victor, 1979.
Década de 1980	*Wilson Simonal*. Independente, 1981. *Simonal*. Fermata, 1983. *Alegria tropical*. Copacabana, 1985.
Década de 1990	*Os sambas da minha terra*. Sony Music, 1991. *Brasil*. Movieplay, 1995. *Bem Brasil-Estilo Simonal*. Happy Sound, 1998.

Discos lançados após a morte de Simonal em 2000: coletâneas e relançamentos	*Bis Bossa Nova: Wilson Simonal*. EMI, 2001. *Série 2 LPs em 1 CD: "Ninguém Proíbe o amor" e "A vida é só pra cantar"*, BMG, 2001. [remasterização] *Alegria Tropical*. Movieplay, 2002. [remasterização] *De A a Z: Wilson Simonal*. -?-, 2002. *Meus momentos: Wilson Simonal*. EMI, 2003. *Se todo mundo cantasse seria bem mais facil viver*. BMG, 2003. [remasterização] *Rewind – Simonal Remix*. EMI, 2004. *Série Retratos: Wilson Simonal*. Musicrama/Koch, 2004. *Box Wilson Simonal na Odeon*. EMI, 2004. [remasterização] *A arte de Wilson Simonal*. Universal, 2006. *Simonal canta Tom e Chico*. EMI, 2006. *Eu sou o samba*. EMI, 2006.

DISCOGRAFIA DA PILANTRAGEM

Som Três (Cesar Camargo Mariano, Sabá e Toninho Pinheiro)	Som Três: Na onda do samba-rock. RGE, 1966. Som Três Show. Odeon, 1968. Som Três vol. II. Odeon, 1969. Som Três vol. III – "Um é pouco, dois é bom, esse Som Três é demais!". Odeon, 1970. Som Três vol. IV – "Tobogã". Odeon, 1970. Som Três (Coletânea). Odeon, 1971.
A Turma da Pilantragem (Nonato Buzar, Regininha, Malu, Dorinha entre outros)	O som da pilantragem. Polydor-CBD, 1968. O som da pilantragem nº 2. Polydor-CBD, 1969. O som da pilantragem internacional. Polydor-CBD, 1969.
Carlos Imperial	Pilantrália com Carlos Imperial e a Turma da Pesada. Parlophone, 1968.
Erlon Chaves	Banda Veneno de Erlon Chaves. Philips, 1971. Banda Veneno Internacional. Fontana, 1972. Banda Veneno Internacional vol. 2. Fontana, 1972. Banda Veneno Internacional vol. 3. Fontana, 1973. Banda Veneno Internacional vol. 4. Fontana, 1974. Banda Veneno Internacional vol. 5. Fontana, 1974.

OUTRAS REFERÊNCIAS

Marcos Moran	Compacto Simples, Caravele, 1968. Músicas: "Banho de sorvete." (Carlos Imperial) "Bye, bye" (Carlos Imperial) Compacto Simples, Musidisc, 1970: Músicas: "Ui, ui, ui" (Marcos Moran) "Call me" (vs. Marcos Moran)
Os diagonais (Genival Cassiano, Hyldon, Luizão)	Os diagonais. CBS, 1969. Cada um na sua. CBS, 1971.
Regininha	Me ajuda que a voz não dá – Regininha. Polydor-CBD 1969.
Os Pilantocratas (Wagner Tiso, Paulo Moura, Pascoal Mcirelles, Oberdan Magalhães)	Pilantocracia. Equipe. 1969.

DEPOIMENTOS

João Carlos Muller (advogado), por telefone, 16/2/2009.

Jorge Benjor (compositor) em depoimento a Amaury Jr. "Programa Amaury JR." da Rede TV (28/1/2005)

Toni Tornado (intérprete, ator) em depoimento ao Canal Brasil, exibido em 23/4/2005.

Carlos Imperial (produtor, compositor) em depoimento a Paulo Cesar de Araújo em 1992.

Mario Prata (jornalista), por telefone, 8/5/2009.

Wilson Simonal em depoimento a Paulo Cesar de Araújo em 21/2/1994.

Wilson Simonal, programa de rádio *Jornal do Brasil* cedido por Paulo Cesar de Araújo. Original de 16/1/1973.

Zeca do Trombone (músico), Rio de Janeiro, 9/5/2009.

DEPOIMENTOS AO AUTOR

Antonio Adolfo (compositor), via telefone em 14/11/2008.

Aquiles Reis (compositor), São Paulo, 9/1/2009.

Caetano Veloso (compositor), Rio de Janeiro, 18/12/2008; Email enviado ao autor em 22/12/2008.

Edson Bastos (músico), Rio de Janeiro, 10/11/2008.

Fred Falcão (compositor), Rio de Janeiro, 11/11/2008.

Gerson Cortes [Gerson King Combo] (produtor, intérprete, compositor), Rio de Janeiro, 12/11/2008.

Getúlio Cortes (compositor), Rio de Janeiro, 11/11/2008.

João Roberto Kelly (compositor), Rio de Janeiro, 14/11/2008.

Lula Tiribás (empresário, colecionador, produtor), Rio de Janeiro, 16/1/2009.

Marcos Moran (intérprete), Rio de Janeiro, 13/11/2008.

Max de Castro (filho de Simonal), São Paulo, outubro de 2008.

Nelson Motta (produtor, compositor, crítico musical), email enviado ao autor em 24/12/2008.

Nonato Buzar (compositor), Rio de Janeiro em abril de 2007.

Ronaldo Cysne (compositor), Rio de Janeiro, em novembro de 2008.

Sabá [Sebastião Oliveira da Paz] (músico), São Paulo, 8/1/2009.

Sandra Cerqueira (viúva de Simonal), São Paulo, 9/1/2009.

Tibério Gaspar (compositor), Rio de Janeiro em 14/5/2005 e 24/12/2008.

Wilson Simoninha (filho de Simonal), São Paulo, 2/6/2005.

Zuza Homem de Mello (músico, crítico musical), Indaiatuba – SP, 7/1/2009.

AGRADECIMENTOS

Este livro é fruto de uma dissertação de mestrado defendida na Universidade Federal Fluminense (UFF) em fevereiro 2007, na cidade de Niterói. Agradeço a todos aqueles que contribuíram para que a dissertação se transformasse neste livro.

Agradeço a minha mãe, Maria José, e a meu pai, Guilherme. Agradeço à tia Magali, a primeira a apoiar de forma clara (ao menos para mim) o abandono da faculdade de Direito e a incentivar que eu cursasse o que realmente desejava, História. À tia Luizaura, os livros, as pacientes aulas de francês. À tia Luizélia e ao tio Ronaldo, sempre afetuosos. Agradeço a Pedro Alonso, a amizade para além do parentesco.

Agradeço aos companheiros da UFF: Renata Moraes e Janaína Cordeiro. Aos professores Daniel Aarão Reis e Beatriz Kushnir, pelas críticas e sugestões instigantes assim como o constante apoio. Agradeço em especial a Denise Rollemberg, querida orientadora. A dedicação, a disponibilidade, a paciência, a atenção, o estímulo, a leitura atenta. Desde o começo, ela se mostrou muito empolgada com o tema. Às nossas conversas devo grande parte das ideias da dissertação. Tantas que não saberia precisá-las e sobre as quais me responsabilizo pelos equívocos. Aos funcionários da pós-graduação de História da UFF, sempre solícitos e organizados. Agradeço à tia Edilene, da xerox do Bloco N, que desde a graduação nos ajuda a "piratear 'o saber'".

Agradeço a Alfredo Machado, professor de violão da Escola de Música Villa-Lobos, que sempre deu a maior força ao trabalho. A Marcelo Diniz, grande homem e professor. Lembro, jovem ainda, perguntar-lhe sobre a antropofagia tropicalista. É o primeiro a quem gostaria de mostrar meu capítulo sobre o tema.

A Priscila Suemi, com quem dividi medos e novidades, e que viveu como ninguém o desenvolvimento da dissertação.

A Raquel Nascimento, pelas idas, pelas vindas. Pois apesar de nunca estar nos processos decisivos de feitura da dissertação e do livro, sempre esteve em minha saudade.

Aos amigos Sabrina Machado, Cintia Han, Daniel Calvo. Aos colegas de Orkut e todos aqueles que me ajudaram via internet, especialmente Meire Bottura, Denílson Monteiro, Ricardo Schott, Jorge Ribeiro, Adriane Hartwig, Matheus Trunk, Nick Lanis, Marco Freitas, Erik Malagrino, Bianca Manzini, Klessius Leão, Regina Paz. Agradeço aos jornalistas Amilton Pinheiro e André Nigri.

Agradeço em especial a Paulo Cesar de Araújo pelo companheirismo no processo final de escrita e pelas fitas com entrevistas de Simonal generosamente compartilhadas.

A Max de Castro, pelo respeito ao trabalho e por sua consciência de que a multiplicidade de opiniões é um dos caminhos para se superar o silêncio em torno do pai. A Patricia Simonal, por aceitar que um estranho conte um pouco a história de alguém sentimentalmente tão importante. A Sandra Cerqueira, viúva de Simonal, por confiar no trabalho e me abrir seu arquivo pessoal para que o seu "negão" não continue a ser esquecido.

Agradeço muitíssimo aos entrevistados: Antônio Adolfo, Aquiles Reis, Caetano Veloso, Decio Fischetti, Edson Bastos, Fred Falcão, Gerson King Combo (Gerson Cortes), Getúlio Cortes, João Carlos Müller, João Roberto Kelly, Lula Tiribàs, Lourival Santos, Marcos Moran, Mario Prata, Nona-

AGRADECIMENTOS

to Buzar, Ronaldo Cysne, Sabá (Sebastião Oliveira da Paz), Simoninha, Tibério Gaspar, Zeca do Trombone (José da Silva), Zé Rodrix (*in memoriam*) e Zuza Homem de Mello, pela generosidade de passar algumas horas conversando comigo sobre suas trajetórias.

Agradeço aos amigos da "família Buscapé" que encontrei na França durante a estada na Maison du Brésil entre 2007 e 2008 e que hoje são parte de mim. Marco Dias ("seu Boneco"), o primeiro amigão; Renata Kaminski, nossa "mãe" querida; André Toledo, o "presidente capiau", mineiro camarada com quem trocava aflições, medos e expectativas; Ricardo "Catarina", irmão quase de sangue; Cristiano de Salles ("Pipoqueiro"), grande interlocutor e amigo; Taysa "Xoqueti" Schiocchet, irmã de risos lindos e sinceridade única; Sara Cordeiro ("Sarita"); Flavio "Queridão" Sofiati; Bruno "Bussa" Caetano; Esther Schneider e todos que comigo dividiram angústias francesas. Agradeço também a Jacqueline Sinhoretto, pelo companheirismo e profunda amizade que me fez crescer muito em terras estrangeiras.

Por fim, agradeço ao "cara" que inventou o mp3, esta maravilha do nosso tempo!

Obrigado a todos.

Este livro foi composto na tipologia ClassGamnd BT,
em corpo 11/15,6, impresso em papel 80g/m^2,
no Sistema Cameron da Divisão Gráfica
da Distribuidora Record.